Beck-Wirtschaftsberater

Kundenorientierung

W0178108

dtv

Beck-Wirtschaftsberater

Kundenorientierung

Bausteine für ein exzellentes
Customer Relationship Management (CRM)

von
Prof. Dr. Manfred Bruhn

3., überarbeitete Auflage

Deutscher Taschenbuch Verlag

Professor Dr. Manfred Bruhn ist Ordinarius für Allgemeine
Betriebswirtschaftslehre, insbesondere Marketing und
Unternehmensführung am Wirtschaftswissenschaftlichen
Zentrum (WWZ) der Universität Basel sowie
Honorarprofessor an der Technischen Universität München.
Anschrift: Universität Basel (WWZ), Lehrstuhl für Marketing und
Unternehmensführung, Petersgraben 51, CH-4003 Basel
Tel: +41 (0) 61 267 32 22, Fax: +41 (0) 61 267 28 38,
E-Mail: manfred.bruhn@unibas.ch,
Internet: http://www.wwz.unibas.ch/marketing

Im Internet:
dtv.de
beck.de

Originalausgabe
Deutscher Taschenbuch Verlag GmbH & Co. KG,
Friedrichstraße 1 a, 80801 München
© 2007. Redaktionelle Verantwortung: Verlag C. H. Beck oHG
Druck und Bindung: Druckerei C. H. Beck, Nördlingen
(Adresse der Druckerei: Wilhelmstraße 9, 80801 München)
Satz: ottomedien, Weiterstadt
Umschlaggestaltung: Agentur 42 (Fuhr & Partner), Mainz
ISBN 978-3-423-50808-7 (dtv)
ISBN 979-3-406-55937-2 (C. H. Beck)

Vorwort zur dritten Auflage

Nahezu alle Unternehmen heben heute die Kundenorientierung als zentralen Leitgedanken und Erfolgsfaktor ihres Handelns hervor. Als Begriff für die Einführung und Umsetzung der Kundenorientierung findet oft das Customer Relationship Management (CRM) Verwendung. Es zeigt sich dabei, dass Kundenorientierung in diesem Zusammenhang in weiten Teilen immer noch als Anforderung verstanden wird, die mit einem hauptsächlich informationstechnisch ausgerichteten Konzept, d. h. so genannter CRM-Software, die inzwischen zahlreiche Hersteller anbieten, erfüllt werden kann. Nicht zuletzt auch vor dem Hintergrund, dass viele Unternehmen an der Umsetzung von kundenorientierten Konzepten und Ansätzen scheitern oder zumindest die damit verbundenen Erwartungen nicht erfüllt wurden, ist daher auf das ganzheitliche Konzept hinzuweisen, das hinter dem Begriff der Kundenorientierung steht und dem sich dieses Buch innerhalb einzelner Bausteine Schritt für Schritt nähert.

Die Aktualität der Themen zur Kundenorientierung, die durch die Aufnahme neuer Schwerpunkte in der vorliegenden Auflage weiterhin gewährleistet ist, spiegelt sich in der guten Aufnahme der zweiten Auflage des Buches „Kundenorientierung" durch den Markt wider. Strategien und Maßnahmen zur Steigerung der Kundenorientierung und ebenso zur Steigerung der Marketingeffizienz werden angesichts des dynamischen Wettbewerbsumfeldes auch zukünftig an Bedeutung gewinnen. Während die Struktur des Buches gegenüber der zweiten Auflage weitgehend erhalten blieb, erforderten Entwicklungen in der Wissenschaft und Erfahrungen der Praxis inhaltlich eine umfangreiche Überarbeitung des Buches. So wurden technologische Aspekte der Kundenorientierung stärker hervorgehoben und als neues Kapitel das Kundenwertmanagement ergänzt. In diesem Zusammenhang sind auch Forschungsergebnisse eingeflossen, die in den letzten Jahren am Lehrstuhl für Marketing und Unternehmensführung der Universität Basel zum Themenbereich Relationship Marketing entstanden sind, so z. B. Ansätze zum Kundenrückgewinnungsmanagement. Darüber hinaus finden sich neben Hinweisen auf die aktuelle wissenschaftliche Literatur wiederum zahlreiche neue Erfolgsbeispiele und Studien, die wissenschaftliche und praktische Erkenntnisse im Rahmen der Kundenorientierung veranschaulichen.

Das Bausteinkonzept dieses Buches hat zum Ziel, in leicht verständlicher Form die Zusammenhänge der Kundenorientierung zu vermitteln sowie Anregungen für deren Umsetzung in der Unternehmenspraxis zu geben. Die Neuauflage wurde mit der Unterstützung meiner wissenschaftlichen Mitarbeiter am Lehrstuhl für Marketing und Unternehmensführung der Universität Basel realisiert. Ein besonderer Dank geht in diesem Zusammenhang an Herrn Dipl.-Wirtsch.-Ing. Gunnar Markert und Herrn Dr. Karsten Hadwich.

Der Verfasser wünscht sich eine weiterhin intensive Auseinandersetzung mit den Fragen der Kundenorientierung und würde sich darüber freuen, wenn das Buch Anregungen zur Umsetzung der Kundenorientierung in der Unternehmenspraxis geben kann.

Basel, im Februar 2007   *Manfred Bruhn*

Inhaltsübersicht

Kapitel 1. Grundlagen der Kundenorientierung

Kundenorientierung ist ein zentraler Erfolgsgarant für das Bestehen eines Unternehmens am Markt. Die intensivere Beachtung des Themas wurde durch den Bestseller von *Peters/Waterman* (1982) „In Search of Excellence" initiiert, in dem die Autoren die „Nähe zum Kunden" als einen von acht Erfolgsfaktoren für Unternehmen identifizierten. Die allgemeine Betrachtung der Kundenorientierung wurde in der jüngeren Zeit abgelöst von einer Fokussierung auf unterschiedliche Schwerpunkte. Konzepte zur Messung der Kundenzufriedenheit wurden erarbeitet, Kundenclubs eingerichtet, Beschwerdebearbeitungsprozesse definiert und Customer-Relationship-Management-(CRM-)Software implementiert. Allem Aktionismus zum Trotz stellte sich jedoch in vielen Unternehmen die gewünschte Steigerung der Kundenorientierung aus Kundensicht nicht ein.

Studie: Wie z. B. die Unternehmensberatung *Bain&Company* feststellte, zeigt sich tatsächliche Kundenorientierung in besonderem Maße durch die Fähigkeit, den Kunden zu begeistern. Eine messbare und aussagekräftige Größe hierfür ist die kundenseitige Abgabe von (positiven) Weiterempfehlungen (*Reichheld* 2003). Der von *Bain&Company* zur Messung von Weiterempfehlungen eingeführte „Net Promotor Score" (NPS) ergab bei einer Studie in Banken, dass zum einen die generelle Weiterempfehlungsabsicht bei Banken eher gering ist und zum anderen erhebliche Unterschiede zwischen den untersuchten Unternehmen bestehen. Dies lässt auf erhebliche Lücken in der Umsetzung der Kundenorientierung schließen (*Wisskirchen* et al. 2005).

Das Fehlen eines umfassenden, integrativen Konzeptes zur Durchsetzung von Kundenorientierung im realen Unternehmenskontext kann in diesem Zusammenhang als entscheidender Faktor für das Scheitern bisheriger Bemühungen herausgestellt werden. Noch zu häufig wird an ausgewählten Einzelaspekten, wie z. B. an der Realisierung von Kundenclubs oder der Messung der Kundenzufriedenheit gearbeitet, ohne diese im Gesamtkontext der Kundenorientierung zu betrachten. Das heißt, es werden z. B. nur Bereiche des Front-Office betrachtet, ohne unterstützende und interne Leistungsprozesse einzubeziehen. Eine besondere Schwierigkeit besteht zudem im Informationsmanagement. In einigen Unternehmen werden die kundenbezogenen Daten zwar erhoben, jedoch teilweise nicht zielgerichtet analysiert, in anderen Unternehmen fehlen zentrale Basisinformationen über die aktuellen Kundengruppen. Insbesondere auf Einzelkundenebene sind oftmals die notwendigen Kundeninformationen nicht bekannt, um individualisierte Maßnahmen zur Steigerung der Kundenorientierung entwickeln zu können.

Aufbauend auf diesen Defiziten wird in diesem Buch ein Bezugsrahmen präsentiert, der das Thema Kundenorientierung in einen umfassenden Kontext stellt. Es werden verschiedene Bausteine der Kundenorientierung beschrieben, die jeder für sich einen wesentlichen Beitrag zur Steigerung der Kundenorientierung leisten, jedoch erst bei einer vernetzten Sichtweise und Integration ihre ganze Wirkung entfalten können. Im Vordergrund steht das Ziel, den Gesamtblick für das komplexe Thema Kundenorientierung zu schärfen und konkrete Hilfestellungen bei der Umsetzung eigener kundenorientierter Konzepte zu geben.

1. Kundenorientierung als zentrales Prinzip des Marketing

Die starke Ausrichtung auf die Kundenwünsche und -bedürfnisse ist nicht zuletzt auf die Veränderungen der Märkte zurückzuführen. Faktoren wie z. B. der rasche technologische Wandel, die Internationalisierung der Märkte sowie die zunehmende Transparenz des Informationsspektrums im Internet führen dazu, dass es für Unternehmen zunehmend schwieriger wird, Wettbewerbsvorteile aufzubauen und eine stabile Bindung der Kunden an das Unternehmen zu erreichen. Das Erkennen und rechtzeitige Reagieren auf Marktveränderungen gehört dabei zu jenen unternehmerischen Aufgaben, die dem Marketing als Unternehmensfunktion zugeordnet werden.

Insofern besteht zwischen den beiden Themenbereichen Marketing und Kundenorientierung seit jeher ein enger Zusammenhang.

Diese Verzahnung lässt sich beispielsweise daran erkennen, dass in vielen Definitionen zum Marketing die Forderung der Kundenorientierung explizit oder implizit enthalten ist. So ist sie auch Bestandteil der folgenden Definition des **Begriffes Marketing**, die den Ausgangspunkt der weiteren Ausführungen bildet:

Marketing ist eine unternehmerische Denkhaltung. Sie konkretisiert sich in der Analyse, Planung, Umsetzung und Kontrolle sämtlicher interner und externer Unternehmensaktivitäten, die durch eine Ausrichtung der Unternehmensleistungen am Kundennutzen im Sinne einer konsequenten **Kundenorientierung** darauf abzielen, absatzmarktorientierte Ziele zu erreichen (*Bruhn* 2004 a, S. 14).

Dieser weite Anspruch des heutigen Marketingverständnisses ist vor dem Hintergrund der Veränderung der wirtschaftlichen und wettbewerblichen Rahmenbedingungen in den letzten Jahrzehnten zu sehen, in der verschiedene Entwicklungsphasen der Unternehmensführung durchlaufen wurden, die sowohl Veränderungen in Bezug auf die Aufgaben und eingesetzten Analyseinstrumente der Unternehmensführung mit sich brachten als auch bezüglich der Erfolgsfaktoren von Unternehmen (Bruhn 2001 b, S. 1 ff.).

Abbildung 1-1 zeigt grob vereinfacht die fünf **Entwicklungsphasen von Unternehmen** im Überblick.

Phase der Produktorientierung (1950er/1960er Jahre): Die Zeit nach dem Zweiten Weltkrieg war insbesondere dadurch gekennzeichnet, dass keine Engpässe am Markt vorhanden waren. Das heißt, die Nachfrage überwog das Angebot, so dass hauptsächlich jene Unternehmen erfolgreich waren, die eine Massenproduktion ihrer Waren ermöglichen konnten. Die primäre Aufgabe des Marketing bestand darin, durch den Aufbau eines möglichst breiten Vertriebssystems dafür Sorge zu tragen, dass die gefertigten Produkte den Konsumenten erreichten. Eine Unternehmensführung auf Basis der vorhandenen Produkte, das Denken in der Produkt-Markt-Matrix, der Einsatz von Portfolioanalysen u. a. waren das Kennzeichen dieser Entwicklungsphase.

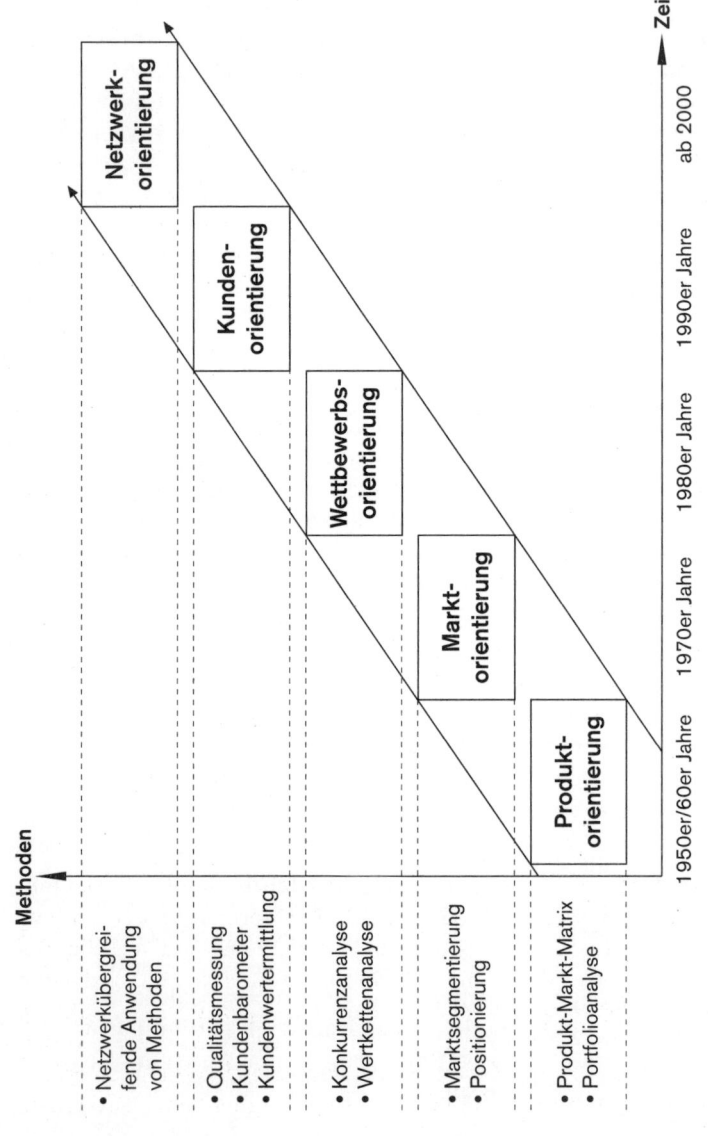

Abb. 1-1: Entwicklungsphasen von Unternehmen (Quelle: in Anlehnung an *Meffert* 2000, S. 5; *Bruhn* 2006 d, S. 37)

Phase der Marktorientierung (1970er Jahre): In den 1970er Jahren war ein grundlegender Wandel vom Verkäufer- zum Käufermarkt zu beobachten. Angesichts einer erhöhten Produktionskapazität der Unternehmen entstand ein Überangebot an Waren in den Handelsregalen. Der Endverbraucher konnte aus einer Vielzahl ähnlicher Produkte konkurrierender Unternehmen auswählen. Infolge dieser Entwicklungen erkannten viele Unternehmen die Notwendigkeit der marktorientierten Unternehmensführung, um mit einer differenzierten Marktbearbeitung die spezifischen Bedürfnisse der verschiedenen Kundengruppen (Kundenerwartungen) zu identifizieren und das Leistungsprogramm darauf abzustellen. Der Einsatz von Methoden der Marktforschung zur Segmentierung von Märkten, Positionierung von Produkten u. a. konnte in dieser Entwicklungsphase der Unternehmensführung beobachtet werden.

Phase der Wettbewerbsorientierung (1980er Jahre): Bei zunehmender Angleichung der Marketingaktivitäten und homogener Produkte wurde es in den 1980er Jahren immer problematischer, durch die alleinige Ausrichtung auf den generellen Kundenwunsch erfolgreich zu agieren. Die Problematik und Herausforderungen im Absatzmarkt erweiterten sich insofern, dass die Profilierung und Abgrenzung des eigenen Angebotes gegenüber den Wettbewerbern eine zentrale Bedeutung erlangte. Das „Denken im strategischen Dreieck" (Unternehmung – Kunde – Wettbewerber) zur Sicherung des Unternehmenserfolges wurde in dieser Phase insbesondere durch die Beiträge von *Porter* (2001) angeregt. Verfahren zur Identifizierung von strategischen Wettbewerbsvorteilen, wie etwa die Konkurrenzanalyse, Wertkettenanalyse u. a. waren grundlegende Instrumente für die strategische Ausrichtung von Unternehmen.

Phase der Kundenorientierung (1990er Jahre): In den 1990er Jahren haben die kundenbezogenen Faktoren vermehrt an Bedeutung gewonnen. Kunden erwarten zunehmend eine individuelle Behandlung, die sich in einem hybriden Kaufverhalten und einer größeren Heterogenität der Kundenerwartungen zeigt. Im Rahmen einer Kundenorientierung versuchen Unternehmen, diesen Veränderungen gerecht zu werden. Somit sind jene Unternehmen erfolgreich, die die veränderten Bedürfnisse der Kunden schnell erkennen und darauf angemessen reagieren können. Reaktionsfähigkeit und Flexibilität werden zu den zentralen Erfolgsfaktoren exzellenter Unternehmen. Kundenbarometer und flexible Qualitätsmanagementsysteme helfen unter anderem dabei, Kundenbedürfnisse zu analysieren und zielgerichtet handeln zu können.

Phase der Netzwerkorientierung (ab 2000): Seit einigen Jahren sind eine Reihe von „treibenden Kräften" zu beobachten, die den Wettbewerb nachhaltig beeinflussen. Dazu zählen Faktoren wie die Globalisierung, Branchenerosionen, neue Informations- und Kommunikationstechnologien, Marktpolarisierungen, Deregulierungen u. a. Es ist zu erwarten, dass in dieser Situation eines sog. „Hyperwettbewerbs" das Marktverhalten noch aggressiver wird. Viele Experten gehen davon aus, dass zukünftig vor allem die Bildung strategischer Netzwerke ein zentraler Erfolgsfaktor darstellen wird, um den dynamischen und vielschichtigen Veränderungen der Wettbewerbskonstellation gerecht zu werden. Insbesondere sind kleinere und mittlere Unternehmen gezwungen, strategische Partnerschaften zur Know-how-Stärkung aufzubauen, so wie auch große Unternehmen zur Sicherung ihrer Wettbewerbsposition strategische Allianzen eingehen, da bei zunehmender Spezialisierung eine Fokussierung auf Kernkompetenzen notwendig wird. Bezüglich des Methodeneinsatzes werden im Zuge der Netzwerkorientierung keine gänzlich neuen Verfahren eingesetzt. Vielmehr erfolgt eine Anwendung bestehender Methoden auf das gesamte Netzwerk, wie z. B. Wertkettenanalysen und Target Costing (*Weber* 1999; *Backhaus/Voeth* 2007; *Kremin-Buch* 2004).

Im Zusammenhang mit den beschriebenen Entwicklungen der Unternehmensführung wandelte sich das Marketingverständnis in den letzten beiden Jahrzehnten von einer transaktions- zu einer beziehungsorientierten Sichtweise. Eng verbunden ist damit der Begriff des **„Relationship Marketing"**, in der Praxis vielfach auch als Customer Relationship Management (CRM) bezeichnet. Im Zentrum dieses Marketingansatzes steht die konsequente Ausrichtung sämtlicher Unternehmensaktivitäten an den Bedürfnissen und Wünschen der Kunden mit dem Ziel eines Beziehungsaufbaus und einer Beziehungspflege. Demzufolge ist das Relationship Marketing eine Neuakzentuierung des Marketing in Richtung einer konsequenten kundenorientierten Unternehmensführung. Im Vergleich zum traditionellen Transaktionsmarketing geht es darum, nicht das Produkt bzw. die Dienstleistung mit den 4 Ps (Product, Price, Promotion, Place), sondern die Kundenbeziehung zum Ausgangspunkt der Betrachtung zu wählen. Auf Basis der Kundenbeziehung werden die Marketingaktivitäten strukturiert und differenziert eingesetzt. Mit der Tendenz eines zunehmenden Denkens in Kundenbeziehungen rückt die **Kundenbindung** als das zentrale Ziel in den Mittelpunkt der Marketingaktivitäten (*Homburg/Bruhn* 2005). Unter Berücksichtigung dieser Begriffsauffassung kann das Relationship Marketing wie folgt definiert werden:

> **Relationship Marketing** umfasst sämtliche Maßnahmen der Analyse, Planung, Durchführung und Kontrolle, die der Initiierung, der Stabilisierung, Intensivierung und Wiederaufnahme von Geschäftsbeziehungen zu den Anspruchsgruppen – insbesondere zu den Kunden – des Unternehmens mit dem Ziel des gegenseitigen Nutzens dienen (*Bruhn* 2001 b, S. 9).

Somit dient die Umsetzung eines Relationship Marketing der Gewährleistung einer ausgeprägten Kundenorientierung des Unternehmens. Aufgrund des fundamentalen Wandels von einer produktorientierten hin zu einer beziehungsorientierten Betrachtungsweise, die mit der Entwicklung zum Relationship Marketing verbunden ist, wird häufig von einem Paradigmenwechsel gesprochen. Die zunehmende Bedeutung der Beziehungsorientierung stellt jedoch keine völlige Neudefinition des Marketinggedankens dar, sondern vielmehr eine konsequente Weiterentwicklung des traditionellen Marketing mit dem Fokus auf die Pflege von (lukrativen) Kundenbeziehungen.

Im Gegensatz zu dieser umfassenden Auffassung steht der Begriff des **Customer Relationship Management (CRM)** in der Praxis häufig als Synonym vor allem für ein **informationstechnologisches Konzept**, das dazu dient, Kundenbeziehungen mit Hilfe von Software, d. h. Programmen zur Archivierung und Verarbeitung von Kundendaten, zu analysieren und zu steuern (*Bruhn* 2001 b). Die zu archivierenden Daten beinhalten alle Informationen über die Kundenbeziehung, von Anbahnungsgesprächen und demographischen Daten über Kundenpräferenzen und Transaktionen bis hin zu Beschwerden und ggf. der Abwicklung einer Geschäftsbeziehung. Die Analyse der Kundenbeziehung besteht dementsprechend in der Darstellung des dynamischen Verlaufs aller Daten in der Kundenhistorie. Ziel ist es, neben einer traditionellen Kundensegmentierung, aus dem Verhalten in der Vergangenheit Aufschluss über das zukünftige Kundenverhalten sowie das Kundenpotenzial zu erhalten. Folglich kommen hier Methoden des Data Mining zur Anwendung, die es ermöglichen, Kundentypen z. B. nach ihren Präferenzen oder ihrem Kundenwert zu klassifizieren oder auch abwanderungsgefährdete Kunden zu erkennen. Aus der Klassifizierung werden die Instrumente zur Steuerung der Kundenbeziehung abgeleitet, d. h. der Einsatz von Marketinginstrumenten auf Kundengruppen- oder Einzelkundenebene festgelegt. Hochrentable Kunden werden beispielsweise individuell angesprochen, während bei weniger rentablen Kunden standardisierte Programme (z. B. Kataloge, Newsletter) zum Einsatz kommen.

Die grundsätzlichen Vorteile derartiger Systeme bestehen in der Möglichkeit einer effektiveren und effizienteren Bearbeitung einzelner Kundenbeziehungen. Der Nutzen eines CRM-Systems für das Unternehmen besteht in der besseren Ausschöpfung des Kundenpotenzials sowie einem rentableren Einsatz der Marketinginstrumente, z. B. aufgrund einer besseren Kenntnis von Akquisitions-, Bindungs- und Rückgewinnungskosten. Der Nutzen für den einzelnen Kunden besteht hingegen in der genauen Kenntnis seiner Bedürfnisse und entsprechend in der für ihn bedarfsgerechteren Information über Produkte bzw. einer individuelleren Leistungserstellung.

Studien zeigen allerdings, dass ein großer Anteil durchgeführter „CRM-Projekte", deren Ziel hauptsächlich oder ausschließlich in der Einführung einer CRM-Software besteht, nicht erfolgreich sind (*Meta Group* 2001; *Forrester Research* 2001; *Roland Berger* 2003). Nach diesen Studien beträgt dieser Anteil zwischen 60 und 85 Prozent. Diese Zahlen werfen die Frage nach den Gründen des Scheiterns auf. Dabei zeigt sich, dass die rein informationstechnologische

Betrachtungsweise eines Customer Relationship Management wenig zielführend ist. Nach einer Studie der *Meta Group* scheitern 51 Prozent der Projekte daran, dass kein Nutzen des Systems erkennbar ist, weitere 28 Prozent daran, dass die organisatorischen Vorraussetzungen fehlen (*Meta Group* 2001). Die technischen Voraussetzungen sowie Zeitmangel bei der Auseinandersetzung mit dem System sind nur zu einem geringen Anteil als Ursache anzuführen. Folglich ist es eine zentrale Voraussetzung für die Einführung einer CRM-Software, dafür Sorge zu tragen, dass zunächst eine kundenorientierte Denkweise über das Relationship Marketing im Unternehmen verankert wird. Dies beinhaltet eine Veränderung und Kommunikation von Werten eines Unternehmens, die zwingend Top-down erfolgt – d. h. von der Unternehmensleitung hin zu ausführenden Ebenen des Unternehmens – und sowohl das externe (Kundenkontaktpersonal) als auch interne (z. B. Personalentwicklung, Buchhaltung, technischer Service) Funktionen umfasst.

Im Sinne einer Abgrenzung zwischen der informationstechnologischen Perspektive des Customer Relationship Management und dem Relationship Marketing kann die Implementierung einer CRM-Software als ein Instrument der Unternehmenssysteme zur Steuerung von Kundenbeziehungen betrachtet werden, dessen sinnvoller Einsatz jedoch die Erfüllung verschiedener Bedingungen im Rahmen einer kundenorientierten Unternehmensführung voraussetzt. Der Fokus liegt somit in erster Linie bei der Einführung der Kundenorientierung, deren informationstechnische Umsetzung durch ein CRM-System erfolgt (Kapitel 9). Im Rahmen der Kundenorientierung ist das Relationship Marketing deutlich strategischer ausgerichtet als die Einführung eines informationstechnologischen Systems zur Verarbeitung von Kundendaten und der individuellen Bearbeitung einzelner Kundenbeziehungen (*Bruhn* 2001 b).

Bei der konzeptionellen Auseinandersetzung mit dem Relationship Marketing sind einige grundlegende Ansätze zu berücksichtigen, die als Basis für die Gestaltung von Beziehungen dienen. Unter strategischen Gesichtspunkten wird das Relationship Marketing vor allem von zwei zentralen Denkkonzepten geprägt:
• Dem „Denken im Kundenbeziehungslebenszyklus" und
• dem „Denken in der Erfolgskette".

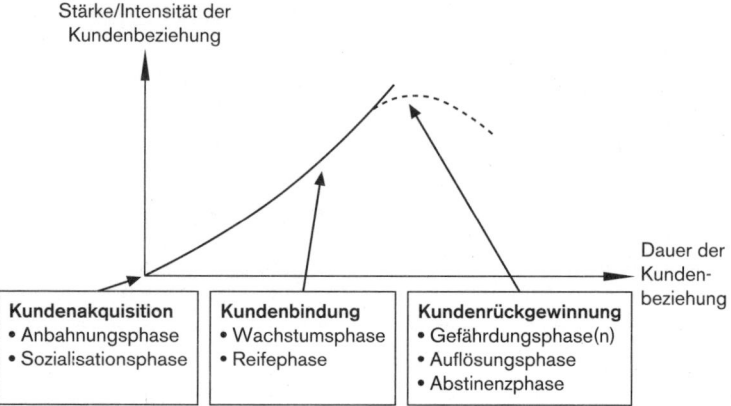

Stärke/Intensität der
Kundenbeziehung

Dauer der
Kunden-
beziehung

Kundenakquisition	Kundenbindung	Kundenrückgewinnung
• Anbahnungsphase	• Wachstumsphase	• Gefährdungsphase(n)
• Sozialisationsphase	• Reifephase	• Auflösungsphase
		• Abstinenzphase

Abb. 1-2: Phasen des Kundenbeziehungslebenszyklus (Quelle: *Stauss* 2000 d, S. 16; *Bruhn* 2001 b, S. 48)

Aufgrund des dynamischen Charakters von Kundenbeziehungen stellt der sogenannten **Kundenbeziehungslebenszyklus** (*Klee* 2000; *Stauss* 2000 d; *Bruhn* 2001 b) das Denkraster für die Ableitung der spezifischen Marketingaktivitäten im Relationship Marketing dar. Im Vordergrund steht dabei nicht die kurzfristige Initiierung und Gestaltung von Kundenkontakten, sondern die langfristige Steuerung von Kundenbeziehungen. Der Kundenbeziehungslebenszyklus unterstellt einen direkten Zusammenhang zwischen der Dauer der Beziehung zwischen Unternehmen und Kunde sowie der Intensität der entsprechenden Beziehung. **Abbildung 1-2** zeigt den idealtypischen Verlauf einer Kundenbeziehung mit den Phasen Kundenakquisition, Kundenbindung und Kundenrückgewinnung.

Das zweite relevante konzeptionelle Fundament eines Relationship Marketing – das **Denken in der Erfolgskette** (*Heskett* et al. 1997) – dient als gedankliche Basis für die Analyse, Steuerung und Kontrolle der Marketingaktivitäten (**vgl. Abbildung 1-3**). Die Grundüberlegung bei einer Erfolgskette ist die inhaltliche Verknüpfung von Variablen, die miteinander in Zusammenhang stehen. Innerhalb der Kette werden die Wirkungen zwischen den Variablen dargestellt, um eine strukturierte Analyse und Maßnahmenablei-

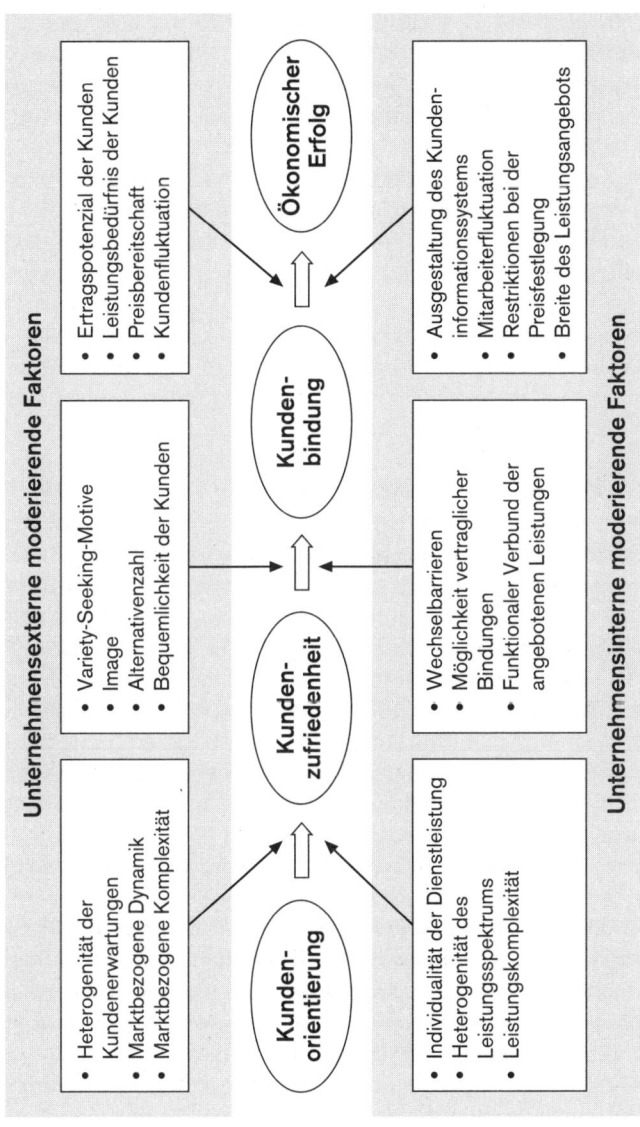

Abb. 1-3: Erfolgskette der Kundenorientierung (Quelle: *Bruhn* 2001 b, S. 58; *Bruhn* 2006 d, S. 37)

tung zu ermöglichen. Die Grundstruktur einer Erfolgskette besteht aus den drei Gliedern:

(1) Unternehmensaktivitäten als Input des Unternehmens (z. B. Maßnahmen des Relationship Marketing im Rahmen der Kundenorientierung),

(2) Wirkungen der Unternehmensaktivitäten bei den Kunden (z. B. Zufriedenheit und daraus resultierender Wiederkauf),

(3) Ökonomischer Erfolg als Output des Unternehmens (z. B. Umsatz oder Deckungsbeitrag).

Bei den Wirkungszusammenhängen innerhalb der Erfolgskette handelt es sich allerdings nicht um eineindeutige Zusammenhänge. Dies ist auf die unternehmensinternen sowie -externen moderierenden Faktoren zurückzuführen, die die Kettenglieder sowie die Zusammenhänge zwischen den einzelnen Kettengliedern beeinflussen. Auf Seiten der **unternehmensexternen** Faktoren kann beispielsweise die Heterogenität der Kundenerwartungen dazu führen, dass es nicht möglich ist, mit einer bestimmten Marketingmaßnahme eine generelle Erhöhung der Kundenzufriedenheit zu erreichen. Weiterhin ist eine erhöhte Kundenzufriedenheit nicht zwangsläufig mit Kundenbindung gleichzusetzen. Vielmehr können etwa Variety-Seeking-Motive zu einer gesteigerten Wechselbereitschaft der Kunden führen. Beispielsweise ist es denkbar, dass ein Gast, der regelmäßig ein bestimmtes Restaurant besucht – trotz genereller Zufriedenheit mit der angebotenen Leistung – nach einer gewissen Zeit ein Bedürfnis nach Abwechslung (z. B. in Bezug auf die Speisen) verspürt und deswegen ein anderes Restaurant bevorzugt. Schließlich wird der ökonomische Erfolg eines Unternehmens auch davon abhängen, ob die Kunden in der Lage oder bereit sind, die vom Unternehmen festgelegten Preise zu zahlen. Auf Seiten der **unternehmensinternen** Faktoren können z. B. die Individualität der Leistung, die Möglichkeit vertraglicher Bindungen oder die Breite des Leistungsangebotes einem idealtypischen Durchlaufen der Erfolgskette entgegenstehen. Für die Umsetzung des Relationship Marketing zur Sicherstellung einer konsequenten Kundenorientierung im Sinne der Erfolgskette wird es notwendig sein, diese internen und externen „Störfaktoren" in den Griff zu bekommen. Deshalb entwickeln

Unternehmen verschiedene Steuerungssysteme, deren Aufgabe es ist, die unternehmensexternen und -internen Faktoren zu kontrollieren (z. B. Qualitäts-, Beschwerde-, Kundenbindungsmanagement; vgl. **Abbildung 1-4**).

2. Zum Begriff der Kundenorientierung

Eine Ursache für das bestehende Umsetzungsdefizit der Kundenorientierung ist in der Vielfalt der Begriffe und unterschiedlichen Interpretationsvarianten zu sehen. Ein häufig zu beobachtendes Phänomen ist die fehlende Differenzierung oder sogar synonyme Verwendung der Begriffe **Marktorientierung** und **Kundenorientierung**. Aus diesem Grunde ging *Shapiro* vermutlich bereits 1988 der Frage nach: „What the Hell Is Market Oriented?" (*Shapiro* 1988, S. 119). Eine synonyme Verwendung der Begriffe erscheint vor dem Hintergrund der konzeptionellen Basis der Kundenorientierung wenig sinnvoll. Aus diesem Grund wird der Begriff Marktorientierung von dem der Kundenorientierung wie folgt abgegrenzt (*Plinke* 1992 a, S. 836, 1996; *Homburg* 2000).

Die **Marktorientierung** ist in einen erweiterten Kontext einzubetten. Dieser beinhaltet nicht nur die Ausrichtung des Unternehmens auf die aktuellen Kunden, sondern auf sämtliche Marktteilnehmer, die mit dem Unternehmen in direktem oder indirektem Kontakt stehen. Die Orientierung an den Bedürfnissen der Kunden ist somit nur ein Teilbereich der Marktorientierung, die gleichermaßen auf die Berücksichtigung der Konkurrenz sowie der Ansprüche der Absatzmittler, Mitarbeitende, Anteilseigner oder Fremdkapitalgeber gerichtet ist. Primäres Ziel der Marktorientierung ist es, dauerhafte Wettbewerbsvorteile aufzubauen, um die Wettbewerbsfähigkeit des Unternehmens langfristig zu sichern (*Plinke* 1992 a, S. 836; *Menguc/Auh* 2006). Hingegen ist der Begriff **Kundenorientierung** durch eine dyadische Beziehung – Kunde und Unternehmen – gekennzeichnet. Primäres Ziel der Kundenorientierung ist die Erfüllung des individuellen Kundenwunsches bzw. der Erwartungen der Kunden und nicht die Schaffung eines allgemeinen Wettbewerbsvorteils.

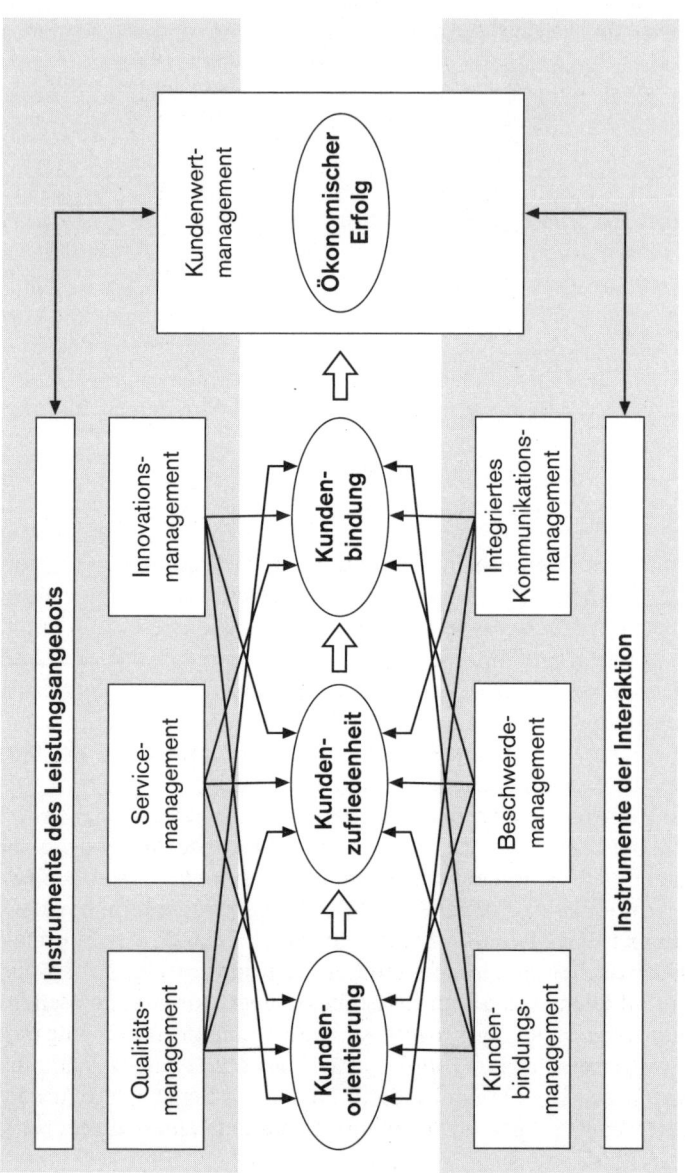

Abb.: 1-4: Steuerungssysteme der Kundenorientierung

Beispiel: Das Unternehmen *Apple* generierte mit dem iPod nicht nur ein Produkt für den Markt, das aufgrund seiner komfortablen Bedienung und umfangreicher Zusatzservices von den Kunden gut aufgenommen wurde. Das Unternehmen trug durch sein kostenpflichtiges Musikangebot im Internet auch wesentlich dazu bei, die Attraktivität legaler Download-Möglichkeiten zu erhöhen. Auch für die Anteilseigner war der iPod ein Erfolg: Das Unternehmen konnte trotz seiner Positionierung im Premiumpreisbereich hohe Verkaufszahlen verbuchen und hatte vorübergehend sogar eine Quasi-Monopolstellung inne.

Selbst bei einer strikten terminologischen Abgrenzung der Begriffe Markt- und Kundenorientierung reichen die Auffassungen, welche konkreten Inhalte dem Begriff Kundenorientierung zu subsumieren sind, von einer sehr engen bis zu einer weiten, situativen Interpretation. Zu unterscheiden sind drei **Interpretationsformen:**

(1) Informationsorientierte Interpretationsform,

(2) Kultur- und philosophieorientierte Interpretationsform,

(3) Leistungs- und interaktionsorientierte Interpretationsform.

Informationsorientierte Interpretationsform: Beim informationsorientierten Interpretationsansatz wird davon ausgegangen, dass sich die Kundenorientierung eines Unternehmens daran ablesen lässt, inwieweit gegenwärtige oder auch potenzielle Kundenbedürfnisse durch Marktforschungsuntersuchungen erhoben, analysiert und verfügbar gemacht werden. In diesem Zusammenhang ist das Vorhandensein von geeigneten Datenbanksystemen und Data-Mining-Werkzeugen die zentrale Voraussetzung zur Erreichung einer hohen Kundenorientierung. Diese wird somit anhand der verfügbaren kundenbezogenen Informationen festgemacht, die zur Individualisierung der Kundenbeziehungen beitragen (*Kohli* et al. 1993; *Piller* et al. 2004; *Hippner/Wilde* 2006). In den letzten Jahren fand eine Intensivierung der Diskussion zu Möglichkeiten des Informationsaustausches statt. Dabei ging es nicht mehr lediglich um die primär auf Dienstleistungen fokussierte Integration des Kunden in den Leistungserstellungsprozess, sondern vielmehr um die Integration des Kunden in die Produkt- oder Dienstleistungsentwicklung. Entwicklungsprozesse für Produkte und Dienstleistungen wurden so unter dem Begriff der „Customer Integration" neu definiert (*Enkel* et al. 2005).

> **Beispiel:** Eine hohe Kundenorientierung liegt vor, wenn alle kundenbezogenen Informationen unternehmensweit erfasst sowie an sämtliche Abteilungen des Unternehmens verbreitet werden. Regelmäßig durchgeführte Zufriedenheits- und Kundenbindungsstudien sowie eine umfassende Datenbank sind in diesem Fall selbstverständlich (*Nakata/Zhu* 2006).

Kultur- und philosophieorientierte Interpretationsform: Gemäß dieser Interpretationsvariante ist eine ausschließliche Betrachtung des Informationsaspektes nicht ausreichend, um das Konstrukt der Kundenorientierung zu beschreiben. Darüber hinaus sind Elemente der allgemeinen Unternehmensphilosophie, wie beispielsweise Normen, Überzeugungen oder Werte, zum Aufbau der Kundenorientierung erforderlich (*Strong* 2006). Der Begriff Kundenorientierung wird folglich als Teil der bestehenden Unternehmenskultur interpretiert. Grundüberlegung ist es dabei, dass eine kundenorientierte Unternehmenskultur nicht nur das Meinungsgefüge innerhalb des Unternehmens, sondern auch das Verhalten der Mitarbeitenden im Umgang mit dem Kunden entscheidend prägt (*Kobi/Wüthrich* 1986; *Stock/Hoyer* 2005; *Farrell* 2006).

> **Beispiel:** Unternehmen, die diese Interpretation der Kundenorientierung zugrunde legen, lassen sich beispielsweise daran erkennen, dass vergleichsweise viele Maßnahmen zur Etablierung einer Unternehmenskultur, wie beispielsweise Kultur-Workshops, Seminare, Erarbeitung von Unternehmensleitbildern, ergriffen werden.

Leistungs- und interaktionsorientierte Interpretationsform: Im Mittelpunkt der dritten Interpretationsvariante steht die Annahme, dass Kundenorientierung auf die unmittelbaren Leistungen und Interaktionen zwischen Anbieter und Kunde zu beziehen ist (*Homburg/Werner* 1998; *Homburg* 2000). Die Kundenorientierung des Leistungsangebotes wird im Wesentlichen durch qualitative Anforderungen, z. B. die Produkt- und Servicequalität des Anbieters, bestimmt. Hingegen zeichnet sich ein kundenorientiertes Interaktionsverhalten dadurch aus, dass die Erwartungen der Kunden im Umgang mit den Mitarbeitenden, beispielsweise bei Beschwerden oder Sonderwünschen des Kunden, flexibel erfüllt werden. Obwohl dieser Ansatz aus einem Industriegüterkontext heraus abgeleitet wurde, ist eine hohe Allgemeingültigkeit und Übertragbarkeit der

Aussagen gegeben. **Abbildung 1–5** zeigt die Dimensionen der Kundennähe, die dieser Interpretationsvariante der Kundenorientierung zuzuordnen sind, im Überblick.

Ein wesentlicher Unterschied dieser Interpretationsform besteht in der Perspektive, aus der die Kundenorientierung betrachtet wird. Während die Kundenorientierung bei den beiden erstgenannten Interpretationen aus Sicht des Unternehmens definiert und erklärt wurde, wird im Rahmen der leistungs- und interaktionsorientierten Interpretation die Sichtweise der Kunden eingenommen. Um dies deutlich zu machen wird von *Homburg* (2000) auch der Begriff Kundennähe statt Kundenorientierung präferiert.

Beispiel: Ein kundenorientiertes Unternehmen würde gemäß der leistungs- und interaktionsbezogenen Interpretation beispielsweise folgende Charakteristika aufweisen: Hohe Produkt- und Servicequalität, aktives Beschwerdemanagement, schnelle und unkomplizierte Reaktion auf Sonderwünsche, hohe Mitarbeitermotivation.

Zentrales Ziel der Kundenorientierung ist die Sicherstellung profitabler Kundenbeziehungen. Dieses Ziel kann nur durch eine Orientierung an den individuellen Wünschen und Bedürfnissen der Kunden realisiert werden. Der Grundgedanke, Kundenbeziehungen individuell zu steuern, ist eng verbunden mit dem zuvor erläuterten Konzept des Relationship Marketing. Somit ist zur Gewährleistung einer ausgeprägten Kundenorientierung die Umsetzung eines Relationship Marketing erforderlich, das dem Aufbau, der Erhaltung und der Verbesserung profitabler Kundenbeziehungen dient (*Grönroos* 1994; *Bruhn* 2001 b). In Anbetracht der unterschiedlichen Interpretationsvarianten erscheint es sinnvoll, eine weite Definition des Begriffes Kundenorientierung zugrunde zu legen, die sowohl den Informations- und Kultur-, als auch den Leistungs- und Interaktionsaspekt beinhaltet. Der **Begriff Kundenorientierung** wird wie folgt definiert (*Kühn* 1991; *Bruhn* 1995, S. 393):

Kundenorientierung ist die umfassende, kontinuierliche Ermittlung und Analyse der individuellen Kundenerwartungen sowie deren interne und externe Umsetzung in unternehmerische Leistungen sowie Interaktionen im Rahmen eines Relationship-Marketing-Konzeptes mit dem Ziel, langfristig stabile und ökonomisch vorteilhafte Kundenbeziehungen zu etablieren.

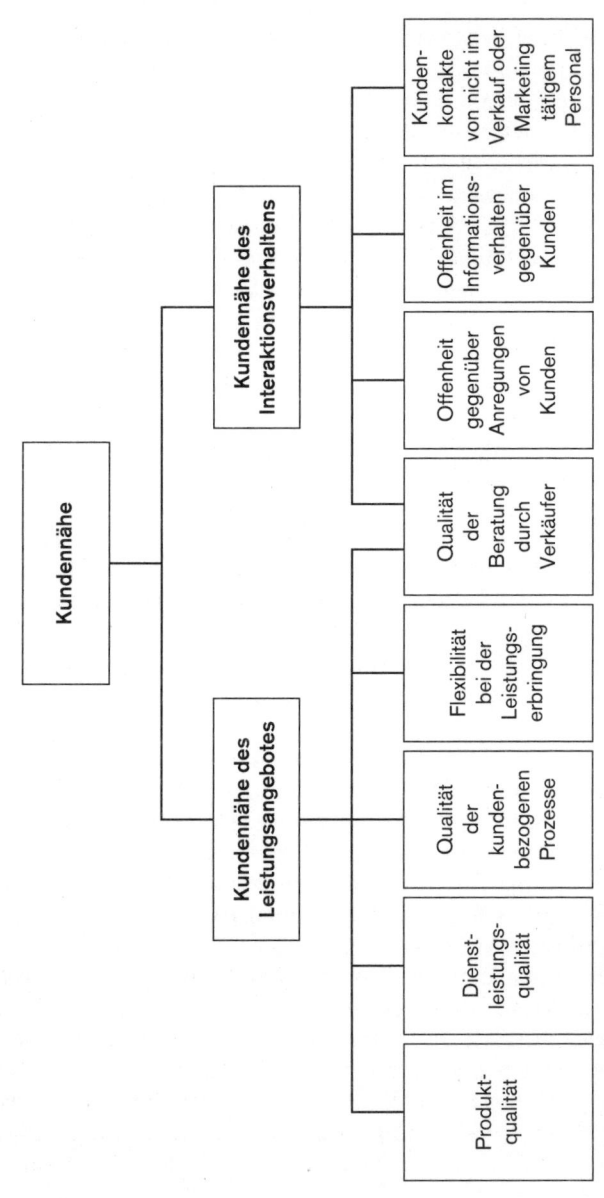

Abb. 1-5: Konstrukt der Kundennähe (Quelle: *Homburg* 2000, S. 116)

Der Ableitung einer verbindlichen Definition der Kundenorientierung kommt eine zentrale Bedeutung zu. In der Unternehmenspraxis ist noch zu oft festzustellen, dass der Begriff als „Worthülse" oder „Lippenbekenntnis", beispielsweise in Unternehmensleitbildern, erscheint, ohne dass konkrete Vorstellungen und Maßnahmen daraus abgeleitet werden. So ergab beispielsweise eine Studie von *Diller/Saatkamp* (2002), dass mangelnde Kundenorientierung noch immer eine der Hauptschwachstellen im Management von Unternehmen darstellt, obwohl die kundenorientierte Unternehmensführung bei vielen Unternehmen seit längerem als Leitgedanke proklamiert wird.

3. Stand der Kundenorientierung aus Unternehmens- und Kundensicht

Trotz der etablierten Konzeptionierung der Kundenorientierung kann nicht verleugnet werden, dass in der Unternehmenspraxis starke Diskrepanzen zwischen Anspruch und Realität der Kundenorientierung bestehen. Dies bestätigen sämtliche Erhebungen, die den aktuellen Stand der Kundenorientierung und Kundenzufriedenheit analysieren (*Homburg/Werner* 1998; *Meyer/Dornach* 1998, 2001; *Homburg* 2006). Ein wesentlicher Grund der Implementierungsprobleme der Praxis besteht in der mangelnden Fähigkeit der Führungskräfte, den bisher erreichten Realisierungsgrad der Kundenorientierung realistisch einzuschätzen (so genannte Analyselücke). Studien belegen in diesem Zusammenhang eine deutliche Diskrepanz zwischen der Selbsteinschätzung der Unternehmen und der Einschätzung der Kunden. In **Abbildung 1-6** wird die Analyselücke besonders deutlich (*Homburg* 1996).

Bei der dargestellten Studie wurden 379 Führungskräfte aus Marketing- und Vertriebsabteilungen deutscher Unternehmen sowie deren Kunden befragt. Das Befragungsergebnis zeigte zwar eine relativ hohe Übereinstimmung der Beurteilungen beider Gruppen in Bezug auf das Kriterium „Produktqualität", die übrigen Dimensionen der Kundenorientierung wiesen jedoch erhebliche Diskrepanzen zwischen Selbsteinschätzung und Kundenbeurteilung auf (mit

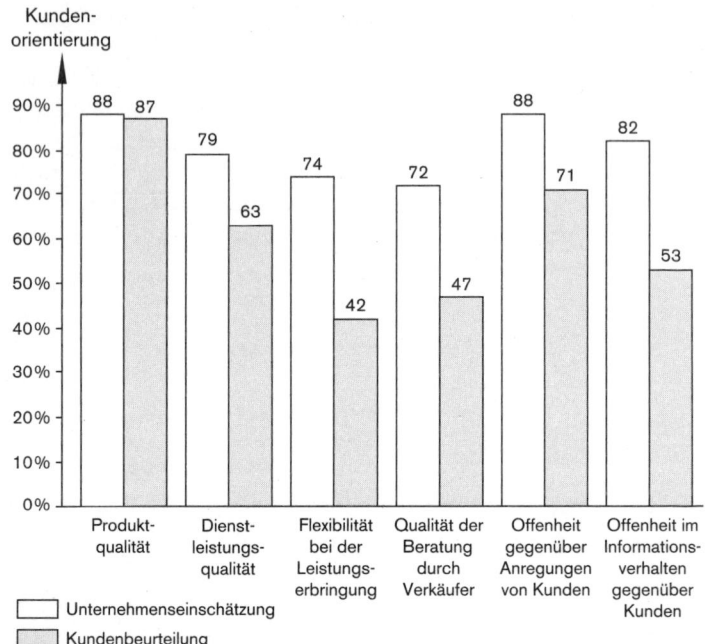

Abb. 1-6: Kundenorientierung aus Unternehmens- und Kundensicht (Quelle: *Homburg* 1996, S. 149)

100 Prozent = höchstmögliche Kundenorientierung und 0 Prozent = keine Kundenorientierung). Beispielsweise erhielt die Dimension „Qualität der Beratung durch Verkäufer" aus Sicht der Kunden lediglich einen Wert von 47 Prozent, wohingegen die Unternehmensvertreter ihre eigene Beratungsqualität mit 72 Prozent als sehr gut beurteilten.

Eine Studie der Unternehmensberatung *Droege&Comp.* (2000) zu diesem Thema zeigt, dass die erwähnte Analyselücke nicht lediglich bei einer einzelnen Branche vorhanden ist, sondern vielmehr branchenübergreifend deutliche Diskrepanzen zwischen der Selbsteinschätzung der Unternehmen und der Einschätzung der Kunden zu finden sind (vgl. **Abbildung 1-7**). Dies verdeutlicht die Notwendigkeit einer Beurteilung aus Sicht der Kunden.

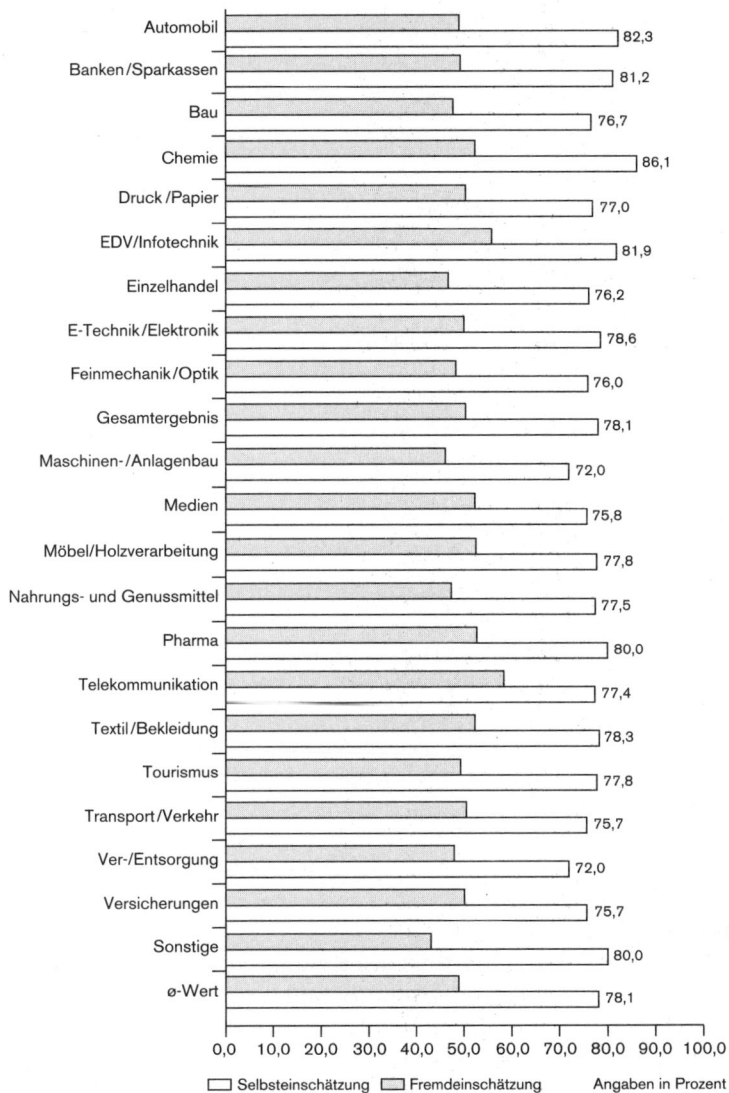

Abb. 1-7: Branchenbezogene Gegenüberstellung der Selbst- und Fremdeinschätzung in Bezug auf die Umsetzung der Kundenorientierung (Quelle: *Droege&Comp.* 2000, S. 8)

Neben der Analyselücke bestehen ferner Defizite bei der **Planung und Umsetzung** kundenorientierter Konzepte. *Homburg/Werner* (1998) weisen in diesem Zusammenhang auf die folgenden **Hauptdefizite** der Kundenorientierung hin:

Defizit 1: Isolierte Optimierung von Einzelaspekten der Kundenorientierung, ohne diese aufeinander abzustimmen.

Defizit 2: Konzeptionelle und methodische Defizite bei der Messung von Kundenzufriedenheit.

Defizit 3: Gleichsetzung von Kundenzufriedenheit und Kundenbindung.

Defizit 4: Zu starke Fokussierung auf die operativen Maßnahmen der Kundenorientierung.

Defizit 5: Vernachlässigung der „Soft Skills", wie z. B. Personalführung und Unternehmenskultur, bei der Umsetzung der Kundenorientierung.

Defizit 6: Fehlende Aktivitäten hinsichtlich der Gestaltung der Kundenstruktur.

Vor diesem Hintergrund stellt sich die Frage, welche internen Barrieren vorhanden sind, die Unternehmen daran hindern, Kundenorientierung zu realisieren (vgl. hierzu auch Kapitel 9, Implementierung der Kundenorientierung). Ein bedeutsamer Faktor ist die Fähigkeit, Informationen über die eigenen Kunden im Rahmen eines **Informationsmanagementsystems** zu erheben. In Unternehmen fallen eine Vielzahl von Daten und Informationen an, die es in aktives Wissen über Kunden zu verwandeln gilt. In diesem Zusammenhang können beispielsweise Datenanalysen dazu beitragen, die Bedürfnisse einzelner Kunden zu ermitteln sowie den individuellen Wert dieser Kunden für das Unternehmen zu prognostizieren. Allerdings gibt es in der Praxis noch erheblichen Handlungsbedarf bei der Speicherung und Analyse von Kundendaten. Insbesondere die Analyse des Kundenwertes stellt in der Unternehmenspraxis eine schwierige Aufgabe dar. Dieser umfasst die ökonomische Gesamtbedeutung, d. h. den Wert eines Kunden für das Unternehmen (*Tomczak/Rudolf-Sipötz* 2003). Aufgrund der vielfältigen Faktoren, die den Kundenwert determinieren (z. B. Ertragspotenzial, Referenzpotenzial, Cross-Buying-Potenzial), gestaltet es sich schwierig, zum einen ein integratives und für die Praxis realisierbares Modell zu entwickeln und zum anderen die dafür notwendigen Kundendaten zu erheben.

Unternehmen sind gefordert, die Rahmenbedingungen zur Umsetzung von Kundenorientierung zu schaffen bzw. zu verbessern. Allerdings geht es dabei nicht nur um die technischen Möglichkeiten im Unternehmen oder die Regelmäßigkeit von Kundenzufriedenheitsstudien, sondern darum, dass die Entscheidungsträger die Bedürfnisse der Kunden in der Alltagssituation wirklich verstehen und diesen gerecht werden (*Fournier* et al. 1998, S. 106).

4. Bezugsrahmen zur Umsetzung der Kundenorientierung

Aus den aufgezeigten Sachverhalten ergibt sich die Schlussfolgerung, dass ein umfassendes System notwendig ist, mit dessen Hilfe Kundenorientierung geplant und umgesetzt werden kann. Im Vordergrund steht die Bemühung, bislang vorhandene Einzellösungen im Unternehmen in ein möglichst geschlossenes und aufeinander abgestimmtes Gesamtsystem zu integrieren.

Zur Lösung dieser Herausforderung wird der in **Abbildung 1-8** dargestellte **Bezugsrahmen der Kundenorientierung** zugrunde gelegt, mit dessen Hilfe die relevanten Schritte in Richtung einer Kundenorientierung in systematischer Form vollzogen werden. Die Auswahl der einzelnen Bausteine der Kundenorientierung erfolgte insbesondere auf Basis der Tatsache, dass es möglich ist, mittels dieser Bausteine einen hohen Beitrag zur Beeinflussung der einzelnen Dimensionen des Konstruktes Kundennähe zu leisten (vgl. Abbildung 1-4). Beispielsweise kann ein Qualitätsmanagement die Produktqualität, ein Servicemanagement die Servicequalität, ein aktives Beschwerdemanagement die Offenheit im Informationsaustausch oder ein Kundenwertmanagement positiv beeinflussen.

Der Bezugsrahmen der Kundenorientierung ist in die vier Phasen eines klassischen Managementprozesses unterteilt:
• Analysephase der Kundenorientierung,
• Planungsphase der Kundenorientierung,

Kundenorientierung ⇨ Kundenzufriedenheit ⇨ Kundenbindung ⇨ Ökonomischer Erfolg

Bausteine der Kundenorientierung

	Qualitätsmanagement	Servicemanagement	Kundenbindungsmanagement	Beschwerdemanagement	Innovationsmanagement	Kundenwertmanagement	Integriertes Kommunikationsmanagement
Analyse	Qualitätsmessung	Servicebedarf	Analyse der Verbundenheit; Abwanderungsanalyse	Beschwerdeanalyse	Analyse der Kernkompetenzen; Ideengenerierung	Kundenwertmessung; Segmentierung	Analyse der Kommunikationsbedürfnisse
Strategische Planung	Qualitätsstrategie	Servicestrategie; Servicetiefe	Kundenbindungsstrategie; Kundenbindungsarten	Festlegung der Beschwerdeprozesse	Market Pull versus Technology Push	Segmentspezifische Kundenwertstrategie	Planung der Zusammenführung der Kommunikation
Operative Planung	Qualitätssicherung; Qualitätsinstrumente	Serviceinstrumente	Kundenbindungsinstrumente	Instrumente des Beschwerdemanagements	Ideenprüfung und -auswahl; Markt- und Produkttests: Markteinführung	Kundenwertorientierte Instrumente	Integration der Kommunikationsinstrumente
Umsetzung	Kundenorientierte Strukturen		Kundenorientierte Systeme			Kundenorientierte Kultur	
Kontrolle			Messung der Kundenorientierung				

Abb. 1-8: Bezugsrahmen der Kundenorientierung

- Umsetzungsphase der Kundenorientierung,
- Kontrollphase der Kundenorientierung.

Den Ausgangspunkt bildet die **Analysephase**. In dieser Phase sind sämtliche Informationen zu erheben, die helfen können, die Bedürfnisse und Erwartungen der Kunden hinsichtlich Leistung und Interaktion der Unternehmen besser zu verstehen. Die Erhebung der kundenbezogenen Informationen findet in der Regel im Rahmen von schriftlichen oder telefonischen Kundenbefragungen zur Ermittlung von Kennzahlen zur Kundenzufriedenheit und Kundenbindung statt.

Neben der Analyse der aktuellen sind auch die ehemaligen Kunden und deren Gründe für die Abwanderung eingehend zu analysieren, um Verbesserungspotenziale der Kundenorientierung aufzudecken und weitere Abwanderungen zu verhindern. Die Analyse der Kundenstruktur, beispielsweise durch ABC-Analysen, Kundenportfolios oder mittels „Customer-Lifetime-Value"-Betrachtungen, kann wertvolle Hinweise darüber geben, in welche Kundensegmente heute und in Zukunft Investitionen sinnvoll sind. Über diese vier „klassischen" kundenbezogenen Analysen hinaus sind weitere Analyseverfahren. Im Rahmen der Bausteine sind z. B. Imageanalysen, Benchmarkingstudien oder GAP-Analysen denkbar, die ebenfalls herangezogen werden können, um Kundenerwartungen zu spezifizieren und im Weiteren eine Steigerung der Kundenorientierung zu erreichen.

Die **Planungsphase** lässt sich in eine strategische und eine operative Komponente unterteilen. Hier werden zunächst strategische Stoßrichtungen festgelegt, die hinsichtlich eines ganzheitlich kundenorientierten Konzeptes möglicherweise umfangreiche Veränderungen erfordern. Beispielsweise definiert eine Strategie mit dem Ziel einer Integrierten Kommunikation, wie die Zusammenführung der Kommunikationsinstrumente zu realisieren ist. Anschließend werden die Maßnahmen festgelegt, die in Bezug auf die einzelnen Bausteine einzusetzen sind, so z. B. die einzelnen Kundenbindungsinstrumente oder die Prozesse eines Beschwerdemanagement.

Die dritte Phase des Bezugsrahmens stellt die größten Herausforderungen an die Unternehmenspraxis dar. Hier gilt es, die Strategien zur Verbesserung der Kundenorientierung in aktionsfähige Handlungen umzusetzen. In der **Implementierungsphase** werden somit Anpassungen der Unternehmensstrukturen, -systeme und -kultur erforderlich, um das definierte Ziel der Kundenorientierung langfristig sicherstellen zu können.

Im Anschluss an die Implementierung folgt die **Kontrolle der Kundenorientierung**. Es stehen unterschiedliche Messansätze zur Verfügung, mit dem der Umsetzungsgrad der Kundenorientierung, mit dem Ziel einer kontinuierlichen Verbesserung, gezielt erhoben werden kann.

Die Darstellung der einzelnen Bausteine der Kundenorientierung in den Kapiteln 2 bis 8 des Buches hat zur Aufgabe, dem Leser aus der Unternehmenspraxis eine grundlegende Vorstellung darüber zu vermitteln, welche Unternehmensbereiche oder -aufgaben möglicherweise ausbaufähig bzw. welche in der Zukunft zu beachten sind. Im Vordergrund steht die Darstellung der wesentlichen Grundlagen des Themengebietes sowie der Bezug zur Kundenorientierung und nicht die detaillierte Beschreibung einzelner Vorgehensweisen wie z. B. bestimmter Analysemethoden. Obwohl jeder Baustein der Kundenorientierung ein in sich geschlossenes Kapitel bildet, ist zu berücksichtigen, dass eine Vernetzung der einzelnen Maßnahmen erforderlich ist. Insbesondere gilt dies für das Kundenwertmanagement, dem hinsichtlich der Zielsetzung möglichst rentabler, d. h. kundenwertspezifischer, Investitionen in die Kundenorientierung eine zentrale Funktion zukommt. Ferner ist darauf hinzuweisen, dass kein „Patentrezept" zur Steigerung der Kundenorientierung erwartet werden kann (*Albers/Eggert* 1988, S. 15; *Plinke* 1992b; *Eggert* 1993). Um Kundenorientierung methodisch erfolgreich im Unternehmen zu implementieren, bedarf es einer übergeordneten Gesamtkonzeption, in die die einzelnen Bausteine der Kundenorientierung integriert werden, um eine Verbindung zwischen den einzelnen Maßnahmen sicherzustellen.

Der Bezugsrahmen der Kundenorientierung zeigt ein breites Spektrum an Maßnahmen auf, die teilweise relativ leicht, mitunter jedoch auch nur langfristig und unter zahlreichen Widerständen, umgesetzt werden können. Langfristiges Ziel ist es, die Diskrepanz

zwischen Anspruch und Realität der Kundenorientierung schrittweise abzubauen.

Literaturempfehlungen (Zur vertiefenden Auseinandersetzung mit dem Thema Kundenorientierung werden folgende Literaturquellen empfohlen): *Althaus, S.* (1995): Kundenorientierung als Integrationsfaktor ganzheitlicher Unternehmensführung, Diss., Universität St. Gallen, St. Gallen 1995. *Bruhn, M.*
(2002): Integrierte Kundenorientierung. Implementierung der kundenorientierten Unternehmensführung, Wiesbaden 2002. *Cook, S.* (2000): Customer
Care: How to Create an Effective Customer Focus, 3. Aufl., London 2000.
Enkel, E./Perez-Freije, J./Gassmann, O. (2005): Minimizing Market Risks
Through Customer Integration in New Product Development: Learning from
Bad Practice, in: Creativity & Innovation Management, Vol. 14, No. 4, S. 425–
437. *Hinterhuber, H. H./Matzler K.* (Hrsg.) (2006): Kundenorientierte Unter-
nehmensführung. Kundenorientierung – Kundenzufriedenheit – Kunden-
bindung, 4. Aufl., Wiesbaden 2006. *Hippner, H./Wilde, K. D.* (Hrsg.) (2006):
Grundlagen des CRM. Konzepte und Gestaltung, 2. Aufl., Wiesbaden 2006.
Homburg, Ch. (2000): Kundennähe von Industriegüterunternehmen. Konzeption – Erfolgsauswirkungen – Determinanten, 3. Aufl., Wiesbaden 2000.
Homburg, Ch./Werner, H. (1998): Kundenorientierung mit System. Mit Customer Orientation Management zu profitablem Wachstum, Frankfurt a. M.
u. a. 1998. *Payne, A./Rapp, R.* (1999): Handbuch Relationship Marketing.
Konzeption und erfolgreiche Umsetzung, München 1999. *Stock, R./Hoyer,
W. D.* (2005): An Attitude-Behavior Model of Salespeople's Customer Orientation, in: Journal of the Academy of Marketing Science, Vol. 33, No. 4,
S. 536–552. *Strong, C. A./Harris, L. C.* (2004): The drivers of customer
orientation: an exploration of relational, human resource and procedural tac-
tics, in: Journal of Strategic Marketing, Vol. 12, No. 3, S. 183–204. *Tromms-
dorff, V.* (1998): Kundenorientierung verhaltenswissenschaftlich gesehen, in:
Bruhn, M./Steffenhagen, H. (Hrsg.): Marktorientierte Unternehmensführung.
Reflexionen – Denkanstöße – Perspektiven, 2. Aufl., Wiesbaden 1998,
S. 275–293.

Kapitel 2. Qualitätsmanagement

1. Grundlagen des Qualitätsmanagements

Die Erbringung einer exzellenten Produkt- und Dienstleistungsqualität im Rahmen eines systematischen Qualitätsmanagementsystems ist ein zentraler Ansatzpunkt zur Steigerung der Kundenorientierung. Wie dies in Unternehmen realisiert werden kann und welche Phasen, Instrumente und Methoden hierbei eine besondere Rolle spielen, wird innerhalb des ersten Bausteins der Kundenorientierung näher betrachtet. Die Bedeutung der Qualität ist dabei sowohl in der Wissenschaft als auch in der Praxis unumstritten (*Bruhn* 1998b; 2006a). Nachdem die Qualitätsförderung ihren Anfang in den USA und Japan nahm, erfuhr die Thematik seit der Einführung des European Quality Award 1992 auch in Europa einen Bedeutungsschub. In den folgenden Jahren wurden mehrere Qualitätspreise etabliert (z. B. Ludwig-Erhard-Preis in Deutschland seit 1997, Esprix in der Schweiz seit 1999), die zunehmende Beachtung finden und dazu führen, dass Qualitätskonzepte wie das EFQM-Modell (European Foundation for Quality Management) von zahlreichen Unternehmen eingesetzt werden.

Studie: Das *Georgia Institute of Technology* stellte fest, dass – über eine Zeitspanne von fünf Jahren – bei Preisträgern des amerikanischen Qualitätspreises Malcolm Baldrige Award mit einem ganzheitlichen Qualitätsmanagement der Anstieg von Gewinn und Umsatz, verglichen mit dem Durchschnitt der Unternehmen des Aktienindexes S&P 500, mehr als doppelt so hoch ausfiel (*NIST* 2002; *Dubacher* 2005).

Abbildung 2-1 verdeutlicht den Zusammenhang von Kundenorientierung und Qualitätsmanagement. Es wird deutlich, dass ein Qualitätsmanagementsystem primär auf die erste Dimension der Kundenorientierung, das Leistungsangebot, wirkt.

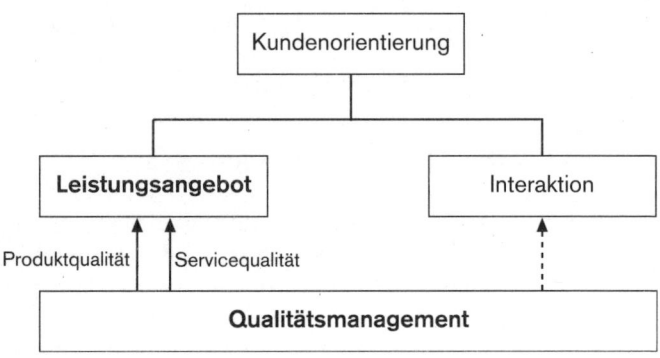

Abb. 2-1: Kundenorientierung und Qualitätsmanagement

1.1 Zum Begriff Qualität

Der Qualitätsbegriff zeichnet sich in Theorie und Praxis durch divergierende Sichtweisen und uneinheitliche Interpretationsansätze aus. Die heterogenen Auffassungen über den Begriff Qualität machen deutlich, dass es bis heute nicht gelungen ist, ein in Ansätzen tragfähiges und allgemein akzeptiertes Qualitätsverständnis zu schaffen. Versteht man Qualität als Ergebnis eines Leistungserstellungsprozesses, so besteht Einigkeit darüber, dass zwei **generelle Begriffsansätze** zu unterscheiden sind (*Meffert/Bruhn* 2006):

(1) Produktbezogener Qualitätsbegriff,
(2) Kundenbezogener Qualitätsbegriff.

Produktbezogener Qualitätsbegriff: Qualität wird in diesem Fall als die Summe bzw. das Niveau der vorhandenen Eigenschaften von Produkten oder Dienstleistungen definiert. Beim produktbezogenen Qualitätsbegriff ist eine hohe Qualität – im Vergleich zu entsprechenden Leistungsangeboten der Wettbewerber – durch ein überlegenes Niveau von vorab festgelegten Eigenschaften des eigenen Angebotes, wie z. B. Stabilität, Haltbarkeit, gekennzeichnet. Diese enge Auffassung rückt die Betrachtung objektiver, messbarer Kriterien in den Vordergrund („Product Based"). Bei Dienstleistungen ist diese Qualitätsauffassung aufgrund der Integration des Kunden bzw. anderer externer Faktoren in den Erstellungsprozess sowie die Immaterialität des Leistungsergebnisses problematisch, da aufgrund dieser Eigenschaften eine „Objektivität" nur teilweise zu gewährleisten ist.

Kundenbezogener Qualitätsbegriff: Der kundenbezogene Qualitätsbegriff hingegen ist auf die Wahrnehmung der Produkteigenschaften bzw. Leistungen aus Kundenperspektive fokussiert („User Based"). Bei dieser Begriffsauffassung entscheiden nicht die objektiv vorhandenen Qualitätsmerkmale, sondern vielmehr stellt deren subjektive Wahrnehmung in den Augen der Konsumenten die Grundlage des Qualitätsurteils dar. Demzufolge beurteilen die Kunden, welche Qualitätseigenschaften als wichtig erachtet werden und ob sie ihren Erwartungen entsprechen (*Bruhn* 2006 a, S. 34). Eine Messung der Qualität erfolgt bei dieser Begriffsdefinition somit nach subjektiven Kriterien.

Im Folgenden wird eine **Definition des Begriffes Qualität** zugrunde gelegt, die zwar produkt- und kundenbezogene Aspekte vereint, jedoch die Kundenerwartungen in das Zentrum der Begriffsdefinition stellt (in Anlehnung an die ISO-Norm oder die Definition der Deutschen Gesellschaft für Qualität).

> **Qualität** ist die Fähigkeit eines Anbieters, die Beschaffenheit einer Sach- oder Dienstleistung aufgrund von Kundenerwartungen auf einem bestimmten Anforderungsniveau zu erstellen. Sie bestimmt sich aus der Summe der Eigenschaften bzw. Merkmale einer Leistung, bestimmten Anforderungen gerecht zu werden (*Bruhn* 2006 a, S. 33).

Die **Anforderungen aus Kundensicht** sind für ein kundenorientiertes Unternehmen der zentrale Maßstab der Qualität. Zur Bestimmung und Messung der Qualität eines Unternehmens sind die Erwartungen der aktuellen und potenziellen Kunden hinsichtlich des Ergebnisses als auch des Prozesses der Leistungserstellung näher zu analysieren. Determinanten der Kundenerwartungen sind beispielsweise die individuellen und situationsabhängigen Ansprüche an eine Problemlösung, die Erfahrungen mit der Leistung des Anbieters in der Vergangenheit, die Mund-zu-Mund-Kommunikation mit anderen Nachfragern sowie die externe Kommunikation des Unternehmens (*Parasuraman* et al. 1985, S. 44 f.; *Bruhn* 2006 a, S. 34).

1.2 Qualität im Spannungsfeld von Kunden-, Unternehmens- und Wettbewerbsanforderungen

Die Qualität steht in einem Spannungsfeld, auch „magisches Dreieck" genannt, das sich aus der Sicht der Kunden, der Wettbewerber und des eigenen Unternehmens ergibt (vgl. **Abbildung 2-2**). Obgleich die Kundenanforderungen den primären Maßstab für das Qualitätsmanagement eines Unternehmens darstellen, sind im Rahmen einer umfassenden Sichtweise gleichfalls die Wettbewerber sowie das eigene Unternehmen in die Betrachtung zu integrieren.

Die **Anforderungen aus Wettbewerbersicht** rücken die Frage der Profilierung eines Anbieters gegenüber den (Haupt-)Konkurrenten in den Mittelpunkt. Ziel ist es, hinsichtlich der Produkt- und Dienstleistungsqualität die Erwartungen der Kunden besser zu erfüllen als die direkten Wettbewerber. Aus **Unternehmenssicht** werden die Anforderungen an die Qualität hingegen durch die Fähigkeit und/oder Bereitschaft eines Unternehmens zur Sicherung des von den Kun-

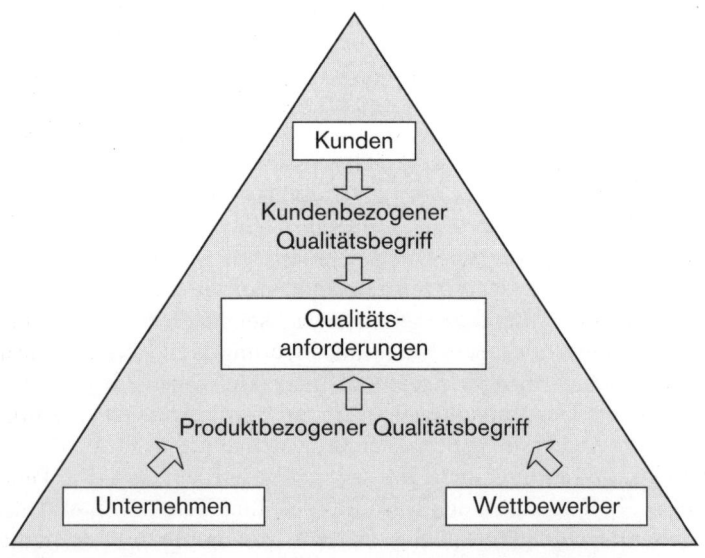

Abb. 2-2: Qualität im Spannungsfeld der beteiligten Marktteilnehmer

den gewünschten Qualitätsniveaus bestimmt. Grundlage dieser Anforderungen sind beispielsweise der Stellenwert des Faktors Qualität in der Unternehmens- und Marketingstrategie sowie die Leistungsfähigkeit und die Bereitschaft der Mitarbeitenden, Qualitätsmanagement als permanenten Verbesserungsprozess zu betrachten. Dies wurde in den letzten Jahren häufig mit dem Begriff Total Quality Management (TQM) verbunden.

2. Strategische Ansatzpunkte des Qualitätsmanagements

2.1 Total Quality Management als Grundlage des Qualitätsmanagements

Die Prinzipien des Total Quality Management (TQM) bilden die strategische Grundlage zur Umsetzung eines Qualitätsmanagements im Unternehmen (*Schildknecht* 1992; *Töpfer/Mehdorn* 2006). Unter **Total Quality Management** ist eine auf der Mitwirkung aller ihrer Mitglieder beruhende Führungsmethode einer Organisation zu verstehen, die Qualität in den Mittelpunkt stellt und durch Zufriedenheit der Kunden auf langfristigen Geschäftserfolg sowie auf Nutzen für die Mitglieder der Organisation und für die Gesellschaft zielt (*Deutsche Gesellschaft für Qualität* 1995). Total Quality Management ist somit nicht nur Bestandteil eines Unternehmensführungskonzeptes, sondern dominiert als grundlegende Denkhaltung sämtliche Managementaktivitäten im Sinne einer ganzheitlichen Qualitätskultur (*Döttinger/Klaiber* 1994; *Stauss* 1994; *Schmalz/Schröder* 1998; *Coyle-Shapiro* 2002; *Chinho/Shofang* 2006).

Im Laufe der Zeit sind mit einer wachsenden Zahl von Publikationen auch zahlreiche Entwicklungsrichtungen entstanden. Die inhaltlichen Schwerpunkte des Total Quality Management können jedoch auf folgende **Aussagen** reduziert werden (*Kamiske/Brauer* 1999; *Bruhn* 2006a, S. 67):

- **Total:** Im Rahmen des TQM-Konzeptes werden sämtliche Personengruppen, die an der Leistungserstellung beteiligt sind (Mitarbeitende des Unternehmens, alle Kundengruppen, Lieferanten usw.), in den Qualitätsprozess einbezogen.

- **Quality:** Innerhalb des TQM erfolgt eine konsequente Orientierung aller Aktivitäten des Unternehmens an den Qualitätsanforderungen der externen und internen Kundengruppen.

- **Management:** Die Verantwortung und Initiative für eine systematische und permanente Qualitätsüberzeugung und -verbesserung im Rahmen eines partizipativ-kooperativen Führungsstils wird von den obersten Führungsebenen des Unternehmens übernommen.

TQM ist demzufolge ein langfristig angelegter Ansatz, dessen Ziel die ständige Optimierung der Qualität der Produkte und Dienstleistungen sowie die Effizienz der internen Prozesse ist, um so die bestmögliche Befriedigung der Kundenwünsche zu erreichen. Bei der Abgrenzung der Begriffe Total Quality Management und Qualitätsmanagement besteht häufig noch Unsicherheit. Ausgehend vom TQM als umfassender qualitätsorientierter Strategieausrichtung umfasst das Qualitätsmanagement die Analyse, Planung, Organisation, Umsetzung und Kontrolle der qualitätsbezogenen Maßnahmen des Unternehmens.

2.2 Regelkreiskonzept des Qualitätsmanagements

Der grundsätzliche Aufbau eines Qualitätsmanagements kann anhand des sog. **Regelkreiskonzeptes** beschrieben werden (*Bruhn* 2006 a). Von diesem Konzept ausgehend wurden in der Unternehmenspraxis vielfach eigene Qualitätsmanagementsysteme implementiert, die – trotz individueller Ausgestaltung – i. d. R. vier generelle **Phasen des Qualitätsmanagements** unterscheiden (**Abbildung 2-3**):

(1) Qualitätsplanung,
(2) Qualitätslenkung,
(3) Qualitätsprüfung,
(4) Qualitätsmanagementdarlegung.

Qualitätsplanung: Die Qualitätsplanung als erste Phase eines systematischen Qualitätsmanagements umfasst das vorausschauende Planen und Weiterentwickeln der Qualitätsanforderungen an die Leistungserstellung sowie die Formulierung von kundengerichteten

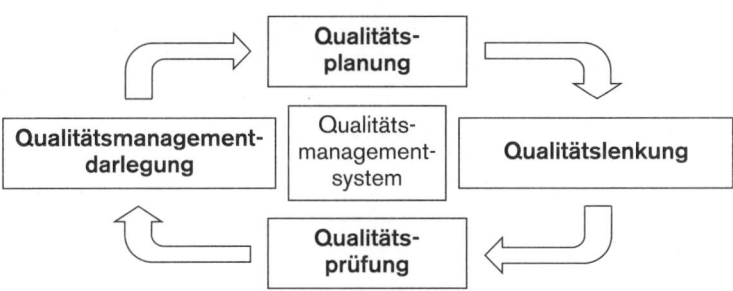

Abb. 2-3: Idealtypische Phasen eines Qualitätsmanagementsystems

Qualitätszielen und -strategien. Die Qualitätsplanung konkretisiert somit alle Qualitätsanforderungen unter Berücksichtigung der unternehmensinternen Realisationsmöglichkeiten.

Qualitätslenkung: Die Phase der Qualitätslenkung, auch als Qualitätssteuerung bezeichnet, baut auf den Ergebnissen der Qualitätsplanung auf. Diese Phase beinhaltet sämtliche vorbeugenden, überwachenden und korrigierenden Tätigkeiten mit dem Ziel, die Qualitätsanforderungen und definierten Qualitätsziele zu erfüllen.

Qualitätsprüfung: Innerhalb der Qualitätsprüfung ist durch geeignete Verfahren festzustellen, ob und inwieweit die Kundenerwartungen an die Qualität tatsächlich umgesetzt werden konnten. Es handelt sich somit um die laufende Kontrolle der definierten Qualitätsziele. Werden diese nicht erreicht, sind geeignete Maßnahmen zur Gegensteuerung erforderlich, wie beispielsweise Mitarbeiterschulungen.

Qualitätsmanagementdarlegung: Schließlich ist am Ende des Regelkreises die Phase der Qualitätsmanagementdarlegung zu betrachten, in der eine Dokumentation sämtlicher Tätigkeiten und Maßnahmen, die im Rahmen des Qualitätsmanagements realisiert wurden, stattfindet.

Im Rahmen der vier Phasen des Regelkreiskonzeptes können verschiedene Instrumente zur Sicherstellung einer hohen Qualität Anwendung finden.

3. Instrumente des Qualitätsmanagements

3.1 Instrumente der Qualitätsplanung

In der Phase der Qualitätsplanung werden zwei Instrumentalebenen, die strategische und operative Qualitätsplanung, unterschieden. Auf der Ebene der strategischen Qualitätsplanung werden Instrumente eingesetzt, die die Qualitätsposition des Unternehmens bestimmen helfen. Auf der operativen Ebene steht die Analyse der Kundenerwartungen im Hinblick auf die Produkt- und Leistungsqualität im Vordergrund (*Bruhn* 2006 a).

(1) Strategische Qualitätsplanung

Die strategische Qualitätsplanung beinhaltet diejenigen Aspekte, die den grundlegenden Handlungsrahmen des Qualitätsmanagements festlegen. Die globale Analyse der qualitätsbezogenen Position eines Unternehmens sowie die Entwicklung eines langfristig angelegten Konzeptes stehen hierbei im Vordergrund. Zu diesem Zweck können folgende Instrumente herangezogen werden:
- Qualitätsorientierte SWOT-Analyse,
- Qualitätsportfolios,
- Qualitätsstandards.

Qualitätsorientierte SWOT-Analyse: Die Bestimmung der strategischen Qualitätsposition des Unternehmens bildet die wesentliche Grundlage für den Entwurf eines Qualitätsmanagementkonzeptes (*Carlzon* 1995). Als Instrument zur Bestimmung dieser Qualitätsposition kann grundsätzlich die aus der strategischen Marketingplanung bekannte SWOT-Analyse (Strengths, Weaknesses, Opportunities and Threats) eingesetzt werden, die ausschließlich die qualitätsorientierten Stärken und Schwächen des Unternehmens (interne Sicht) sowie die qualitätsorientierten Chancen und Risiken des Marktes (externe Sicht) konkretisiert. Hauptverantwortlich für die Erstellung einer qualitätsorientierten SWOT-Analyse ist die mit Qualitätsfragen betraute Führungsebene. In der Regel werden die einzelnen Dimensionen (Stärken/Schwächen, Chancen/Risiken) parallel abgeleitet und in einer Matrix zusammengestellt. Die Ge-

SWOT-Analyse	Stärken	Schwächen
Chancen	• Steigende Kundenerwartung hinsichtlich fachlicher Beratung • Verbesserung des Bankenimages in der Öffentlichkeit • Freundlichkeit der Mitarbeiter • Hohe Beratungskompetenz	• Zunehmende Bereitschaft zum Online Banking • Anzahl der Internet-Kunden steigt permanent • Datensicherheit beim eigenen Online-Banking-System wird angezweifelt
Risiken	• Wettbewerber führen neues Qualitätsmanagementsystem ein • Aggressive Versuche der Wettbewerber Kunden abzuwerben • Etabliertes Qualitätsmanagement • Kundenbindungswerte sind sehr stabil	• Steigende Erwartungen der Kunden hinsichtlich der Beschwerdereaktion • Tendenz zu Zweitkonten nimmt stetig zu • Kein Beschwerdemanagement vorhanden • Lange Reaktionszeiten bei Kundenanfragen

Abb. 2-4: Qualitätsorientierte SWOT-Analyse am Beispiel einer Bank

genüberstellung bietet gegenüber einer reinen Auflistung der Stärken/Schwächen bzw. Chancen/Risiken z. B. eine Übersicht darüber, welche (externen) Entwicklungen des Marktes durch welche (internen) Stärken des Unternehmens besonders gut genutzt werden können. **Abbildung 2-4** zeigt eine qualitätsorientierte SWOT-Matrix am Beispiel einer Bank.

Qualitätsportfolios: Basierend auf der jeweiligen Qualitätsposition des Unternehmens in den spezifischen Geschäftsfeldern sind wettbewerbsorientierte Qualitätsstrategien abzuleiten, die zu einer eindeutigen Positionierung des Unternehmens am Markt führen (*Heskett* 1988; *Bruhn* 2006 a). Eine geeignete Maßnahme stellt in diesem Zusammenhang die Ableitung eines Qualitätsportfolios dar, durch das die Position des Unternehmens in Bezug auf die Qualitätsdimensionen dargelegt wird und Handlungsempfehlungen abgeleitet werden können (*Horváth/Urban* 1999). Allerdings können durch Qualitätsportfolios lediglich generelle Stoßrichtungen in Bezug auf die zukünftige Qualitätsstrategie aufgezeigt werden. Detaillierte Informationen lassen sich erst mit Hilfe umfangreicher Kundenbefragungen sowie weiterer Qualitätsplanungsinstrumente gewinnen.

Beispiel: Das Unternehmen *Deutsche Post World Net* hat sich mit seiner bis zum Jahre 2009 ausgerichteten Konzernstrategie „First Choice" zum Ziel gesetzt, ihre Produkt- und Servicequalität zu verbessern. Mittels Flugnetzplanung, proaktiver Sendungsverfolgung, Call Centern und B2B-Services sowie einer verbesserten Kundenansprache und -bindung wird so eine stärkere Kundenorientierung angestrebt (*Deutsche Post World Net* 2006).

Qualitätsstandards: Ausgehend von der gewünschten Qualitätsposition und -strategie können konkrete Qualitätsstandards für die einzelnen strategischen Geschäftsfelder bzw. Bereiche des Unternehmens festgeschrieben werden. Bei Erfüllung der Standards ist ein Vorteil in der damit realisierten Planungssicherheit zu sehen, die Mindestanforderungen aus Kundensicht zu erfüllen. In **Abbildung 2-5** sind verschiedene Beispiele für Standards eines Call Centers zusammengestellt.

Qualitätsmerkmal	Vorgabe
Durchschnittliche Wartezeit von Kunden	Maximal 2 Minuten
Innerhalb einer Zeitvorgabe angenommene Anrufe	Mindestens 80 Prozent
Zeit bis zum Tätigen eines Rückrufs	Maximal 10 Minuten
Anteil im Gespräch gelöster Kundenprobleme	Mindestens 30 Prozent
Zeit zur Beantwortung von Mail- und Faxanfragen	Maximal 12 Stunden

Abb. 2-5: Beispiele für Qualitätsstandards bei einem Call Center (Quelle: in Anlehnung an *Schneider* 2002, S.1013; *BMIT* 2005)

(2) Operative Qualitätsplanung

Im Rahmen der operativen Qualitätsplanung bieten sich eine Vielzahl von Verfahren an, die in der Unternehmenspraxis einen unterschiedlichen Stellenwert einnehmen. Prinzipiell lässt sich zwischen unternehmensorientierten und kundenorientierten Verfahren differenzieren (vgl. **Abbildung 2-6**).

Von den zahlreichen Qualitätsmessverfahren werden im Folgenden ausschließlich diejenigen Instrumente thematisiert, die zur Erfassung der spezifischen Qualitätskriterien besonders geeignet erscheinen (*Benkenstein* 1993; *Haller* 1998; *Stauss* 2000a; *Bruhn* 2002c, S.48ff.).

Sequenzielle Ereignismethode: Konkrete Schlüsselerlebnisse der Kunden mit dem Anbieter auf der Grundlage eines sog. „Blueprints" stehen im Mittelpunkt der Sequenziellen Ereignismethode (**Abbildung 2-7**). Dieser Blueprint beinhaltet die systematische Analyse des Dienstleistungsprozesses anhand eines grafischen Ablaufdiagramms (vgl. z. B. *Stauss/Hentschel* 1991, S.242; *Meffert/Bruhn* 2006). Alle unmittelbaren Kontaktpunkte mit dem Kunden werden in chronologischer Reihenfolge dargestellt und grafisch von den „unterstützenden" Prozessen im Back Office getrennt. So wird die vollständige Erfassung und Bewertung verschiedener Kontaktsituationen aus Sicht der Kunden ermöglicht.

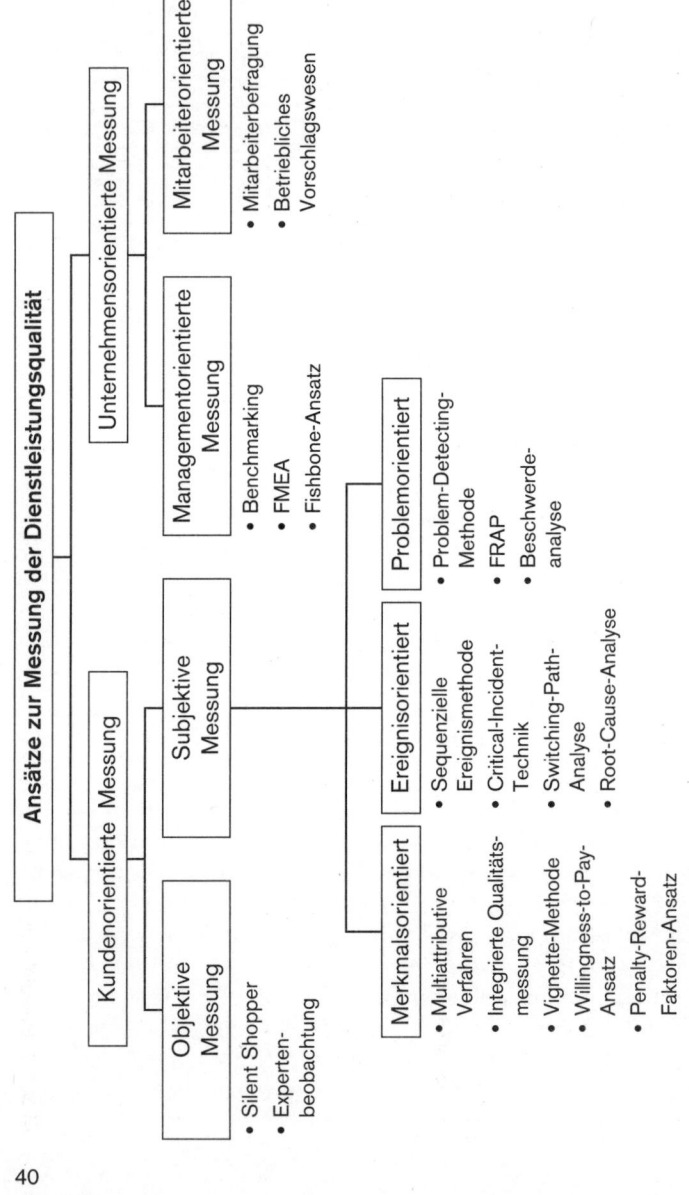

Abb. 2-6: Ansätze zur Messung der Qualität (Quelle: *Bruhn* 2006 a, S. 84)

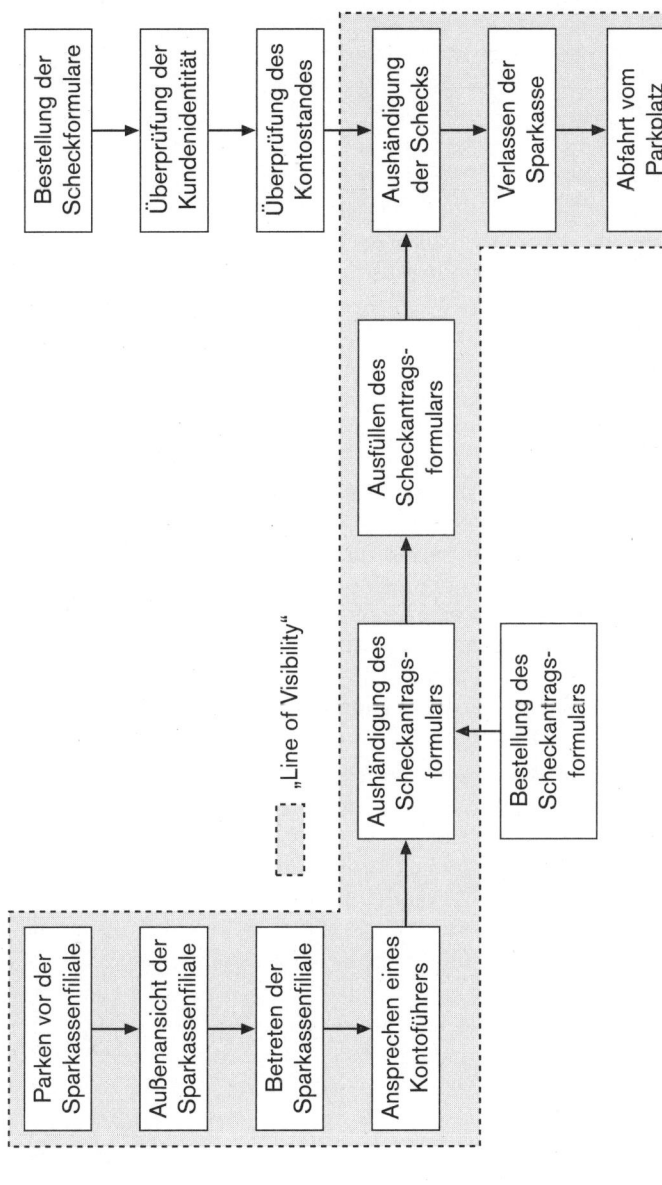

Abb. 2-7: Beispiel eines Blueprints zur Abholung von Scheckformularen in einer Sparkassenfiliale

Frequenz-Relevanz-Analyse von Problemen (FRAP): Weiterhin kann im Rahmen der operativen Qualitätsplanung die Frequenz-Relevanz-Analyse von Problemen (FRAP) eingesetzt werden. Unter der Annahme, dass sich Unternehmen dringlicher mit einem konkreten Problem der Leistungserstellung befassen, je häufiger es auftritt und je bedeutsamer sein Erscheinen für den Kunden ist, werden innerhalb der FRAP Kundengruppen nach dem Auftreten bestimmter Probleme, dem Ausmaß ihrer Verärgerung sowie nach ihrer anschließenden Verhaltensreaktion befragt. Das Vorgehen der FRAP erfolgt mehrstufig: Nach der Ermittlung einer Problemliste werden die erfassten Einzelprobleme zu Problemclustern verdichtet. Der anschließend zu erstellende Fragebogen weist je Problemklasse drei Fragenkategorien auf: (1) Ist das konkrete Problem bereits aufgetreten? (2) Wie groß ist das Ausmaß der Verärgerung? (3) Welche Reaktionen wurden ins Auge gefasst? An die Datenerhebung schließt sich die Auswertung an, die die ermittelten Kundenreaktionen in Frequenz- und Relevanzwerte überführt. Während die Ermittlung der Frequenzwerte weitgehend unproblematisch ist, sind die Relevanzwerte durch die Verknüpfung der Kundenaussagen zu gewinnen. Dabei werden sowohl das Ausmaß der Verärgerung als auch die einzelnen Reaktionsformen mit Punktwerten belegt, so dass sich aus der Multiplikation der beiden Werte die Kennzahl für die Problemrelevanz ergibt (*Bruhn/Georgi* 2003, S. 257).

Merkmalsorientierte Kundenbefragungen: Die relevanten Leistungskriterien, generelle Zufriedenheitsmaße sowie Bestimmungsfaktoren der unternehmerischen Qualität können durch merkmalsorientierte Kundenbefragungen ermittelt werden (*Parasuraman* et al. 1985, 1988; *Bruhn* 2002 c). Beim Einsatz dieses Instrumentes innerhalb der Qualitätsplanung haben Unternehmen darauf zu achten, dass sie zunächst im Rahmen von Fokusgruppeninterviews mit Kunden, Expertengesprächen und Pretests prüfen, welche Qualitätskriterien speziell für ihr Unternehmen und ihre Branche von Bedeutung sind. In regelmäßigen, d. h. mindestens jährlich durchzuführenden, Kundenbefragungen ist dann zu ermitteln, wie die Anspruchsgruppen die Leistungskriterien bewerten, welche Bedeutung sie ihnen zumessen und wo die Ursachen für schlechte Qua-

	Erwartungen werden vollständig erfüllt	Erwartungen werden meistens erfüllt	Erwartungen werden teilweise erfüllt	Erwartungen werden eher nicht erfüllt	Erwartungen werden nicht erfüllt
Entspricht die Freundlichkeit des Personals Ihren Erwartungen?	☐	☐	☐	☐	☐
Entspricht die Sauberkeit im Laden Ihren Erwartungen?	☐	☐	☐	☐	☐
Entspricht die Produktauswahl Ihren Erwartungen?	☐	☐	☐	☐	☐
Entspricht die Sortimentsstruktur Ihren Erwartungen?	☐	☐	☐	☐	☐
Entspricht die Haltbarkeit der Frischeprodukte Ihren Erwartungen?	☐	☐	☐	☐	☐
Entspricht das Preisniveau Ihren Erwartungen?	☐	☐	☐	☐	☐
Entspricht die Schnelligkeit an der Kasse Ihren Erwartungen?	☐	☐	☐	☐	☐

Abb. 2-8: Auszug aus einer Kundenbefragung im Lebensmitteleinzelhandel

lität im Unternehmen zu finden sind. **Abbildung 2-8** zeigt ein Beispiel aus einer Kundenbefragung im Lebensmitteleinzelhandel. Wird diese Befragung um die Erhebung der Gesamtqualität erweitert, so ist es möglich, analog der FRAP – jedoch mit statistisch belegter Signifikanz – zu erkennen, welche Merkmale in überdurchschnittlichem Maße mit der gesamthaften Wahrnehmung der Qualität zusammenhängen.

Dies sind nur einige Beispiele für Qualitätsdimensionen, die vom Kunden zu beurteilen sind. Im Dienstleistungsbereich hat sich in diesem Zusammenhang der sog. **SERVQUAL-Ansatz** als äußerst praktikables Verfahren zur Ermittlung der Kundenerwartungen herausgestellt (vgl. hierzu ausführlich Kapitel 3).

Merkmalsorientierte Mitarbeiterbefragungen: Umfassende Mitarbeiterbefragungen (z. B. *Domsch* 1991; *Bruhn* 2002 c) sind besonders relevant für die reibungslose Entwicklung und Umsetzung eines Qualitätsmanagementsystems im Unternehmen. Durch regelmäßige Befragungen sämtlicher Mitarbeitenden (i. d. R. alle 12 Monate) gilt es, die wahrgenommene Qualität von extern und intern erbrachten Dienstleistungen zu eruieren. In diesem Zusammenhang ist zum einen von Interesse, wie die Mitarbeitenden die Qualität der eigenen Produkte und Dienstleistungen beurteilen (*Borg* 2003;

Domsch/Ladwig 2006), zum anderen, inwieweit sie die Erwartungen der Kunden antizipieren können. Sowohl Unterschiede zwischen den Ansichten von Führungskräften und Mitarbeitenden im Kundenkontakt als auch Divergenzen bei einzelnen Geschäftsstellen können erfasst und bei der Umsetzung der Qualitätsstrategie berücksichtigt werden. Die Verantwortung für die umfassenden Mitarbeiterbefragungen liegt idealtypisch direkt bei der Geschäftsleitung des Unternehmens, damit die Untersuchungen unternehmensweit akzeptiert werden.

Betriebliches Vorschlagswesen: Als Ergänzung zu den Mitarbeiterbefragungen ist das Betriebliche Vorschlagswesen (z. B. *Krug* 2002; *Läge* 2003) zu betrachten. Durch dessen Hilfe können qualitätsrelevante Problemfelder entdeckt und beseitigt werden. Aus Gründen der Mitarbeitermotivation ist es wichtig, die Verbesserungsvorschläge zum einen zu prämieren (hier ist eine materielle oder auch immaterielle Anerkennung sinnvoll) und vor allem umzusetzen. Darüber hinaus kann es sinnvoll sein, prämierte Vorschläge beispielsweise in Mitarbeiterzeitungen zu veröffentlichen, um Kollegen Anreize zur Beteiligung am Vorschlagsprogramm zu geben (*Haist/Fromm* 1991; *Hansen* 2006).

> **Beispiel:** Der *Schindlerhof* ist ein mit vielen Qualitätspreisen ausgezeichnetes Tagungshotel im fränkischen Boxdorf bei Nürnberg. Das Unternehmen hat für alle Mitarbeitenden im Arbeitsvertrag die Pflicht festgeschrieben, einen Verbesserungsvorschlag im Monat einzubringen. Diese werden nach ihrer Umsetzungswürdigkeit geprüft und bewertet. Für die Mitarbeitenden wurde ein „Aktienkurs" eingeführt, der sich in Abhängigkeit der Anzahl der Verbesserungsvorschläge und deren Umsetzungswürdigkeit entwickelt. Langfristig hängen Beförderungen und Gehaltsboni von dem Wert der Mitarbeiteraktie ab. Ob die so bewerteten Mitarbeitenden solch ein System mittragen, hängt zu einem großen Teil von der Kommunikation der Maßnahme durch das Management und der konkreten Ausgestaltung und Transparenz des Systems ab (*Myritz* 2004, S. 26 f.).

Fishbone-Analyse: Als weiteres Instrument der operativen Qualitätsplanung ist die Fishbone-Analyse zu nennen. Hier werden auf der Basis eines Ishikawa-Diagramms (*Ishikawa* 1985) systematisch und umfassend die verschiedenen Ursachen für ein konkretes Qualitätsproblem aus Anbieterperspektive ermittelt und grafisch dargestellt. Der erste Schritt besteht darin, alle potenziellen Faktoren ausfindig zu machen, die ein bestimmtes Qualitätsdefizit in der Leistungserstellung verursachen können. Die ermittelten Faktoren werden anschließend in ein Diagramm überführt, das einer Fischgräte ähnelt. Am „Kopf des Fisches" wird das zu lösende Problem eingetragen (z. B. die ständige Überlastung des Call Centers), die „Hauptgräten" bilden die zentralen Dimensionen, die für die Problementstehung verantwortlich sind. Das Ergebnis der Fishbone-Analyse ist ein komplexes Ursache-Wirkungs-System, das als Diskussionsgrundlage genutzt wird, um Lösungsvorschläge für Qualitätsprobleme zu erarbeiten (*Bruhn* 2006a, S. 236f.).

Die hier aufgezeigte Auswahl an Qualitätsplanungsinstrumenten ist bei weitem nicht vollständig. Weitere Instrumente, beispielsweise Beschwerdeanalysen, können Hinweise auf relevante Qualitätsmängel geben und somit die Planungen des Qualitätsmanagements unterstützen. Um eine kontinuierliche Analyse der zentralen Kundenanforderungen sicherzustellen, ist eine regelmäßige Durchführung der Messungen anzustreben.

3.2 Instrumente der Qualitätslenkung

Die Phase der **Qualitätslenkung** baut auf den Ergebnissen der Qualitätsplanung auf. Sie beinhaltet sämtliche Tätigkeiten, die der Realisierung der Anforderungen an die Qualität aus Kunden- und Unternehmenssicht dienen. Hierbei lassen sich zur Systematisierung der in dieser Phase einzusetzenden Maßnahmen folgende Instrumentegruppen unterscheiden:

- Mitarbeiterbezogene Instrumente,
- Kulturbezogene Instrumente,
- Organisationsbezogene Instrumente.

Mitarbeiterbezogene Instrumente der Qualitätslenkung: Die subjektive Einschätzung des Kunden in Bezug auf die Kunden- und Qualitätsorientierung eines Unternehmens wird in hohem Maße durch die Mitarbeitenden im direkten Kundenkontakt bestimmt. Somit fungiert der Verkäufer bzw. Berater häufig als Personifizierung der angebotenen Qualität. Folglich ist es von ausschlaggebender Bedeutung, das Qualifikationsprofil des Kundenkontaktpersonals an das in der Beratungssituation vom Kunden als relevant angesehene Anforderungsprofil anzupassen. Führt man sich den Zusammenhang zwischen Kundenorientierung und Qualitätsmanagement vor Augen (vgl. **Abbildung 2-1**), so wird hier insbesondere die Interaktionsdimension des Konstruktes Kundenorientierung angesprochen. Dementsprechend sind von der Unternehmensführung personalpolitische Maßnahmen zu ergreifen, um sowohl die Fähigkeiten als auch die Bereitschaft der Mitarbeitenden zur Schaffung einer Interaktionsqualität auf hohem Niveau sicherzustellen und permanent zu verbessern. Hierzu werden Personalauswahl und -entwicklungsverfahren sowie Anreizsysteme eingesetzt, die neben den fachlichen Qualifikationen auch die Kundenorientierung der Mitarbeitenden berücksichtigen (*Bruhn* 2002 c).

Kulturbezogene Instrumente der Qualitätslenkung: Das „Arbeitsklima" innerhalb einer Organisation spielt eine nicht zu vernachlässigende Rolle bei der Entwicklung und Umsetzung des Qualitätsmanagements. Die Unternehmenskultur als System gemeinsamer Werte- und Normenvorstellungen sowie geteilter Denk- und Verhaltensmuster, das die Entscheidungen, Handlungen und Aktivitäten der Organisationsmitglieder prägt (*Heinen/Dill* 1990), gilt es in Richtung Kunden- und Qualitätsorientierung zu entwickeln. Sowohl unter den Führungskräften als auch bei den sonstigen Mitarbeitenden stellt das kunden- und qualitätsorientierte Denken und Handeln eine Selbstverständlichkeit dar. Der tief greifende Wandel der Unternehmenskultur ist jedoch ein zeitintensiver und schwieriger Prozess. Zum einen bestehen bei einem Teil der Mitarbeitenden oftmals Barrieren gegenüber der kulturellen Entwicklung, wenn die Veränderungen im Widerspruch zu ihren über Jahre verankerten Werte- und Normensystemen stehen. Zum anderen ist ein grundlegender Kulturwandel – im Gegensatz zur Einführung bestimmter Qualitätsaktivitäten oder der Umgestaltung von Organisationsstrukturen – durch formale Änderungen kaum herbeizuführen. Vor diesem Hintergrund sind vor allem die Führungskräfte des Unternehmens gefordert, durch ihr aktives Engagement gegenüber den Mitarbeitenden und Marktpartnern den Qualitätsgedanken vorzuleben und so eine Kultur der Qualität im Unternehmen zu fördern.

Organisationsbezogene Instrumente der Qualitätslenkung: Neben den personalpolitischen und kulturbezogenen Aspekten ist der Wandel der Unternehmensorganisation als relevante Erfolgsgröße für die Entwicklung und Umsetzung des Qualitätsmanagements zu betrachten. Somit stellt sich das Problem der optimalen Institutionalisierung des Qualitätsmanagements in das bestehende Organisationssystem, um eine schnelle und flexible Qualitätslenkung zu ermöglichen (*Schneider/Bowen* 1999). Die organisatorische Verankerung des Qualitätsmanagements ist abhängig von den bestehenden Strukturen im Unternehmen und entsprechend unternehmensindividuell festzulegen. In vielen Unternehmen wurde in den vergangenen Jahren eine Abteilung „Qualitätsmanagement" eingerichtet, die sich mit sämtlichen qualitätsbezogenen Fragestellungen unternehmensweit auseinandersetzt, und an die organisatorisch häufig auch noch angrenzende Aufgabenbereiche angegliedert werden. Hinzu kommen geschäftsbereichs- sowie projektspezifische Regelungen, wie qualitätsbezogene Fragen im Unternehmen bearbeitet werden und organisatorisch zu verankern sind.

Die organisatorische Umsetzung des Qualitätsmanagements wird in der Praxis oft durch interne Barrieren erschwert, die sich beispielsweise in einer fehlenden Benennung eines Qualitätsverantwortlichen oder in einer mangelnden Zusammenarbeit von Abteilungen (z. B. Marketing und Qualitätsmanagement) äußern. Zur Überwindung dieser Barrieren können **Qualitätszirkel** implementiert werden, die neben der bestehenden Aufbauorganisation abteilungsübergreifend Qualitätsfragen bearbeiten (*Beriger* 1987; *Simon/Hess* 1988). Qualitätszirkel sind auf Dauer angelegte Gesprächsgruppen, bei denen sich fünf bis zehn Mitarbeitende unterschiedlicher Hierarchieebenen eines Unternehmensbereiches in regelmäßigen Abständen treffen, um Qualitätsprobleme des eigenen Arbeitsbereiches zu diskutieren.

Beispiel: Ein Instrument des Qualitätsmanagementsystems, das vom *Schindlerhof* eingesetzt wird, sind Qualitätszirkel, die je nach Bedarf durch die Abteilungsleiter einberufen werden. Die Qualitätszirkel unterscheiden sich dahin gehend, dass sie entweder die zur Behandlung spezieller Vorkommnisse abteilungsübergreifend einberufen oder sich mit abteilungsspezifischen Fragestellungen auseinandersetzen. Die Moderation der Qualitätszirkel wird durch den Abteilungsleiter oder durch einen externen Moderator durchgeführt.

3.3 Instrumente der Qualitätsprüfung

Neben der Planung und Steuerung der Qualität ist auch die tatsächliche Erfüllung der Qualitätsanforderungen zu beurteilen. Diese Aufgabe wird der **Qualitätsprüfung** zugeordnet, in der zwei Instrumentalebenen zu unterscheiden sind:

(1) Instrumente der internen Qualitätsprüfung,

(2) Instrumente der externen Qualitätsprüfung.

(1) Instrumente der internen Qualitätsprüfung

Im Rahmen der internen Qualitätsprüfung ist festzustellen, inwiefern die Kundenanforderungen aus Unternehmensperspektive erfüllt werden. Zur internen Qualitätsprüfung werden u. a. die folgenden Maßnahmen ergriffen:

• Mitarbeiterbeobachtung,

• Mitarbeiterbeurteilung/Mitarbeitergespräch,

• Mitarbeiterbefragung.

• Interne Qualitätsmessung.

Mitarbeiterbeobachtung: Im Rahmen der internen Qualitätsprüfung ist die gelegentliche beobachtende Teilnahme des Vorgesetzten, beispielsweise am Kundenberatungsgespräch, empfehlenswert. Nach der Mitarbeiterbeobachtung erfolgt idealtypisch stets ein Feedback-Gespräch, in dem die Stärken und Schwächen der Kundenkontaktperson im Hinblick auf kundenorientiertes Verhalten offengelegt werden. Die Mitarbeiterbeobachtung ist dabei nicht als starres Kontrollinstrument zu verstehen, sondern als konstruktive Möglichkeit für den Mitarbeitenden, sich permanent zu verbessern und somit die Kundenorientierung des Unternehmens zu steigern (*Bühner* 1993; *Bruhn* 2006a).

Beispiel: Als Instrument der internen Qualitätsprüfung setzt das Schweizer Handelsunternehmen *Migros* das Instrument Filialkontrolle ein. Bei der Filialkontrolle handelt es sich um ein internes Instrument der Qualitätskontrolle, das – analog dem „Mystery-Shopper"-Verfahren – zweimal im Jahr in unregelmäßigen Abständen durchgeführt wird. Die Kontrolle einer *Migros*-Verkaufsstelle erfolgt i. d. R. durch zwei Verkaufsstellenleiter anderer *Migros*-Filialen, die für die gesamte Kontrollorganisation und den Ablauf der Filialkontrolle verantwortlich sind. Hierbei werden auch die Mitarbeitenden im Verkaufsgespräch beobachtet (*Bruhn* 1997 b, S. 41).

Mitarbeiterbeurteilung/Mitarbeitergespräch: Des Weiteren dienen Mitarbeiterbeurteilungen bzw. Mitarbeitergespräche, die in den Unternehmen meist einmal jährlich zur generellen Leistungsbeurteilung und Planung zukünftiger Tätigkeiten der einzelnen Mitarbeitenden durchgeführt werden, als Instrument der internen Qualitätsprüfung. Im Rahmen von Mitarbeitergesprächen kann beispielsweise geprüft werden, ob die Mitarbeitenden die definierten Qualitätsziele verstanden, akzeptiert und verinnerlicht haben. Da grundsätzlich ein starker Zusammenhang zwischen Mitarbeiter- und Kundenzufriedenheit vermutet wird, ist es sinnvoll, die von den Mitarbeitenden gegenüber ihren Vorgesetzten artikulierten Probleme und Missstimmungen genau zu analysieren und möglicherweise die Tätigkeits- und Kompetenzbereiche der Mitarbeitenden zu verändern (*Bruhn* 1999 a). Relevant im Rahmen der Mitarbeitergespräche ist letztlich auch der Austausch über den individuellen Beitrag des Mitarbeitenden zur Sicherstellung und Verbesserung der von den Kunden wahrgenommenen Qualität.

Mitarbeiterbefragung: Mitarbeiterbefragungen werden im Rahmen der Personalentwicklung als Teil des Total Quality Management eingesetzt. Durch die Aufnahme in das EFQM-Modell für Exzellenz haben sie zusätzlich an Relevanz gewonnen und werden weiterhin als Teil des Performance Managements und des Einsatzes von Audits und von Balanced Scorecards gewonnen (*Domsch/Ladwig* 2006). Durch den nachgewiesenen Zusammenhang zwischen Mitarbeiter- und Kundenzufriedenheit werden Aspekte der Arbeits- und Arbeitsplatzgestaltung ebenfalls zunehmend als Objekte des Qualitätsmanagements betrachtet (*Stock* 2003). In diesem Zusammenhang sind ferner interne Servicebarometer zu erwähnen, die ein wichtiges Instrument zur Messung der internen Servicequalität darstellen. Hierbei wird nicht die Zufriedenheit in Bezug auf den eigenen Arbeitsplatz, sondern im Hinblick auf interne Dienstleistungen bzw. Kunden-Lieferanten-Beziehungen beurteilt (*Bruhn* 2004 b).

Interne Qualitätsmessung: Mit Verfahren der internen Qualitätsmessung kann schließlich die Erfüllung sowohl der internen als auch externen Kundenanforderungen aus Unternehmenssicht ermittelt werden. In diesem Zusammenhang ist primär an die Messung von festgelegten Qualitätsstandards für Produkte oder Dienstleistungen zu denken.

Beispiel: Bei der *Migros* nimmt die interne Qualitätsmessung, ausgeführt durch die *Migros*-Laboratorien, eine dominante Rolle innerhalb des Qualitätsmanagements ein. Da das Unternehmen kein traditionelles Handelsgeschäft betreibt, sondern einen Großteil des Angebotes selbst produziert und dieses auch kontrolliert, ist in den Unternehmensgrundsätzen festgeschrieben, dass jeder Artikel und auch jede Dienstleistung der *Migros* vor dem Verkauf hinsichtlich der relevanten Qualitätsmerkmale geprüft wird (*Bruhn* 1997 b).

(2) Instrumente der externen Qualitätsprüfung

Im Rahmen der externen Qualitätsprüfung geht es darum, die Erfüllung der Qualitätsanforderungen aus Sicht der Kunden zu überprüfen. Auch in diesem Zusammenhang können verschiedene Ansätze zur Messung von Qualitätsmerkmalen herangezogen werden. Zu den bevorzugt eingesetzten Verfahren gehören:

• Mystery Shopping,

• Kundenbefragungen (Customer-Satisfaction-Tracking-System).

Mystery Shopping: Als Instrument der internen Qualitätsprüfung wird das Mystery Shopping zunehmend professionell eingesetzt. Geschulte Testkunden nehmen dabei systematisch und unerkannt Leistungen – einzelne Leistungen oder das komplette Leistungsspektrum eines Unternehmens – in Anspruch, um Schwachstellen bei der Leistungserstellung und speziell bei der Interaktion mit Mitarbeitern aufzudecken. Beobachtete Merkmale sind dabei z. B. die Freundlichkeit von Verkäufern, die Wartezeit beim Anruf einer Service-Hotline, das Angebot des günstigsten verfügbaren Preises einer Bahnfahrt oder die Individualität der Anlageberatung einer Bank.

Beispiel: Ein Marktforschungsinstitut führte im Frühjahr 2005 bei ca. 200 Beratern von elf Schweizer Banken und Versicherungen ein Mystery-

Shopper-Verfahren durch. Hierbei teilten die 29 Testkunden den Beratern mit, dass sie eine Erbschaft in Höhe von 75.000 CHF erwarteten, für die sie eine allgemeine Finanzberatung wünschten. Die Berater wurden vor der Aktion nicht über die bevorstehende Mystery-Shopper-Aktion informiert. Bei der Analyse wurde festgestellt, dass, obwohl alle Unternehmen eine sog. Allfinanz-Beratung anboten, die Banken überwiegend zu bankspezifische Leistungen und die Versicherungen tendenziell zu versicherungslastige Anlagen empfahlen. Ein unabhängiges Allfinanz-Beratungsunternehmen erzielte das beste Ergebnis (*Baches* 2005).

Kundenbefragungen: Die Durchführung von Kundenbefragungen ist ein weit verbreitetes Kontrollinstrument innerhalb des Qualitätsmanagements (*Hill* 2000). Um feststellen zu können, welche Instrumente des Qualitätsmanagements besonders effektiv waren, ist es erforderlich, die Meinung der aktuellen Kunden zu den Produkten und Leistungen des Unternehmens vor, während und nach der Umsetzung des konzipierten Qualitätsmanagementsystems zu erfragen. Werden derartige Kundenbefragungen nicht nur einmal, sondern kontinuierlich im Rahmen eines sog. „**Customer Satisfaction Tracking Systems**" durchgeführt, ist es möglich, Vergleichsdaten im Zeitablauf zu ermitteln. So können positive wie negative Veränderungen der von den Kunden wahrgenommenen Qualitätsdimensionen aufgezeigt und ggf. entsprechende Maßnahmen eingeleitet werden. In diesem Zusammenhang werden auch sog. Kundenbarometer eingesetzt, die zum Ziel haben, Veränderungen der Kundenzufriedenheit im Hinblick auf die relevanten Einflussfaktoren (z. B. Qualitätsmerkmale, Kundenbindung) zu erfassen. Auch bei den Kundenbarometern stehen Längsschnittanalysen, d. h. die Beobachtung von zeitlichen Entwicklungen zum Zweck einer kontinuierlichen Analyse und Kontrolle von Veränderungen der Kundenzufriedenheit im Vordergrund (*Bruhn* 2006a, S. 470).

3.4 Instrumente der Qualitätsmanagementdarlegung

Am Ende des Regelkreises steht die Phase der **Qualitätsmanagementdarlegung**. In dieser Phase steht die Dokumentation des konkreten Vorgehens innerhalb des realisierten Qualitätsmanagements im Vordergrund. Es wird somit „dargelegt", wie Qualität im Unternehmen entsteht und kontrolliert wird. Zu den Instrumenten der

Qualitätsmanagementdarlegung zählen:
- Qualitätsmanagementhandbücher,
- Qualitätsaudits,
- Zertifizierungen.

Qualitätsmanagementhandbücher: Qualitätsmanagementhandbücher – in der Praxis häufig auch als Quality Manual bezeichnet – fixieren die Qualitätspolitik des Unternehmens (*Pfeifer* 2001; *Campbell* 2002; *Geiger/Kotte* 2005; *Schmidt* 2005). Bei der Ausarbeitung eines solchen Handbuches ist – ausgehend von den Qualitätszielen des Unternehmens – der gesamte Prozess des unternehmensinternen Qualitätsmanagements niederzulegen. Es umfasst die Dokumentation von Aufbau- und Ablaufstrukturen des Qualitätsmanagements, Qualitätselementen und -anforderungen ebenso wie die Zuweisung von Verantwortlichkeiten im Rahmen der Organisation des Qualitätsmanagementsystems.

Abbildung 2-9 zeigt das Inhaltsverzeichnis eines solchen Qualitätshandbuches beispielhaft im Überblick.

Inhaltsverzeichnis eines Qualitätshandbuches

1. Einleitung
1.1 Zweck und Geltungsbereich
1.2 Ausschlüsse des Anwendungsbereichs
1.3 Aufbau des Qualitätsmanagementsystems
1.4 Regelung des Verteilungs- und Änderungsdienstes
1.5 Verbindlichkeitserklärung der Geschäftsleitung

2. Qualitätspolitik

3. Organisation und Verantwortung
3.1 Firmenprofil
3.2 Organisationsplan
3.3 Leitung der Organisationseinheiten
3.4 Unternehmensphilosophie
3.5 Zuständigkeiten und Verantwortlichkeiten

4. Qualitätsmanagementsystem
4.1 Allgemeine Anforderungen
4.2 Dokumentationsanforderungen

5. Verantwortung der Leitung
5.1 Verpflichtung der Leitung

5.2 Kundenorientierung
5.3 Qualitätspolitik
5.4 Planung
5.5 Verantwortung, Befugnis und Kommunikation
5.6 Managementbewertung

6. Management von Ressourcen
6.1 Bereitstellung von Ressourcen
6.2 Personelle Ressourcen
6.3 Infrastruktur
6.4 Arbeitsumgebung

7. Produkt- und Dienstleistungsrealisierung
7.1 Planung und Realisierungsprozesse
7.2 Kundenbezogene Prozesse
7.3 Entwicklung
7.4 Beschaffung
7.5 Produktion und Dienstleistungserbringung
7.6 Lenkung von Überwachungs- und Messmitteln

8. Messung, Analyse und Verbesserung
8.1 Allgemeines
8.2 Überwachung und Messung
8.3 Lenkung fehlerhafter Produkte
8.4 Datenanalyse
8.5 Verbesserung

9. Anhang
9.1 Begriffe und Definitionen
9.2 Verzeichnis der Qualitätsmanagementprozessbeschreibungen

Abb. 2-9: Inhaltsverzeichnis eines Qualitätshandbuches (Quelle: http://www2.quality-management.com/download/pdf/Rossmanith_Handbuch_ISO_9001_14001.pdf, Zugriff am 5. 4. 2006)

Qualitätsaudits: Um Schwachstellen des Qualitätsmanagementsystems aufzudecken und zur Dokumentation der qualitätsbezogenen Aktivitäten werden in Unternehmen ferner Qualitätsaudits entweder extern, z. B. durch eine Unternehmensberatung, oder intern als Qualitätsrevision durchgeführt (*Herrmann* 1999; *Bruhn* 2006 a). Unter dem Begriff Qualitätsaudit ist eine unabhängige Untersuchung durch Experten zu verstehen, die das Vorhandensein und die sachgerechte Anwendung des Qualitätsmanagementsystems dokumentieren. Qualitätsaudits werden prinzipiell von Personen durchgeführt, die keine direkte Verantwortung in den zu auditierenden Bereichen haben. Zweck eines Qualitätsaudits ist vor allem die Beurteilung der Notwendigkeit von Verbesserungen und Korrekturmaßnahmen (*Deutsche Gesellschaft für Qualität e.V.* 1995, S. 141 f.). **Abbildung 2-10** zeigt einen typischen Fragenkatalog zur Auditierung eines mittelständischen Unternehmens.

Zur Vorbereitung, Durchführung und Dokumentation interner Audits sind mittlerweile Softwarepakete auf dem Markt, die nach den ISO-Normen gestaltete Checklisten zur Durchführung von Qualitätsaudits enthalten.

Typische Fragen eines Qualitätsaudits

(1) Welche aktuellen Qualitätsziele haben Sie für Ihren Verantwortungsbereich definiert und wie haben Sie diese an Ihre Mitarbeitenden weitergegeben?

(2) Welchen Schulungsbedarf haben Sie für Ihre Mitarbeitenden ermittelt, und wie werden die Schulungen durchgeführt?

(3) Welche qualitätsrelevanten Dokumente werden in Ihrem Verantwortungsbereich angewendet und wie wird deren Aktualität sichergestellt?

(4) Welche Verfahren sind hinsichtlich der Einarbeitung der Mitarbeitenden für neue Aufgaben in Anwendung?

Abb. 2-10: Beispiel eines Fragenkatalogs zur Durchführung eines Qualitätsaudits (Quelle: *Wilhelm* 1997, S. 20)

Zertifizierung: In engem Zusammenhang zum Auditing ist die Zertifizierung von Unternehmen zu sehen. Der Zertifizierungsprozess entspricht einer Prüfung des Unternehmens durch einen unabhängigen Dritten zum Erhalt eines schriftlichen Zertifikates, das die Übereinstimmung des Unternehmens oder einzelner Unternehmensbereiche mit bestimmten Qualitätsanforderungen oder Qualitätsnormen belegt. Als Prüfungsgrundlage wurden bisher in der Praxis vor allem die Normen DIN EN ISO9000 bis 9004 (1994) europaweit angewandt. Diese Normenreihe wurde im Jahre 2000 grundlegend revidiert und ist seit Dezember des gleichen Jahres in der überarbeiteten Fassung gültig. Die Normen werden weiterhin stetig überarbeitet und neuen Entwicklungen und Erkenntnissen angepasst, so dass bei fortwährender Gültigkeit der ISO 9000:2000-Normen inzwischen bereits die Norm ISO 9000:2005 existiert. Das für die Revision der ISO9000 ff. zuständige Komitee ISO/TC 176/SC 1 hat folgende acht **Grundsätze des Qualitätsmanagements** identifiziert, die der revidierten Normenreihe zugrunde liegen (*ISO* 2006):

- **Kundenorientierte Organisation:** Organisationen hängen von ihren Kunden ab. Daraus leitet sich die Notwendigkeit ab, die jetzigen und künftigen Erfordernisse der Kunden zu verstehen, Kundenforderungen zu erfüllen und danach eine Übererfüllung der Erwartungen ihrer Kunden anzustreben.

- **Führung:** Führungskräfte legen die einheitliche Zielsetzung, die Richtung und das interne Umfeld der Organisation fest. Sie schaffen die Umgebung, in der Mitarbeitende sich voll und ganz für die Erreichung der Ziele der Organisation einsetzen.

- **Einbeziehung der Mitarbeitenden:** Mitarbeitende machen auf allen Ebenen das Wesen einer Organisation aus und ihre vollständige Einbeziehung gestattet die Nutzung ihrer Fähigkeiten zum Vorteil der Organisation.

- **Prozessorientierter Ansatz:** Das gewünschte Ergebnis lässt sich auf effizientere Weise erreichen, wenn zusammengehörige Mittel und Tätigkeiten als ein Prozess geleitet werden.

- **Systemorientierter Managementansatz:** Das Erkennen, Verstehen und Führen eines Systems miteinander in Wechselbeziehung stehender Prozesse für ein gegebenes Ziel trägt zur Wirksamkeit und Effizienz der Organisation bei.

- **Ständige Verbesserung:** Ständige Verbesserung ist ein permanentes Ziel der Organisation.

- **Sachlicher Ansatz zur Entscheidungsfindung:** Wirksame Entscheidungen beruhen auf der logischen und intuitiven Analyse von Daten und Informationen.

- **Lieferantenbeziehungen zum gegenseitigen Nutzen:** Beziehungen zum gegenseitigen Nutzen zwischen der Organisation und ihren Lieferanten fördern die Fähigkeit beider Organisationen, Werte zu schaffen.

Es wird damit deutlich, dass zahlreiche Instrumente des Qualitätsmanagements zur Steigerung der Kundenorientierung eingesetzt werden können. Jedes Unternehmen hat jedoch individuell festzulegen, welche Instrumente vorrangig zum Einsatz kommen und wer dafür konkret verantwortlich ist.

3.5 Integration der Einzelphasen zu einem umfassenden Qualitätsmanagementsystem

Die einzelnen Phasen sowie die Vielzahl der Instrumente des Qualitätsmanagements sind nicht isoliert voneinander zu betrachten. Vielmehr ist es erforderlich, die Teilkonzepte zu einem umfassenden Qualitätsmanagementsystem zu integrieren. Die Vorgehensweise einer **Integration** der Instrumente des Qualitätsmanagements wird im Folgenden kurz erläutert (*Bruhn* 2006 a). Zu unterscheiden sind folgende Schritte:

(1) Hierarchisierung der Instrumente,
(2) Verknüpfung der Instrumente innerhalb der Phasen des Qualitätsmanagementsystems,
(3) Beurteilung der Instrumente,
(4) Auswahl der Instrumente.

Hierarchisierung der Instrumente: Im Rahmen eines integrierten Qualitätsmanagementkonzeptes ist eine Abstimmung der einzelnen Teilkonzepte mit dem Ziel vorzunehmen, Synergieeffekte auszunutzen. Um aus der Vielzahl der vorgestellten Maßnahmen des Qualitätsmanagements Regeln für den unbedingt erforderlichen oder lediglich begleitenden Instrumenteeinsatz abzuleiten, erscheint eine Unterscheidung nach sog. Leit- und Folgeinstrumenten des Qualitätsmanagements zweckmäßig. Im Grunde erfolgt damit eine Hierarchisierung der Qualitätsmaßnahmen. Qualitätsleitinstrumente stellen – wie der Begriff vermuten lässt – die zentralen Maßnahmen des Qualitätsmanagements dar. Sie übernehmen die Führungsfunktion für andere Qualitätsmaßnahmen. Nach der Festlegung der prioritären Qualitätsleitinstrumente in den einzelnen Phasen sind die hinreichenden Qualitätsfolgeinstrumente zu identifizieren. Zu den Folgeinstrumenten zählen diejenigen Maßnahmen, die von den Qualitätsleitinstrumenten stark beeinflusst werden, sich

Phase \ Priorität	Qualitätsleitinstrumente	Qualitätsfolgeinstrumente
Qualitätsplanung	• Qualitätsstandards des Autohändlers als Basis • Schriftliche Befragung der Kunden	• Schriftliche Befragung der Mitarbeiter • Workshop Qualitätsmanagement, in dem Qualitätsportfolios abgeleitet werden
Qualitätslenkung	• Institutionalisierung von Qualitätszirkeln, in denen Mitarbeiter aus Werkstatt und Verkauf tätig sind •Aus- und Weiterbildung des Werkstattpersonals im Umgang mit Kunden	• Anreizsysteme, z. B. Gehalt, gekoppelt an Zufriedenheitskennzahlen
Qualitätsprüfung	• Customer-Satisfaction-Tracking System für das Autohaus • Mystery Shopping	• Mitarbeiterbeobachtung im Verkaufsgespräch bzw. bei Annahme eines Fahrzeuges zur Reparatur
Qualitätsmanagement-darlegung	• Qualitätsmanagement-Handbuch • Qualitätsaudits	• Zertifizierung des Autohauses

Abb. 2-11: Hierarchisierung der Qualitätsmanagementinstrumente am Beispiel eines Automobilhändlers

entsprechend an diesen ausrichten und eher ergänzenden Charakter aufweisen. Die vorgenommene Hierarchisierung der Qualitätsmanagementinstrumente zeigt, dass die Leitinstrumente Muss-Instrumente für jedes Unternehmen darstellen. Sie sind auf jeden Fall einzusetzen und stellen den Ausgangspunkt und Rahmen für die weiteren Qualitätsmaßnahmen dar. Die Folgeinstrumente sind Soll- und Kann-Instrumente und geben den Professionalisierungsgrad des Anbieters in Hinblick auf das Qualitätsmanagement wieder. **Abbildung 2-11** zeigt eine Hierarchisierung von Qualitätsinstrumenten am Beispiel eines Automobilhändlers.

Verknüpfung der Instrumente innerhalb der Phasen des Qualitätsmanagementsystems: Im zweiten Integrationsschritt sind – ausgehend von der festgelegten Hierarchisierung – die einzelnen Verknüpfungsmöglichkeiten mit den Instrumenten der anderen Phasen zu analysieren. **Abbildung 2-12** zeigt die möglichen Vernetzungen zwischen den folgenden Instrumenten:

- Strategische Qualitätsplanung: Qualitätsposition, Qualitätsziele,
- Operative Qualitätsplanung: Merkmals- und kundenorientierte Messansätze, Beschwerdemessung,
- Qualitätslenkung: Personalentwicklung, Qualitätsverantwortung,
- Qualitätsprüfung: Mitarbeiterbeurteilung,
- Qualitätsmanagementdarlegung: Qualitätsmanagementhandbuch.

Die in **Abbildung 2-12** dargestellten Instrumente sind mittels Pfeilen miteinander verbunden, wobei vorgelagerte und nachgelagerte Instrumente des jeweils betrachteten Instrumentes existieren (das Qualitätsmanagementhandbuch ist i. d. R. ein nachgelagertes Instrument). Instrumente, die mehreren Phasen bzw. zum Teil auch angrenzenden Systemen (z. B. Beschwerdemanagement) zugeordnet werden können, sind in die Schnittmenge der Rechtecke eingeordnet. So ist beispielsweise das Instrument der merkmals- und kundenorientierten Messansätze in die Schnittfläche von Qualitätsplanung und -prüfung eingetragen. Als vorgelagerte Instrumente sind in diesem Beispiel die Personalentwicklung und Mitarbeiterbeurteilungen zu nennen, während die Festlegung der strategischen Qualitätsposition und der Einsatz eines Qualitätsmanagementhandbuches nachgelagerte Instrumente darstellen.

Beurteilung der Instrumente: In einem dritten Schritt sind die ausgewählten Instrumente aller Phasen anhand geeigneter Beurteilungskriterien zu bewerten. Ansatzpunkte bieten beispielsweise durchführungsbezogene Kriterien, wie der organisatorische Aufwand, die Komplexität der Instrumente, die Kosten oder die Häufigkeit des Einsatzes des entsprechenden Instrumentes. Aber auch ergebnisbezogene Kriterien, z. B. die Aktualität, Reliabilität und Validität, oder theoretische sowie vorbereitungsbezogene Kriterien, können bei der Bewertung eine Rolle spielen (zu den Beurteilungskriterien im Überblick siehe *Bruhn* 2006 a).

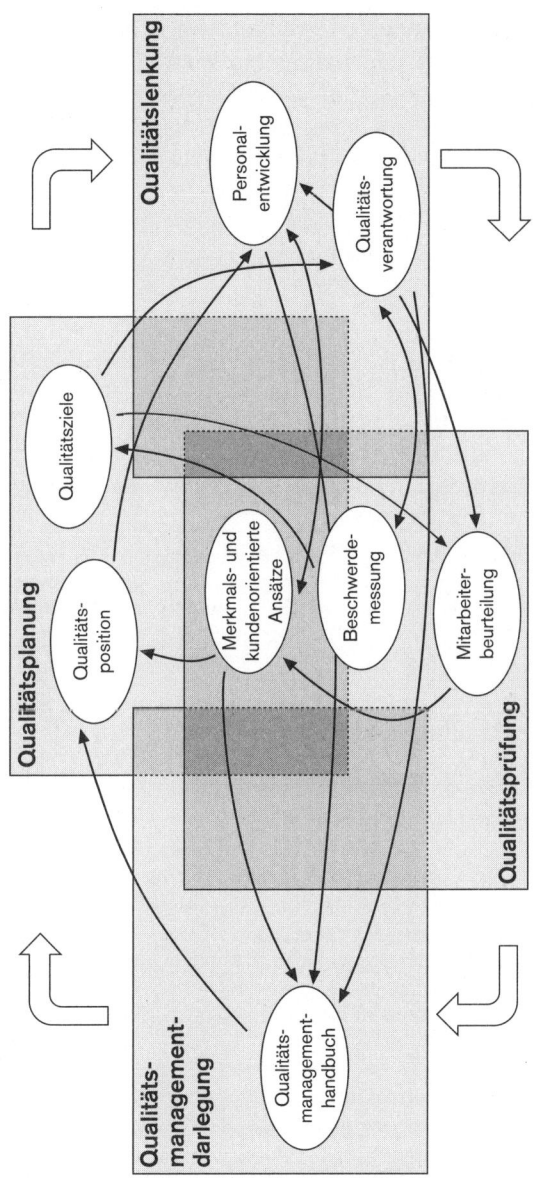

Abb. 2-12: Vernetzungsmöglichkeiten der Qualitätsleitinstrumente (Quelle: in Anlehnung an *Bruhn* 2006 a, S. 271)

Auswahl der Instrumente: Unter Zugrundelegung der Resultate der Hierarchisierung bzw. deren Beurteilung kann das Unternehmen abschließend jene Instrumente auswählen, die es im Rahmen seines Qualitätsmanagementsystems einsetzen will bzw. mittels derer es ein bereits bestehendes Qualitätsmanagementsystem ergänzen möchte.

4. Kontrolle der Wirtschaftlichkeit des Qualitäts- managements

Während die Bedeutung der Qualität für den Unternehmenserfolg in Wissenschaft und Praxis unbestritten ist, mangelt es häufig an einer konsequenten Implementierung umfassender Qualitätsma- nagementkonzepte. Als zentrale Barrieren wird zum einen das un- zureichende Verständnis der **Kosten- und Erlöswirkungen** von Qua- litätsmanagementmaßnahmen und zum anderen die Quantifizie- rung dieser Wirkungen angeführt (*Rust* et al.1994; *Bruhn/Georgi* 1999; *Hansen/Kamiske* 2002 b; *Bruhn* 2006 a). Die Auseinander- setzung mit der Wirtschaftlichkeitsproblematik von Qualitätsma- nagementsystemen verlangt somit eine systematische Ableitung der relevanten Kosten- und Nutzenkategorien.

4.1 Kosten des Qualitätsmanagements

Wesentlicher Ansatzpunkt zur Bestimmung der Wirtschaftlichkeit von Maßnahmen des Qualitätsmanagements bildet das Konzept der qualitätsbezogenen Kosten (*Campanella* 1990; *Dale/Plunkett* 1999; *Pfeifer* 2001). Der Begriff der **qualitätsbezogenen Kosten** wird in diesem Zusammenhang wie folgt definiert (*Bruhn* 1998 b, S. 129):

> **Qualitätsbezogene Kosten** umfassen sämtliche Aufwendungen einer Unternehmung zur Erstellung einer betrieblichen Leistung, die vorwie- gend durch die an das Unternehmen gerichteten Qualitätsanforderungen verursacht werden.

Im Rahmen einer traditionellen Sichtweise können grundsätzlich drei qualitätsbezogene **Kostenarten** unterschieden werden (*Wilde- mann* 1992; *Seghezzi* 2003; *Chiadamrong* 2003).

(1) Fehlerverhütungskosten (Vorbeugungskosten),

(2) Prüfkosten,

(3) Fehlerkosten.

Fehlerverhütungskosten: Zu den Fehlerverhütungskosten (Vorbeugungskosten) zählen die Kosten der Qualitätsplanung und -lenkung. Qualitätsdefizite des Leistungsangebotes beispielsweise aufgrund unzureichender Kenntnisse der Kundenbedürfnisse können so vermieden werden, um marktgerechte Leistungen anbieten zu können.

> **Beispiel:** Die intensive Schulung von Mitarbeitenden wird in der Regel durchgeführt, um Fehler bei der Leistungserstellung, insbesondere im Kontakt mit den Kunden, zu vermeiden. Die Kosten dieser Trainingsmaßnahmen können den Fehlerverhütungskosten zugerechnet werden.

Prüfkosten: In die Kategorie der Prüfkosten lassen sich sämtliche Maßnahmen der Qualitätsprüfung von Unternehmen einordnen.

> **Beispiel:** Zu den Prüfkosten eines Qualitätsmanagements zählen die Kosten für die Durchführung von Qualitätsaudits, Laborkosten, Mitarbeiterbeobachtungen oder auch die Zertifizierung.

Fehlerkosten: Die Fehlerkosten können in externe und interne Fehlerkosten unterschieden werden. Interne Fehlerkosten treten auf, wenn die Beseitigung der Qualitätsmängel erfolgt, bevor die Unternehmensleistung am Markt angeboten wird und der Kunde einen Qualitätsmangel bemerken kann. Externe Fehlerkosten entstehen hingegen bei einer nachträglichen Wiedergutmachung von Fehlern gegenüber dem Kunden.

> **Beispiel:** Personalkosten für das Aussortieren von Produktausschuss können zu den internen Fehlerkosten gezählt werden, wohingegen Schadensersatzzahlungen, Rabattangebote im Rahmen des Beschwerdemanagements oder auch Kundenabwanderungen externe Fehlerkosten sind.

Sowohl bei den Prüf- als auch bei den Fehlerkosten tritt die Unzweckmäßigkeit der vorgenommenen Kosteneinteilung zutage. Prüfkosten können nur teilweise geplant und somit kalkuliert werden. Fehlerkosten, die sich erst indirekt als Fehlerfolgekosten ergeben, insbesondere die Abwanderung von Kunden und negative Kommunikation (persönliche Kaufwarnungen oder mediale Berichterstattung), finden keine Berücksichtigung. Daher wird eine neue Gliederung der qualitätsbezogenen Kosten vorgeschlagen, bei der lediglich zwei Kategorien unterschieden werden (*Wildemann* 1992, S. 762; *Werne* 1994, S. 130; *Bruhn* 1998b, S. 130; *Ludwig* 2003, S. 11):

* Kosten der Qualität i. e. S.,
* Kosten der Nichtqualität.

Die auftretenden Kosten dieser beiden Kategorien können für unterschiedliche Strategien gegenübergestellt werden, um nachfolgend eine Kosten-Nutzen-Analyse der Strategieoptionen durchzuführen.

Kosten der Qualität i. e. S.: Diese qualitätsbezogenen Kosten entstehen durch Aufwendungen des Unternehmens, die mit dem Ziel einer den Kundenerwartungen entsprechenden Leistungserstellung getätigt werden. Ihnen sind alle geplanten Kosten zur Erhaltung bzw. Verbesserung der Qualität, so z. B. Kosten, die für die Durchführung eines Qualitätsworkshops oder einer Befragung von Kunden und Mitarbeitenden usw. entstehen, zuzuordnen.

Kosten der Nichtqualität: Diese entstehen immer dann, wenn die Kundenerwartungen untererfüllt oder auch extrem übererfüllt werden und dies vom Kunden als negativ empfunden wird (z. B. der aus Kundensicht übertriebene architektonische Auftritt von Unternehmensgebäuden), wobei die Kosten aufgrund der Untererfüllung von Kundenerwartungen im Vordergrund stehen. Ein Beispiel für diese Kostenart sind Verluste, die durch Nacharbeitungen bei Reklamationen entstehen. Kosten von Nachbearbeitungen oder Rückrufaktionen sind direkt messbar. Insbesondere werden aber oft die nicht unmittelbar sichtbaren Kosten bei der Betrachtung der Nichtqualitätskosten vernachlässigt. Hierzu zählen beispielsweise die Kundenabwanderung aufgrund von Unzufriedenheit, die Auswirkungen negativer Mund-zu-Mund-Kommunikation auf Kaufentscheidungen oder die Notwendigkeit, wegen Qualitätsmängeln oder Imageschäden (sog. Goodwill-Verlust) nach negativer Medienberichterstattung das Preisniveau zu senken (*Chiadamrong* 2003). Wie die Kategorien der traditionellen und der neuen Kostengliederung zusammenhängen, wird in **Abbildung 2-13** deutlich.

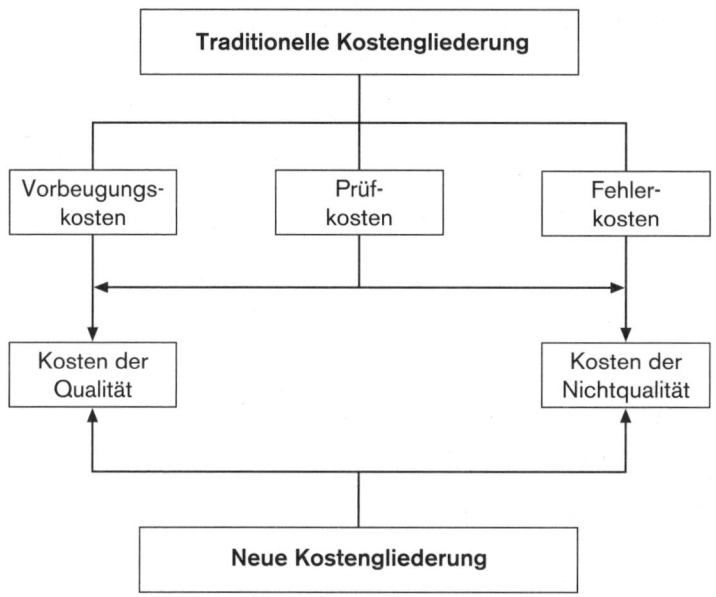

Abb. 2-13: Systematisierung von Qualitätskostenkategorien (Quelle: *Bruhn* 1998 b, S. 131)

Um eine systematische Analyse der qualitätsbezogenen Kosten vornehmen zu können, ist eine inhaltliche Strukturierung dieser Kosten erforderlich. Dabei ist der Tatsache Rechnung zu tragen, dass die qualitätsbezogenen Kosten innerhalb des Regelkreiskonzeptes entstehen. Demnach lassen sich vier **Kostenkategorien des Qualitätsmanagements** unterscheiden (vgl. **Abbildung 2-14**):

(1) Kosten der Qualitätsplanung,
(2) Kosten der Qualitätslenkung,
(3) Kosten der Qualitätsprüfung,
(4) Kosten der Qualitätsmanagementdarlegung.

Kosten der Qualitätsplanung: Die Kosten der strategischen Qualitätsplanung entstehen bei der Festlegung der Qualitätsposition und der hieraus abgeleiteten Qualitätsstrategie. In diese Kostenkategorie sind beispielsweise die Kosten zur Durchführung von qualitätsbezogenen SWOT-Analysen oder zur Erstellung von Qualitäts-

Abb. 2-14: Kostenkategorien des Qualitätsmanagements (*Bruhn* 1998 b, S. 155)

portfolios einzurechnen. Weiterhin werden Kosten der Qualitätsplanung durch Aktivitäten verursacht, die der Ermittlung der Kundenanforderungen dienen. Demnach sind dieser Subkategorie z. B. auch Kosten für die Durchführung von Kunden- und Mitarbeiterbefragungen zuzurechnen.

Kosten der Qualitätslenkung: Ferner entstehen Kosten der Qualitätslenkung, die für sämtliche Tätigkeiten zur Realisierung der Kundenanforderungen anfallen. Gemäß der Unterteilung der Instrumente der Qualitätslenkung können in dieser Phase zwei Subkategorien qualitätsbezogener Kosten unterschieden werden. Zu den mitarbeiterbezogenen Kosten der Qualitätslenkung zählen z. B. die Kosten für eine qualitätsorientierte Personalauswahl und -entwicklung sowie für qualitätsorientierte Anreizsysteme. Ferner lassen sich den organisationsbezogenen Kosten der Qualitätslenkung, z. B. die Kosten für die Implementierung eines qualitätsorientierten Informations- und Kommunikationssystems, subsumieren.

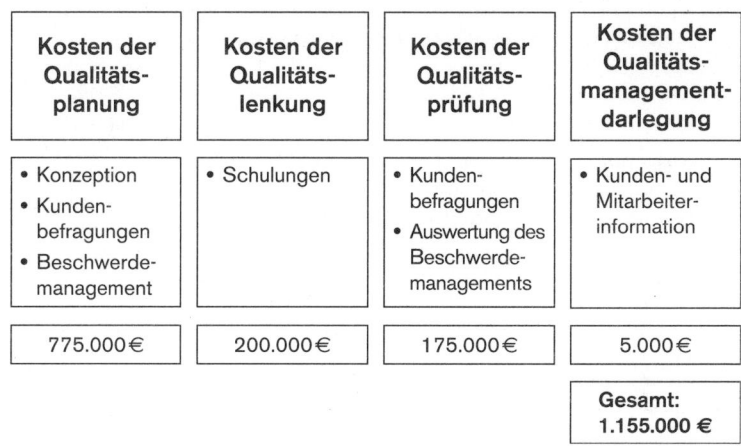

Kosten der Qualitäts- planung	Kosten der Qualitäts- lenkung	Kosten der Qualitäts- prüfung	Kosten der Qualitäts- management- darlegung
• Konzeption • Kunden- befragungen • Beschwerde- management	• Schulungen	• Kunden- befragungen • Auswertung des Beschwerde- managements	• Kunden- und Mitarbeiter- information
775.000 €	200.000 €	175.000 €	5.000 €
			Gesamt: **1.155.000 €**

Abb. 2-15: Schätzungen zu den Kosten des Qualitätsmanagements der *Vereins- und Westbank* (Quelle: *Bruhn* 1998 b, S. 181)

Kosten der Qualitätsprüfung: Außerdem entstehen im Rahmen der Qualitätsprüfung Kosten, z. B. durch die Beurteilung des Realisierungsgrades der Kundenanforderungen. Diese können in eine externe und interne Subkategorie eingeteilt werden. Zu den externen Kosten der Qualitätsprüfung zählen beispielsweise Kosten zur Durchführung von Kundenbefragungen. Kosten für Mitarbeiterbefragungen oder die Implementierung und Durchführung eines betrieblichen Vorschlagswesens sind hingegen den internen Kosten der Qualitätsprüfung zuzurechnen.

Kosten der Qualitätsmanagementdarlegung: Schließlich ergeben sich Kosten der Qualitätsmanagementdarlegung aus den Aktivitäten zur Dokumentation der qualitätsbezogenen Aktivitäten. Hierzu zählen Kosten für die Durchführung einer Zertifizierung oder Erarbeitung eines Qualitätsmanagementhandbuches des Anbieters.

Beispielhaft sei hier auf Schätzungen der *Vereins- und Westbank* zu den Kosten des dort realisierten Qualitätsmanagements verwiesen (ein ausführliches Beispiel der Wirtschaftlichkeitsanalyse dieser Bank findet sich bei *Bruhn* 1998 b; vgl. **Abbildung 2-15**).

Es wird deutlich, dass sich die Kosten auf die Aktivitäten im Rahmen der Phasen des Qualitätsmanagements eines Anbieters zurück-

1.	**Allgemeine Unternehmensdaten**	
1.1	Anzahl der Mitarbeiter	55.827
1.2	Bilanzsumme	521,3 Mrd. CHF
1.3	Operativer Gewinn	2.524 Mio. CHF

2.	**Annahmen für die Schätzung der Nichtqualitäts-Kosten**	
2.1	Ungewollte Kundenfluktuation/Kundenbestand	1,8 %
2.2	Unzufriedene Kunden/Kundenbestand	20 %
2.3	Gewinnbeitragspotenzial ungewollt verlorener Kunden/ Operativer Gewinn	15 %
2.4	Gewinnabschlag auf das Gewinngefährdungspotenzial bei unzufriedenen Kunden/Operativer Gewinn	6 %
2.5	Materielle Ausschusskosten/Bilanzsumme	0,2 %
2.6	Arbeitszeit für die Korrektur fehlerhafter Ausführungen/ Gesamtarbeitszeit	10 %
2.7	Ungewollte Mitarbeiterfluktuation/Mitarbeiterbestand	3 %
2.8	Unzufriedene Mitarbeiter/Mitarbeiterbestand	10 %
2.9	Pauschaler Personalkostenabschlag für (negativ) unzufriedene Mitarbeiter	20 %
2.10	Durchschnittliche Fluktuationskosten/Mitarbeiter	60.000 CHF
2.11	Durchschnittliche Personalvollkosten/Mitarbeiter	110.000 CHF

3.	**Berechnung der Nichtqualitäts-Kosten**		
3.1	Kosten ungewollt verlorener Kunden	= (2.3) * (1.3)	= 379 Mio. CHF
3.2	Kosten unzufriedener Kunden	= (2.4) * (1.3)	= 151 Mio. CHF
3.3	Materielle Ausschusskosten	= (2.5) * (1.2)	= 104 Mio. CHF
3.4	Immaterielle Ausschusskosten	= (2.6) * (2.11) * (1.1)	= 614 Mio. CHF
3.5	Kosten ungewollt verlorener Mitarbeiter	= (2.7) * (2.10) * (1.1)	= 100 Mio. CHF
3.6	Kosten unzufriedener Mitarbeiter	= (2.8) * (2.9) * (2.11) * (1.1)	= 123 Mio. CHF

Gesamtsumme der Nichtqualitäts-Kosten	**1.471 Mio. CHF**

Abb. 2-16: Beispiel für die Berechnung der Kosten der Nichtqualität (Quelle: *Werne* 1994, S. 239)

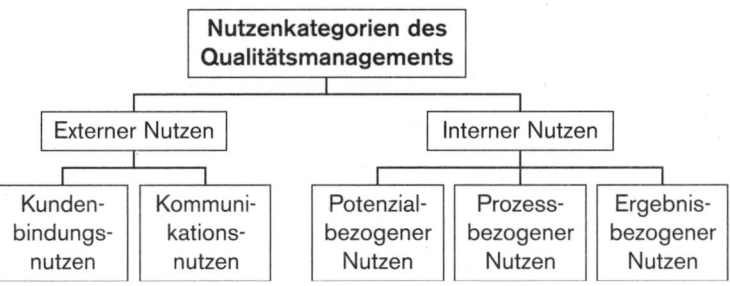

Abb. 2-17: Nutzenkategorien des Qualitätsmanagements (Quelle: *Bruhn* 1998 a, S. 209)

führen lassen, so dass sich grundsätzlich die in **Abbildung 2-15** dargestellten Kostenkategorien ergeben. Hinzu kommen die **Kosten der Nichtqualität**, deren Berechnung überblicksartig in **Abbildung 2-16** am Beispiel eines fiktiven Unternehmens dargestellt werden.

4.2 Nutzen des Qualitätsmanagements

Im Rahmen der Wirtschaftlichkeitsanalyse wird den entstandenen Kosten der induzierte Nutzen des Qualitätsmanagements gegenübergestellt. Unter dem Begriff **Qualitätsnutzen** werden jene positiven Wirkungen subsumiert, die dem Unternehmen aufgrund der Kundenreaktion auf Maßnahmen des Qualitätsmanagements entstehen. Die Gesamtheit der qualitätsbezogenen Nutzenkategorien kann in zwei Kategorien unterteilt werden (vgl. **Abbildung 2-17**):
(1) Externer Nutzen des Qualitätsmanagements,
(2) Interner Nutzen des Qualitätsmanagements.

(1) Externer Nutzen des Qualitätsmanagements

Unter externen Nutzenwirkungen werden solche Wirkungen verstanden, die aufgrund der realisierten Maßnahmen des Qualitätsmanagements zu einem erhöhten Gewinn für das entsprechende Unternehmen führen. Das Ziel qualitätsbedingter Wettbewerbsvorteile besteht in der Ausweitung der Marktanteile und damit die Verbesserung der Erlössituation des Unternehmens (*Engelhardt* 1991; *Bruhn/Georgi* 1999; *Meier/Hohberg* 2005). Folgende Nutzenkategorien sind besonders relevant:

- Kundenbindungsnutzen,
- Kommunikationsnutzen.

Kundenbindungsnutzen: Der Nutzen der Kundenbindung, beispielsweise in Form einer höheren Preisbereitschaft, Cross Buying oder Wiederkäufen, ist erst in den letzten Jahren verstärkt erkannt worden und wird i. d. R. im Rahmen eines Kundenbindungsmanagements diskutiert (*Bruhn/Georgi* 1999; *Tomczak/Rudolf-Sipötz* 2001; vgl. hierzu auch Kapitel 4). Der Kundenbindungsnutzen kann dem Qualitätsmanagement immer dann zugerechnet werden, wenn das Qualitätsmanagement einem übergeordneten Gesamtkonzept entspricht, indem verschiedene Bausteine der Kundenorientierung integriert werden (*Bruhn* 1998 b).

Kommunikationsnutzen: Der Kommunikationsnutzen wird durch eine positive Mund-zu-Mund-Kommunikation zufrieden gestellter Kunden, die im günstigsten Fall zu einer Neukundengewinnung führen kann, generiert. Analog kann auch die Verhinderung einer negativen Mund-zu-Mund-Kommunikation unzufriedener Kunden zur Kategorie des Kommunikationsnutzens gerechnet werden. Zur Messung des Kommunikationsnutzens ist es erforderlich, die Weiterempfehlungsbereitschaft der zufrieden gestellten Kunden und die Kaufbereitschaft der mit Weiterempfehlungen konfrontierten Gesprächspartner dieser Kunden mittels Befragungen zu ermitteln.

Beispiel: In der Automobilwirtschaft wurde festgestellt, dass für den Kauf eines *Toyota Lexus* mehr Neukunden aufgrund von Weiterempfehlungen als mit irgendeiner anderen Maßnahme gewonnen werden konnten (*Reichheld/Teal* 2001).

(2) Interner Nutzen des Qualitätsmanagements

Im Gegensatz zum externen Nutzen des Qualitätsmanagements setzt der interne qualitätsbezogene Nutzen nicht an den Wirkungen des Qualitätsmanagements beim Kunden, sondern an seinen unternehmensinternen Wirkungen an. Durch Maßnahmen des Qualitätsmanagements können Wirkungen erzielt werden, die einen erlössteigernden und teilweise auch kostensenkenden Charakter in Bezug auf die Qualitätsorganisation und die Mitarbeitenden haben. Da der interne qualitätsbezogene Nutzen eine Verbesserung der

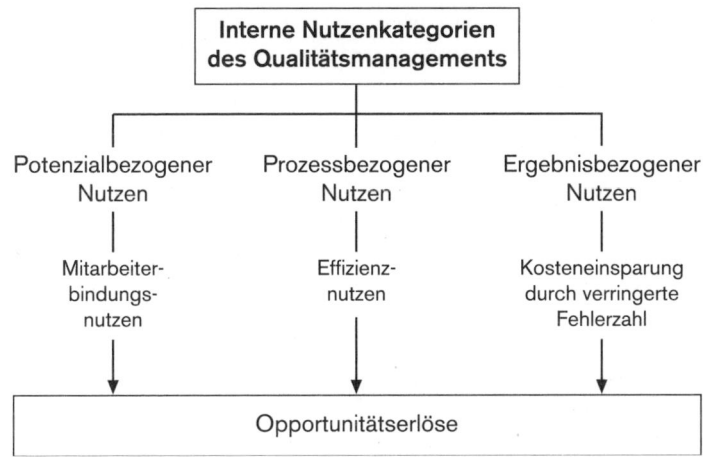

Abb. 2-18: Interner Nutzen des Qualitätsmanagements (Quelle: in Anlehnung an *Bruhn* 2006 a, S. 479 f.)

Leistungserstellung betrifft, werden zur Strukturierung der internen Nutzenkategorien die Phasen der Leistungserstellung herangezogen (*Bruhn* 1998 b). Somit lassen sich die in **Abbildung 2-18** dargestellten **internen Nutzenkategorien** differenzieren:

* Potenzialbezogener Nutzen,
* Prozessbezogener Nutzen,
* Ergebnisbezogener Nutzen.

Potenzialbezogener Nutzen: Der potenzialbezogene Nutzen ergibt sich aus qualitätsinduzierten Modifikationen im Rahmen der Leistungserstellung. Es ist darauf zu achten, dass dem potenzialbezogenen Nutzen keine Wirkungen von Maßnahmen der Leistungspolitik zuzurechnen sind, so dass z. B. eingesparte Kosten infolge von Automatisierungen nicht dem Nutzen des Qualitätsmanagements subsumiert werden. Vielmehr steht hier die **Mitarbeiterbindung**, z. B. über eine Erhöhung der Mitarbeiterzufriedenheit und Motivation, im Vordergrund. Der Mitarbeiterbindungsnutzen entsteht somit durch eine Steigerung der Bindung der aktuellen Mitarbeitenden an den Anbieter. Auch wenn dies in erster Linie eine Zielgröße des Internen Marketing darstellt, so kann Mitarbeiterbindung auch eine Folge des Qualitätsmanagements sein, z. B. durch die Übertragung von Qualitätsverantwortung und eine damit einhergehende Motivationssteigerung. Hinsichtlich der finanziellen Wirkungen dieser Nutzenkategorie zieht diese insbesondere Kostensenkungen nach sich. Aufgrund von leistungsspezifischen Lerneffekten des Mitarbeitenden ergeben sich Kostensenkungspotenziale.

> **Beispiel:** Kosteneinsparungen können unter anderem aufgrund einer geringeren Notwendigkeit von Personalakquisitionen oder geringeren Investitionen in Schulungsmaßnahmen erreicht werden (*Reichheld* 1993, S. 109).

Prozessbezogener Nutzen: Eine zweite interne Nutzenkategorie stellt der prozessbezogene Nutzen dar. Dieser resultiert insbesondere aus der Interaktion zwischen Kunden und Kontaktpersonal. Die Abgrenzung der dem prozessbezogenen Nutzen zuzuordnenden Kategorien ist jedoch nicht unproblematisch. Auch wenn diesem Bereich inhaltlich der Nutzen aus der freundlicheren Bedienung des Kunden u.Ä. zurechenbar wäre, ist dies nicht zweckmäßig, da diese Wirkungen dem externen Nutzen in Form einer Steigerung der Kundenzufriedenheit und den entsprechenden Konsequenzen zufallen. Vielmehr ist dieser Kategorie jener Nutzen zuzurechnen, der durch eine Steigerung der **mitarbeiterbezogenen Effizienz** im Rahmen der Erstellungsphase (z. B. bei der Eröffnung eines Kontos oder der Perfektionierung eines Haarschnitts) entsteht (*Reichheld* 1993, S. 111). Ähnlich wie bei der Kategorie des Mitarbeiterbindungsnutzens können durch eine Steigerung des kundenorientierten und fehlervermeidenden Verhaltens der Mitarbeitenden im Rahmen des Leistungserstellungsprozesses Kostensenkungen verzeichnet werden (*Atkinson* et al.1994, S. 40).

> **Beispiel:** Die *Lufthansa AG* strebte im Rahmen der Restrukturierung ihres Tochterunternehmens *LSG Sky Chefs* 2004 eine Überarbeitung ihrer Prozesse an, die vor allem beinhaltete, durch Standardisierungen von Prozessabläufen Kosten zu reduzieren. Gleichzeitig bestand ein weiteres Ziel in einer höheren Flexibilität, um diese trotz der Standardisierung kundenorientiert gestalten zu können (*Lufthansa* 2005).

Ergebnisbezogener Nutzen: Die dritte interne Nutzenkategorie betrifft den ergebnisbezogenen Nutzen. Der ergebnisbezogene Nutzen ergibt sich durch eine Verringerung fehlerhafter Ergebnisse der Leistungserstellung (*Atkinson* et al.1994; *Seghezzi* 2003).

Beispiel: Bei einer Versicherung ist die fehlerfreie Erstellung eines Versicherungsangebotes durch einen Agenten ein ergebnisbezogener Nutzen. Hierdurch ist ebenfalls ein Nutzen in Form geringerer Kosten gegeben, z. B. die Vermeidung von Nachberechnungen des Versicherungsangebotes.

Nach der Ableitung der Kosten- und Nutzenkategorien können die entsprechenden Ergebnisse im Rahmen einer statischen Betrachtung gegenübergestellt werden. Um dem Investitionscharakter von qualitätsbezogenen Maßnahmen Rechnung zu tragen, sind allerdings eher dynamische Kosten-Nutzen-Analysen sinnvoll. Nur so können die langfristigen finanziellen Konsequenzen von Maßnahmen des Qualitätsmanagements fundiert eingeschätzt werden (*Bruhn* 1998 b). **Abbildung 2-19** zeigt die simulierten Ergebnisse der dynamischen Kosten-Nutzen-Analyse des Qualitätsmanagements der *Vereins- und Westbank*.

4.3 Barrieren bei der Analyse der Wirtschaftlichkeit des Qualitätsmanagements

Auch wenn die Notwendigkeit eines systematischen Qualitätsmanagements zur Verbesserung der eigenen Leistungsfähigkeit und insbesondere der Kundenorientierung in der Praxis nicht in Frage gestellt wird, trifft die Umsetzung eines Qualitätsmanagements auf zahlreiche Widerstände. Wenn bereits die Implementierung der herkömmlichen Qualitätsinstrumente mit Problemen behaftet ist, so gestaltet sich die Durchführung von Wirtschaftlichkeitsanalysen für diesen Bereich nicht minder schwer.

In Bezug auf **kostenrechnungstechnische Barrieren** lässt sich zunächst feststellen, dass qualitätsbezogene Kosten in traditionellen Kostenrechnungssystemen nicht als eigenständige Kostenart ausgewiesen werden (*Weidner* 1992, S. 900). Vielmehr bleibt es jedem Unternehmen selbst überlassen, in Anlehnung an die allgemeine Definition qualitätsbezogener Kosten und unter Berücksichtigung unternehmensspezifischer Erfordernisse zu entscheiden, welche Kosten den qualitätsbezogenen Kosten zugerechnet werden. Dabei

Periode	0	1	2	3	4	5
Implementierungskosten	-1.200.000,00					
Laufende Kosten Qualitätsplanung		-350.000,00	-332.500,00	-315.875,00	-300.081,25	-285.077,19
Laufende Kosten Qualitätslenkung		-400.000,00	-420.000,00	-441.000,00	-463.050,00	-486.202,50
Laufende Kosten Qualitätsprüfung		-350.000,00	-332.500,00	-315.875,00	-300.081,25	-285.077,19
Laufende Kosten QM-Darlegung		-10.000,00	-10.000,00	-10.000,00	-10.000,00	-10.000,00
Kundenbindungsnutzen		1.912.500,00	1.912.500,00	1.912.500,00	1.912.500,00	1.912.500,00
Kommunikationsnutzen		355.500,00	355.500,00	355.500,00	355.500,00	355.500,00
Interner Nutzen		410.000,00	410.000,00	410.000,00	410.000,00	410.000,00
Qualitätsgewinn	-1.200.000,00	1.158.000,00	1.173.000,00	1.185.250,00	1.194.787,50	1.201.643,13
Qualitätsgewinn (diskontiert)	-1.200.000,00	1.052.727,27	969.421,49	890.495,87	816.055,94	746.125,84
Qualitätswert (kumuliert)	-1.200.000,00	-147.272,73	822.148,76	1.712.644,63	2.528.700,57	3.274.826,41
Kosten des Qualitätsmanagements (diskontiert und kumuliert)	1.200.000,00	2.209.090,91	3.114.049,59	3.927.535,69	4.660.554,27	5.322.677,99
Qualitätsrendite	-100,00 %	-6,67 %	26,40 %	43,61 %	54,26 %	**61,53 %**

Abb. 2-19: Dynamische Kosten-Nutzen-Analyse des Qualitätsmanagements am Beispiel der *Vereins- und Westbank* (Quelle: *Bruhn* 1998 b, S. 324)

ist jedoch darauf zu achten, dass der Erfassungsaufwand in einem wirtschaftlichen Verhältnis zur Größenordnung der jeweiligen Kostenelemente, aber auch vor allem zu den Qualitätserlösen steht (*Rauba* 1990, S. 30). Demzufolge werden **Sonderrechnungen** erforderlich, welche diejenigen Kostenkategorien als qualitätsbezogene Kosten ausweisen, die im Rahmen der traditionellen Kostenrechnung unter anderen Kostenarten erscheinen (*Carr* 1992, S. 74).

Als weitere Barriere wird ein **zusätzlicher Erfassungsaufwand**, beispielsweise im Rahmen von Mitarbeiterbefragungen, deutlich. Die Erfassung beinhaltet z. B. Angaben darüber, welcher Anteil der Arbeitszeit auf Maßnahmen der Qualitätsplanung sowie der Prüfung und Steuerung von Arbeitsprozessen entfällt. Dabei besteht die Gefahr, dass einzelne Mitarbeitende des Unternehmens bewusst niedrige Kostenschätzungen abgeben.

Schließlich lässt sich als Barriere feststellen, dass der **Qualitätsnutzen** nur schwer zu ermitteln ist, da der Nachweis eines eindeutigen Ursache-Wirkungs-Zusammenhangs nicht immer gelingt. Beispielsweise ist die kausale Beziehung zwischen wahrgenommener Qualität und Weiterempfehlung oder Wiederwahl des Unternehmens nur unternehmensspezifisch zu quantifizieren.

Die Analyse der Wirtschaftlichkeit des Qualitätsmanagements ist zwar noch mit einigen Operationalisierungs- und Zurechnungsschwierigkeiten verbunden, wird jedoch zunehmend in den Unternehmen betrieben. In diesem Zusammenhang ist es für jedes Unternehmen notwendig, die bestehenden Möglichkeiten der Erfassung und Messung der qualitätsbezogenen Kosten und Nutzen auszuschöpfen, um Hinweise über die Wirtschaftlichkeit des Qualitätsmanagementsystems zu erhalten.

Zusammenfassung: Die folgenden **zehn Merkpunkte** können eine Hilfestellung für die Umsetzung eines Qualitätsmanagements im eigenen Unternehmen geben:

(1) **Philosophie des Total Quality Management vermitteln:** Stellen Sie sicher, dass das Qualitätsmanagement in Ihrem Unternehmen nicht einem kurzfristigen „Umsetzungsprogramm" entspricht, sondern fördern Sie auf allen Ebenen das Verständnis, dass ein integriertes Qualitätsmanagement eine

langfristige Aufgabe und zentraler Erfolgsfaktor im Sinne eines Total Quality Management ist.

(2) **Qualitätsbewusstsein schaffen:** Zur permanenten Steuerung und Weiterentwicklung des Qualitätsmanagements ist es sinnvoll, Qualitätszirkel zu institutionalisieren. Kümmern Sie sich persönlich um die Bildung dieser Teams und sprechen Sie geeignete Mitarbeitende auf die aktive Beteiligung in einem Qualitätszirkel an.

(3) **Qualitätsmanagement strategisch planen:** Formulieren Sie qualitätsbezogene Unternehmensgrundsätze, -ziele, -strategien sowie -standards und vergewissern Sie sich einer eindeutigen Operationalisierung.

(4) **Regelkreiskonzept des Qualitätsmanagements umsetzen:** Erarbeiten Sie ein individuelles Regelkreiskonzept des Qualitätsmanagements, in dem die zentralen Qualitätsinstrumente der einzelnen Phasen bestimmt wurden.

(5) **Instrumente des Qualitätsmanagements integrieren:** Hierarchisieren und verknüpfen Sie die ausgewählten Instrumente des Qualitätsmanagements, um ein integriertes Qualitätsmanagement realisieren zu können.

(6) **Ressourcen für die Umsetzung eines Qualitätsmanagements bereitstellen:** Stellen Sie sicher, dass die erforderlichen Ressourcen zur Umsetzung des Qualitätsmanagements im Unternehmen gegeben sind.

(7) **Zertifizierung des Unternehmens überdenken:** Überlegen Sie, ob eine Zertifizierung für Ihr Unternehmen sinnvoll sein kann, zumindest in Teilbereichen.

(8) **Qualitätsbezogene Erhebung der Kundenerwartungen sicherstellen:** Stellen Sie eine regelmäßige Messung der Kundenerwartungen und der Kundenzufriedenheit als Schlüsselgrößen des Qualitätscontrolling sicher.

(9) **Qualitätsbezogene Kosten- und Nutzenkategorien fassbar machen:** Erarbeiten Sie in Zusammenarbeit mit dem Rechnungswesen und Controlling ein unternehmensindividuelles System, mit dem die Kosten des Qualitätsmanagements sowie der Qualitätsnutzen erfasst werden können.

(10) **Wirtschaftlichkeit des Qualitätsmanagements ermitteln:** Stel-

> len Sie den Kostenkategorien die Nutzendimensionen gegenüber und beachten Sie, dass das Qualitätsmanagement auch dem Gesichtspunkt der Wirtschaftlichkeit gerecht wird.

Literaturempfehlungen (Zur vertiefenden Auseinandersetzung mit dem Thema Qualitätsmanagement werden folgende Literaturquellen empfohlen): *Bruhn, M.* (1998 b): Wirtschaftlichkeit des Qualitätsmanagements. Qualitätscontrolling für Dienstleistungen, Berlin/Heidelberg 1998. *Bruhn, M.* (2006 a): Qualitätsmanagement für Dienstleistungen. Grundlagen, Konzepte, Methoden, 6. Aufl., Berlin/Heidelberg 2006. *Garvin, D. A.* (1988): Die acht Dimensionen der Produktqualität, in: Harvard Manager, 10. Jg., Nr. 3, S. 66–74. *Hansen, W./Kamiske, G. F.* (Hrsg.) (2002 a): Qualitätsmanagement im Dienstleistungsbereich. Assessment – Sicherung – Entwicklung, Düsseldorf 2002. *Kamiske, G. F./Umbreit, G.* (2006): Qualitätsmanagement, eine multimediale Einführung, München 2006. *Masing, W.* (Hrsg.) (1999): Handbuch Qualitätsmanagement, 4. Aufl., München/Wien 1999. *Pfeifer, T.* (2001): Qualitätsmanagement. Strategien, Methoden, Techniken, München/Wien 2001. *Seghezzi, H. D.* (2003): Integriertes Qualitätsmanagement. Das St. Galler Konzept, 2. Aufl., München/Wien 2003. *Töpfer, A./Mehdorn, H.* (2006): Prozess- und wertorientiertes Qualitätsmanagement. Wertsteigerung durch Total Quality Management im Unternehmen, Heidelberg 2006. *Zollondz, H.-D.* (2006): Grundlagen Qualitätsmanagement. Einführung in Geschichte, Begriffe, Systeme und Konzepte, 2. Aufl., München 2006.

Kapitel 3. Servicemanagement

1. Grundlagen des Servicemanagements

1.1 Bedeutung und Entwicklung des Servicemanagements

Neben einer hohen Produktqualität können ausgezeichnete Serviceleistungen bzw. die Realisierung einer hohen Servicequalität einen bedeutsamen Beitrag zur Kundenorientierung leisten. Dies wurde in den vergangenen Jahren insbesondere von Branchen, in denen das eigentliche Produktprogramm (z. B. Mobilfunk, Postdienstleistungen) nur wenig Spielraum zur Verbesserung oder Variation der Leistung lässt, erkannt und durch ein breites Angebot von Zusatzleistungen umgesetzt. Im deutschsprachigen Raum bestand lange Zeit kein Unterschied zwischen dem **Servicemanagement** und dem Angebot technischer Kundendienstleistungen. Mit dem Bedeutungszuwachs von Serviceleistungen zur Wettbewerbsdifferenzierung auch im Sachgüterbereich wird offenkundig, dass in vielen Fällen keine trennscharfe Abgrenzung von Sachgütern und Dienstleistungen möglich ist. Vielmehr lässt sich ein kontinuierliches Spektrum tangibler und intangibler Wertbeiträge für verschiedene Leistungen darstellen. Mit einer Intensivierung der Forschungsarbeiten auf dem Gebiet der Dienstleistungen und der Entwicklung von Ansätzen zur Messung und Erfassung der Dienstleistungsqualität hielten entsprechende Konzepte auch Einzug in die Unternehmenspraxis. In den darauf folgenden Jahren wurden diese Ansätze verfeinert und weiterentwickelt. Heute ist die Bedeutung von Serviceelementen weitgehend allen Unternehmen bekannt und es wird versucht, durch innovative Serviceleistungen die Kundenorientierung zu steigern und die aktuellen Kunden an das Unternehmen zu binden. Das Servicemanagement setzt dabei sowohl an der Leistungs- als auch Interaktionsdimension der Kundenorientierung an. Dies verdeutlicht **Abbildung 3-1**.

Die Bedeutung von Serviceleistungen zur Erfüllung der Kundenerwartungen ist unumstritten. Allerdings bestehen in der Unterneh-

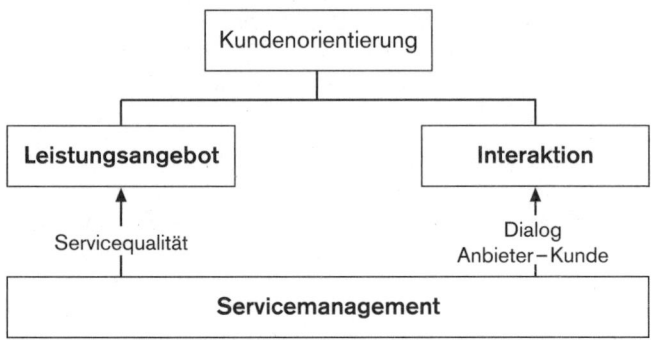

Abb. 3-1: Kundenorientierung und Servicemanagement

menspraxis teilweise erhebliche Implementierungsprobleme, da die Umsetzung von Servicestrategien die Fähigkeit von Unternehmen voraussetzt, potenzielle Probleme des Kunden zu antizipieren und daraufhin maßgeschneiderte Lösungen anzubieten. Diese Fähigkeit ist noch nicht bei allen Unternehmen ausreichend entwickelt.

1.2 Definition und Systematisierung von Serviceleistungen

In einem ersten Schritt ist es erforderlich, die relevanten Begriffe näher zu kennzeichnen, denn obwohl die Begriffe Service und Dienstleistung in zahlreichen Veröffentlichungen und Vorträgen verwendet werden, existiert bis dato kein einheitliches Begriffsverständnis. Die Interpretationen des Begriffes „Service" reichen von einer Beschreibung des technischen Kundendienstes bis hin zur synonymen Verwendung der Begriffe Dienstleistung und Service. Generell lassen sich drei Auffassungen unterscheiden, die die Grundlage für eine umfassende Definition bilden (*Bruhn* 1995, S. 25; *Meffert/Bruhn* 2006 a):

(1) Potenzialorientierte Definition,

(2) Prozessorientierte Definition,

(3) Ergebnisorientierte Definition.

Potenzialorientierte Definition: Die potenzialorientierte Definition beinhaltet die Auffassung, dass Dienstleistungen als die durch Menschen oder Maschinen geschaffenen Potenziale bzw. Fähigkeiten eines Anbieters angesehen werden können, spezifische Leistungen beim Nachfrager zu erbringen. Hierzu zählen z. B. eine Hotellobby oder das Gebäude eines Autohauses, aber auch die formelle Kleidung von Bankangestellten als Zeichen der Seriosität und Kompetenz (vgl. *Meyer/Mattmüller* 1987, S. 187 f.; *Hentschel* 1992, S. 19 f.; *Steffen* 2006).

Prozessorientierte Definition: Bei der prozessorientierten Definition werden Dienstleistungen als „der Bedarfsdeckung Dritter dienende Prozesse mit materiellen und/oder immateriellen Wirkungen" verstanden (*Berekoven* 1997). Die Inanspruchnahme einer Dienstleistung erfordert gemäß dieser Sichtweise einen Kontakt zwischen Dienstleister und Kunden bzw. einem Objekt des Kunden. Beispiele sind der Prozess des Haarschneidens, eine Autoreparatur oder die Bedienung in einem Restaurant.

Ergebnisorientierte Definition: Bei der ergebnisorientierten Betrachtung wird davon ausgegangen, dass nicht der Prozess, sondern ausschließlich das Ergebnis des Prozesses – z. B. der Haarschnitt an sich und nicht der Prozess des Haarschneidens – als Dienstleistung bzw. Service betrachtet werden kann (*Maleri* 1997).

Heute gehen immer noch viele (Dienstleistungs-)Unternehmen von einem potenzialorientierten Begriffsverständnis aus. Es ist jedoch Sorge dafür zu tragen, dass Mitarbeiter auch ein prozess- und ergebnisorientiertes Verständnis entwickeln, um Kundenorientierung zu realisieren. Im Folgenden wird daher von einem erweiterten Verständnis des Begriffes ausgegangen. Die Begriffe Service und Dienstleistung werden hierbei synonym verwendet.

Services (Dienstleistungen) „sind selbständige, marktfähige Leistungen, die mit der Bereitstellung (z. B. Versicherungsleistungen) und/oder dem Einsatz von Leistungsfähigkeiten (z. B. Friseurleistung) verbunden sind (**Potenzialorientierung**). Interne (z. B. Geschäftsräume, Personal, Ausstattung) und externe Faktoren (also solche, die nicht im Einflussbereich des Unternehmens liegen) werden im Rahmen des Erstellungsprozesses kombiniert (**Prozessorientierung**). Die Faktorenkombination des Serviceanbieters wird mit dem Ziel eingesetzt, an den externen Faktoren, an Menschen (z. B. Kunden) oder deren Objekten (z. B. Auto des Kunden) nutzenstiftende Wirkungen (z. B. Inspektion beim Auto) zu erzielen (**Ergebnisorientierung**)" (*Meffert/Bruhn* 2006, S. 31).

1.3 Begriff und Funktionen von E-Services

Die fortschreitende Entwicklung und Vernetzung von Informationstechnologien führt zu einem weiter andauernden Wachstum und der Neuentwicklung elektronischer Dienstleistungen. Unter dem Begriff **E-Services** sind marktfähige Leistungen zu verstehen, die durch die Bereitstellung von elektronischen Leistungspotenzialen und durch die Integration eines externen Faktors mit Hilfe eines elektronischen Datenaustauschs auf eine nutzenstiftende Wirkung an den externen Faktoren abzielen (*Bruhn* 2002a).

E-Services können danach unterschieden werden, ob sie ein anderes Produkt bzw. Dienstleistung als „**Value Added Service**" flankieren oder unabhängig von anderen Produkten oder Dienstleistungen angeboten werden („**Stand Alone Service**"). Das Angebot von Value Added Services zielt in erster Linie darauf ab, den Nutzen bestehender Produkte oder Dienstleistungen für den Kunden zu erhöhen; z. B. können durch einen elektronischen Newsletter Informationen und Tipps für den Gebrauch des Produkts geliefert werden. Für sich genommen stiften solche Services lediglich geringen Nutzen, sie können aber der Kundenbindung und dem Ausschöpfen von Cross-Selling-Potenzialen dienen. Stand Alone Services hingegen zielen darauf ab, dem Kunden eigenständig Nutzen zu stiften.

Beispiel: Ein Stand Alone Service im Internet wird von der Online-Networking-Plattform *Xing* (bis 2006: *openBC*) angeboten. Nutzer haben hier die Möglichkeit, eigene Adressbücher mit der über eine Mio. Mitglieder umfassenden Datenbank des Anbieters abzugleichen, vorhandene Kontakte aufrechtzuerhalten und über diese über unterschiedliche Suchkriterien weitere Kontakte anzubahnen. Darüber hinaus können über das Portal weitere Leistungen, wie z. B. Internet-Telefonie, in Verbindung mit anderen Anbeitern genutzt werden (*Deutscher Internetpreis* 2004).

Vernetzte **multimediale Systeme** wie das Internet ermöglichen es, die Übermittlungszeiten von Daten und Informationen zu reduzieren. Dies führt dazu, dass die Geschwindigkeit von Prozessen, z. B. die Bearbeitung von Bestellungen, erhöht werden kann. E-Mail-Kommunikation bietet die Möglichkeit, auf Kundenwünsche und -anfragen unmittelbar zu reagieren. Die systematische Erfassung von Kundenanfragen (Monitoring) hilft, das E-Service-Angebot zu verbessern. Durch Mail-Ankündigungen seitens des Anbieters kann einem E-Service-Angebot eine größere Aufmerksamkeit verschafft werden.

Der Feedbackkanal eines Online-Systems sollte zur **Informationsgewinnung** genutzt werden, z. B. im Rahmen eines virtuellen Beschwerdemanagementsystems. Insbesondere im Hinblick auf das Ziel der Kundenbindung hat sich herausgestellt, dass erst die relativ anonyme Möglichkeit einer Online-Beschwerde viele Kunden zur Artikulation ihrer Unzufriedenheit stimuliert (*Olbrich/Grünblatt* 2003, S. 216; siehe auch Kapitel 5).

Für die **Ausgestaltung der E-Services** sind die Inhalte sowie die grafische Darstellung von ausschlaggebender Bedeutung. Eine Internetseite ist möglichst aufmerksam sowie Inhalte und Kontaktmöglichkeiten so zu gestalten, dass sie leicht auffindbar sind. Häufig sind Besucher einer Internetseite an gezielten Informationen interessiert und werden durch eine unstrukturierte Informationsflut abgeschreckt. Kontinuierlich aktualisierte Informationen sind eine Möglichkeit, kundenorientierte Wettbewerbsvorteile zu schaffen. Ein Verkehrsdienstleister kann z. B. aktuelle Daten über Verspätungen bereitstellen oder ein Online-Reservierungssystem einrichten und auf diese Weise seine Kundenorientierung verbessern. Die Bestellungsabwicklung über das Internet ist nicht nur kundenfreundlich aufgrund der Zeitunabhängigkeit – Bestellungen sind rund um die Uhr möglich –, sondern reduziert auch den Zeit- und Kostenaufwand für den Anbieter, da elektronische Bestelldaten direkt von den internen IT-Systemen übernommen werden können. Zusätzlich möglich ist ein webbasiertes Order Tracking, d. h., die Verfolgung eines Auftrages über das Internet, das die Planung und Organisation vereinfacht und somit einen Mehrwert für Logistikpartner und Kunden schafft.

Beispiel: Der Logistikdienstleister *UPS* setzte als erstes Unternehmen ein Sendungsverfolgungssystem ein, das über den aktuellen Status eines Versandauftrages informiert. Dieser Service, der inzwischen von allen großen Logistikdienstleistern angeboten wird, versetzt den Kunden in die Lage, jederzeit Informationen über den Ort sowie die voraussichtliche Ankunft der bestellten bzw. versandten Ware zu erhalten.

1.4 Besonderheiten im Servicemanagement

Angesichts der vorliegenden Definition stellen Serviceleistungen ein sehr heterogenes und umfassendes Untersuchungsobjekt dar, bei dem einige Besonderheiten zu beachten sind. Zu den zentralen **Besonderheiten von Dienstleistungen** zählen (*Meffert/Bruhn* 2006):

(1) **Leistungsfähigkeit des Anbieters:** Eine Serviceleistung kann nicht ohne spezifische Leistungsfähigkeiten des entsprechenden Anbieters (z. B. Know-how oder körperliche Fähigkeiten) erstellt werden. Dabei ist es unwesentlich, ob es sich bei den entsprechenden Leistungspotenzialen um einen Menschen oder eine Maschine handelt.

(2) **Integration des externen Faktors:** Dies bedeutet, dass bei der Erbringung der Serviceleistung zwangsläufig der Kunde selbst oder ein bestimmtes Objekt, wie z. B. sein Auto, in den Leistungserstellungsprozess einbezogen wird.

(3) **Immaterialität:** Serviceleistungen haben z. T. einen hohen immateriellen Anteil, so dass sie weder gelagert noch transportiert werden können.

1.5 Typologie und Profilierungsfelder des Servicemanagements

Aufgrund der genannten Besonderheiten ist es in einem weiteren Schritt sinnvoll, eine Systematisierung bzw. **Typologisierung von Serviceleistungen** vorzunehmen mit dem Ziel, die zur Erfüllung der Kundenerwartungen bzw. die zur Steigerung der Kundenorientierung relevanten Servicekategorien näher zu beschreiben. Zur Typologisierung wird eine Unterscheidung der Dimensionen „Erwartungshaltung der Nachfrager" und „Affinität zum Kernprodukt" vorgenommen. Die **Erwartungsdimension** (erste Dimension) analysiert, inwieweit die angebotene Serviceleistung vom Nachfrager derzeit zwingend erwartet oder als Zusatzleistung lediglich positiv bewertet wird („Nice to Have"). Im Kano-Modell wird die Erwartungshaltung des Kunden zu verschiedenen Leistungskomponenten abgefragt und darauf basierend eine Einordnung der Relevanz für die Zufriedenheit des Kunden nach drei Abstufungen vorgenommen:

(1) Muss-Serviceleistung,
(2) Soll-Serviceleistung,
(3) Kann-Serviceleistung.

Muss-Serviceleistung: Zu den Muss-Serviceleistungen zählen sämtliche Serviceleistungen des Anbieters, die aus Kundensicht unabdingbar sind. Sie werden auch „Hygienefaktoren" genannt. Ferner können diejenigen Leistungen zu der Kategorie der Muss-Serviceleistungen gezählt werden, die bereits von sämtlichen Unternehmen der Branche als Standardleistung erbracht werden, so dass der Kunde das Vorhandensein dieser Leistung voraussetzt. Werden Muss-Serviceleistungen von einem Unternehmen nur unzureichend oder gar nicht erbracht, so wird das Unternehmen vermutlich nicht nur eine schlechte Beurteilung hinsichtlich der Kundenorientierung erhalten, sondern zudem sehr hohe Migrationsraten aufweisen.

Beispiel: Zu den Muss-Serviceleistungen in der Hotelleriebranche zählen die Reinigung eines Hotelzimmers während eines Urlaubs, die Erteilung von Auskünften an einem Bankschalter usw.

Soll-Serviceleistung: Bei den Soll-Serviceleistungen kann sich der Anbieter durch eine professionelle Erfüllung beim Kunden profilieren. Zu dieser Kategorie zählen folglich sämtliche Serviceleistungen, die ergänzend zur Kern- oder Primärleistung erbracht werden und deren Vorhandensein aus Kundensicht angenehm und komfortabel ist. Diese sind eine gute Möglichkeit, Kundenorientierung unter Beweis zu stellen. Allerdings verändern sich die Serviceerwartungen von Kunden im Zeitablauf. Daher ist das eigene Serviceangebot kontinuierlich zu analysieren und zu modifizieren. Insbesondere ist bei einer aktiven Veränderung und der Reaktion auf Maßnahmen der Konkurrenz das Phänomen der „Anspruchsinflation" zu beobachten. Das heißt, Soll-Leistungsfaktoren werden bei deren Übernahme durch die Mehrheit der Marktteilnehmer im Zeitablauf zur Muss-Leistung.

Beispiel: Bei der Entsorgung von Verpackungsmaterial ist eine rasche Veränderung der Serviceerwartungen der Kunden eingetreten. Bei der Lieferung einer neuen Waschmaschine wurde es vor einigen Jahren noch als besondere Serviceleistung empfunden, dass der Lieferant das Verpackungsmaterial entsorgte. Heute ist diese Leistung eine Selbstverständlichkeit, die von fast allen Anbietern der Branche erbracht wird.

Kann-Serviceleistung: Kann-Serviceleistungen erhöhen demgegenüber vor allem die Attraktivität des Leistungsangebotes. Sie werden von den Kunden nicht zwingend erwartet und daher auch als „Begeisterungsfaktoren" bezeichnet. Insofern haben diese Serviceleistungen immer dann eine besonders hohe Auswirkung auf die Kundenorientierung, wenn die neuen Serviceleistungen einen hohen individuellen Kundennutzen stiften und von den übrigen Anbietern der Branche (noch) nicht erbracht werden. Je höher die Affinität dieser Serviceleistungen zum Kernprodukt ist, desto leichter kann eine Profilierung am Markt realisiert werden.

> **Beispiel:** Ein Gastronom könnte seinen Gästen einen kostenlosen Begrüßungsaperitif beim Restaurantbesuch offerieren und ihnen eine individuelle Weinberatung vorschlagen.

Im Rahmen von merkmalsorientierten Analysen, wie z. B. der **Kano-Methode**, ist es möglich festzustellen, ob eine Leistungskomponente als Muss-, Soll- oder Kann-Serviceleistung bzw. als Hygiene- oder als Begeisterungfaktor wahrgenommen wird. Entsprechend kann das Unternehmen sein Leistungsspektrum bzw. die Bündelung spezieller Leistungspakete daran ausrichten und beispielsweise Standard- und Premiumleistungen für Personen mit unterschiedlichen Leistungsansprüchen und Zahlungsbereitschaften differenzieren.

Die zweite Dimension – **Affinität zum Kernprodukt** – beschreibt den sachlogischen und inhaltlichen Zusammenhang der angebotenen Serviceleistung zur primären Leistungskompetenz des Unternehmens. Dabei weist z. B. ein kostenloser Transportservice eines Möbelhauses eine hohe, die Möglichkeit in diesem Möbelhaus Konzertkarten zu kaufen, eine geringe Verbindung zum Kernprodukt auf. Das Kernprodukt kann sowohl ein Sachgut als auch eine Dienstleistung sein.

Abbildung 3-2 zeigt die sich hieraus ergebende Typologisierung von Serviceleistungen am Beispiel eines Automobilhändlers (Primärleistung: Handel mit Automobilen).

Leitet man aus der vorgenommenen Systematisierung die Möglichkeiten zur Profilierung durch das Angebot von Serviceleistungen ab, so ergibt sich eine Profilierung im **ersten Feld** durch das An-

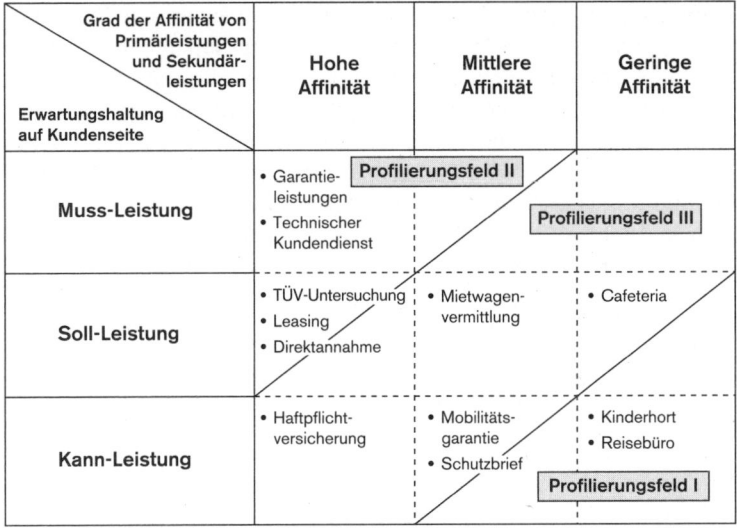

Abb. 3-2: Profilierungsfelder im Servicemanagement am Beispiel eines Automobilhändlers (Quelle: *Laakmann* 1995, S. 19)

gebot bisher im Branchenumfeld nicht üblicher Serviceleistungen. Allerdings besteht aufgrund der geringen Affinität zum Kernprodukt die Gefahr einer isolierten Bewertung der Serviceleistung. Dies kann zu einer mangelnden Übertragung der Kundenzufriedenheit, ausgelöst durch die Serviceleistung, auf die Kernleistung des Anbieters führen (*Laakmann* 1995, S. 18 f.).

Im **zweiten Feld** ist die Profilierung im Wettbewerb durch das Angebot von Serviceleistungen aufgrund der hohen Erwartungshaltung des Kunden bereits relativ eingeschränkt. Hier gewinnen zusätzlich Kosten- und Qualitätsunterschiede der Serviceleistung an Bedeutung.

Beispiel: Ein Leasingangebot bei einem Automobilhändler führt nur bei besonders günstigen Konditionen zu einer zusätzlichen Profilierungsmöglichkeit. Ähnliches gilt für eine *TÜV*-Untersuchung. Eine Wettbewerbsprofilierung wird nur dann erreicht, wenn der Autohändler in Bezug auf die Qualität der Leistungen, z. B. eine sehr flexible Terminplanung, besser beurteilt wird als die klassischen Anbieter dieser Serviceleistungen.

Wettbewerbsprofilierung ist weiterhin durch Zusatzleistungen des dritten Feldes möglich. Das **dritte Profilierungsfeld** umfasst Leistungen, die sich durch eine mittlere bis hohe Affinität zur Kernleistung auszeichnen und sowohl als Kann- oder Soll-Leistung erwartet werden. Beispiele für diese sind die Möglichkeit, bei einem Autohändler Autos zu mieten oder Versicherungsverträge abzuschließen. Die Profilierung kann dadurch erreicht werden, dass durch diese Leistungen die Kundenerwartung übertroffen werden. Gemäß des Confirmation/Disconfirmation-Paradigmas führt die Übererfüllung der Kundenerwartungen zu Zufriedenheit (vgl. Kapitel 4).

Die Analyse der Besonderheiten im Servicemanagement und die Typologisierung des eigenen Leistungsangebotes zeigt Verbesserungs- bzw. Ergänzungspotenziale für Unternehmen auf und eröffnet somit in der Folge neue strategische Ansatzpunkte für das eigene Servicemanagement und die Kundenorientierung. Ausgeprägte Kundenorientierung wird jenen Anbietern bescheinigt werden, die individuelle Profilierungsfelder erkennen bzw. entwickeln und dadurch eine Alleinstellung erreichen.

2. Servicequalität als strategischer Ansatzpunkt des Servicemanagements

2.1 Ziele im Servicemanagement

Die operationale Formulierung der **Serviceziele** – nach Inhalt, Ausmaß, Zeit- und Segmentbezug – ist ein wesentlicher Bestandteil der strategischen Planung des Servicemanagements, ohne die eine Steigerung der Kundenorientierung und eine Profilierung im Wettbewerb überhaupt nicht messbar bzw. kontrollierbar wäre. Grundsätzlich lässt sich die Systematisierung von Zielen nach ihren Inhalten in ökonomische und psychologische Ziele auch auf das Servicemanagement übertragen.

Ökonomische Ziele: Die ökonomischen Ziele des Servicemanagements knüpfen unmittelbar an den Erwerbszielen eines Unternehmens an. Zu den zentralen ökonomischen Zielen zählen beispielsweise der Deckungsbeitrag, der Marktanteil sowie die wert- oder mengenmäßige Absatz von Serviceleistungen. Bei der Formulierung dieser Ziele ist im Servicemanagement zunächst die Frage zu klären, durch welche Größen die „Absatzmengen" der Serviceleistungen ausgedrückt werden. Zur Ermittlung können z. B. die folgenden **Maßzahlen** herangezogen werden (*Meffert/Bruhn* 2006 a, S. 208):

- Kontaktzahl (z. B. bei einer Verbraucherzentrale),
- Tourenzahl (z. B. in Verkehrsbetrieben),
- Passagierzahl (z. B. bei Fluglinien),
- Bettenauslastung (z. B. in Krankenhäusern),
- Behandelte Patienten (z. B. in Arztpraxen),
- Einsatzfahrten (z. B. bei Hilfsdiensten, Feuerwehr).

Psychologische Ziele: Die psychologischen Ziele nehmen generell auf die mentalen Prozesse der Käufer Bezug. Ihre Erreichung trägt indirekt zur Realisierung der ökonomischen Ziele bei. Für das Servicemanagement sind folgende Zielsetzungen von besonderer Bedeutung (*Meffert/Bruhn* 2006, S. 209 f.):

- Verbesserung der Qualitätswahrnehmung,
- Erhöhung der Kundenzufriedenheit,
- Erhöhung der Kundenbindung,
- Imageverbesserung,
- Erhöhung der Mitarbeiterzufriedenheit und -motivation.

Aus den Besonderheiten von Serviceleistungen resultiert ein erhöhtes Risikoempfinden des Nachfragers. Dieser Vertrauensgutcharakter von Serviceleistungen wirkt sich auf die Priorität einzelner Ziele im Rahmen der Zielsystematik eines kundenorientierten Unternehmens aus. So erklärt sich z. B. auch die ungleich höhere Bedeutung mitarbeitergerichteter Ziele im Servicemanagement. Diese resultiert aus der Interaktivität von Kunde und Serviceanbieter sowie dem daraus folgenden Zusammenhang zwischen Mitarbeitermotivation → Leistungsqualität → Kundenzufriedenheit → Ökonomischer Erfolg (*Heskett* 1986, S. 117 ff.; *Baron/Harris* 2002).

Beispiel: Der Autovermieter *AVIS* hat mitarbeitergerichtete Ziele dahingehend definiert, dass sich interner und externer Service entsprechen. Es ist ein Arbeitsumfeld geschaffen worden, bei dem 90 Prozent der Mitarbeiter überzeugt sind, dass *AVIS* einer der besten Arbeitgeber ist. Das Arbeitsumfeld trägt dazu bei, dass die Notwendigkeit der Erbringung des besten Services innerhalb des Unternehmens erkannt wird.

2.2 GAP-Modell zur Erfassung der Servicequalität

Die Ziele des Servicemanagements lassen sich nur dann erreichen, wenn die Erwartungen des Kunden in Bezug auf die Serviceleistungen des Unternehmens erfüllt werden. Verbesserungen der
Servicequalität sind insofern nicht nur zentrales Oberziel innerhalb
des Servicemanagements, sondern dienen auch als Ansatzpunkt zur
strategischen Weiterentwicklung des Unternehmens. In der Wissenschaft wurden verschiedene Modelle zur Ermittlung der Servicequalität entwickelt. Besondere Beachtung hat in diesem Zusammenhang der von *Parasuraman* et al. (1985, 1988) entwickelte Ansatz – das so genannte GAP-Modell – gefunden.

Das **GAP-Modell** stellt ein umfassendes Rahmenkonzept zur Bestimmung der Servicequalität aus Kunden- und Unternehmenssicht
dar. Es wurde auf der Basis von Fokusgruppeninterviews mit
Dienstleistungskunden sowie Expertengesprächen mit Servicean-
bietern aus den Bereichen Banken, Kreditkartenunternehmen, Versicherungen, Broker und Reparaturdienstleister entwickelt. Als Ergebnis konnten Diskrepanzen – so genannte „GAPs" – zwischen
den Wahrnehmungen der Kunden in Bezug auf die Servicequalität
und den Vorstellungen in den Unternehmen identifiziert werden.
Folgende Diskrepanzen wurden in der Untersuchung festgestellt
(*Zeithaml* et al. 2000):

- **GAP 1:** Diskrepanz zwischen den tatsächlichen Kundenerwartungen und den vom Management wahrgenommenen Kundenerwartungen.
- **GAP 2:** Diskrepanz zwischen den vom Management wahrgenommenen Kundenerwartungen und deren Umsetzung in Spezifikationen der Servicequalität.
- **GAP 3:** Diskrepanz zwischen den Spezifikationen der Servicequalität und der tatsächlich erstellten Leistung.
- **GAP 4:** Diskrepanz zwischen tatsächlich erstellter Serviceleistung
  und der an den Kunden gerichteten Kommunikation über diese
  Serviceleistung.
- **Gap 5:** Diskrepanz zwischen den Erwartungen an die Serviceleis-
  tung durch den Kunden und der tatsächlich wahrgenommenen
  Serviceleistung.

Grundlage des GAP-Modells ist eine Zweiteilung in die Ebenen Dienstleister und Kunde. **Abbildung 3-3** zeigt das Basismodell im Überblick.

GAP 1 weist auf die Schwäche hin, dass Unternehmen fehlende oder falsche Vorstellungen über die Bedeutung einzelner Merkmale für die Qualitätseinschätzung der Kunden und das von ihnen geforderte Leistungsniveau haben. Mögliche Ursachen dieser Lücke können aus einer unzureichenden Orientierung an vorhandenen Marktforschungsergebnissen bzw. dem Nicht-Vorhandensein dieser Informationen liegen. Die Entstehung dieser Diskrepanz könnte ferner in einer unzulänglichen Kommunikation zwischen Kundenkontaktpersonal und Management („Aufwärtskommunikation") und/oder einer zu großen Anzahl von Hierarchiestufen begründet sein.

Beispiel: In einem Kongresshotel wurden bei der Analyse der Kundenerwartungen bezüglich der Seminarpausen folgende Ergebnisse ermittelt: Das Management des Hotels ging davon aus, dass die Seminarteilnehmer zunächst eine Tasse Kaffee, zweitens Obst und Gebäck, drittens eine schöne Dekoration der Tische und viertens Blumengestecke erwarten. Bei der Kundenbefragung wurde jedoch eine gänzlich andere Reihenfolge der Kundenerwartungen ermittelt. Die Seminarteilnehmer erwarteten erstens eine Tasse Kaffee, zweitens eine weitere Tasse Kaffee, drittens eine Toilette aufzusuchen und viertens die Möglichkeit von Telefonaten.

GAP 2 erfasst die Diskrepanz in der Umsetzung der Kundenerwartungen in konkrete Spezifikationen der Servicequalität, beispielsweise in Form von konkreten Servicestandards. Dieses Umsetzungsdefizit entsteht in der Praxis häufig durch folgende Faktoren: Mangelnde Entschlossenheit des Managements zur Verbesserung der Servicequalität, unklare Zielsetzungen in Bezug auf die Servicequalität, unzureichende Nutzung von Instrumenten und Verfahren zur Standardisierung von Serviceleistungen.

Beispiel: GAP 2 könnte im angeführten Hotelbeispiel entstehen, wenn das Hotelpersonal dazu angewiesen wird, in den Seminarpausen Obst auf die Tische zu stellen, hinsichtlich der Bereitstellung von frischem Kaffee jedoch keine internen Qualitätsstandards gesetzt werden.

Kunde

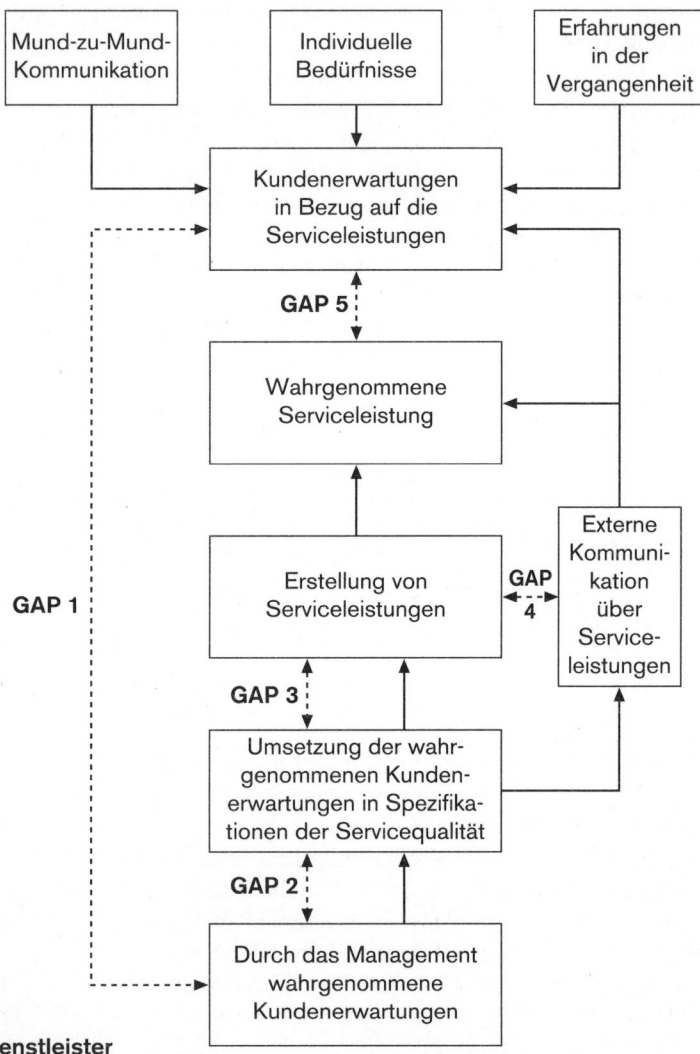

Dienstleister

Abb. 3-3: GAP-Modell der Servicequalität (Quelle: *Zeithaml* et al. 2000, S. 119)

GAP 3 spiegelt das Ausmaß wider, in dem das Kundenkontaktpersonal die Leistung nicht auf dem vom Management erwarteten Niveau erbringt. Verursachende Faktoren sind in diesem Zusammenhang insbesondere eine mangelnde Qualifikation der Mitarbeiter, falsche Kriterien der Leistungsüberwachung, mangelhafte Teamarbeit oder Rollenkonflikte bzw. ein falsches Rollenverständnis des Servicepersonals.

> **Beispiel:** Bei der Autovermietung *AVIS* ist festgelegt, dass Reservierungsanfragen innerhalb von einigen Stunden beantwortet werden. Würde ein Sachbearbeiter die eingehenden Anfragen erst nach einigen Tagen beantworten, so wäre dies ein Beispiel für die Diskrepanz zwischen Spezifikation und tatsächlicher Dienstleistung.

GAP 4 entsteht, wenn die Wahrnehmung des Kunden bezüglich der Servicequalität durch übertriebene Versprechungen in der Werbung oder auch durch fehlende Informationen so beeinflusst wird, dass eine Diskrepanz zwischen tatsächlich erstellter und versprochener Leistung entsteht. Ursachen können eine unzureichende horizontale Kommunikation, z. B. zwischen Marketing- und Vertriebsabteilung, oder eine Tendenz der Unternehmung zu übertriebenen Versprechungen in Werbekampagnen sein.

> **Beispiel:** GAP 4 könnte entstehen, wenn eine Bank in der Unternehmenskommunikation die Berücksichtigung der individuellen Bedürfnisse der Kunden verspricht, in den Beratungsgesprächen allerdings nur eine rudimentäre Bedürfnisabklärung vorgenommen wird.

GAP 5 stellt die zentrale Lücke des Modells dar, die weitgehend von den intern bedingten Gaps eins bis vier abhängig ist. Die hier zugrunde liegende Differenz zwischen der erwarteten und tatsächlich erlebten Serviceleistung kann durch die Minimierung der übrigen vier Gaps verringert werden und stellt insofern den Schlüssel zu „gutem Service" dar (*Parasuraman* et al. 1985, S. 46). In Abhängigkeit von der jeweiligen Situation wird sich der Nachfrager ein individuelles Urteil über die erlebte Servicequalität des Unternehmens bilden. Dabei kann die wahrgenommene Qualität die Kundenerwartungen erfüllen, nicht erfüllen oder auch übertreffen. Von besonderem Interesse sind hierbei die Fälle der Über- bzw. Untererfüllung der erwarteten Servicequalität.

Beispiel: Eine besonders freundliche Bedienung im Restaurant, täglich frisches Obst im Hotelzimmer, Lieferung einer Bestellung eine Woche vor dem vereinbarten Zeitpunkt oder lange Wartezeiten an der Kasse, unfreundliche Sachbearbeiter usw. sind Beispiele für die Über- bzw. Untererfüllung von Serviceleistungen.

Als zentrales Ergebnis der Forschungsarbeiten zum GAP-Modell konnten zehn Qualitätsdimensionen isoliert werden, die zur Beurteilung der Servicequalität von den Kunden herangezogen werden.

2.3 SERVQUAL-Ansatz als Grundlage zur Messung der Servicequalität

Die von *Parasuraman* et al. (1985) abgeleiteten zehn Qualitätsdimensionen des GAP-Modells konnten mit Hilfe weiterer Analyseverfahren auf fünf Qualitätsdimensionen verdichtet werden. Aufgrund dieser Ergebnisse wurde der so genannte **SERVQUAL-Ansatz** entwickelt, der heute in vielen Unternehmen eine bedeutende Stellung bei der Messung der Servicequalität einnimmt. Die fünf Dimensionen des SERVQUAL-Ansatz sind:

(1) Annehmlichkeit des tangiblen Umfeldes („Tangibles"),

(2) Zuverlässigkeit („Reliability"),

(3) Reaktionsfähigkeit („Responsiveness"),

(4) Leistungskompetenz („Assurance"),

(5) Einfühlungsvermögen („Empathy").

Diese fünf Dimensionen werden durch die Abfrage von 22 Items mit einer Doppelskala messbar gemacht. Die 22 Items des SERVQUAL-Ansatzes sind in **Abbildung 3-4** am Beispiel eines Mobilfunkanbieters dargestellt (*Bruhn* 2006a, S. 98).

Bei der im SERVQUAL-Ansatz verwendeten **Doppelskala**, die exemplarisch in **Abbildung 3-5** wiedergegeben ist, werden durch die erste Beurteilung idealtypische Zustände erfasst (Soll-Profil), während mit der zweiten Skala tatsächliche Zustände erhoben werden (Ist-Profil). Beiden Skalen liegt eine siebenstufige Unterteilung zugrunde, die Aussagen von „lehne ich entschieden ab" (1) bis „stimme ich völlig zu" (7) zulässt. Aus der Differenz zwischen Soll- und Ist-Zustand eines Items resultiert ein Einzelwert zwischen – 6 und + 6, wobei die wahrgenommene Servicequalität bezüglich eines be-

---

Annehmlichkeit des tangiblen Umfeldes („Tangibles")

1. Zu hervorragenden Service-Providern gehört eine moderne technische Ausstattung.
2. Die Einrichtung eines Service-Providers sollte angenehm ins Auge fallen.
3. Die Mitarbeiter eines Service-Providers sollten ansprechend gekleidet sein.
4. Hervorragende Service-Provider sollten ihre Broschüren und Mitteilungen für die Kunden ansprechend gestalten.

Zuverlässigkeit („Reliability")

5. Wenn hervorragende Service-Provider die Einhaltung eines Termins versprechen, wird der Termin auch eingehalten.
6. Bei hervorragenden Service-Providern sollte das Interesse erkennbar sein, ein Problem zu lösen.
7. Hervorragende Service-Provider sollten den Service gleich beim ersten Mal richtig ausführen.
8. Hervorragende Service-Provider sollten Ihre Dienste zum versprochenen Zeitpunkt ausführen.
9. Hervorragende Service-Provider sollten fehlerfreie Belege für die Kunden besitzen.

Reagibilität („Responsiveness")

10. Mitarbeiter hervorragender Service-Provider können über den Zeitpunkt einer Leistungs-ausführung Auskunft geben.
11. Mitarbeiter eines hervorragenden Service-Providers werden Kunden prompt bedienen.
12. Hervorragende Service-Provider sollten stets bereit sein, den Kunden zu helfen.
13. Bei hervorragenden Service-Providern sind die Mitarbeiter nie zu beschäftigt, um auf Kundenanliegen einzugehen.

Leistungskompetenz („Assurance")

14. Bei hervorragenden Service-Providern weckt das Verhalten der Mitarbeiter Vertrauen bei den Kunden.
15. Bei Transaktionen mit hervorragenden Service-Providern fühlt man sich sicher.
16. Mitarbeiter eines hervorragenden Service-Providers sind stets gleichbleibend höflich zu den Kunden.
17. Mitarbeiter hervorragender Service-Provider verfügen über das Fachwissen zur Beantwortung der Kundenfragen.

Einfühlungsvermögen („Empathy")

18. Hervorragende Service-Provider widmen jedem ihrer Kunden individuell ihre Aufmerksamkeit.
19. Hervorragende Service-Provider bieten ihre Dienste zu Zeiten an, die allen Kunden gerecht werden.
20. Hervorragende Service-Provider haben Mitarbeiter, die sich den Kunden persönlich widmen.
21. Hervorragenden Service-Providern liegen die Interessen der Kunden am Herzen.
22. Die Mitarbeiter hervorragender Service-Provider verstehen die spezifischen Servicebedürfnisse ihrer Kunden.

Abb. 3-4: Erhebung der Serviceerwartungen nach dem SERVQUAL-Ansatz am Beispiel eines Mobilfunkanbieters (Quelle: *Bruhn* 2006a, S. 98)

stimmten Kriteriums mit der Größe des Wertes steigt. Die Mitte dieses Kontinuums trennt schließlich gute und schlechte Servicequalität (*Zeithaml* et al. 1992, S. 38 ff.).

Trotz der empirischen Fundierung des Ansatzes und seiner grund-

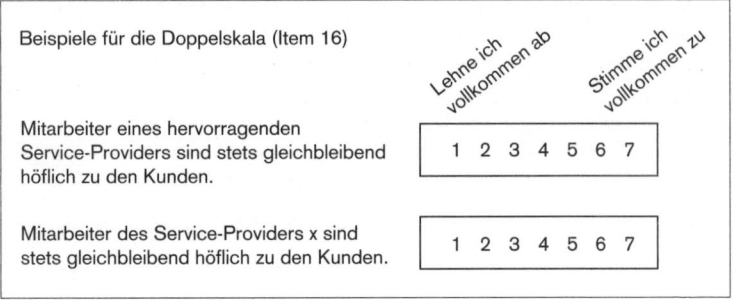

Abb. 3-5: Doppelskala im SERVQUAL-Ansatz

sätzlichen Eignung zur Messung der Servicequalität wird dieser Messansatz nicht unkritisch, insbesondere hinsichtlich der Validität der Qualitätsmessung, gesehen (*Hentschel* 1990). So stellt die verwendete Doppelskala hohe Ansprüche an die Urteilsfähigkeit der Kunden. Auch das Problem der Anspruchsinflation, bei dem die Kunden im Soll-Bereich tendenziell höhere Werte angeben, als tatsächlich erwartet werden, konnte beobachtet werden. Ein wesentlicher Kritikpunkt betrifft auch die Differenzbildung des Modells, die zu Fehlinterpretationen führen kann (*Hentschel* 2000; *Meffert/Bruhn* 2006).

Durch die Darstellung des GAP-Modells sowie des SERVQUAL-Ansatzes werden Ansatzpunkte deutlich, die vom Management ergriffen werden können, um die Servicequalität und somit auch die Kundenorientierung zu steigern (*Bruhn* 2006 a). Diese liegen insbesondere im Personalmanagement, in der internen und externen Kommunikationspolitik, im Einsatz der Marktforschung, in der Umgestaltung von Organisationsstrukturen, im Einsatz von Informationssystemen sowie im Bereich des Controlling.

Beispiel: Bei dem Schweizer Handelsunternehmen *Migros* übernimmt die Unternehmensführung die Aufgabe, jedem *Migros*-Mitarbeiter die Bedeutung der Kundenorientierung bewusst zu machen. Die Mitarbeiter werden dazu angehalten, durch die Qualität ihrer Arbeit zur Steigerung der Produkt- und Servicequalität der *Migros* beizutragen. Optimale Arbeitsbedingungen sowie eine angemessene, qualitäts- und kundenorientierte Aus- und Weiterbildung der Mitarbeiter bilden dafür die Voraussetzung. Servicebezogene Qualitätsziele der *Migros* sind die Schnelligkeit, Kompetenz und Freundlichkeit der Mitarbeiter. Zur Dokumentation des Servicekonzeptes wurde ein Servicehandbuch erarbeitet, das das Serviceleitbild, die gesamten Servicenormen, die Instrumente zur Umsetzung der Servicestrategie und deren konkrete Handhabung im Tagesgeschäft beschreibt. Es stellt eine „Know-how-Bibel" über den Service am Kunden dar und ist daher auch ein Dokument der allgemeinen *Migros*-Unternehmenskultur. Das Servicehandbuch richtet sich primär an die Verkaufsstellenleiter, damit diese die Servicequalität der eigenen Filiale verbessern können (*Bruhn/Ahlert* 2002, S. 211 f.).

3. Instrumente des Servicemanagements

Nachdem die Problemfelder im eigenen Unternehmen identifiziert wurden und somit die strategischen Ansatzpunkte des Servicemanagements feststehen, folgt eine Konkretisierung der einzusetzenden Instrumente des Servicemanagements. Die klassischen Bereiche des Marketingmix sowie der Personalbereich sind in Bezug auf ihre Beiträge zur Steigerung der Servicequalität zu überprüfen. Dabei können fünf **Instrumente des Servicemanagements** unterschieden werden:

- Leistungspolitik,
- Kommunikationspolitik,
- Preispolitik,
- Vertriebspolitik,
- Personalpolitik.

Folgende Fragen des Servicemanagements stehen in den einzelnen Bereichen im Vordergrund:

Leistungspolitik: Welche Serviceleistungen sind zukünftig im Leistungsprogramm zu berücksichtigen? Können die Serviceleistungen in der aktuellen Form beibehalten werden oder sind Änderungen im Leistungsprogramm erforderlich?

Kommunikationspolitik: Wie kann die Serviceleistung bestmöglich bekannt gemacht werden? Wie kann die Leistungsfähigkeit des Serviceanbieters verdeutlicht werden? Wie kann der Dienstleistungsprozess dargestellt werden? Welchen Einfluss hat die Kommunikation auf die Erwartungsbildung?

Preispolitik: Welcher Preis ist für die Serviceleistungen angemessen? Werden von unterschiedlichen Zielgruppen des Serviceanbieters identische Preise verlangt? Entspricht die Preisforderung dem Qualitätsimage des Serviceanbieters?

Vertriebspolitik: Welche Form des Vertriebs ist für die Vermarktung der entsprechenden Serviceleistung ideal? An welchen Orten kann der Kunde in den Serviceprozess integriert werden?

Personalpolitik: Wie können die Mitarbeiter dazu motiviert werden, sich kundenorientiert zu verhalten? Benötigen die Mitarbeiter mehr Kompetenzen, um die Erwartungen der Kunden hinsichtlich eines optimalen Services zu erfüllen?

Im Hinblick auf die Ausgestaltung des Servicemanagements ist zu beachten, dass sich aufgrund der Besonderheiten von Serviceleistungen – Leistungsfähigkeit des Anbieters, Integration des Kunden in den Leistungserstellungsprozess sowie Immaterialität – auch Besonderheiten bei der Umsetzung von operativen Maßnahmen ergeben. Diese sind bei der Umsetzung von Instrumenten des Servicemanagements zu berücksichtigen (vgl. hierzu ausführlich *Meffert/Bruhn* 2006).

3.1 Leistungspolitik im Rahmen des Servicemanagements

Innerhalb der Leistungspolitik ist festzulegen, welche konkreten Serviceleistungen in welcher Form angeboten werden. Dabei erscheint eine differenzierte Betrachtung durch zwei Ebenen sinnvoll:

(1) Ebene der Kernleistung (Muss-Serviceleistung),

(2) Ebene der Gesamtleistung (Kann- und Soll-Serviceleistungen).

Ebene der Kernleistung: Um sich von der Konkurrenz abzugrenzen und die eigene Leistung für den Kunden attraktiv zu gestalten, stellt der Kundennutzen den Ausgangspunkt der Festlegung des Leistungsprogramms dar. Dieser Kundennutzen wird als Kernleistung (Muss-Serviceleistung) bezeichnet (*Bruhn/Hadwich* 2006, S. 195 ff.). Durch diese ist es dem Unternehmen möglich, einen dauerhaften Wettbewerbsvorteil aufzubauen.

Ebene der Gesamtleistung: Die zweite Ebene umfasst leistungsprogrammpolitische Entscheidungen, die über den Kernnutzen hinausgehen und die Gestaltung sowie Erstellung des gesamten Leistungsprogramms des Anbieters betreffen (*Haedrich/Tomczak* 1996; *Koppelmann* 2001). Dies können beispielsweise Garantieleistungen, Lieferleistungen (z. B. Vorort- oder Abholservice), Kundendienstleistungen (z. B. telefonischer Support) oder Value Added Services sein, die nicht in direktem Zusammenhang mit der Kernleistung stehen, aber deren Wert gegenüber konkurrierenden Angeboten aus Kundensicht erhöhen (vgl. **Abbildung 3-2**).

Beispiel: Der Logistikdienstleister *Lufthansa Cargo* bietet neben seiner Kernleistung, dem Transport von Waren, zusätzliche Services für spezielle Güter an. Beispielsweise existieren für Gefahrengut, Frischware, Tiere oder Werttransporte spezielle Leistungspakete, die den sachgemäßen und sicheren Transport gewährleisten. So werden bei Frischwaren spezielle Behälter angeboten, deren Temperatur überwacht wird, so dass eine unterbrechungsfreie Kühlkette gewährleistet ist (www.lufthansa-cargo.com, Zugriff am 20. 4. 2006).

Um neue Serviceleistungen – sowohl Kern- als auch Zusatzleistungen – zu planen und systematisch zu entwickeln, steht im Rahmen des sog. **Service Engineering** ein umfangreiches Instrumentarium zur Verfügung. Die Neuentwicklung erfolgt im Rahmen eines Prozesses, in den Kundenurteile systematisch und kontinuierlich eingebunden werden. Frühzeitige Tests des Servicekonzeptes geben möglicherweise Hinweise, welche Servicekomponenten noch zu verbessern sind, um die Zufriedenheit der Kunden zu steigern. Dabei werden Methoden und Werkzeuge eingesetzt, die ebenfalls im Qualitätsmanagement für Dienstleistungen Anwendung finden (vgl. Kapitel 2). Um Dienstleistungsprozesse zu modellieren, werden sog. Prozessmodelle eingesetzt, die eine Simulation der entworfenen Serviceprozesse ermöglichen (vgl. *Scheer* et al. 2006, S. 37 ff.).

3.2 Kommunikationspolitik im Rahmen des Servicemanagements

Die Kommunikationspolitik übernimmt die schwierige Aufgabe, eine immaterielle Serviceleistung bzw. den Prozess der Serviceerstellung durch Visualisierungen für den Konsumenten verständlich und „sichtbar" zu machen. Die Signalisierung einer hohen Kompetenz, ohne zu hohe Serviceversprechen abzugeben, ist dabei eines der zentralen Kommunikationsziele. Zur Zielerreichung können – je nach Art der Serviceleistung – unterschiedliche Instrumente der **Marktkommunikation** eingesetzt werden (*Schröder* 2005; *Bruhn* 2005 b):

- Mediawerbung,
- Verkaufsförderung,
- Direct Marketing,
- Öffentlichkeitsarbeit,
- Messen und Ausstellungen,
- Sponsoring,
- Event Marketing,
- Multimediakommunikation.

Der Einsatz der Kommunikationsinstrumente erfolgt dabei keinesfalls isoliert. Vielmehr ist die Auswahl und Abstimmung der zentralen Leitinstrumente der Kommunikation notwendig (*Bruhn* 2001 a). Neben der Integration der Instrumente und des Instrumenteeinsatzes ist zudem besonders darauf zu achten, dass die Serviceversprechen nicht übertrieben sind (vgl. GAP-Modell, GAP 4).

Beispiel: Für eine kreative Umsetzung von Kommunikationsideen sei auf ein Reisebüro in Düsseldorf verwiesen. Falls ein Kunde eine Reise bucht, erhält er nach Ankunft am Zielort eine Postkarte des Reisebüros mit den besten Wünschen für seinen gerade angetretenen Urlaub. Ein weiterer Kommunikationskontakt entsteht, nachdem der Kunde wieder zu Hause eingetroffen ist. Der Kunde erhält einen Anruf des zuständigen Reisebürosachbearbeiters, der die Zufriedenheit des Kunden erfragt und mögliche Verbesserungsvorschläge der Serviceleistung des Reisebüros sowie der Leistungen vor Ort aufnimmt.

Bei einer Systematisierung der unterschiedlichen Instrumente kann zum einen nach der **Art der Kommunikation** in unpersönliche und persönliche Kommunikation sowie zum anderen nach der zu analysierenden **Kommunikationsebene** zwischen Marktkommunikation (Kommunikation zwischen Unternehmen und Kunde), Kundenkommunikation (Kommunikation zwischen Mitarbeiter und Kunde) und Mitarbeiterkommunikation (Kommunikation zwischen Management und Mitarbeiter), unterschieden werden (*Bruhn* 2005a, b). **Abbildung 3-6** zeigt Beispiele für Kommunikati-

Kommunikationsebene / Art der Kommunikation	Marktkommunikation	Kundenkommunikation	Mitarbeiterkommunikation
	Unternehmung – Kunde	Mitarbeiter – Kunde	Management – Mitarbeiter
Unpersönliche Kommunikation	• Mediawerbung • Pressearbeit • Firmenbroschüren • Clubsysteme	• Prospekte • Spezialangebote • Preisausschreiben • Clubsysteme	• Internes Berichts- und Informations- wesen • Arbeitsplatzbeschrei- bungen • Corporate Identity • Firmenbroschüren
Persönliche Kommunikation	• Vorträge • Tag der offenen Tür • Kundenbe- schwerden • Kundenbeiräte	• Kontakt-/Verkaufs- gespräche • Verkaufsförde- rungsprogramme vor Ort • Beschwerdeab- teilung • Clubsysteme • Messen	• Mitarbeitergespräche • Arbeitssitzungen • Betriebsversamm- lungen • Workshops, Seminare • Qualitätszirkel

Abb. 3-6: Instrumente der Kommunikationspolitik im Servicemanagement (Quelle: *Bruhn* 2000b, S. 415)

onsmaßnahmen des Servicemanagements innerhalb der vorgenommenen Systematisierung.

Ferner kommt der **Mund-zu-Mund-Kommunikation** im Dienstleistungsbereich eine besondere Relevanz zu. Da Dienstleistungen meistens erst nach ihrer Inanspruchnahme beurteilt werden können, versuchen potenzielle Konsumenten das Kaufrisiko dadurch zu minimieren, dass sie die Erfahrungen Dritter zur Beurteilung heranziehen. Im Hinblick auf die Arten der Mund-zu-Mund-Kommunikation lassen sich eine positive (Weiterempfehlung) sowie eine negative Ausprägung (Kaufwarnung) unterscheiden.

3.3 Preispolitik im Rahmen des Servicemanagements

Der Preispolitik kommt im Servicebereich insbesondere die Aufgabe zu, die **Auslastung der aufgebauten Kapazitäten** zu gewährleisten. Preispolitik im Servicemanagement dient aber auch dazu, die sich aus den Besonderheiten von Serviceleistungen ergebenden Probleme, z. B. schwerere Beurteilungsmöglichkeit der Qualität einer Dienstleistung, zu kompensieren (z. B. Qualitätssuggestion durch einen hohen Preis). Als preispolitische Instrumente kommen insbesondere die Preisdifferenzierung und Preisbündelung in Frage.

Zur Differenzierung des Preises sind unterschiedliche Ansatzpunkte möglich, die isoliert und auch kombiniert eingesetzt werden können (*Simon* 1992 a; *Faßnacht* 1996; *Meffert/Bruhn* 2006). Zu unterscheiden sind folgende **Formen der Preisdifferenzierung:**

Räumliche Preisdifferenzierung: Bei der räumlichen Preisdifferenzierung werden die Serviceleistungen auf geographisch unterschiedlichen Märkten zu unterschiedlichen Preisen angeboten. Eine häufig vorzufindende Form der räumlichen Preisdifferenzierung ist bei Serviceleistungen gegeben, die direkt vor Ort zu erbringen sind (z. B. Wartungsarbeiten, Reparaturdienstleistungen). Eine regionen- oder länderspezifische Differenzierung der Preisforderungen wird ebenfalls vorgenommen, um unterschiedlichen Kaufkraftniveaus gerecht zu werden.

> **Beispiel:** Preise für Zubringerflüge sowie Inlandsflüge zwischen wenig frequentierten Flughäfen sind wegen ihrer durchschnittlich geringeren Auslastung (zur Fixkostendeckung meist höher als zwischen hoch frequentierten Flughäfen. Typisch für räumliche Preisdifferenzierungen sind auch Kraftstoffpreise, die in abgelegenen Gebieten aufgrund des größeren logistischen Aufwands und bei Autobahnraststätten aufgrund ihrer bevorzugten Lage für Fernreisende im Vergleich zu den Preisen in größeren Städten meist höher sind.

Zeitliche Preisdifferenzierung: Zur Steuerung der Nachfrage kann insbesondere die zeitliche Preisdifferenzierung herangezogen werden, bei der verschiedene Erscheinungsformen zu unterscheiden sind. Zum einen können Preisdifferenzierungen nach dem Zeitpunkt der konkreten Inanspruchnahme einer Leistung vorgenommen werden. Zum anderen kann der Preis auch mit der definitiven Zusage der Leistungsinanspruchnahme variieren. Dadurch erhöht sich der Dispositionsspielraum des Unternehmens, der durch einen entsprechenden Preisnachlass für den Kunden abgegolten wird.

> **Beispiel:** Im Touristikbereich ist es üblich, dass in Zeiten höherer Nachfrage, wie z. B. an Feiertagen oder in der Ferienzeit, höhere Preise ge-

fordert werden. Hingegen kann eine frühzeitige Auslastung der Kapazitäten gesichert werden, indem Frühbucher-Rabatte gewährt werden. Auch Taxiunternehmen und Schlüsseldienste nehmen eine zeitliche Preisdifferenzierung vor, indem sie für Nachtfahrten bzw. die Erbringung von Services außerhalb der normalen Geschäftszeiten Aufschläge verlangen.

Abnehmerorientierte Preisdifferenzierung: Die abnehmerorientierte Preisdifferenzierung knüpft an die mit verschiedenen abnehmerbezogenen Merkmalen (z. B. Alter, Familienstand, Geschlecht, soziale Stellung) variierende Preisbereitschaft bei der Inanspruchnahme von Serviceleistungen an.

Beispiel: In Abhängigkeit von den Merkmalen „gewerblich" und „privat" verlangen Tageszeitungen unterschiedliche Preise für die Schaltung von Kleinanzeigen. Die BahnCard Junior der *Deutschen Bahn AG* oder Jugendreisen wie z. B. das Interrail-Ticket sind ebenfalls Beispiele einer abnehmerorientierten Preisdifferenzierung.

Quantitative Preisdifferenzierung: Schließlich bieten Unternehmen zum Teil Formen der quantitativen Preisdifferenzierung an. Dabei wird die Preisfestlegung in Abhängigkeit von der nachgefragten Menge vorgenommen. Beispiele sind Abonnements, Dauer- und Mengenkarten, beispielsweise für Kinobesuche oder Gruppenrabatte (*Büschken* 1997, S. 51 f.). Im Servicebereich ist der Abschluss längerfristiger Rahmenverträge ein gängiges Instrument, um der Abnahme einer größeren Menge Rechnung zu tragen (z. B. Wartungsabkommen für Waschmaschinen, Full-Service-Reparaturverträge für Baugeräte).

Preisbündelung: Neben der Preisdifferenzierung kann das Instrument der Preisbündelung (Price Bundling) zum Einsatz gelangen (*Priemer* 2003). Unter den Begriff Preisbündelung fallen zum einen Formen der Zusammenfassung von Sach- und Serviceleistungen, wie z. B. der Kauf eines Kopiergerätes mit Wartungsvertrag, das dann gegenüber der Summe an Einzelpreisen als Komplettpaket günstiger angeboten wird. Zum anderen können auch reine Serviceangebote gebündelt werden (*Simon* 1998 b; *Herrmann* 2003; *Meffert/Bruhn* 2006).

Beispiel: Preisbündelung findet sich z. B. bei Wochenendangeboten eines Hotels in Verbindung mit dem Besuch einer kulturellen Veranstaltung, Angeboten von Flugtickets, die die Möglichkeit der Nutzung eines

Mietwagens am Flughafen einschließen oder Kombinationen der Vermietung einer Skiausrüstung mit einem Skikursangebot.

Ziel der Preisbündelung ist es, Kapazitäten und auch Cross-Selling-Potenziale optimal auszunutzen. Zudem kann durch das Angebot von Komplettpaketen eine Reduktion des empfundenen Kaufrisikos bewirkt werden. Eine faire Preisgestaltung, die eine Win-Win-Situation erzeugt, kann als kundenorientierte Maßnahme verstanden werden. Wenn sich die Kunden nicht übervorteilt fühlen, nehmen sie die Anstrengungen zur Kundenorientierung auch als solche wahr.

3.4 Vertriebspolitik im Rahmen des Servicemanagements

Kundenorientierung durch Servicemanagement kann ferner durch neue Vertriebswege und -formen umgesetzt werden. Untersucht man die Alternativen bzgl. der Wahl der Absatzwege, so kann zwischen den Grundformen eines direkten und indirekten Absatzweges unterschieden werden. Der **indirekte Vertrieb** liegt vor, wenn Dritte – z. B. Einzelhändler – in den Absatzweg integriert sind. Der **direkte Vertrieb** findet hingegen ausschließlich zwischen Serviceanbieter und Nachfrager statt. Ferner existieren Kombinationslösungen aus direkter und indirekter Distribution.

Direkter Vertrieb: Im Rahmen des direkten Vertriebs erfolgt die Verpflichtungserklärung sowie die Erbringung der Serviceleistung durch das gleiche Unternehmen. Dies kann durch die Erscheinungsform des **unmittelbaren Direktvertriebs** erfolgen, d. h., der Serviceanbieter stellt sein Leistungspotenzial dem Kunden an einer zentralen Stelle zur Verfügung (z. B. einzelner Friseursalon, einzelnes Restaurant). Ferner kann der **mittelbare Direktvertrieb** realisiert werden, bei dem der Anbieter sein Leistungspotenzial an unterschiedlichen Stellen (z. B. verschiedene Filialen einer Fast-Food-Kette) anbietet. Ein Nachteil dieser Form des direkten Vertriebs ist darin zu sehen, dass der Hersteller starke finanzielle Ressourcen zum Aufbau eines eigenen Distributionsnetzes benötigt und das gesamte finanzielle Risiko der Expansion zu tragen hat.

Beispiel: Das klassische Beispiel des Direktvertriebs ist der Versandhandel. Beim Unternehmen *Quelle* standen in der Vergangenheit mehrere Möglichkeiten zur Verfügung, Bestellungen aufzugeben. Neben dem weit verbreiteten Katalog existierte seit 1995 in Zusammenarbeit mit der *ProSiebenSat1*-Gruppe ein Homeshopping-Kanal des Unternehmens sowie mit *Quelle*-Online die Möglichkeit, Artikel direkt über das Internet zu bestellen. Nachdem die Onlinebestellungen – die gleichzeitig am kostengünstigsten zu verwalten sind – inzwischen den größten Teil der Bestellungen ausmachen, entschied sich *Quelle*, den umfangreichen „Allround"-Katalog, der standardmäßig verschickt wurde, deutlich zu kürzen und an dessen Stelle themenbezogene Kataloge zu erstellen, die auf Bestellung zugesandt werden. Serviceorientierung zeigt *Quelle* auch durch das Angebot einer 24-Stunden-Hotline, die Hilfe bei dringenden Problemen bietet, aber auch Bestellungen entgegennimmt.

Eine Möglichkeit, die engen Grenzen des direkten Vertriebs auszuweiten, ist im Franchising zu sehen. **Franchising** bezeichnet eine Betriebsform, bei der der Franchisegeber dem Franchisenehmer gegen Entgelt das Recht einräumt, bestimmte Serviceleistungen unter Verwendung von Namen, Warenzeichen, Ablaufprozessen usw. selbständig anzubieten. Die Bedeutung des Franchising im Servicebereich gründet sich auf die zahlreichen Vorteile dieser Betriebsform. Beispielsweise ergeben sich für den Franchisegeber Vorteile der Risikominimierung, der Einsatzmöglichkeit von Personalressourcen mit regionalem Know-how und der Kontrolle der Servicequalität.

Beispiel: Die Baumarktkette *OBI* verfolgt als Franchisegeber eine qualitätsorientierte Servicestrategie, deren Ziel eine hohe Kundenzufriedenheit ist: Die Zufriedenheit der Kunden wird jährlich im Rahmen des europaweit durchgeführten *OBI*-Barometers erhoben, das als Instrument der Serviceorientierung in den gesamten Service- und Qualitätsmanagementprozess eingebunden ist. Die Bewertung der Servicekomponenten, wie z. B. Freundlichkeit, Kompetenz und Hilfsbereitschaft der Mitarbeiter, liefert zunächst Ansatzpunkte für Verbesserungen, dient aber auch dazu, Franchisenehmer in die Qualitätsstrategie mit einzubinden (*Bruhn/Ahlert* 2002, S. 244).

Somit stellt das Franchising eine gute Option dar, erfolgreiche Servicekonzepte mit begrenztem Kapitaleinsatz und gleichzeitig intensiven Steuerungsmöglichkeiten zu multiplizieren (*Creusen* 2000).

Indirekter Vertrieb: Aufgrund der Immaterialität von Serviceleistungen ist der Vertrieb über Absatzmittler (Handel, Großhandel) von geringerer Bedeutung. Allerdings können Serviceversprechen, also die Verpflichtung des Anbieters, zu einem späteren Zeitpunkt eine mehr oder weniger genau definierte Serviceleistung zu erbringen, auch über Absatzmittler gehandelt werden (*Ackerschott* 2001; *Hofbauer/Hellwig* 2004). Die Verpflichtung wird häufig an ein materielles Trägermedium, wie z. B. eine Eintrittskarte oder Versicherungspolice, gebunden. Ferner unterscheidet sich der indirekte Vertrieb von Serviceleistungen gegenüber demjenigen von Sachgütern dahingehend, dass der Absatzmittler als reiner Verkäufer der Leistung/des Leistungsversprechens oder aber als so genannter „Co-Producer" der Leistung auftritt. Im zweiten Falle werden durch den Absatzmittler Teile der Leistungserstellung übernommen. Entscheidet sich ein Serviceanbieter für den indirekten Vertrieb seiner Leistungen, so strebt er an, dass der Absatzmittler entsprechende Aufgaben, wie z. B. Verkaufs-, Beratungs- oder Kommunikationsaufgaben, im Rahmen des Leistungsabsatzes übernimmt.

Bei vielen Serviceleistungen bietet es sich nicht an, lediglich einen der beiden alternativen Absatzwege zu wählen. Vielmehr ist in der Praxis häufig der kombinierte Einsatz beider Alternativen zu beobachten. Eine Kombination der Vertriebswege wird beispielsweise von der *Deutschen Bahn AG* und verschiedenen Fluggesellschaften genutzt, die eigene Verkaufsstellen unterhalten und zudem ihre Leistungen über Reisebüros vertreiben.

3.5 Personalpolitik im Rahmen des Servicemanagements

Angesichts der Erkenntnis, dass Kundenkontaktmitarbeiter häufig als Indikator zur Beurteilung der Qualität der angebotenen Serviceleistung herangezogen werden, ist die Personalpolitik als Instrument des Servicemanagements besonders wichtig. Zur Schaffung einer hohen Servicequalität stehen unterschiedliche Instrumente des Personalmanagements zur Verfügung, von denen hier näher auf zwei Instrumente eingegangen wird:
• Personalentwicklung,
• Anreizsysteme.

Personalentwicklung: So können Maßnahmen der Personalentwicklung – insbesondere Aus- und Weiterbildungsmaßnahmen – ergriffen werden, um den Anspruch einer unternehmensweiten Umsetzung des Servicegedankens zu erfüllen. Das bestehende Personalentwicklungsprogramm des Unternehmens ist folglich dahingehend zu erweitern, dass die Mitarbeiter – neben ihrer Fach- und Methodenkompetenz – ihre sozialen und kommunikativen Fähigkeiten verbessern können.

Beispiel: Das Schweizer Handelsunternehmen *Migros* verfolgt durch Maßnahmen der Personalentwicklung das Ziel, das Qualifikationsprofil ihrer Mitarbeiter an das aus Kundensicht erwartete Anforderungsprofil anzupassen. Zu diesem Zweck wird eine qualitätsorientierte Personalauswahl und Personalentwicklung realisiert. Bei der Neueinstellung von Mitarbeitern wird besonders darauf geachtet, dass sie neben der fachlichen Qualifikation auch über Serviceorientierung und Kommunikationsfähigkeit verfügen. Zudem wird bei der *Migros* durch eine gezielte interne sowie externe Aus- und Weiterbildung der Mitarbeiter, beispielsweise im Rahmen von Qualitätsseminaren, sichergestellt, dass alle mit qualitätssichernden Tätigkeiten betrauten Personen für die Erfüllung ihrer Aufgaben geschult werden. *Migros* verwendet z. B. multimediale Lernprogramme. Diese enthalten detaillierte Informationen zu diversen Themenbereichen, wie Umtausch und Reklamationen, Hygiene, Warenpräsentation, Verhalten an der Kasse, Freundlichkeit, Diebstahl, exotische Früchte, Fleisch-Fisch-Geflügel, Berufsbilder bei *Migros* u. v. m. (*Bruhn/Ahlert* 2002, S. 205 ff.).

Zur Gestaltung der Inhalte der Aus- und Weiterbildungsprogramme können Mitarbeiterbefragungen hilfreich sein, die Aufschluss darüber geben, in welchen Bereichen die Mitarbeiter selbst Schulungsbedarf für sich und ihre Kollegen sehen. Zudem sind Feedback-Gespräche zur Bewertung von Schulungsinhalten, -formen und -zeiträumen sinnvoll, um die Qualität der Personalentwicklung permanent verbessern zu können.

Anreizsysteme: Damit Mitarbeiter auch bereit sind, die in den servicebezogenen Schulungen vermittelten Erkenntnisse der Kundenorientierung umzusetzen, ist es häufig sinnvoll, Anreizsysteme zur Motivationsunterstützung anzubieten. Anreize sind Maßnahmen zur Verhaltenssteuerung. Allgemein kann zwischen extrinsischer und intrinsischer Motivation unterschieden werden. **Abbildung 3-7** zeigt mögliche Anreizsysteme des Servicemanagements im Überblick.

Extrinsische Motivation		Intrinsische Motivation
• Prämien für kunden- orientierte Beratung	• Individuelle Auszeich- nungen	• Persönliches Lob
• Lohnerhöhungen, variable Vergütung in Bezug auf die erzielte Kundenzufriedenheit	• Bekanntmachung der Leistung in internen Medien	• Verbesserung der Arbeitsbedingungen
• Anrecht auf Seminar- besuche	• Übertragung von Projekt- arbeit (z.B. Serviceteams)	• Modifikation der bis- herigen Arbeitsinhalte (Job Enrichment)
• Incentive-Reisen	• Anbieten von Aufstiegs- möglichkeiten	• Autonomiegewährung
• Statussymbole	• u. a. m.	• u. a. m.

Abb. 3-7: Extrinsische und intrinsische Anreizformen im Servicemanagement (*Bruhn* 2002 b, S. 224)

Beispiele für die Umsetzung monetärer Anreizsysteme (vgl. ausführlicher Kapitel 9) sind in der Unternehmenspraxis in jüngster Zeit vermehrt zu beobachten.

Beispiel: Die Baumarktkette *OBI* versucht, das Ziel der maximalen Kundenorientierung u. a. dadurch zu erreichen, dass Prämien- und Vergütungssysteme an Kundenzufriedenheitswerte gekoppelt sind (*Bruhn/Ahlert* 2002, S. 244).

Bei der Einführung von Anreizsystemen ist eine Abstimmung auf Abteilungs-, Bereichs- oder auch Unternehmensebene zwingend erforderlich, damit Benachteiligungen einzelner Mitarbeitergruppen trotz identischer Leistungen vermieden werden können. Abschließend bleibt festzuhalten, dass innerhalb des erweiterten Marketingmix zahlreiche Ansatzpunkte zur Verbesserung der Serviceorientierung und -qualität vorhanden sind, die systematisch umgesetzt werden können, um Kundenorientierung im Unternehmen zu erreichen. Den Instrumenten der Personalpolitik ist in diesem Zusammenhang ein besonderer Stellenwert einzuräumen.

Zusammenfassung: Die folgenden **zehn Merkpunkte** dienen als Hilfestellung bei der Entwicklung eines Servicemanagements:

(1) **Serviceerwartungen analysieren:** Analysieren Sie, welche Serviceleistungen aus Kundensicht besonders großen Nutzen schaffen und eine Differenzierung gegenüber dem Wettbewerb dauerhaft herbeiführen.

(2) **Profilierungsfelder im Servicemanagement festlegen:** Erarbeiten Sie eine Servicestrategie mit klaren Profilierungsfeldern. Die operationalen Ziele des Servicemanagements sind zu definieren und Muss-, Kann- und Soll-Serviceleistungen festzulegen.

(3) **Verbindliche Servicestandards festlegen:** Prüfen Sie, ob in jedem Leistungsbereich des Unternehmens Servicestandards existieren bzw., ob diese an neue Anforderungen anzupassen sind. Vermeiden Sie in diesem Zusammenhang die häufig entstehende Diskrepanz zwischen den vom Management wahrgenommenen Kundenerwartungen und deren Umsetzung in konkrete Serviceanforderungen.

(4) **Informations- und Kommunikationstechnologien einführen:** Analysieren Sie, welche informations- und kommunikationstechnologischen Voraussetzungen zur Erfüllung der Kundenerwartungen erforderlich sind, und leiten Sie entsprechende Maßnahmen ein.

(5) **Servicequalität entlang der gesamten Wertschöpfungskette bereitstellen:** Verpflichten Sie sämtliche am Leistungserstellungsprozess Beteiligten (Zulieferer, Händler) zur Erbringung eines hohen Qualitätsniveaus. Setzen Sie dementsprechende Anreize.

(6) **Servicequalität durch Maßnahmen des Internen Marketing verbessern:** Setzen Sie sich dafür ein, dass Maßnahmen des Marketingmanagements (z. B. Mitarbeiterkommunikation) sowie des Personalmanagements (z. B. Aus- und Weiterbildung, Empowerment) umgesetzt werden, um die Serviceorientierung sämtlicher Mitarbeiter permanent zu erhöhen.

(7) **Anreizsystem zur Steigerung der Servicequalität einführen:** Überlegen Sie, ob die Einführung eines Anreizsystems zur Mitarbeitermotivation für Ihr Unternehmen sinnvoll sein kann bzw. ob für die bereits bestehenden Maßnahmen Erweiterungen oder Ergänzungen erforderlich sind.

(8) **Serviceorientierung durch Projektteams implementieren:** Bilden Sie zur systematischen Umsetzung der erarbeiteten Servicestrategie Projektgruppen, in denen Mitarbeiter aus unterschiedlichen Hierarchiestufen die Verantwortung für die erfolgreiche Implementierung übernehmen.

(9) **Kundeninformationen zur Leistungsverbesserung nutzen:** Nutzen Sie den Informationsrückfluss Ihrer Kunden. Durch den gezielten Einsatz von Einzelmaßnahmen, wie z. B. der Critical-Incident-Technik oder ein umfassendes Informationssystem (z. B. Beschwerdemanagementsystem), können Informationen gewonnen werden, um die Servicequalität zu verbessern.

(10) **Servicequalität kontinuierlich messen:** Nutzen Sie einen geeigneten Messansatz zur Kontrolle der Servicequalität und führen Sie kontinuierlich Messungen durch. Analysieren Sie in diesem Zusammenhang insbesondere die Konsequenzen einer geringen Servicequalität auf Kundenzufriedenheit, Kundenbindung, Erlöse und Kosten.

Literaturempfehlungen (Zur vertiefenden Auseinandersetzung mit dem Thema Servicemanagement werden folgende Literaturquellen empfohlen): *Bruhn, M./Hadwich, K.* (2006): Produkt- und Servicemanagement. Konzepte – Methoden – Prozesse, München 2006. *Bruhn, M.* (2006): Qualitätsmanagement für Dienstleistungen. Grundlagen – Konzepte – Methoden, 6. Aufl., Wiesbaden 2006. *Bruhn, M./Meffert, H.* (Hrsg.) (2001): Handbuch Dienstleistungsmanagement. Von der strategischen Konzeption zur praktischen Umsetzung, 2. Aufl., Wiesbaden 2001. *Bruhn, M./Georgi, D.* (2005): Services Marketing: Managing the Service Value Chain, Harlow/UK 2005. *Bruhn, M./Stauss, B.* (Hrsg.) (2002): E-Services. Dienstleistungsmanagement. Jahrbuch 2002, Wiesbaden 2002. *Laakmann, K.* (1995): Value-Added-Services als Profilierungsinstrument im Wettbewerb, Frankfurt a. M. 1995. *Lovelock, C./Wirtz, J. (2004):* Services Marketing, 5. Aufl., Englewood Cliffs 2004.

Meffert, H./Bruhn, M. (2006): Dienstleistungsmarketing. Grundlagen – Konzepte – Methoden, 5. Aufl., Wiesbaden 2006. *Rust, R. T./Oliver, R. L.* (1994): Service Quality, Thousand Oaks 1994. *Zeithaml, V. A./Bitner, M. J./Gremler, D. D.* (2005): Services Marketing, 4. Aufl., New York u. a. 2005.

Kapitel 4. Kundenbindungs- und Kundenrückgewinnungsmanagement

1. Grundlagen der Kundenbindung und Kundenrückgewinnung

1.1 Begriff und Konstrukt der Kundenbindung

Angesichts der hohen Wettbewerbsintensität und -dynamik haben sich in jüngerer Zeit die marktorientierten Zielsetzungen vieler Unternehmen, nicht nur Anbieter von individuellen Produkten und Dienstleistungen, sondern in wachsendem Maße auch Anbieter weniger differenzierter Leistungen, gewandelt. Stand bis Mitte der 1990er Jahre noch die Gewinnung neuer Kunden im Vordergrund der Marketingstrategien, so rückt in den vergangenen Jahren zunehmend die langfristige Bindung der vorhandenen Kunden in das Zentrum der marketingpolitischen Überlegungen. Der ausschlaggebende Grund für diese Entwicklung ist die Erkenntnis, dass durch systematische Kundenbindung der Erfolg eines Unternehmens wesentlich gesteigert werden kann. In empirischen Studien aus den USA wurde nachgewiesen, dass eine Verhinderung der Kundenabwanderung um 5 Prozent langfristig zu einer Steigerung des Gewinns pro Kunde von bis zu 85 Prozent führen kann (*Reichheld/Sasser* 1991). Auch die Bedeutung weiterer Konsequenzen eines erfolgreichen Kundenbindungsmanagements, wie z. B. Weiterempfehlungen durch loyale Kunden, wird zunehmend erkannt und versucht, als strategische Wettbewerbsvorteile zu nutzen.

Die Bedeutung der Kundenbindung zeigt sich auch in der Anzahl wissenschaftlicher Beiträge, die sich diesem Gebiet widmen (*Diller* 1995, 1996; *Peter* 1999; *Meyer/Dornach* 2001; *Bruhn/Homburg* 2005) und zahlreiche Facetten der Kundenbindung beleuchten. Allgemein anerkannt ist die Tatsache, dass Kundenbindung sowohl den Aspekt des tatsächlichen Verhaltens von Konsumenten als auch die Dimension der Verhaltensabsicht beinhaltet (*Meyer/Oever-*

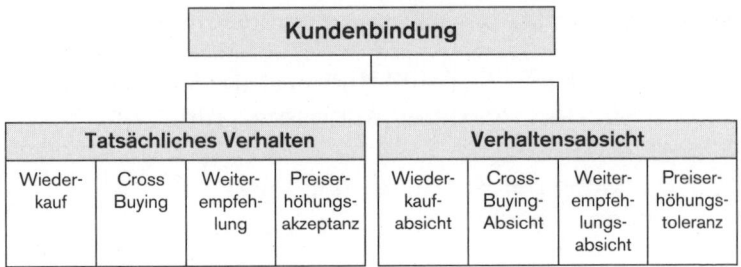

Abb. 4-1: Konstrukt der Kundenbindung

mann 1995). Angesichts dieser zwei Dimensionen kann von einem mehrdimensionalen **Konstrukt der Kundenbindung** gesprochen werden. **Abbildung 4-1** zeigt, durch welche Determinanten die Kundenbindung ausgedrückt werden kann (*Homburg/Bruhn* 2005).

Die Indikatoren Wiederkauf, Cross Buying (Zusatzkäufe), positive Mund-zu-Mund-Kommunikation (Weiterempfehlung) sowie Preiserhöhungstoleranz kennzeichnen das tatsächliche **Verhalten** der Konsumenten. Zusätzlich kann auch die **Absichtserklärung** der Konsumenten in Form der Wiederkaufabsicht, Cross-Buying-Absicht und Weiterempfehlungsabsicht (Goodwill) sowie Preiserhöhungstoleranz erfasst werden. In schriftlichen Kundenbefragungen werden relativ häufig ausschließlich die Absichten der Kunden erhoben und als Indikator für eine hohe Kundenbindung angesehen. Dies kann u. U. das Bild der tatsächlich erreichten Kundenbindung verfälschen. Aufgrund der vorliegenden Mehrdimensionalität wird das Konstrukt Kundenbindung somit zwingend einer differenzierten Betrachtung unterzogen, die beide Dimensionen berücksichtigt.

In Theorie und Praxis werden die Begriffe Relationship Marketing, Retention Marketing, Geschäftsbeziehungsmanagement, Beziehungsmanagement, Markentreue, Produkttreue, aber auch Kundenzufriedenheit, fälschlicherweise oft gleichbedeutend mit Kundenbindung oder Kundenbindungsmanagement verwendet. Daher erscheint zunächst eine Klärung der Begriffe Kundenbindung und Kundenbindungsmanagement sinnvoll.

Grundsätzlich kann eine nachfrager- (der Kunde bindet sich an einen Anbieter) und anbieterbezogene Sicht der Kundenbindung (der Kunde soll gebunden werden) unterschieden werden. Wie in den folgenden Abschnitten ausgeführt wird, impliziert die anbieterseitige Betrachtung innerhalb des Managementprozesses die Stimulation eines (emotionalen) Bindungswunsches auf Seiten des Nachfragers als ein wichtiges Ziel. In Anlehnung an die Definition von *Diller* (1996) sowie *Meyer/Oevermann* (1995) wird **Kundenbindung** folgendermaßen definiert:

> **Kundenbindung** umfasst sämtliche Maßnahmen eines Unternehmens, die darauf abzielen, sowohl das tatsächliche Verhalten als auch Verhaltensabsichten eines Kunden gegenüber einem Anbieter oder dessen Leistungen positiv zu gestalten, um die Beziehung zu diesem Kunden für die Zukunft zu stabilisieren bzw. auszuweiten.

Auf Basis der einzunehmenden Managementperspektive wird der Begriff **Kundenbindungsmanagement** wie folgt definiert:

> **Kundenbindungsmanagement** ist die systematische Analyse, Planung, Durchführung sowie Kontrolle sämtlicher auf den aktuellen Kundenstamm gerichteten Maßnahmen eines Unternehmens mit dem Ziel, dass die Kunden auch in Zukunft die Geschäftsbeziehung aufrechterhalten oder intensiver pflegen (*Homburg/Bruhn* 2005, S. 8).

Folgende **Merkmale** sind aus dem dargestellten Begriffsverständnis der Kundenbindung bzw. des Kundenbindungsmanagements hervorzuheben:

- **Stammkundenorientierung:** Der Fokus der Kundenbindung liegt auf der Gestaltung der Geschäftsprozesse mit den aktuellen Kunden.
- **Managementprozess:** Kundenbindung ist ein Managementprozess, in dem die Beziehungen zu den bestehenden Kunden systematisch analysiert, geplant, realisiert und kontrolliert werden.
- **Langfristigkeit:** Im Mittelpunkt der Kundenbindung stehen keine kurzfristigen Geschäftsabschlüsse, sondern die langfristige Gestaltung der Geschäftsbeziehungen.
- **Geschäftsprozesse:** Kundenbindung dient dem Ausbau der Geschäftsbeziehung auf unterschiedlichen Ebenen (Wiederkauf, Weiterempfehlung, Cross Buying usw.).

- **Zukunftsorientierung:** Innerhalb des Kundenbindungsmanagements wird der zukünftig zu erwartende Kundenwert betrachtet.

Kundenbindung ist somit ein komplexer Prozess, bei dem die Stabilisierung der Geschäftsbeziehung das Durchlaufen mehrerer Stufen psychologischer Faktoren im vor-ökonomischen Umfeld erfordert.

1.2 Zusammenhang zwischen Kundenorientierung, Kundenzufriedenheit und Kundenbindung

Kundenbindung – als Wunsch des Kunden, bei einem Anbieter zu verbleiben – wird primär nicht durch die Einführung einzelner Kundenbindungsinstrumente, z. B. eines Kundenclubs oder Kundenkarten, erzeugt, sondern dadurch, dass die Kundenerwartungen aufgrund eines kundenorientierten Angebotes erfüllt werden und der Kunde mit den Leistungen des Anbieters zufrieden ist. Es wird somit ein positiver Zusammenhang zwischen Kundenorientierung und Kundenzufriedenheit unterstellt. Der Begriff **Kundenzufriedenheit** beschreibt dabei das Resultat eines komplexen Informationsverarbeitungsprozesses (*Anderson* et al. 1997; *Homburg/Stock* 2002; *Huber* et al. 2004). Wie **Abbildung 4-2** verdeutlicht, vergleichen die Konsumenten ihre subjektiven Wahrnehmungen nach dem Kauf eines Produktes bzw. der Inanspruchnahme einer Leistung mit den Erwartungen, die vor der Kaufentscheidung existierten. Der Vergleich zwischen dem Erwarteten und der subjektiv wahrgenommenen Leistung des Anbieters führt zu einer Erfüllung, Untererfüllung oder Übererfüllung der Erwartungen des Kunden (Confirmation-/Disconfirmation-Paradigma). Das Resultat dieses Vergleiches ist ein bestimmtes Niveau der Zufriedenheit bzw. Unzufriedenheit von Konsumenten (*Homburg* 2002).

Fällt die Bewertung des Kunden positiv aus oder werden seine Erwartungen sogar noch übertroffen, kann Kundenbindung bzw. Kundenloyalität entstehen. Kundenzufriedenheit ist somit ein ausschlaggebender Faktor für die Entstehung von Kundenbindung. Der funktionale Verlauf der Beziehung **Kundenzufriedenheit** → **Kundenbindung** ist bereits seit einiger Zeit Gegenstand intensiver Diskussionen und Analysen. So vermuten *Meyer/Dornach* (2001) auf der

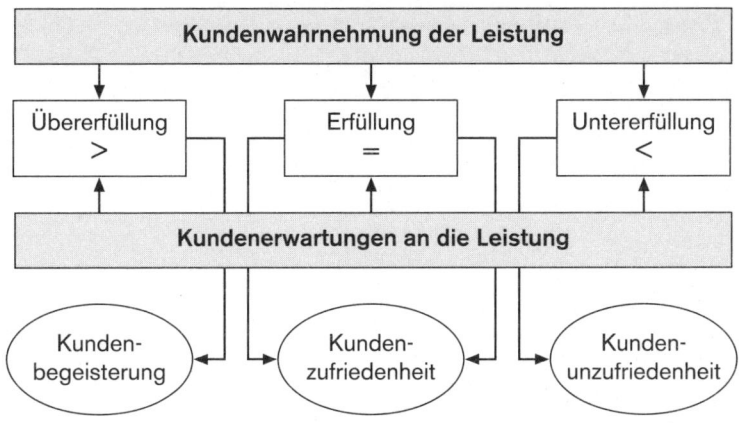

Abb. 4-2: Konstrukt der Kundenzufriedenheit

Basis einer Gegenüberstellung von Zufriedenheitswerten und Wiederkaufverhalten im Rahmen des Deutschen Kundenmonitors einen progressiven Zusammenhang zwischen Kundenzufriedenheit und Kundenbindung. Auch *Auh/Johnson* (1997) zeigen einen progressiven Zusammenhang auf. *Müller/Riesenbeck* (1991) gehen hingegen davon aus, dass der Zusammenhang zwischen Kundenzufriedenheit und Kundenbindung durch eine sattelförmige Funktion beschrieben werden kann und belegen dies auch durch empirische Ergebnisse.(vgl. hierzu ausführlich *Homburg* et al. 2005 sowie **Abbildung 4-3**). Gemeinsam sind diesen Studien, dass im oberen Bereich der Kundenzufriedenheit die Kundenbindung überproportional zunimmt, d. h., je höher das Zufriedenheitsniveau der Zielgruppe ist, desto besser können Bindungswirkungen durch einen gegebenen Ressourceneinsatz erzielt werden. Im Hinblick auf das C/D-Paradigma ist somit auf die hohe Bedeutung von Begeisterungsfaktoren im Rahmen der Leistungserstellung hinzuweisen.

Beispiel: Analysen bei *Rank Xerox* belegen, dass die Wahrscheinlichkeit des Wiederholungskaufes bei Kunden, die mit dem Unternehmen sehr zufrieden waren, wesentlich höher ausfällt als bei Kunden, die gegenüber dem Unternehmen „lediglich" Zufriedenheit signalisieren (*Heskett* et al. 1994, S. 53).

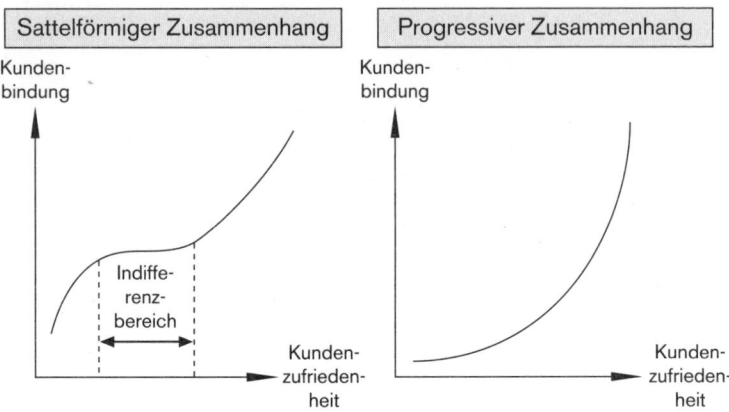

Abb. 4-3: Zusammenhang zwischen Kundenzufriedenheit und Kundenbindung (Quelle: in Anlehnung an *Homburg* et al. 2005 b, S. 110)

1.3 Begriff und Grundlagen der Kundenrückgewinnung

Die Kundenrückgewinnung (auch: Customer Recovery, Regain Management) hat aufgrund der Erkenntnisse über die im Zeitablauf steigende Profitabilität von Kundenbeziehungen wie auch der Erkenntnisse über die höheren Kosten der Akquisition von Neukunden im Vergleich zur Bindung bestehender Kunden ebenfalls an Bedeutung gewonnen. In einer Unternehmensbefragung wurde festgestellt, dass die Rückgewinnung ehemaliger Kunden in der überwiegenden Zahl der Fälle um mehr als 50 Prozent günstiger war als eine Neukundenakquisition (*Sauerbrey* 2000, S. 17; vgl. auch *Homburg/Schäfer* 1999). Darüber hinaus ist zu bedenken, dass Ertragseinbußen durch Kundenabwanderungen insbesondere auf gesättigten Märkten nicht mehr vollständig durch die Gewinnung neuer Kunden kompensiert werden können (*Michalski* 2002, S. 5).

Im Folgenden wird die Kundenrückgewinnung bzw. das Rückgewinnungsmanagement nicht nur auf die Wiederaufnahme bereits beendeter Beziehungen angewandt, sondern auch auf die Verhinderung der Beendigung von abwanderungsgefährdeten Kundenbeziehungen (*Bruhn* 2001 b; *Büttgen* 2001). Als „gefährdet" werden

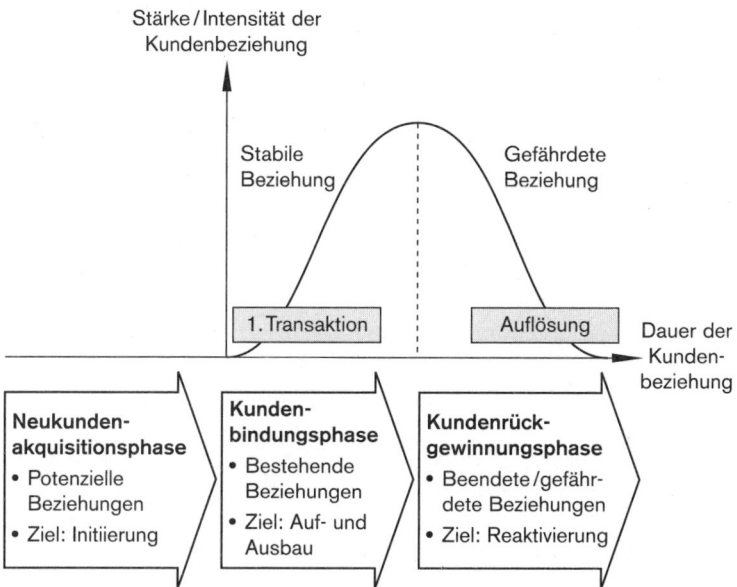

Abb. 4-4: Kundengefährdung und Kundenabwanderung im Kundenbeziehungslebenszyklus (Quelle: *Bruhn/Michalski* 2005, S. 253)

solche Kunden bezeichnet, die sich gedanklich mit der Möglichkeit einer Abwanderung auseinandersetzen. In **Abbildung 4-4** ist schematisch dargestellt, wie die Kundenrückgewinnung im Rahmen des Kundenlebenszyklus einzuordnen ist.

Gefährdete Beziehungen werden hier insbesondere dem Rückgewinnungsmanagement zugeordnet, da zum einen die zum Einsatz kommenden Instrumente denen der Reaktivierung tatsächlich beendeter Beziehungen sehr ähnlich sind, und zum anderen, da die empirisch belegten Erfolgsaussichten auf eine Reaktivierung während des Abwanderungsprozesses deutlich höher ist als nach endgültig erfolgter Abwanderung (*Michalski* 2002). In diesem Fall wird auch von **Kündigungspräventionsmanagement** gesprochen. Die folgende Definition dient somit in Anlehnung an den Kundenbeziehungslebenszyklus als Grundlage der Kundenrückgewinnung:

117

> **Kundenrückgewinnung** umfasst sämtliche Maßnahmen eines Unternehmens, die darauf abzielen, die Beendigung einer Geschäftsbeziehung zu verhindern oder eine bereits durch den Kunden beendete Geschäftsbeziehung wieder aufzunehmen.

Eine Kundenrückgewinnung ist allerdings nur dann anzustreben, wenn ein Kundenwert für die einzelne Beziehung vorliegt, der den Aufwand entsprechender Maßnahmen rechtfertigt. Im Falle einer nicht zu verhindernden oder aus ökonomischen Gründen nicht sinnvollen Abwanderung ist dagegen anzustreben, zumindest eine „mentale" Abwanderung zu vermeiden. Hierunter ist zu verstehen, dass im Falle einer geringen Kundenzufriedenheit Maßnahmen ergriffen werden, die eine negative Mund-zu-Mund-Kommunikation verhindern.

Zusammenfassend lässt sich festhalten, dass die Fragestellungen der Kundenrückgewinnung im Kundenlebenszyklus an einem Scheitelpunkt der Kundenbindung positioniert sind. Grundsätzlich ist es erwünscht, wieder eine (höhere) Kundenbindung zu erreichen. Es ist jedoch im Rahmen der Kundenwertanalyse zu berücksichtigen, ob etwaige Maßnahmen in einem zufriedenstellenden Verhältnis zum erwarteten zukünftigen Deckungsbeitrag des Kunden stehen.

2. Strategische Ansatzpunkte der Kundenbindung und Kundenrückgewinnung

2.1 Kundenbindung im Zielsystem des Unternehmens

Im Folgenden wird zunächst der Kundenbindungsprozess betrachtet. Da die Kundenrückgewinnung an einem **Wendepunkt der Kundenbeziehung** ansetzt, fügt sie sich ab der ersten Beobachtung eines Stabilitätsverlustes in der Beziehung nahtlos an den Managementprozess der Kundenbindung an. Da auch bei der Kundenrückgewinnung die erneute Bindung des Kunden im Vordergrund steht, wird kein separates Zielsystem für die Kundenrückgewinnung benötigt.

Ein Kundenbindungsmanagement verlangt eine systematische Planung und Vernetzung von Maßnahmen. Den Beginn des Kundenbindungsprozesses bildet dabei i. d. R. die Zielfestlegung. Die Kundenbindungsziele werden nach Inhalt, Ausmaß, Zeit und Segment konkretisiert und schriftlich fixiert. Darüber hinaus wird angestrebt, die Kundenbindung möglichst harmonisch in das bestehende **Zielsystem des Unternehmens** einzugliedern. Diese Integration wurde in den letzten Jahren in zahlreichen Unternehmen vollzogen. Die Stellung der Kundenbindung im Zielsystem eines Unternehmens sowie die möglichen Zusammenhänge zu anderen Zielgrößen zeigt **Abbildung 4-5** im Überblick.

Kundenbindung ist eine **psychographische Zielgröße**, die – ebenso wie die Mitarbeiterbindung – maßgeblichen Einfluss auf den langfristigen Erfolg eines Unternehmens hat (*Grund* 1998; *Floh* 2002). Die Gründe für die postulierten positiven Wirkungen von Kundenbindung auf die Zielgröße Erfolg sind vielfältig. Betrachtet man die **Umsatzkomponente** in einer Kundenbeziehung, so ist zu erkennen, dass (freiwillig) gebundene Kunden teilweise eine höhere Preisbereitschaft aufweisen als nicht-gebundene Kunden. Hier existiert ein Preissteigerungspotenzial für das entsprechende Unternehmen. Gleichzeitig wirkt sich eine hohe Kundenbindung positiv auf die Verkaufsmenge eines Unternehmens aus. Bei loyalen Kunden ist oftmals eine höhere Kauffrequenz zu beobachten und auch Cross-Buying-Potenziale lassen sich leichter ausschöpfen. Durch diese Effekte kann der Umsatz sowie der Gewinn eines Unternehmens gesteigert werden. Auf der **Kostenseite** hat ein systematisches Kundenbindungsmanagement ebenfalls positive Auswirkungen. Hier sind vor allem sinkende Kundenbetreuungskosten durch eine Konzentration auf die wichtigen, treuen Kunden zu vermerken. Ferner können, beispielsweise durch eine Integration der Kunden in den Produktentwicklungsprozess, die Kosten der „Nicht-Qualität" reduziert werden. Des Weiteren ist eine Senkung der Transaktionskosten, beispielsweise durch neue Interaktionsmöglichkeiten (Internet, elektronische Bestellungen usw.), denkbar.

Eine bedeutsame Grundlage zur Erreichung dieser Ziele bildet die Umsetzung **mitarbeitergerichteter Zielgrößen**. Grundlage ist die Annahme, dass zufriedene Mitarbeiter mitentscheidend für den Aufbau von Kundenzufriedenheit und Kundenbindung sind. Geht man von der Richtigkeit dieser Aussage aus, so ist es folglich Ziel des Un-

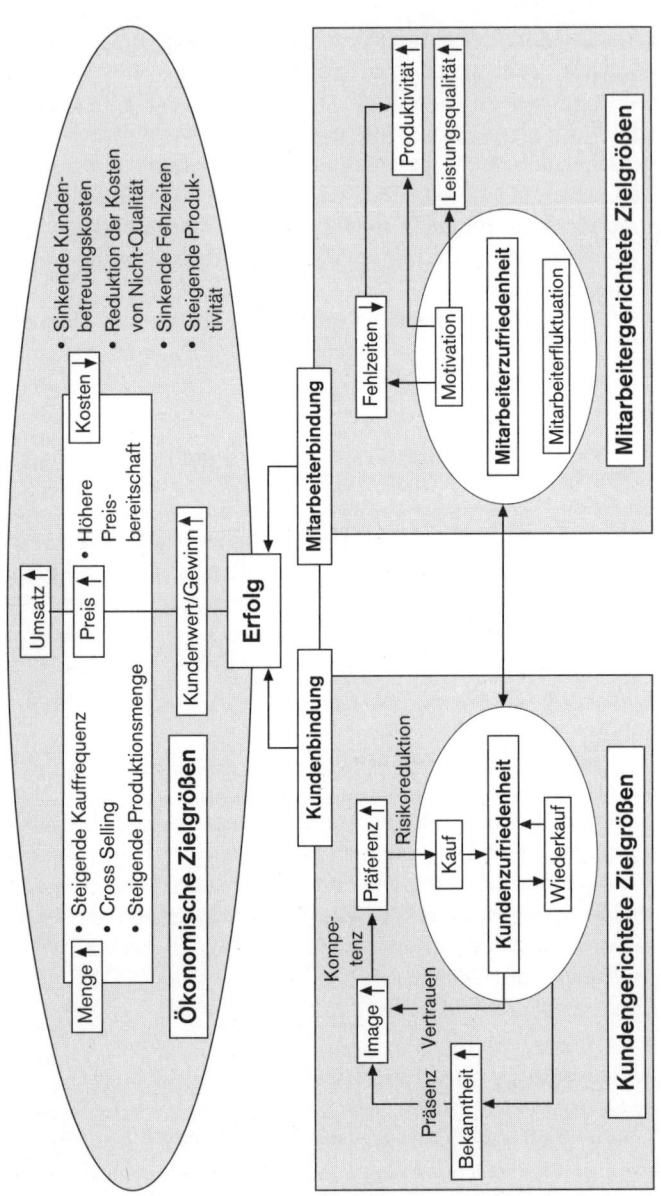

Abb. 4-5: Kundenbindung im Zielsystem des Unternehmens (Quelle: *Meffert/Bruhn* 2006, S. 207)

ternehmens, die Motivation der Mitarbeiter durch extrinsische und intrinsische Leistungsanreize zu steigern, um in der Folge die Produktivität und Leistungsqualität zu erhöhen sowie darüber hinaus Fehlzeiten der Mitarbeiter zu vermeiden und gute Mitarbeiter langfristig an das Unternehmen zu binden (*Bruhn* 1999 a).

2.2 Planung einer Kundenbindungsstrategie

Ein systematisches Kundenbindungs- und Kundenrückgewinnungsmanagement erfordert ein strategisches Vorgehen. Die zentralen **Dimensionen einer Kundenbindungsstrategie** zeigt **Abbildung 4-6**. Dabei wird zunächst eine detaillierte Betrachtung der einzelnen Dimensionen für die Kundenbindung durchgeführt. Darauf folgt im zweiten Schritt die Erörterung zusätzlicher und spezieller Aspekte der Kundenrückgewinnung, die ebenfalls auf der Grundstruktur dieser Dimensionen aufbaut.

(1) Bezugsobjekt der Kundenbindung

In einem ersten Schritt ist die Frage zu beantworten, auf welches Objekt sich die Kundenbindungsstrategie bezieht. Aus Unternehmenssicht können dabei drei Bezugsobjekte der Kundenbindung unterschieden werden. Die Kundenbindung kann sich auf den Anbieter, das Produkt bzw. die Marke sowie auf den Absatzmittler beziehen.

Beispiel: Bei der Erarbeitung der Kundenbindungsstrategie eines Automobilherstellers, z. B. *Volkswagen*, kann zum einen beabsichtigt sein, dass die Kunden eine hohe Wiederkaufrate bei *Volkswagen*-Modellen aufweisen, falls unterschiedliche Modelle für dieselbe Zielgruppe (z. B. aufgrund der Höhe des Einkommens) angeboten werden. Eine Kundenbindungsstrategie kann sich zum anderen auf eine bestimmte Marke, z. B. Golf, Touran, Passat oder Phaeton konzentrieren. Gerade in Branchen wie dem Automobilbereich, in dem Kunden aus dem Wunsch nach Abwechslung (dem sog. „Variety Seeking") zu Markenwechseln tendieren, führt dies jedoch nur unter bestimmten Bedingungen zum Erfolg, so z. B. bei einem „Legenden-Status", wie ihn etwa der VW Golf innehat. *Volkswagen* setzt zunächst, z. B. durch den Volkswagen-Club, eher auf eine Bindung an das Unternehmen. Je nachdem, welches Bezugsobjekt der Kundenbindung im Vordergrund steht, ist ferner auch die Berücksichtigung der *VW*-Vertragshändler in der Kundenbindungsstrategie des Herstellers erforderlich.

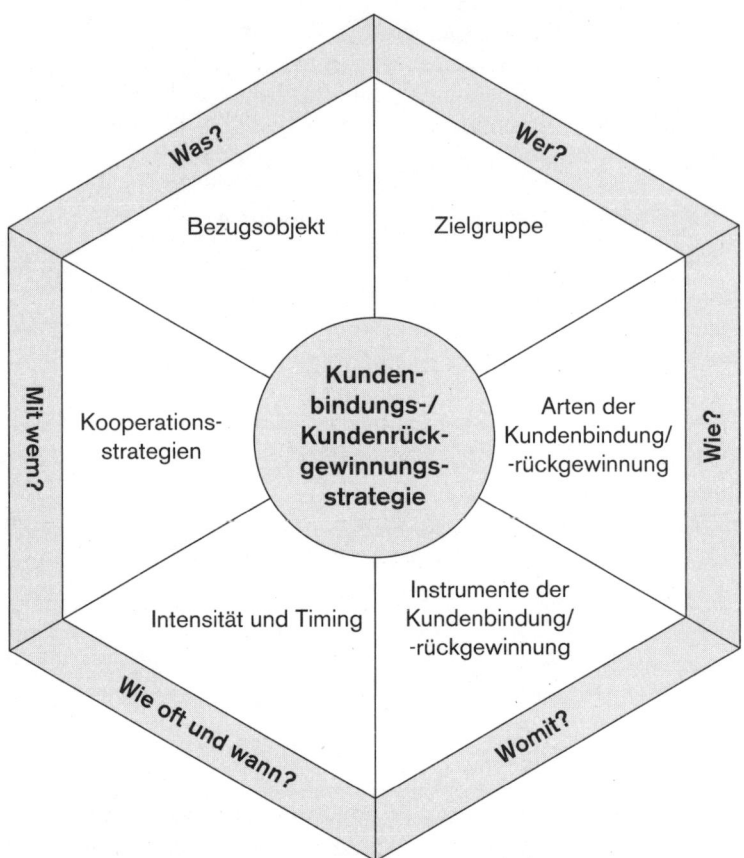

Abb. 4-6: Dimensionen einer Kundenbindungsstrategie (Quelle: *Homburg/ Bruhn* 2005, S. 19)

Bei der Planung der Kundenbindungsstrategie ist es daher notwendig, die Bezugsobjekte zu konkretisieren, in einem Strategiepapier festzuschreiben und inhaltlich aufeinander abzustimmen. Ziel dieses ersten Planungsschrittes ist es, Redundanzen und Diskrepanzen zwischen den einzelnen Maßnahmen der Kundenbindung (z. B. Kundenbindungsmaßnahmen eines Automobilherstellers und seiner Vertragshändler) zu vermeiden.

(2) Zielgruppe der Kundenbindung

Ferner ist festzulegen, mit welcher Priorität das Unternehmen sinnvollerweise in die aktuellen Kundensegmente investiert. Es geht folglich um eine optimale kundenbezogene Ressourcenallokation, wobei zu klären ist, wer die strategisch bedeutsamen Kunden in den definierten Geschäftsfeldern sind und wie das konkrete Profil dieser Kunden aussieht (*Homburg/Werner* 1998; *Keller* et al. 2002).

Ein strategisches Planungsinstrument zur Beantwortung dieser Fragen ist die **Kundenportfolioanalyse**. Ziel dieser Methode ist es, Kunden anhand von Rentabilitätsüberlegungen zu klassifizieren und anschließend Schwerpunkte hinsichtlich der Realisierung von Kundenbindungsstrategien abzuleiten (*Homburg/Daum* 1997a, S. 64 ff.). Als Dimensionen des Kundenportfolios können der Kundenwert und das geschätzte Ertragspotenzial der Kunden herangezogen werden (*Eckert* 1994, S. 273). Welche Kriterien zur inhaltlichen Beschreibung des Ertragspotenzials am Besten geeignet sind, ist branchenbezogen bzw. unternehmensindividuell zu entscheiden. Denkbar sind folgende **Beurteilungskriterien**:

- Verfügbares Einkommen,
- Dauer der Kundenbeziehung,
- Bisher getätigter Umsatz,
- Nutzung von Cross-Selling-Angeboten,
- Funktion des Kunden als Meinungsbildner,
- Möglichkeit einer Zusammenarbeit mit dem Kunden.

Als zweite Kundenportfolio-Dimension kann der **Kundenwert** herangezogen werden (vgl. zur Messung des Kundenwertes Kapitel 7). Je höher der individuelle Kundenwert ausfällt, desto „wertvoller" ist dieser entsprechende Kunde für das Unternehmen und desto stärker ist in die Beziehungspflege zu investieren (*Homburg/Schnurr* 1998). In diesem Zusammenhang wird auch häufig vom **Customer Lifetime Value** einer Geschäftsbeziehung gesprochen (*Homburg/Daum* 1997; *Krafft* 2002; *Günter/Helm* 2003).

Ist ein Unternehmen in der Lage, das Ertragspotenzial abzuschätzen und auch Kundenwerte zu berechnen, kann ein **Kundenportfolio** erstellt werden. Dabei wird eine Einordnung der aktuellen Kunden in das Portfolio auf der Basis der einzelnen Ergebnisse des Kun-

123

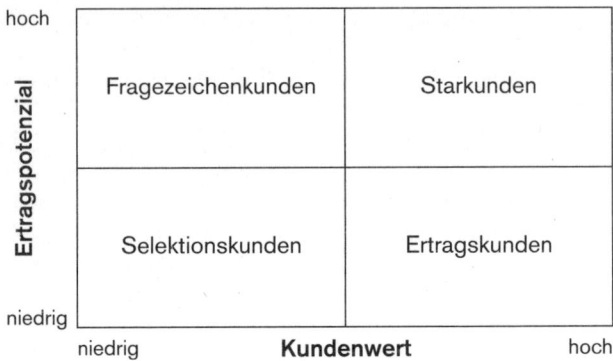

Abb. 4-7: Aufbau eines Kundenportfolios (Quelle: *Eckert* 1994, S. 273)

denwertes sowie des Ertragspotenzials vorgenommen. Anschließend wird eine Entscheidung hinsichtlich der Art der geeigneten Kundenbindungsmaßnahmen in Abhängigkeit der ermittelten Kundengruppe getroffen. Den grundsätzlichen Aufbau eines Kundenportfolios zeigt **Abbildung 4-7**. Es werden vier Kundengruppen – Star-, Ertrags-, Selektions- und Fragezeichenkunden – unterschieden.

Starkunden: Von Starkunden wird gesprochen, wenn diese sowohl ein hohes Ertragspotenzial als auch einen hohen Kundenwert aufweisen. In diesem Segment ist eine fokussierte Kundenbindungsstrategie zu verfolgen und durch individuelle Kundenbindungsmaßnahmen (VIP-Service, Einladung zu Events usw.) sicherzustellen, dass diese hochrentablen Kunden gezielt und adäquat angesprochen werden.

> **Beispiel:** Starkunden einer Bank sind sehr vermögende Privatkunden, die ein Großteil ihrer Bankangelegenheiten bei dieser Bank erledigen und bei denen auch absehbar ist, dass die Geschäftsbeziehung langfristig aufrechterhalten wird.

Ertragskunden: Ertragskunden haben einen hohen Kundenwert, allerdings wird nur ein geringes Entwicklungspotenzial vermutet. Insofern gilt es, diese Kunden möglichst lange zu binden, jedoch ohne übermäßige Investitionen in den Ausbau dieser Kundengruppe zu tätigen. Da diese Kunden einen wesentlichen Anteil ihres Bedarfs bei dem entsprechenden Unternehmen decken, sind hier gezielte Kundenbindungsmaßnahmen (Kundenclub, Kundenkarte usw.) erforderlich.

Beispiel: Ertragskunden sind beispielsweise langjährige Kunden eines Versandhauses, die aufgrund ihres Alters (z. B. 70-jährige Pensionärin), ihres hohen verfügbaren Einkommens und ihres langjährig konstanten Kaufverhaltens ein hohes Ertrags-, aber nur ein geringes Entwicklungspotenzial aufweisen, da nicht mit einer Änderung des Bedarfs zu rechnen ist.

Selektionskunden: Bei Kunden, die voraussichtlich kein Potenzial für zukünftige Umsätze aufweisen und demzufolge für das Unternehmen unrentabel bleiben, kann von einer für das Unternehmen uninteressanten Kundenbeziehung gesprochen werden. In diesem Fall sind allenfalls undifferenzierte Kundenbindungsmaßnahmen (z. B. allgemeiner Telefonservice) sinnvoll.

Beispiel: Selektionskunden sind bestimmte Berufsgruppen oder Rentner mit sehr geringem Einkommen, bei denen in den nächsten Jahren keine wesentliche Veränderung der Einkommenssituation zu erwarten ist.

Fragezeichenkunden: Hier gilt es, die Kunden mit hohem Ertragspotenzial und steigerungsfähigem Kundenwert zu ermitteln und zu aktivieren. Zunächst werden dazu erhebbare Merkmale des Kundenpotenzials für eine (Vor-)Segmentierung festgelegt und gemessen. Auf dieser Grundlage besteht das Ziel darin, Erfolg versprechende Kundenbeziehungen so auszubauen, dass diese Kunden zukünftig dem Segment Starkunden zugerechnet werden können. Entsprechend sind selektive Entscheidungen bezüglich des Ausmaßes und der Intensität von Kundenbindungsmaßnahmen zu treffen (z. B. Spezialangebote, Kundenkarten oder Direct-Mail-Aktionen).

Beispiel: Zu der Kategorie der Fragezeichenkunden zählen häufig Studierende, die zwar aktuell über ein geringes Einkommen und somit einen geringen Kundenwert verfügen, deren persönliche Situation sich jedoch in absehbarer Zeit wesentlich verändern wird und somit das Entwicklungspotenzial hoch einzuschätzen ist. Möglich wäre z. B. bei Banken im Rahmen einer Kontoeröffnung, das Studienfach zu erfragen und auf den Berufs- und Karriereaussichten basierend eine Segmentierung innerhalb des Studentensegmentes vorzunehmen.

Grundvoraussetzung für die Ableitung von Kundenportfolios ist der direkte Zugriff auf eine **Kundendatenbank**, in der nicht nur demographische Kundeninformationen wie Name, Alter und Adresse, sondern auch weitergehende Daten, beispielsweise zum bisherigen Kauf- oder Beschwerdeverhalten, zur finanziellen Situation oder zur Zahlungsmoral des Kunden abrufbar sind. Ferner sind auch Informationen zum konkreten Entwicklungspotenzial des Kunden systematisch zu erfassen, zu speichern und in die strategische Analyse einzubeziehen.

(3) Arten der Kundenbindung

In einem weiteren Schritt ist festzulegen, welche Art der Kundenbindung anzustreben ist. In diesem Zusammenhang wurde bereits herausgestellt, dass die Bindung über Kundenzufriedenheit (**emotionale Kundenbindung**) grundsätzlich im Zentrum der Maßnahmen steht. Es können jedoch noch weitere Arten der Kundenbindung, dargestellt in **Abbildung 4-8**, unterschieden und zur Ableitung einer Kundenbindungsstrategie herangezogen werden (*Meffert* 2005, S. 158).

Technisch-funktionale Kundenbindung: Von einer technisch-funktionalen Kundenbindung kann gesprochen werden, wenn ein funktionaler Zusammenhang zwischen Kern- und Zusatzleistung besteht. Dies ist beispielsweise bei der Reparatur eines Fahrzeuges der Fall, falls die Inanspruchnahme der Dienstleistung aufgrund notwendiger Spezialwerkzeuge nur von einer bestimmten Vertragswerkstatt ausgeführt werden kann. Ferner kann eine zwingende technische Kompatibilität, beispielsweise bei EDV-Systemen, zu einer technisch-funktionalen Kundenbindung führen. Der Kunde erwirbt solche Leistungsbündel meist nicht zu einem Zeitpunkt als Gesamtpaket, sondern sukzessive. In dieser Situation ist der Kunde gezwungen, bei Erweiterungs-/Folgekäufen ebenfalls auf die bereits erworbene Marke zurückzugreifen, um den optimalen Betrieb seines Systems zu gewährleisten (*Herrmann/Johnson* 1999).

Beispiel: Der Wettbewerb zwischen den Anbietern von Spielekonsolen, insbesondere *Microsoft* mit der X-Box und *Sony* mit der Playstation, wird auch dadurch beeinflusst, welcher Anbieter die besseren Spiele anbietet, da diese jeweils nur auf einem Gerät nutzbar sind. Der Kunde bindet sich

Arten der Kundenbindung	Technisch-funktionale Bindung	Ökonomische Bindung	Vertragliche Bindung	Emotionale Bindung
⇩	⇩	⇩	⇩	⇩
Wirkungs-ebene	Über technische und funktionale Zusammenhänge	Über Wechselkosten	Über rechtliche Zusagen	Über Kundenzufriedenheit

Abb. 4-8: Arten der Kundenbindung (Quelle: *Meffert* 2005, S. 158)

folglich mit der Wahl eines Gerätes auch an das Spielesortiment des Anbieters.

Ökonomische Kundenbindung: Bei einer ökonomischen Kundenbindung erscheint dem Kunden ein Wechsel der Geschäftsbeziehung aufgrund tatsächlicher oder subjektiv wahrgenommener Wechselkosten als wirtschaftlich unvorteilhaft. Wechselkosten setzen sich aus Informations- und Anbahnungskosten sowie kognitiven Anstrengungen, verbunden mit finanziellen, sozialen oder psychischen Risiken sowie zeitlichen Verpflichtungen zusammen (*Rapp* 1992, S. 13).

Beispiel: Austrittsgebühren oder aufwändige Austrittsverfahren, z. B. bei Buchclubs, können den Kunden dazu veranlassen, die Beziehung weiterhin aufrechtzuerhalten. Auch der potenzielle Verlust von Vorteilen, z. B. der Verlust von Bonusmeilen innerhalb eines Vielfliegerprogramms, kann die Wechselbereitschaft des Kunden verringern.

Vertragliche Kundenbindung: Bei der vertraglichen Kundenbindung wird der Nachfrager durch rechtlich zwingende Vereinbarungen, wie z. B. Service- oder Leasingverträge, Garantien, Abonnement- oder Mindestbezugsvereinbarungen, an den entsprechenden Anbieter, die Marke oder eine Einkaufsstätte gebunden.

Beispiel: Mobilfunkanbieter bieten meist unterschiedliche Leistungsbündel an, die ein Abwägen zwischen der Preisbereitschaft und der Länge der Vertragslaufzeit erfordern. Während die Angebote ohne vertragliche Bindung mit höheren Tarifen verbunden sind und der Kunde ein Mobiltelefon allenfalls vergünstigt bekommt, bieten die Mobilfunkunternehmen Kunden, die sich vertraglich binden lassen, hingegen qualitativ höherwertige Mobiltelefone umsonst bzw. zu rein symbolischen Preisen an.

Ähnlich verkauft auch der Pay-TV-Anbieter *Premiere* seine Leistungsangebote bei längerer Vertragslaufzeit zu günstigeren Preisen.

Bei der ökonomischen, vertraglichen und technisch-funktionalen Kundenbindung wird der Entscheidungsspielraum des Kunden somit mehr oder weniger eingeengt. Entsteht beim Kunden während der Geschäftsbeziehung Unzufriedenheit, ist die Wahrscheinlichkeit hoch, dass nach Ablauf der Bindungsvereinbarung die Abwanderung des Kunden nicht mehr zu vermeiden ist.

Beispiel: Hohe Abwanderungsbewegungen zu neuen Telekommunikationsanbietern sind z. B. bei der *Deutschen Telekom* zu beobachten. In diesem Fall lag auch nach dem Fall des Monopols noch längere Zeit eine technisch-funktionale Kundenbindung vor, die nun aufgrund der erzwungenen Öffnung des Marktes aufgehoben ist. Ebenso wie viele andere ehemalige Monopolisten ist auch dieses Unternehmen nun gezwungen, wesentliche Verbesserungen der Kundenorientierung umzusetzen.

Emotionale Kundenbindung: Demgegenüber basiert die emotionale Kundenbindung grundsätzlich auf einer freiwilligen Entscheidung. Der Kunde weist einen hohen Grad der Zufriedenheit auf und entscheidet sich bewusst für einen Wiederkauf. Daher wird auch von einer **Verbundenheit** gesprochen. Diese Art der Kundenbindung entspricht zum einen als einzige einer kundenorientierten Haltung. Zum anderen können Unternehmen nur bei Verbundenheit von einer langfristigen Kundenbeziehung profitieren, wie dem Ausschöpfen von Cross-Selling-Potenzialen oder der Abgabe von Weiterempfehlungen. Vor diesem Hintergrund beinhaltet der Ansatz einer Kundenbindungsstrategie möglichst immer die Entwicklung einer emotionalen Bindung. Die übrigen Arten der Kundenbindung sind lediglich flankierend einzusetzen.

Beispiel: Der Motorradhersteller *Harley Davidson* hat es geschafft, technische Wettbewerbsnachteile gegenüber anderen Herstellern durch eine Verbundenheitsstrategie zu kompensieren. So hat jeder Besitzer eines Motorrads dieser Marke die Möglichkeit, in den Harley Owner Club einzutreten, über den das Unternehmen nicht nur Value Added Services, etwa Finanzierungsmöglichkeiten oder eine Club-Zeitschrift, anbietet, sondern z. B. auch die Organisation gemeinsamer Fahrten übernimmt. In Kombination mit einer klar definierten Markenpositionierung erreicht das Unternehmen damit ein starkes Zusammengehörigkeitsgefühl der Besitzer, das einen schwer einholbaren Wettbewerbsvorteil darstellt.

(4) Festlegung der Kundenbindungsinstrumente

Ein weiterer Bereich ist die Entscheidung zum Einsatz der Kundenbindungsinstrumente. Ansatzpunkte zur Bindung von Kunden bieten dabei sämtliche Bereiche des Marketingmix (*Diller* 1995). Im Rahmen der **Produktpolitik** liegt der Fokus z. B. auf der Verbesserung des Leistungsprogramms bzw. des Services. Als Kundenbindungsmaßnahmen bieten sich z. B. individualisierte Produktangebote oder ein besonderes Produktdesign an. **Preispolitische Kundenbindungsinstrumente** erhöhen die ökonomischen Barrieren für den Wechsel eines Kunden zum Wettbewerber. Durch den Einsatz preispolitischer Maßnahmen können monetäre Anreize geschaffen werden, die für den Kunden ausschlaggebend sind, die Geschäftsbeziehung aufrechtzuerhalten (*Simon* et al. 2000). Maßnahmen der **Kommunikationspolitik** werden mit dem Ziel eingesetzt, in einen kontinuierlichen Dialog mit den Kunden zu treten. Insbesondere die interaktiven Kommunikationsformen bieten hierzu zahlreiche Möglichkeiten. Zu denken ist an Kundenforen, Beschwerdemanagement, Servicenummern, Events sowie Maßnahmen der persönlichen Kommunikation mit dem Kunden. Auch die klassischen Kundenzeitschriften sowie Direct-Mail-Aktionen können dem Bereich der Kommunikationspolitik zugeordnet werden. Elektronische Bestellmöglichkeiten, Internetshops, Katalogverkauf sowie Abonnements sind Beispiele für Maßnahmen der **Vertriebspolitik**.

Neben der Systematik des Marketingmix erscheint es sinnvoll, die Instrumente nach den Phasen der Kundenbeziehung und somit danach zu differenzieren, ob sie primär zum Ziel haben, im Rahmen der Kundenakquisition den Dialog zu intensivieren (**Fokus Interaktion**), in der Phase der Kundenbindung die Kundenzufriedenheit positiv zu beeinflussen (**Fokus Zufriedenheit**) oder zur Verhinderung der Abwanderung in der Rückgewinnungsphase hohe Wechselbarrieren aufzubauen (**Fokus Wechselbarrieren**). Gemäß dieser Systematik zeigt **Abbildung 4-9** verschiedene Kundenbindungsinstrumente im Überblick.

(5) Intensität und Timing der Kundenbindung

Als weitere strategische Kundenbindungsdimension sind Überlegungen notwendig, wann und mit welcher Intensität die ausge-

Primäre Wirkung / Instrumentebereich	Kundenakquisition (Fokus Interaktion)	Kundenbindung (Fokus Zufriedenheit)	Kundenrückgewinnung (Fokus Wechselbarrieren)
Produktpolitik	• Gemeinsame Produktentwicklung • Internalisierung/ Externalisierung	• Individuelle Angebote • Qualitätsstandards • Servicestandards • Zusatzleistungen • Besonderes Produktdesign • Leistungsgarantien	• Individuelle technische Standards • Value Added Services
Preispolitik	• Kundenkarten (bei reiner Informationserhebung)	• Preisgarantien • Zufriedenheitsabhängige Preisgestaltung	• Rabatt- und Bonussysteme • Preisdifferenzierung • Preisbundling • Finanzielle Anreize • Kundenkarten (bei Rabattgewährung)
Kommunikationspolitik	• Direct Mail • Event Marketing • Online Marketing • Proaktive Kundenkontakte • Servicenummern Kundenforen/ -beiräte	• Kundenclubs • Kundenzeitschriften • Telefonmarketing • Beschwerdemanagement • Persönliche Kommunikation	• Mailings, die sehr individuelle Informationen (hoher Nutzwert für den Kunden) übermitteln • Aufbau kundenspezifischer Kommunikationskanäle
Vertriebspolitik	• Internet/Gewinnspiele • Produkt Sampling • Werkstattbesuche	• Online-Bestellung • Katalogverkauf • Direktlieferung	• Abonnements • Ubiquität • Kundenorientierte Standortwahl

Abb. 4-9: Kundenbindungsinstrumente im Überblick (Quelle: *Homburg/ Bruhn* 2005, S. 22)

wählten Instrumente eingesetzt werden. Zu bestimmen sind die konkreten Einsatzzeitpunkte und -intervalle sowie der konkrete Ablauf der Kundenbindungsstrategie. In diesem Zusammenhang ist generell zu entscheiden, ob eine konzentrierte Kundenbindungsstrategie, bei der nur wenige, ausgewählte Maßnahmen realisiert werden, oder eine differenzierte Kundenbindungsstrategie, mit dem integrierten Einsatz mehrerer Maßnahmen, anzustreben ist (*Dowling/Uncles* 1997).

Die strategische Planung hat in diesem Zusammenhang sicherzustellen, dass eine Reizüberflutung der Kunden vermieden und die Schwelle zur Reaktanz der Kunden gegenüber Kundenbindungsmaßnahmen nicht überschritten wird.

Beispiel: Der zeitliche Ablauf einer integrierten Kundenbindungsstrategie könnte idealtypisch – dargestellt am Beispiel eines Neuwagenkaufes – wie folgt aussehen:

(1) Händler 1. 7. 2006: Übergabe eines Welcome Packages bei der Auslieferung des Neufahrzeuges.

(2) Hersteller 1. 3. 2007: Versand eines Frühjahrs- und Wintercheck-Mailings.

(3) Händler 11. 5. 2007: Zusendung einer Gratulationskarte zum Geburtstag des Kunden.

(4) Hersteller 1. 7. 2007: Ein Jahr nach Kaufzeitpunkt Versand eines Fragebogens zur Kundenzufriedenheit.

(5) Händler 1. 7. 2008: Versand eines Angebotes zum Neuwagenkauf eines aktuellen Modells.

(6) Händler 1. 10. 2008: TÜV-Erinnerung und Information über die aktuelle Produktpalette.

An diesem Beispiel wird der bestehende Abstimmungsbedarf zwischen den Maßnahmen des Herstellers und den Ansprachen des Händlers besonders deutlich, der bei Nichtbeachtung zu Unzufriedenheit oder sogar Abwanderung des Kunden führen kann.

(6) Kooperationsstrategien der Kundenbindung

Schließlich ist bei der Erarbeitung einer Kundenbindungsstrategie zu prüfen, ob die Ziele der Kundenbindung in Kooperationen mit anderen Unternehmen effizienter erreicht werden können. Eine Kooperation ist generell immer dann empfehlenswert, wenn Synergiepotenziale zu erwarten sind, die einen Zielbeitrag zu einer integrierten Kundenbindungsstrategie leisten. Dies ist insbesondere bei Geschäftsbeziehungen der Fall, in denen vom Konsumenten ein direkter Bezug zwischen Marke und Herstellerleistung auf der einen und den Handelsleistungen auf der anderen Seite hergestellt wird (z. B. in der Automobilwirtschaft oder in der Computerbranche).

Beispiel 1: Der bereits erwähnte *Volkswagen-Club* kann auch als Beispiel einer Zusammenarbeit zwischen Hersteller und Händler angeführt werden. 95 Prozent aller Händler beteiligen sich an dem Club, der seinen

Mitgliedern neben Bonuspunkten für Wartungsarbeiten bei offiziellen VW-Händlern und zusätzlichen Serviceleistungen über Kooperationspartner ein breites Spektrum von Leistungen bietet, die mit dem Kernprodukt nur noch am Rande in Verbindung stehen. So existieren Sonderangebote und spezielle Leistungen, z. B. für kulturelle Veranstaltungen, Reisen, Hotels und Versandhandelsunternehmen (www.vw-club.de, Zugriff am 26. 6. 2006).

Beispiel 2: Die bekannteste clubähnliche Kooperation in Deutschland ist der Zusammenschluss von 16 Unternehmen unter dem Dach der *Payback*-Kundenkarte. Insbesondere bei Unternehmen des Einzelhandels können Kunden bei ihren Einkäufen Bonuspunkte sammeln, die sie gegen Prämien oder Meilen bei *Miles&More* eintauschen, aber auch für *UNICEF* spenden können (www.payback.de, Zugriff am 26. 6. 2006).

Eine optimal abgestimmte Kooperationsstrategie kann folglich entscheidend dazu beitragen, die entwickelte Kundenbindungsstrategie erfolgreich und zielgruppenadäquat umzusetzen und den langfristigen Erfolg des Unternehmens zu sichern.

2.3 Planung einer Kundenrückgewinnungsstrategie

Die Kundenrückgewinnungsstrategie unterscheidet sich nicht grundsätzlich von den sechs Dimensionen von der Kundenbindungsstrategie. In den konkreten Ausprägungen können jedoch Modifikationen erforderlich werden, um einen Kunden zu reaktivieren. Dabei ist stets zwischen bereits faktisch abgewanderten Kunden und Kunden, die sich noch im Abwanderungsprozess befinden, zu unterscheiden.

(1) Bezugsobjekt der Kundenrückgewinnung

Für ein Unternehmen, das sich hinsichtlich des **Objekts** der Kundenbindung vor allem auf das emotionale Aufladen einer Marke oder den Aufbau des Images eines Unternehmens konzentriert, um die Marken- und Unternehmensloyalität zu fördern, ist möglicherweise bei der Kundenrückgewinnung ein anderes Vorgehen sinnvoll. Es ist z. B. denkbar, dass sich abgewanderte oder abwanderungsgefährdete Kunden eher an einen Mitarbeiter binden lassen und dementsprechende Maßnahmen bei diesen Kunden Erfolg versprechender sind.

Beispiel 1: Ein abwanderungsgefährdeter langjähriger B-Kunde einer Bank mit einem in seinem Segment überdurchschnittlichen Deckungsbeitrag wurde bislang aufgrund seiner Einkommens- und Vermögensverhältnisse kein eigener Kundenberater zugewiesen. Dieser könnte von einem Ansprechpartner kontaktiert werden, der sich als zuständiger Berater für die Bedürfnisse des Kunden erklärt. So kann dem Kunden der Eindruck vermittelt werden, dass er von der Bank als langjähriger Kunde geschätzt und seine langjährige Treue honoriert wird.

Beispiel 2: Kunden von Friseursalons fühlen sich typischerweise an einen speziellen Angestellten des Salons als „ihren" Friseur gebunden. Bei einer hohen Abwanderungsquote ist es möglicherweise ratsam, im Rahmen der Rückgewinnung auf emotionale oder ökonomische Komponenten zu setzen, um wiederum eine Kundenbindung zu erreichen. Dies ist beispielsweise durch Value Added Services oder eine exklusive Salonausstattung möglich. Auch hinsichtlich eines möglichen Wechsels von Mitarbeitern ist der Salon als Bezugsobjekt der Kundenbindung sinnvoll.

(2) Zielgruppen der Kundenrückgewinnung

Bei der Eingrenzung der abwanderungsgefährdeten Zielgruppen ist es zunächst wichtig, Kriterien für die Messung der Abwanderungsgefahr aufzudecken bzw. festzulegen. Eine abnehmende Transaktionsfrequenz, sinkende Umsätze des Kunden, erstmalige oder sich häufende Beschwerden können gleichermaßen Signale, so genannte **Frühwarnindikatoren**, für eine nahende Beendigung der Geschäftsbeziehung durch den Kunden sein (*Mattila* 2004; *Bruhn/Michalski* 2005, S. 258). Typische Verläufe der Abwanderung lassen sich möglicherweise auch aus dem Bedarfslebenszyklus oder Daten aus der Kundenhistorie mit ähnlichem Kaufverhalten ablesen. Somit besteht der erste Schritt bei der Festlegung der Zielgruppe in der Analyse sämtlicher Kundenbeziehungen im Hinblick auf ihre Abwanderungswahrscheinlichkeit, d. h. ihr **Gefährdungspotenzial**.

Bei bereits faktisch abgewanderten Kunden sind Abwanderungsgründe zu erheben, um eine Segmentierung und zielgruppengerechte Ansprache durchführen zu können. Verschiedene Methoden, so z. B. merkmalsorientierte (z. B. standardisierte Befragungen), ereignisorientierte (insbesondere Critical Incident Technique und Sequenzielle Ereignismethode) oder prozessorientierte Methoden (insbesondere Switching Path Analysis Technique) helfen dabei, Abwanderungsprofile zu erstellen.

Die folgenden **Ursachenkategorien** können sich sowohl hinsichtlich der Gefährdung als auch hinsichtlich der faktischen Abwanderung bei der Analyse der Abwanderungsprozesse ergeben:

- **Unternehmensbezogene Gründe:** Hierbei handelt es sich um Kundenabwanderungsprozesse mit Fehlern im Leistungsangebot (z. B. in Bezug auf Produkte, Preise, Vertrieb usw.) oder in der Interaktion mit dem Kunden (z. B. Freundlichkeit, Termintreue usw.). Eine Rückgewinnung ist in diesen Fällen grundsätzlich möglich und sinnvoll.

- **Wettbewerbsbezogene Gründe:** Ursachen sind allgemeine Maßnahmen der Wettbewerber zur Profilierung im Markt (z. B. bessere Zinsen, kostenloses Konto usw.), die von einigen Kunden durch einen Wechsel honoriert werden. Zu beobachten sind aber auch direkte Abwerbungsversuche der Wettbewerber („Wenn Sie zu uns wechseln, dann erhalten Sie ... "). Eine Rückgewinnung ist in diesen Fällen lediglich eingeschränkt möglich.

- **Kundenbezogene Gründe:** Private Gründe sind z. B. familiäre Ereignisse wie Heirat, Scheidung oder Wohnungswechsel, die trotz Kundenzufriedenheit zu einer Abwanderung führen können. Auch der Konkurs eines Geschäftes oder ein neuer Arbeitsplatz sind als berufliche Kündigungsgründe denkbar. Die Möglichkeiten der Rückgewinnung sind in dieser Kategorie sehr begrenzt (*Michalski* 2003).

Auf der Basis der Informationen über Abwanderungsgründe werden die Zielgruppen und für diese wiederum die Relevanz von Maßnahmen der Kundenrückgewinnung festgelegt (*Bruhn/Michalski* 2005, S. 255).

Nach erfolgter Analyse des Gefährdungspotenzials der Abwanderung und der Abwanderungsursachen stellen Kunden mit einem hohen Kundenwert, d. h. Star- und teilweise Ertragskunden, die erste Zielgruppe der Kundenrückgewinnung dar. Bei Fragezeichenkunden ist der Einsatz von Maßnahmen der Kundenrückgewinnung stark abhängig von der **Erfolgswahrscheinlichkeit** und den Erfahrungswerten über das **Entwicklungspotenzial** dieser Kunden. Nach

	Vorhanden	Keine/emotionale Rückgewinnung	Standard-Rückgewinnung	Individual-Rückgewinnung
Erfolgswahrscheinlichkeit der Rückgewinnung	Fraglich	Keine/emotionale Rückgewinnung	Standard-Rückgewinnung	Standard-Rückgewinnung
	Nicht vorhanden	Keine/emotionale Rückgewinnung	Keine/emotionale Rückgewinnung	Keine/emotionale Rückgewinnung
Rückgewinnungsbezogene Segmentierung		Gering	Mittel	Hoch
		Kundenwert (Customer Lifetime Value)		

Abb. 4-10: Rückgewinnungsbezogene Segmentierung (Quelle: *Michalski* 2002, S. 199)

Möglichkeit sind diese Kunden bezüglich des Einsatzes von Rückgewinnungsmaßnahmen nach Eigenschaften zu segmentieren, die Rückschlüsse über diese beiden Komponenten zulassen (*Michalski* 2002, S. 184). Darüber hinaus sind je nach Bedeutung der Mund-zu-Mund-Kommunikation auch diejenigen abgewanderten bzw. abwandernden Kunden als Zielgruppe zu definieren, die der Kategorie der Selektionskunden angehören. Zur **Verhinderung** einer **negativen Mund-zu-Mund-Kommunikation**, ist es möglicherweise sinnvoll, durch ein gezieltes Ansprechen und eine Zufriedenstellung auch dieser Kunden eine einvernehmliche Trennung zu erreichen. Dies wird als emotionale oder symbolische Rückgewinnung bezeichnet (vgl. **Abbildung 4-10**).

(3) Arten der Kundenrückgewinnung

Bei den Arten der Kundenrückgewinnung ist ebenfalls eine Differenzierung nach dem Grund des Abwanderungswunsches notwendig. Wenn die Abwanderungsgefahr aus einem veränderten Kaufverhalten oder dem Vergleich mit anderen Kundenhistorien abgelesen wird, ist das komplette Spektrum der Kundenbindungsarten einsetzbar (wie zuvor mit einem Schwergewicht auf der emotionalen Bindung). Dabei ist zu eruieren, ob z. B. die Leistung selbst, der Preis der Leistung, die Vertriebskanäle oder intangible Elemente wie das Unternehmensimage, die Kommunikation bzw. die Interaktion mit dem Kunden, Ursachen des Abwanderungswunsches darstellen. Entsprechend sind die Instrumente der Rückgewinnung danach auszurichten. Ähnliches gilt auch für die bereits vollzogene Abwanderung.

Ist dagegen Unzufriedenheit der Grund für die Abwanderung oder den Abwanderungswunsch, erfordert dies eine Fokussierung auf eine emotionale, möglicherweise auch ökonomische Kundenbindung, da die anderen Bindungsarten vom abgewanderten oder abwanderungsgefährdeten Kunden mit einiger Wahrscheinlichkeit noch stärker als „Fesselung" wahrgenommen werden als vom gebundenen Kunden ohne Abwanderungsgefahr. Für beide Rückgewinnungsarten bieten sich unterschiedliche Instrumente an.

(4) Instrumenteauswahl der Kundenrückgewinnung

Die Instrumente der Kundenrückgewinnung sind in der Weise zu unterscheiden, ob eine faktische Rückgewinnung des Kunden erfolgt (anzustreben bei einem ausreichenden Kundenwert) oder nur eine symbolische, d. h. emotionale Rückgewinnung im Sinne einer wiederhergestellten Kundenzufriedenheit nach der Abwanderung (anzustreben bei C-Kunden mit geringem oder negativem Kundenwert). Sowohl bei der Leistungs- als auch bei Kommunikations- und Preispolitik stehen diese Überlegungen vor der Planung konkreter Maßnahmen im Vordergrund. Hinsichtlich der Vertriebspolitik sind Maßnahmen insbesondere von der gesamthaften Kundenfluktuation abhängig. Kann die gesamte Abwanderung etwa durch das Einrichten neuer Vertriebskanäle oder den Einsatz von Absatzmittlern deutlich reduziert werden, sind derart aufwändige Optionen in die Überlegungen mit einzubeziehen.

(5) Intensität und Timing der Kundenrückgewinnung

Das Timing ist bei der Kundenrückgewinnung abwanderungsgefährdeter Kunden von entscheidender Bedeutung, da ein Kunde im Abwanderungsprozess oft leichter zurückgewonnen werden kann als ein faktisch abgewanderter Kunde (*Michalski* 2003). Mittels der Analyse individueller Kundendaten werden im ersten Schritt die Gefährdung gemessen und bei deutlichen Anzeichen im zweiten Schritt, wie bei der Zielgruppenermittlung erörtert, gegebenenfalls Maßnahmen ergriffen.

Die Intensität der Kundenrückgewinnung ist zum einen ebenfalls aus dem Ertragspotenzial, zum anderen aus dem Kundenverhalten bzw. den Kundenpräferenzen abzuleiten. Das Ertragspotenzial bestimmt die aus Unternehmenssicht sinnvolle Intensität, d. h. der zeitliche bzw. monetäre Aufwand, der für die Rückgewinnung betrieben wird. Dieser ist jedoch nur in dem Maße auszuschöpfen, in dem er die Rückgewinnungswahrscheinlichkeit erhöht. Fühlt sich der Kunde belästigt, wird die Erfolgsaussicht der Rückgewinnung sinken. Somit ist nach Möglichkeit aus dem Kundenverhalten im direkten Kontakt abzulesen, ob weitere Anstrengungen die Wahrscheinlichkeit einer Rückgewinnung erhöhen.

(6) Kooperationsstrategien der Kundenrückgewinnung

Kooperationsstrategien sind im Rahmen der Rückgewinnung dann einsetzbar, wenn diese für einen abgewanderten oder abwandernden Kunden einen zusätzlichen Nutzen bieten. Sie können sowohl ein größeres Leistungsspektrum als auch monetäre Vorteile beinhalten. Vertriebspartner sind dann sinnvoll, wenn dem Kunden dadurch eine höhere Convenience (Mühelosigkeit des Kaufs) geboten wird. Eine Abwanderung aus kundenbezogenen Gründen, wie z. B. ein Umzug, kann so möglicherweise verhindert werden. Ferner kann eine Kooperation auch zu einem Imagetransfer führen, der eine veränderte Einstellung des Kunden zum Unternehmen zur Folge hat und so, insbesondere bei unternehmensbezogenen Abwanderungsgründen, aussichtsreich erscheint. Die beiden zuletzt genannten Optionen der Kooperationen bieten sich wiederum nur dann an, wenn die Kundenabwanderung einen großen Teil der (profitablen) Kundschaft betrifft, die durch entsprechende Kooperationsstrategien gelöst werden kann.

3. Instrumente des Kundenbindungs- und Kundenrückgewinnungsmanagements

3.1 Instrumente der Kommunikationspolitik

Die Kommunikationspolitik erfüllt innerhalb des Kundenbindungsmanagements vorrangig zwei Ziele. Zum einen wird der Aufbau eines kontinuierlichen Dialoges mit dem Kunden angestrebt, um zu einer Stabilisierung oder Veränderung der Kundenerwartungen beizutragen. Zum anderen wird angestrebt, potenziellen Nachkaufdissonanzen durch die Verbreitung von kaufbestätigenden Informationen entgegenzuwirken. Weit verbreitete kommunikationspolitische Kundenbindungsinstrumente sind die Folgenden:

- Direct Mailing,
- Kundenzeitschriften,
- Kundenkarten,
- Kundenclubs,
- Telefonmarketing,
- Online Marketing,
- Event Marketing.

Direct Mailing: Zur Kategorie der klassischen Kundenbindungsinstrumente zählt das Direct Mail. Dabei handelt es sich um eine adressierte Werbesendung, die in Abhängigkeit von der individuellen Zielsetzung des Unternehmens aus verschiedenen Bestandteilen, wie beispielsweise einem Anschreiben, Katalogen, Prospektbeilagen oder anderen aufmerksamkeitsstarken Gegenständen, bestehen kann (*Holland* 2004; *Bruhn* 2005b). Im Rahmen des Kundenbindungsmanagements werden Direct Mails häufig dann eingesetzt, wenn das Unternehmen den Kunden zu einem bestimmten Anlass, z. B. Einladung zu einem Event, Geburtstag des Kunden, Zeitpunkt kurz vor Vertragsablauf, ansprechen möchte.

> **Beispiel:** Im *Bertelsmann-Club* wurden kritische Zeitpunkte und Verhaltensmerkmale identifiziert, bei denen die Clubmitglieder häufiger als üblich die Mitgliedschaft kündigen. Ein kritischer Zeitpunkt ist z. B. kurz vor Ablauf der Mindestvertragsdauer oder zum Ende eines Kalenderjahres. Kritische Verhaltensweisen, die eine mögliche Abwanderung ankündigen können, sind z. B. die Beschwerdeführung eines Kunden. In diesen Fällen werden Direct Mails mit dem Ziel eingesetzt, die abwanderungsgefährdeten Kunden an das Unternehmen zu binden (*Albers/Weber* 1999).

Häufig ist der Anlass eines Direct Mails jedoch auch eine besondere, individuelle Ansprache eines Starkunden.

Kundenzeitschriften: Kundenzeitschriften sind periodisch erscheinende Publikationen von Herstellern oder Handelsunternehmen, die überwiegend unentgeltlich an die aktuellen Kunden des Unternehmens verschickt werden (*Oschmann* 1997). Diese haben sich in den letzten Jahren zu einem bedeutsamen Instrument des Kunden-

Titel der Kundenzeitschrift	Unternehmen	Branche	Auflage
MINI International	BMW AG	Automobil	250.000
.copy	Austria telekom	Telekommunikation	120.000
Stadtansichten	Autostadt GmbH	Medien/Entertainment/ Kultur	130.000
Centurion	American Express Services Europe	Tourismus/Reisen	11.500
Leica World	Leica Camera AG	Handel/Konsum	6.000
liga	Österreichische Liga für Menschenrechte	Verbände/Non-Profit/ Institutionen	10.000
think:act	Roland Berger Strategy Consultants	Immobilien/Consulting/ Finanzdienstleistung	15.000
RAG Magazin	Ruhrkohle AG	Industrie/Technologie Energie	50.000

Abb. 4-11: Prämierte Kundenzeitschriften im Jahr 2005 (Quelle: Best of Corporate Publishing Award, http://www.bcp-award.com/preistraeger05/pic/pdf/Shortlist_2005.pdf, Zugriff am 25. 4. 2006)

bindungsmanagements entwickelt. Nach Schätzungen gibt es in Deutschland mittlerweile über 2400 Kundenzeitschriften; eine Auswahl von Titeln, die im Jahr 2005 im Rahmen des Corporate Publishing Preises als besonders gelungen prämiert wurden, ist in **Abbildung 4-11** dargestellt.

Kundenkarten: Ein weiteres klassisches Kundenbindungsinstrument sind Kundenkarten, die ebenso wie die Kundenzeitschriften in den letzten Jahren eine große Verbreitung gefunden haben. Nach dem Meinungs- und Marktforschungsinstitut *Emnid* waren Ende des Jahres 2005 insgesamt 62 Mio. Kundenkarten im Umlauf, die meisten davon im Verbund mehrerer Geschäfte und Dienstleistungsanbieter. So sind unter dem Dach der *Payback*-Karte, die bis 2005 ca. 28 Mio. Mal ausgegeben wurde, z. B. Unternehmen aus den Bereichen Handel, Finanzdienstleistungen, Telekommunikation, Energie und Autovermietung vertreten (www.emnid.de, Zugriff am 22. 5. 2006).

Durch die Ausgabe einer Kundenkarte eröffnen sich dem Unternehmen zwei wesentliche Vorteile. Zum einen besteht die Chance des Aufbaus eines individuellen Dialoges. Zum anderen ist die Informationsgewinnung über das Kaufverhalten des Kunden von zentraler Bedeutung (Data Mining), da durch die Nutzung der Karte, z. B. im Lebensmitteleinzelhandel, sämtliche Warenkörbe gespeichert und einem individuellen Kunden zugeordnet werden können. Durch die Einführung eines Kundenkartensystems werden die grundlegenden Voraussetzungen für ein **datenbankgesteuertes Dialogmarketing** geschaffen und eine optimale Planung und Steuerung des operativen Kundenbindungsmanagements ermöglicht. In **Abbildung 4-12** ist eine Typologie von Kundenkarten dargestellt.

Studie: Als Ergebnis einer Studie von *Glusac/Hinterhuber* (2005) zeigte sich, dass Kundenkarten zu einer Erhöhung der Wiederkaufabsicht führen können. Es ist somit möglich, Cross-Selling-Potenziale, z. B. im Einzelhandel, besser auszuschöpfen und den Share-of-Wallet zu erhöhen. Die Anzahl abgegebener Weiterempfehlungen steigt nach den Ergebnissen der Studie ebenfalls an. Zudem wurde festgestellt, dass Kunden, die die Kundenkarte nutzen, weniger preissensitiv, d. h. bei wahrgenommenen Preisnachteilen weniger geneigt sind, den Anbieter zu wechseln und insgesamt eine höhere Zufriedenheit aufweisen (*Glusac/Hinterhuber* 2005, S. 8 ff.). Es ist allerdings möglich, dass Kunden, die eine entsprechende Karte annehmen, ohnehin eine große Affinität und Loyalität zum Unternehmen aufweisen und aus diesem Grund in das Bonusprogramm eintreten. Der primäre Bindungserfolg einer Kundenkarte auf Basis der Studie ist daher unter Vorbehalt zu interpretieren.

Um die **Erfolgswirksamkeit einer Kundenkarte** sicherzustellen, sind bei der Einführung verschiedene Kriterien zu beachten. In einem ersten Schritt ist zu prüfen, ob eine generelle Kartenakzeptanz im aktuellen Kundenkreis vorhanden ist und ob das Unternehmen über eine ausreichend breite Vertrauensbasis zur Ausgabe einer solchen Karte verfügt. Zudem ist ein Mindestmaß an Interaktionsfrequenz zwischen Unternehmen und Kunde sowie ein plausibler Zusatznutzen der Kundenkarte ergänzend zum Basisangebot des Unternehmens zu realisieren.

Beispiel: Die *Ikea-Family-Karte* bietet ergänzend zur Basisfunktion der bargeldlosen Zahlung die Möglichkeit zu einer kostenlosen Transportversicherung für neu erworbene Möbel, zur ratenweisen Begleichung der Rechnungen sowie zur Abfrage aktueller Angebote des Unternehmens.

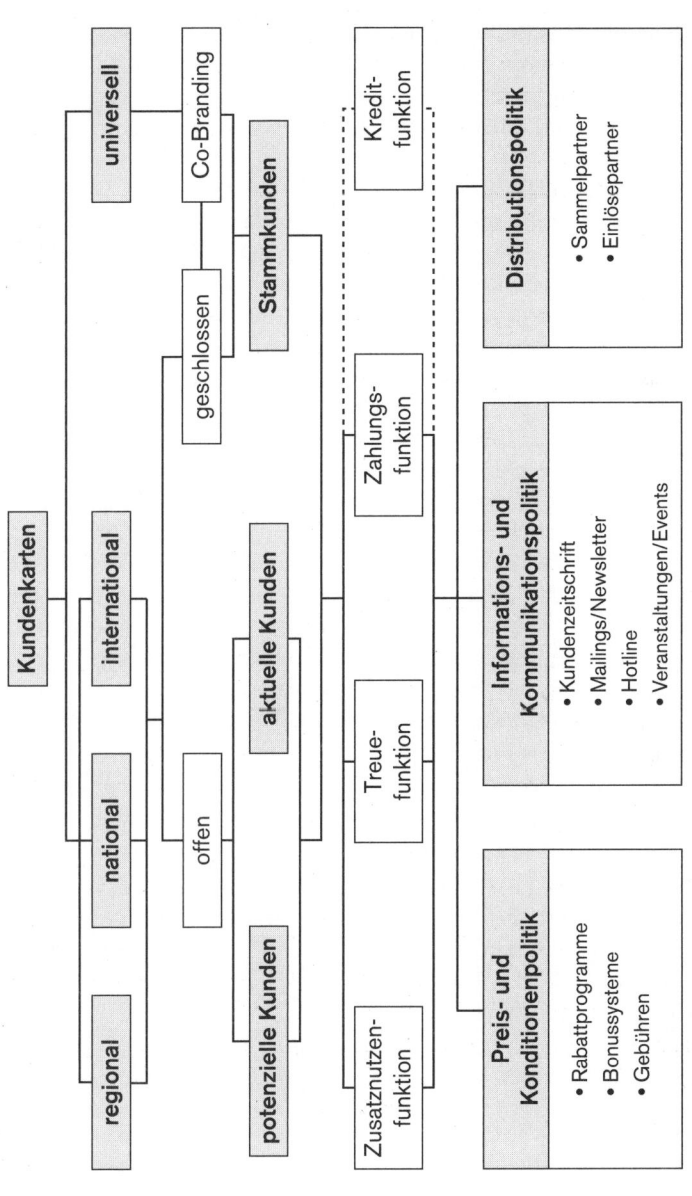

Abb. 4-12: Typologisierung von Kundenkarten

Kundenclub: Parallel zur Entwicklung der Kundenkarte ist eine steigende Anzahl von neu gegründeten Kundenclub-Konzepten zu verzeichnen. Der Kundenclub vereint als integrierter Strategieansatz sämtliche Kundenbindungsmaßnahmen wie Kundenkarte, Kundenzeitschrift und Clubveranstaltungen in einem umfassenden Gesamtkonzept (*Hippen* 1998; *Tomczak/Dittrich* 2000). Durch die Mitgliedschaft in einem Kundenclub werden die Bedürfnisse nach sozialem Kontakt, Akzeptanz, Status, Prestige und Selbstverwirklichung des Kunden angesprochen (*Mohme* 1992). Diese Erlebniswertvermittlung und das Angebot individueller Serviceleistungen tragen zum Aufbau eines psychologischen Mehrwertes für den Kunden und somit zur Verstärkung der emotionalen Kundenbindung bei. Die Möglichkeit, durch ein Clubkonzept die kundenbezogene Informationsbasis auszubauen und ein professionelles Database Management zu implementieren, spielen neben Strategieüberlegungen eine weitere zentrale Rolle. Das Clubkonzept kann in unterschiedlichen **Erscheinungsformen** verwirklicht werden. Zu den bekanntesten Erscheinungsformen zählen (*Diller/Frank* 1996):

- **VIP-Club:** Richtet sich in der Regel an besonders bedeutsame Stammkunden (*Flughafen VIP-Lounge*),
- **Fan-Club:** Richtet sich an sämtliche Kunden (*Pro-7-Club*),
- **Product Interest Club:** Richtet sich an besonders produktinteressierte Kunden (*Dr. Oetker Back-Club, Maggi Kochstudie Club*),
- **Kunden-Vorteils-Club:** Richtet sich an sämtliche Kunden (*Ikea-Family-Club*),
- **Life Style Club:** Richtet sich primär an Kunden mit einem ausgeprägten exklusiven Lebensstil (*Davidoff-Club*).

Beispiel: Der *Nestlé*-Konzern hat um seine Marke *Maggi* ein integriertes Kommunikationskonzept etabliert. Im Rahmen des *Maggi Kochstudio Clubs* werden Starkunden „herausgefiltert", indem für die Mitgliedschaft im Club eine Jahresgebühr erhoben wird, die zwar gering ist, jedoch ausreicht, dass sich nur die Kunden mit besonders starkem Commitment zur Marke angesprochen fühlen. Von diesen Kunden werden soziodemographische Daten ebenso wie Koch- und Kaufverhalten ermittelt, die zunehmend für eine individuelle Kommunikation genutzt werden (*Spitzer* 2005, S. 844).

Auch in diesem Zusammenhang gilt es, einige **Erfolgsvoraussetzungen** zu beachten. Dabei ist vor allem ein professionelles Clubmanagement die Homogenität der Clubmitglieder bzw. eine differenzierte Ansprache der verschiedenen Kundensegmente von Bedeutung. Zudem ist neben den Kernleistungen des Konzeptes ein ausgewogenes, attraktives Angebot an zusätzlichen Clubleistungen erforderlich. Die Schulung von qualifiziertem Kundenkontaktpersonal, ein umfassendes Kapazitätsmanagement gemäß der Nachfrage nach Clubmitgliedschaften und eine sorgfältige Investitionsplanung runden die konzeptionellen Überlegungen zur Erarbeitung eines Clubkonzeptes ab.

Telefonmarketing: Aus dem Bereich der elektronischen Medien wird in der Unternehmenspraxis intensiv das Telefonmarketing für die Zwecke der Kundenbindung eingesetzt. Klassische Einsatzgebiete des Telefonmarketing sind in dem hier betrachteten Zusammenhang Nachfassaktionen im Anschluss an ein Direct Mailing mit dem Ziel, die Rücklaufquote zu erhöhen, oder telefonische Kundenbefragungen zur Produkt- oder Servicezufriedenheit der Kunden nach einem Kauf bzw. der Inanspruchnahme einer Dienstleistung.

Online Marketing: Vor dem Hintergrund einer zunehmenden Verbreitung von Informations- und Kommunikationstechnologien werden vermehrt Online-Systeme zum Zwecke der Kundenbindung eingesetzt. Zu den beliebtesten elektronischen Kundenbindungsinstrumenten zählen unter anderem die Gestaltung einer Unternehmens-Website, elektronische Newsletter (mit aktuellen Produkt- und Unternehmensinformationen), E-Mail (mit auf den Kunden zugeschnittenen Angeboten) sowie Chats und Kundenforen, in denen Kunden z. B. ihre Erfahrungen bezüglich eines Produktes austauschen können. Die Vorteile dieses Instrumentes liegen insbesondere in der leichten Handhabung und preisgünstigen Interaktion (für detaillierte Ausführungen zum Online-Marketing vgl. *Eggert/Fassott* 2001; *Link/Tiedtke* 2001; *Manschwetus* 2002; *Hörner* 2006). Im Folgenden wird auf zwei ausgewählte Vorteile des Online Marketing innerhalb des Kundenbindungsmanagements verwiesen:

(1) Die **Zufriedenheit des Kunden** kann beispielsweise durch spe-

zielle Servicefunktionen, Beratungssysteme oder ein Online-Beschwerdemanagement direkt beeinflusst werden (*Wiegran/Harter* 2002).

Beispiel 1: Die *Barmer* Krankenversicherung bietet Kunden im Rahmen der *Barmer Green Line* eine Gesundheitsberatung per E-Mail und die Möglichkeit, Auslandskrankenscheine elektronisch auszufüllen und direkt auszudrucken (www.barmer.de, Zugriff am 25. 4. 2006).

Beispiel 2: *Federal Express* bietet Kunden die Möglichkeit, über das Eingeben der Belegnummer auf der Website (www.fedex.com, Zugriff am 25. 4. 2006) den momentanen Aufenthaltsort ihrer Sendungen und die voraussichtliche Ankunft am Zielort zu überprüfen.

(2) Ferner ist die Durchführung **elektronischer Kundenzufriedenheitsbefragungen** denkbar, die sich in ihrem generellen Vorgehen kaum von der klassischen Variante unterscheiden (*Theobald* et al. 2003).

Beispiel: Zahlreiche deutsche Unternehmen erheben inzwischen die Kundenzufriedenheit online. So ist das Unternehmen *Vocatus* darauf spezialisiert, für Unternehmen jeder Branche Kundenzufriedenheitsbefragungen über das Internet zu erheben (www.vocatus.de, Zugriff am 26. 6. 2006). Der Dienstleister *Rogator* bietet Unternehmen eine Software an, mit der diese selbst Umfragen erstellen und durchführen können. Sowohl die Ansprache der Befragungspersonen als auch die Dateneingabe kann auf diese Weise auch bei großen Stichproben kostengünstig realisiert werden (www.rogator.de, Zugriff am 26. 6. 2006).

Durch die Möglichkeiten des Online Marketing reduzieren sich die ökonomischen Wechselkosten des Kunden in Form von zeitlichem Aufwand und alternativer Informationssuche. Für die Bindung bestehender Kunden stellt dies eine zusätzliche Herausforderung dar. Allerdings erhält er Informationen, die gezielt auf seine individuellen Bedürfnisse abgestimmt sind. Dadurch kann wiederum eine gute Dialogbasis für ein erfolgreiches Kundenbindungsmanagement entstehen.

Event Marketing: Schließlich können auch Event-Marketing-Aktionen als Teilbereich der Kundenbindungsstrategie geplant und umgesetzt werden. Das Event Marketing umfasst die zielgerichtete Planung, Organisation, Inszenierung und Kontrolle von Veranstaltungen oder Ereignissen, die multisensitiv vor Ort meist von ausgewählten Kunden erlebt werden und als Plattform der Unternehmenskommunikation dienen. Mögliche Erscheinungsformen sind beispielsweise Sport- oder Kulturveranstaltungen, Festakte oder ein „Tag der offenen Tür" (*Bruhn* 2005 b).

Beispiel: Der Fahrradhersteller *Cannondale* organisiert für seine Kunden im Rahmen des Cannondale-Chain-Gang-Teams die Teilnahme an den größten Radsportveranstaltungen weltweit. Um die Teammitgliedschaft können sich interessierte Kunden bei *Cannondale*-Händlern oder im Internet bewerben. Den ausgewählten Teamfahrern wird für die Teilnahme an den Wettfahrten ein *Cannondale*-Hightech-Straßenrad gestellt. Sie erhalten außerdem das offizielle Teamoutfit und werden professionell durch das Unternehmen betreut (http://de.cannondale.com/bikes/chain/demo.html, Zugriff am 18. 4. 2006).

Der pointierte Einsatz dieses Instrumentes, der zunächst nur sehr kurzfristige Wirkungen vermuten lässt, ist unter dem Aspekt der Interdependenz zur Kundenbindung zu betrachten. In diesem Zusammenhang kann die Veranstaltung von Events den Dialog und die Interaktion mit dem Kunden initiieren, Begeisterung für das Unternehmen schaffen und so zur Stabilisierung von positiven Einstellungen beitragen. Event Marketing kann damit als Bestandteil einer integrierten Kommunikationsstrategie einen Beitrag leisten, den Erfolgskreislauf der Kundenbindung zu initiieren (*Bruhn* 2005 a).

Für die Kundenrückgewinnung kommen die erläuterten Instrumente nur selektiv – mit starkem Fokus auf Kundendialog und Direct Marketing – zum Einsatz. Zu Kommunikationsmaßnahmen zählt beispielsweise das Angebot, dem Kunden zukünftig einen persönlichen Ansprechpartner (z. B. bei einer Bank, einer Versicherung oder einem Reisebüro) zur Verfügung zu stellen. Findet die Abwanderung aus Unzufriedenheit statt, ist ein aktives Beschwerdemanagement unerlässlich, um negative Mund-zu-Mund-Kommunikation zu verhindern. Eine Entschuldigung für Unannehmlichkeiten, das Angebot zu einem persönlichen Gespräch mit einer Führungskraft sowie die Argumentation über den kundenseitigen Nutzen der Geschäftsbeziehung sowie den Kosten- und Zeitaufwand eines Wechsels sind Beispiele für eine dialogorientierte Kommunikation (*Michalski* 2002, S. 205; *Chang* 2006).

3.2 Instrumente der Preispolitik

Im Rahmen des Kundenbindungsmanagements kann auch der Preis als wirkungsvolles Marketinginstrument eingesetzt werden. Es lassen sich folgende preispolitische Instrumente unterscheiden, wobei in der Praxis häufig mehrere Ansätze kombiniert werden (*Meyer/Oevermann* 1995; *Simon* et al. 2005; *Medl* 2006):

- Rabatt- und Bonussysteme,
- Verträge und Garantien,
- Preisdifferenzierungsstrategien.

Rabatt- und Bonussysteme: Diese zwei preispolitischen Instrumente sind in der Unternehmenspraxis relativ häufig anzutreffen, in Deutschland begünstigt durch den Fall des Rabattgesetzes und der Zugabenverordnung im Jahre 2001. Rabattsysteme gewähren dem Kunden finanzielle Vergünstigungen.

> **Beispiel:** Die *Adler* Modemärkte haben sich dem Discount-Gedanken verschrieben. Darauf abgestimmt bietet das Unternehmen seinen Kunden eine Kundenkarte an. Wird beim Modekauf bar oder mit Scheck bezahlt, erhält der Kunde einen Rabatt von drei Prozent vom Einkaufswert auf einem persönlichen Rabattkonto gutgeschrieben. Bei Vorlage des zugehörigen Kontoauszugs an der Kasse kann das Guthaben bar ausgezahlt oder mit dem nächsten Einkauf verrechnet werden.

Bonussysteme gehen noch einen Schritt weiter. Sie bieten dem Kunden für das wiederholte Zeigen gewünschter Verhaltensweisen gegenüber dem Unternehmen (z. B. Umsatz tätigen, Weiterempfehlungen, Werbung lesen) einen Bonus in Form von Naturalrabatten, z. B. Upgradings, Freiflüge, Sach- oder Geldprämien. Das Ziel ist es, ökonomische Barrieren gegen einen möglichen Wechsel der Geschäftsbeziehung aufzubauen, indem loyale Dauerkunden besser gestellt werden als „sporadische Kunden".

> **Beispiel 1:** Viele Fluggesellschaften, z. B. *Lufthansa* und *Swiss* mit *Miles&More*, bieten Vielfliegerprogramme an, bei denen je nach Flugmeilen verschiedene Boni angeboten werden. Das Programm „Freunde fliegen kostenlos" der *Southwest Airline* geht sogar so weit, dass die Begleitperson eines vollzahlenden Passagiers kostenlos mitfliegen kann (*Simon* et al. 2005).

Beispiel 2: Die Bank *Credit Suisse* startete vor einigen Jahren im Rahmen ihrer Kreditkartenangebote das Bonusprogramm pointup. Für jeden mit der Kreditkarte getätigten Kauf werden dem Kunden Punkte in Höhe seines Einkaufs gutgeschrieben, die er gegen Sachprämien, Gutscheine oder auch eine Spende für wohltätige Zwecke eintauschen kann (www.pointup.ch, Zugriff am 10. 4. 2006).

Bonusprogramme sind auch im Internet eine gängige Methode zur Kundenbindung. Beispiel hierfür sind unter anderem *bonusNet.de*, *webmiles.de* oder *eCollect.de*.

Garantien und Verträge: Neben den „indirekten Kundenbindungs-maßnahmen", die zum Ziel haben, mehrheitlich über Rabatte und Boni die Kunden freiwillig zu binden, wird häufig auch der direkte Weg über den Abschluss eines langfristigen Kontrakts gewählt. Als Gegenleistung zur langfristigen Bindung des Abnehmers macht der Lieferant i. d. R. Zugeständnisse im preislichen Bereich.

Beispiel 1: Das *P. M.*-Magazin gewährt seinen Lesern im Rahmen eines Jahresabonnements mit 12 Ausgaben einen Preisnachlass in Höhe von 0,39 EUR pro Ausgabe im Vergleich zum Einzelverkaufspreis.

Beispiel 2: Das Schweizer Telekommunikationsunternehmen *Sunrise* gewährt seinen Kunden bei Neuabschluss eines Handy-Vertrages Preisnachlässe in Abhängigkeit von der Vertragslaufzeit, z. B. kostete das *Motorola* Handy V360 im Mai 2006 bei 100 kostenlosen Kurznachrichten (SMS), 10 CHF monatlicher Grundgebühr und 12 Monaten Vertragslaufzeit 89 CHF. Bei 250 inbegriffenen Kurznachrichten, aber einer doppelt so langen Vertragslaufzeit (24 Monate) sowie einer monatlichen Grundgebühr von 25 CHF sinkt der Preis für dieses Handy auf 1 CHF.

Preisdifferenzierungsstrategien: Des Weiteren kann zur Kundenbindung eine Preisdifferenzierungsstrategie verfolgt werden. Hierbei handelt es sich generell um die Forderung unterschiedlicher Preishöhen für die gleiche materielle oder immaterielle Leistung eines Anbieters, die nach räumlichen, zeitlichen, abnehmerorientierten, leistungsbezogenen oder quantitativen Kriterien erfolgen kann (*Skiera* 1999; *Wilger* 2004; *Simon* et al. 2005). **Abbildung 4-13** zeigt die verschiedenen Formen der Preisdifferenzierung im Überblick.

Eine spezielle Erscheinungsform der Preisdifferenzierung, die im Rahmen des Kundenbindungsmanagements besondere Relevanz er-

Formen der Preisdifferenzierung	Merkmale der Preisdifferenzierung	Beispiel
Regionale Differenzierung	Region	*Hertz* Autovermietung
Zeitliche Differenzierung	Zeit	Peak-/Off-Peak-Tarife von Mobilfunkanbietern
Personenbezogene Differenzierung	Käufermerkmale	Kostenloses Konto für Schüler, Auszubildende und Studenten
Mehr-Personen-Preisbildung	Personen	*Eurocard* Kreditkarte plus Partnerkarte
Leistungsbezogene Differenzierung	Leistungsunterschiede	Goldene Kreditkarte für 60 EUR vs. normale Kreditkarte für 20 EUR
Mengenbezogene Preisdifferenzierung	Mengen (homogene Produkte)	*LetsBuyIt.com*
Preisbündelung	Mengen (heterogene Produkte)	*Microsoft* Office Paket

Abb. 4-13: Formen der Preisdifferenzierung im Überblick (Quelle: *Diller* 2001, S. 1308)

hält, ist die Methode der **nichtlinearen Preisbildung**. Unter einer nichtlinearen Preisbildung versteht man die Anhebung der einmaligen fixen Eintrittskosten bei gleichzeitiger Ermäßigung der Folgekosten (*Simon* 1992a; *Woratschek* et al. 2005). Dieses preispolitische Instrument kann zu den Maßnahmen der Kundenbindung gezählt werden, da die Methode – beispielsweise im Rahmen der vertraglichen Kundenbindung – dazu führt, dass die Kunden durch den Vorteil der reduzierten Folgekosten in der Zukunft wiederholt das Leistungsangebot des Anbieters in Anspruch nehmen.

Beispiel: Die Kundenbindungsstrategie der *Bahn AG* basiert auf der Methode der nichtlinearen Preisbildung. Die Bahnkunden zahlen für den Erwerb einer BahnCard 50 zweiter Klasse 206 EUR, um die Möglichkeit zu erhalten, alle weiteren Fahrten für die Hälfte der Normalkosten zu beziehen. Rechtlich bindend wird diese Vereinbarung durch einen Vertrag zwischen Unternehmen und Bahnkunde, so dass diese Maßnahme in die Kategorie der vertraglichen Kundenbindung einzuordnen ist. Die nichtlineare Preisabsatzfunktion entsteht folgendermaßen: In Abhängigkeit von der gefahrenen Kilometerzahl besteht eine lineare Preisabsatzfunktion für Kunden mit und ohne BahnCard. Der rational handelnde Kunde wird bis zum Schnittpunkt dieser beiden Geraden die Variante ohne BahnCard wählen. Aufgrund der monetären Vorteile bei den Folgefahrten wird der Kunde ab diesem Schnittpunkt die Variante „mit BahnCard" präferieren. Aggregriert man die beiden Preisabsatzfunktionen, ergibt sich eine nichtlineare (aber stufenweise lineare) Preisabsatzfunktion für sämtliche Kunden.

Zusammenfassend bleibt festzuhalten, dass auch preispolitische Instrumente geeignet erscheinen, die Wechselbereitschaft der Kunden zu verringern. Allerdings ist zu beachten, dass ökonomische Anreize der Kundenbindung nicht in der Lage sind, möglicherweise vorhandene Leistungsdefizite der Kernleistung zu kompensieren. Eine langfristige Differenzierungsmöglichkeit im Sinne eines dauerhaften Wettbewerbsvorteils ist durch das ausschließliche Angebot der ökonomischen Kundenbindung somit nicht möglich. Zu beachten ist auch, dass über eine positive Preiswahrnehmung erzeugte Kundenbindung oft nur so lange bestehen bleibt, wie der preispolitische Anreiz aufrechterhalten wird („**Cold Loyalty**") (*Hennig-Thurau* et al. 2000; *Siems* 2003, S. 268 f.).

Überlegungen zur Cold Loyalty sind auch im Rahmen der Preispolitik bei der Kundenrückgewinnung zu bedenken. Bei einer faktischen Rückgewinnung sind zwar monetäre Anreize in Form von Sonderangeboten denkbar. Lässt sich das niedrigere Preisniveau aus Kostengründen jedoch nicht dauerhaft aufrechterhalten, sind **Preissenkungen nur kurzfristig** eine sinnvolle Option, da bei einer abermaligen Preiserhöhung weiterhin mit der Abwanderung zu rechnen ist. Kann ein Kunde zunächst über Preisreduktionen gehalten werden, ist in jedem Fall der Einsatz weiterer Instrumente anzustreben, die den Kunden in dieser Zeit auf andere Weise und längerfristig binden. Dabei ist allerdings auf eine Gleichbehandlung aller Kunden zu achten. Als langfristige Möglichkeiten kommen bei der Preispolitik dagegen hauptsächlich eine individuellere Gestaltung der Konditionen oder eine höhere Preistransparenz in Frage (*Michalski* 2002, S. 206; *Gershoff* 2004).

3.3 Instrumente der Leistungspolitik

Die Grundüberlegung der bisherigen Ausführungen basierte auf der Annahme, dass Kundenbindung erst auf Basis einer hohen Kundenzufriedenheit entstehen kann. Daher ist es die Hauptaufgabe des Unternehmens, das Leistungsangebot an den Kundenwünschen auszurichten. Leistungspolitische Kundenbindungsinstrumente haben folglich bei denjenigen Aspekten anzusetzen, die für die Zufriedenheit der Kunden besonders wichtig sind, d. h., die sog. „**Satisfaction Driver**" der Produkte oder Serviceleistungen sind zu identifizieren, um hier gezielt Maßnahmen ergreifen zu können. Dies wird in vielen Unternehmen im Rahmen des Qualitätsmanagements umgesetzt. Vor diesem Hintergrund ist es nicht erstaunlich, dass dem Qualitätsmanagement eine dominante Stellung zur Steigerung der Kundenbindung zukommt. Diesen Stellenwert des Qualitätsmanagements zeigt auch eine Befragung von Führungskräften, deren Ergebnisse in **Abbildung 4-14** dargestellt sind.

Dies bedeutet jedoch nicht, dass das Angebot eines qualitativ hochwertigen Produktes ausreicht, um Kunden an das Unternehmen zu binden. Aufgrund der zunehmenden Homogenität der Produktqualitäten ist es vielmehr von Bedeutung, in mindestens einer Zufriedenheitsdimension einen wahrgenommenen, dauerhaften Wettbewerbsvorteil zu erzielen. Nur so kann eine tragfähige Basis für den Aufbau weiterführender Kundenbindungseffekte geschaffen werden. Ansatzpunkte zum Aufbau dieses Wettbewerbsvorteils und Generierung von Kundenbindung bieten z. B. spezielle Zubehörprogramme, ein besonderes Produktdesign, individualisierte Produktangebote oder besondere technische Standards (*Diller* 1995).

Beispiel: Der Automobilhersteller *Renault* bietet bei dem Modell Twingo farblich passende Radiogeräte und sonstiges Zubehör an und hebt sich somit von dem Angebot der Konkurrenz ab.

Neben den produktbezogenen können ferner **servicebezogene Maßnahmen** mit dem Ziel der Kundenbindung realisiert werden (*Meyer/Blümelhuber* 2000). Diese Option wird häufig unter dem Oberbegriff Servicemanagement (vgl. Kapitel 3) diskutiert. Der Begriff umfasst dabei alle produkt- und personenbezogenen Service-

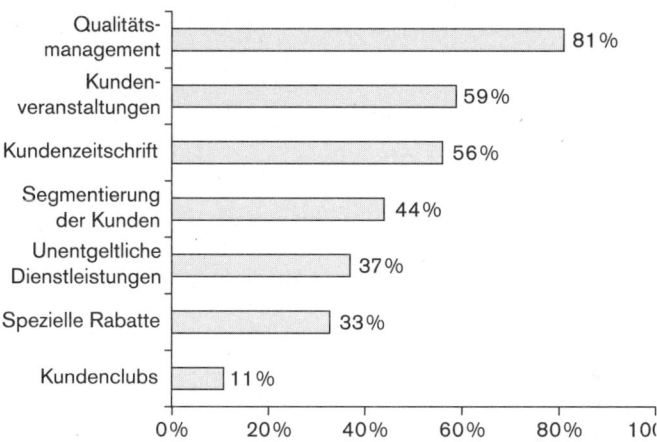

Abb. 4-14: Maßnahmen zur Steigerung der Kundenbindung in der Unternehmenspraxis (Quelle: *USW* et al. 1997, S. 58)

leistungen, wie z. B. lebenslange Reparaturgarantien, Servicetelefone oder Preisgarantien.

Beispiel 1: Die *Mercedes Benz AG* bietet für Nutzfahrzeuge die kostenlose Mercedes Service-Card an. Mit dieser Karte kann der Fahrer u. a. europaweit bargeldlos tanken, Fähr-, Maut- und Tunnelgebühren bezahlen sowie einen 24-Stunden Pannen- und Notfallservice in Anspruch nehmen (www.mercedes-benz.com, Zugriff am 17. 4. 2006).

Beispiel 2: Kunden, die bei *Christopher Zane* – Fahrradhändler aus Connecticut – Produkte unter einem Dollar kaufen, bekommen diese Produkte kostenlos. Dies kostet den Fahrradhändler im Jahr weniger als 150 USD, schafft ihm jedoch zufriedene und begeisterte Kunden, die gerne wieder in diesem Fahrradgeschäft einkaufen (www.zanes.com, Zugriff am 17. 4. 2006).

Falls es gelingt, in Verbindung mit einem kundenorientierten Produktangebot individuelle Serviceleistungen anzubieten, ist ein weiterer Baustein zur Stabilisierung der Geschäftsbeziehung realisiert. So ist beispielsweise im Bankbereich die Erledigung der Bankgeschäfte außerhalb der Öffnungszeiten ein aktuelles Thema. Durch neue Serviceleistungen, wie 24-Stunden-Telefonbanking, Banking Shops mit verlängerten Öffnungszeiten oder Online Banking können Beiträge zur Kundenzufriedenheit und Kundenbindung geleistet werden.

Hinsichtlich der Rückgewinnung von abwanderungsgefährdeten oder abgewanderten Kunden sind wiederum die Erfolgsaussichten und der Kundenwert bei den Instrumenten der Leistungspolitik zu berücksichtigen. Ist eine faktische Rückgewinnung erwünscht und kann die Abwanderung verhindert bzw. rückgängig gemacht werden, so sind bezüglich der Leistungspolitik Rückgewinnungsinstrumente in Form von Angeboten aus dem normalen Leistungsspektrum des Unternehmens anzuwenden. Je nach Kundenwert kommen hier Standardleistungen oder individuelle Maßnahmen zum Einsatz.

Beispiel: Bei einer Bank besteht eine Möglichkeit zur faktischen Rückgewinnung von Kunden darin, spezielle Leistungen, wie z. B. Beratungsgespräche außerhalb der normalen Öffnungszeiten oder eine individuelle Vermögensplanung durch einen festen Berater, anzubieten.

Ist die Abwanderung nicht vermeidbar oder aus ökonomischen Gründen nicht sinnvoll, so können im Rahmen der Leistungspolitik etwa Wechselformalitäten (z. B. bei Banken) erledigt werden oder einmalig Geschenke überreicht werden, um auch bei der Abwanderung (wieder) Kundenzufriedenheit zu erreichen (*Michalski* 2002, S. 204).

3.4 Instrumente der Vertriebspolitik

Ein aktives Management des Vertriebssystems kann als weitere Maßnahme zur Gestaltung von Kundenzufriedenheit und Kundenbindung herangezogen werden. Aus Unternehmenssicht können dabei mit der handels- und konsumentenbezogenen Vertriebspolitik zwei generelle Ansatzpunkte unterschieden werden. In Bezug auf den Handel steht die Frage im Vordergrund, welche Maßnahmen ergriffen werden können, um die Bereitschaft des Handels zur Umsetzung von Kundenbindungsmaßnahmen zu erhöhen. Die konsumentenbezogenen Aspekte der Vertriebspolitik analysieren hingegen, ob Maßnahmen im Rahmen der Vertriebspolitik die Kundenbindung aktiv unterstützen können.

(1) Handelsgerichtete Kundenbindungsmaßnahmen

Für die Gestaltung eines handelsgerichteten Kundenbindungsmanagements existieren eine Reihe von Instrumenten und Maßnahmen (*Homburg/Werner* 1998). Zwei handelsgerichtete Instrumente, die Bewertung der Handelspartner und das Angebot von Unterstützungsmaßnahmen, nehmen dabei eine besondere Stellung ein.

Bewertung der Handelspartner: Ein aktives, auf Kundenzufriedenheit ausgerichtetes Vertriebsmanagement verlangt vom Hersteller eine fundierte Bewertung der Handelspartner. Somit kann sichergestellt werden, dass der Händler die Mindestanforderungen hinsichtlich der Kundenorientierung erfüllt.

Beispiel: Die *Volkswagen AG* bewertet ihre Händlerorganisation nach verschiedenen Leistungskategorien. In einer so genannten „Image Analyse" werden die einzelnen Vertragshändler durch zufällig ausgewählte Kunden des jeweiligen Betriebes (schriftliche Befragung) beurteilt. Folgende Fragen werden dabei gestellt (*Kreutzer* 1996):
- Würden Sie die Werkstatt des Betriebes weiterempfehlen?
- Würden Sie Ihren Wagen wieder bei diesem Händler reparieren lassen?
- Würden Sie wieder bei diesem Händler einen Neuwagen kaufen?
- Würden Sie den Betrieb aufgrund der Erfahrungen beim Neuwagenkauf weiterempfehlen?

Durch die Ableitung eines Händlerprofils, im Vergleich zu anderen Händlern der *Volkswagen*-Organisation, können Defizite aufgedeckt und Handlungsbedarf beim entsprechenden Händler konkretisiert werden.

Angebot von händlergerichteten Unterstützungsprogrammen: Ein aktives, zufriedenheitsorientiertes Vertriebsmanagement beinhaltet darüber hinaus das Angebot individueller Händlerunterstützungsprogramme. Die Hilfestellung des Herstellers kann von der Umsetzung der Kundenbindungsmaßnahmen über weiterführende Programme, beispielsweise im Bereich der Regalplatzoptimierung, bis hin zu umfassenden Betriebsführungsprogrammen, reichen. Durch die Realisierung derartiger Konzepte wird die Geschäftsbeziehung zwischen Hersteller und Handel langfristig stabilisiert; dies trägt nicht zuletzt zu einer Steigerung der Kooperationsbereitschaft des Handels zur Umsetzung von Kundenbindungskonzepten bei.

Beispiel: Der Elektronikhersteller *Konica Minolta* bietet Händlern für sein Druckersortiment ein Partnerprogramm an, das die Händler z. B. mit umsatzabhängigen Rückvergütungssystemen, dem Angebot von Produktbündeln zu einem Vorteilspreis, Marketing-Material und Schulungen unterstützt. So ist eine Händlerbindung, und durch die Weitergabe der Vorteile an den Endkunden – etwa durch günstige Produktbündel und bessere Beratung – tendenziell auch eine höhere Kundenbindung, realisierbar (www.konicaminolta.com, Zugriff am 31. 1. 2007).

(2) Konsumentenbezogene Kundenbindungsmaßnahmen

Die aktive Gestaltung des Vertriebssystems kann sich ferner direkt auf die Bindung der aktuellen Kunden beziehen. Auch in diesem Bereich können unterschiedliche Maßnahmen, wie z. B. der Einsatz eines Key Account Managements oder des Direkt- bzw. Katalogverkaufs, durchgeführt werden. Der Gebietsschutz sowie das Thema Online-Vertrieb sind in diesem Zusammenhang Instrumente, die zu erheblichen Wechselbarrieren führen können.

Vergabe von Alleinvertriebsrechten: Die Vergabe von Alleinvertriebsrechten für eine größere Region kann eine starke kundenbindende Wirkung erzielen, da der entsprechende Händler einen Standortvorteil realisieren kann. In dieser Situation kann der Fall eintreten, dass der Kunde aufgrund vorhandener räumlicher Barrieren die identische Einkaufsstättenwahl trifft, obwohl er mit der Leistung des Händlers eher unzufrieden ist. Ökonomische Wechselkosten in Form von Aufwand, Zeit oder Mühe können hierfür ausschlaggebend sein.

Beispiel: Ein Kunde, der – durch Kommunikationsmaßnahmen des Herstellers stimuliert – Präferenzen für eine bestimmte Automarke entwickelt hat, findet ein Alleinvertriebsrecht eines Händlers in seinem Wohnort vor. Hat der potenzielle Käufer bereits negative Erfahrungen bei diesem speziellen Automobilhändler gesammelt (eventuell bei der Reparatur seines alten Fahrzeuges), so wägt er ab, ob er die Zeit und Mühe in Kauf nehmen möchte, um einen anderen Vertragshändler dieser Marke, eventuell in einem anderen Ort, aufzusuchen. In dieser Situation ist es möglich, dass der Kunde aufgrund der ihm subjektiv zu hoch erscheinenden Wechselkosten den Neuwagenkauf bei dem Vertragshändler an seinem Wohnort tätigt, obwohl er in der Vergangenheit eher negative Erfahrungen gesammelt hat.

Online-Vertrieb: Ein vertriebsbezogenes Instrument der Kunden-bindung, das eine hohe Bedeutungszunahme erfährt, ist der Online-Vertrieb. Für Unternehmen, die aufgrund ihres indirekten Ver-triebskanals nicht direkt mit dem Kunden in Beziehung stehen, bie-tet dieses Instrument einen neuen Ansatzpunkt zur Steigerung von Kundenzufriedenheit und Kundenbindung (*Bruhn* 2005 a).

Beispiel: Der ursprünglich reine Kaffeeröster *Tchibo* ist in den vergange-nen Jahren zum zweitgrößten Konsumgüterhändler Deutschlands aufge-stiegen. Zunehmend bietet das Unternehmen exklusiv auf seiner Inter-netseite Produkte zum Versand an. Der Kunde bezahlt bei der Bestellung über die Internetseite für den Versand einen Pauschalbetrag, unabhängig von der Menge und der Größe der bestellten Produkte. Der Erfolg dieser Produkte, die trotz der fehlenden Möglichkeit zur Vorab-Beurteilung häu-fig schnell ausverkauft sind, ist zum großen Teil ein Ergebnis des langfris-tig erarbeiteten Vertrauens der Kunden.

Neben der Online-Bestellung von leicht transportfähigen Waren-sendungen, wie Büchern (z. B. amazon.de, buecher.de), Kleidung (z. B. otto.de, albamoda.de, bader.de) usw., entstehen in jüngster Zeit auch Online-Shopping-Projekte im Lebensmitteleinzelhandel.

Beispiel: Unter der Internetadresse http://shop.coop.ch/ (Zugriff am 23. 4. 2006) bietet die Schweizer Supermarktkette *Coop* ihren Kunden die Möglichkeit, aus rund 3.500 Produkten online auszuwählen. Im Sor-timent finden sich dabei neben Lebensmitteln und Backwaren auch Büro-bedarf oder Haushaltswaren. Die Lieferung erfolgt auf vereinbarten Ter-min und ist ab einem Bestellwert von 120 CHF versandkostenfrei.

Die Kundenrückgewinnung beinhaltet hinsichtlich der Vertriebs-politik das Angebot alternativer Kanäle zur Leistungserstellung oder zum Kundendialog. Es kann beispielsweise notwendig werden, wegen starker Konkurrenz von Internetfirmen ein Online-Vertriebs-system aufzubauen. Eine größere Filialdichte oder Heimservices sind ebenfalls mögliche Reaktionen auf Kundenabwanderungen, soweit die räumliche Nähe zum Kunden ein wichtiger Kaufent-scheidungsaspekt ist. Bei sinkenden Umsätzen und Kundenabwan-derungen sind – entsprechend dem Ziel einer Kostenreduktion – al-lerdings meist entgegengesetzte Maßnahmen, d. h. Filialschließun-gen, zu beobachten. Diesbezüglich ist es wichtig, auf der Basis fundierter Marktforschung abzuschätzen, ob den für eine Ausweitung oder ein dichteres Angebot der Leistungen notwendigen Investitionen entsprechende Gewinnpotenziale gegenüberstehen.

Beispiel 1: Die *Deutsche Post* hat in den vergangenen zehn Jahren die Zahl ihrer Filialen in eigenen bzw. angemieteten Gebäuden deutlich gesenkt. Anstelle dieser Filialen hat das Unternehmen in Geschäften des Einzelhandels, insbesondere in Reformhäusern, Geschäftsstellen eingerichtet, so dass die Entfernung für den einzelnen Kunden zu einer Filiale sich dadurch nur selten erhöht hat. Dasselbe gilt für die Zahl der aufgestellten Briefkästen, die zwar reduziert wurde, durch eine effizientere geographische Verteilung aber nur in relativ geringem Maße zu einer Verschlechterung der Zugänglichkeit für die Kunden geführt hat.

Beispiel 2: Bei einer Bank kann bei einer drohenden Kündigung eines Kunden aus Kostengründen ein Wechsel zum Online-Banking angeboten werden. Einige Banken bieten die Online-Kontoführung separat deutlich preisgünstiger an, da diese Kontoführung auch für sie deutlich weniger Kosten verursacht. Hier wird folglich zur Rückgewinnung eine Kombination aus Preis- und Vertriebspolitik angewendet.

Die dargestellten Instrumente zeigen die zahlreichen Möglichkeiten innerhalb des Marketingmix, die Kundenbindung und Rückgewinnung zu unterstützen. Für die Erarbeitung eines erfolgreichen Maßnahmenpaketes wird es darauf ankommen, aus dem isolierten Set der Möglichkeiten jene Instrumente auszuwählen, die für die individuelle Kundenstruktur geeignet sind. Allerdings sind die einzelnen Maßnahmen nicht isoliert zu betrachten, sondern im Rahmen eines **integrierten Kundenbindungsmanagements** zu erarbeiten, zu implementieren und zu kontrollieren.

3.5 Integriertes Kundenbindungsmanagement

Die hier vorgenommene Darstellung verschiedener Instrumente der Kundenbindung ist weder vollständig, noch impliziert sie, dass durch den isolierten Einsatz eines dieser Instrumente das Ziel der Kundenbindung erreicht werden kann. Vielmehr ist ein aufeinander abgestimmter, kombinierter Einsatz von mehreren Maßnahmen vorzunehmen. Der **Begriff des integrierten Kundenbindungsmanagements** wird daher folgendermaßen definiert:

Unter **integriertem Kundenbindungsmanagement** ist ein Koordinationsprozess zu verstehen, der darauf ausgerichtet ist, aus den einzelnen, isolierten kommunikations-, preis-, leistungs- und vertriebsbezogenen Maßnahmen der Kundenbindung eine Einheit herzustellen, die in der Lage ist, den Kunden in verschiedenen Situationen seiner Geschäftsbeziehung an das Unternehmen zu binden.

Allerdings ist der Integrationsgedanke in der Unternehmenspraxis noch nicht so weit umgesetzt, dass von einem ganzheitlichen Integrationskonzept gesprochen werden kann. Es existieren häufig nur erste Ansatzpunkte der Koordination von Kundenbindungsmaßnahmen. Kundenclubs können als erster Schritt in die Richtung einer integrierten Kundenbindungsstrategie gesehen werden, da hier der Versuch unternommen wird, die einzelnen (leistungs-, preis-, kommunikations- sowie vertriebspolitischen) Instrumente aufeinander abzustimmen. **Abbildung 4-15** zeigt beispielhaft ein integriertes Kundenbindungskonzept von *Maggi*.

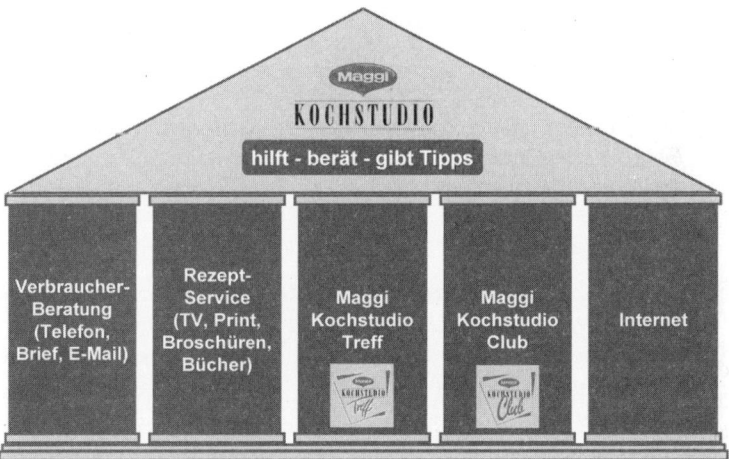

Abb. 4-15: Kundenbindungskonzept der Marke *Maggi* (Quelle: *Spitzer* 2005, S. 841)

Beispiel: Unter dem Dach des *Maggi*-Kochstudios sind beim *Nestlé*-Konzern fünf Kundenbindungsinstrumente vereint:

- Die Verbraucherberatung per Telefon, Brief oder E-Mail wird von Ökotrophologen und Hauswirtschaftlerinnen geführt, die pro Jahr mehr als 150.000 Anfragen bearbeiten. Dieser Kanal dient zur Produktauskunft, gibt aber auch Informationen an den Marketingbereich zurück, die zur Produktentwicklung und -anwendung genutzt werden.
- Der Rezeptservice besteht in der Herausgabe zweier umfangreicher Kochbücher sowie von Mini-Kochbüchern und Rezeptbroschüren. Ferner sind darunter auch TV-Spots und Anzeigen in Printmedien zusammengefasst, bei denen jeweils grundsätzlich eine Kontaktmöglichkeit zum Maggi-Kochstudie verfügen.
- Das Ziel des Maggi Kochstudie Treffs, der mittlerweile in mehreren deutschen Metropolen eingerichtet wurde, besteht in dem Aufbau einer Markenerlebniswelt, die Beratung, Neuprodukt-Verkostung, Suppenbar und Shop kombiniert.
- Der Maggi Kochstudio Club ist ein kostenpflichtiger Kundenclub mit rund 150.000 Mitgliedern, dessen Leistungen ein Clubmagazin mit Rezepten und Tipps, spezielle Club-Shops sowie Kochkurse mit Prominenten umfassen. Aufgrund des erhobenen Kochverhaltens ist es unter den Clubmitgliedern möglich, ein individuelles Direktmarketing zu betreiben.
- Der Internetauftritt bietet schließlich eine Datenbank mit mehr als 3.500 Rezepten. Jährlich werden von den Besuchern mehr als sieben Mio. Rezepte aufgerufen. Im passwortgeschützten Bereich „Mein Kochbuch" ist es zudem möglich, favorisierte Rezepte abzulegen. Darüber hinaus gehören ein virtuelles Kochstudio sowie Newsletter mit dem Rezept des Tages sowie ein Online-Shop zum Funktionsumfang des Internetangebots.

Neben dieser **instrumentellen Integration**, die darauf abzielt, die verschiedenen Instrumente miteinander zu verbinden, sind noch weitere Formen der Integration denkbar. Zu unterscheiden sind die inhaltliche, funktionale, vertikale und die formale Integration des Kundenbindungsmanagements (in Anlehnung an *Bruhn/Homburg* 2005; *Bruhn* 2005 b).

Bei der **inhaltlichen Integration** des Kundenbindungsmanagements liegt der Schwerpunkt in dem Bemühen, die einzelnen Maßnahmen der Kundenbindung thematisch aufeinander abzustimmen und somit ein in sich geschlossenes Konzept zu entwickeln, beispielsweise in der Form, dass die Kundenzeitschrift eines Automobilherstellers das Thema „Fahren im Winter" als Titelthema aufgreift und gleichzeitig im Rahmen einer Direct-Mail-Aktion eine ähnliche Thematik behandelt wird.

Die **funktionale Integration** konzentriert sich auf die Frage, ob eine bestimmte Funktionserfüllung, z. B. die Initiierung eines Dialoges, für bestimmte Zielgruppen einen besonders hohen Bindungsanreiz aufweist. Ist dies der Fall, sind spezielle Funktionsanalysen der Kundenbindungsinstrumente durchzuführen. Mittels der funktionalen Integration wird es möglich, die Einsatzplanung der Kundenbindungsinstrumente zu verbessern. Die **vertikale Integration** verbindet die Kundenbindungsinstrumente auf den verschiedenen Marktstufen, vorrangig die des Herstellers und des Absatzmittlers.

Beispiel: Die Einführung des neuen 7er *BMW* wird auf der Internetseite des Unternehmens mit einem Einführungsspot und der Möglichkeit, Produktinformationen abzurufen, unterstützt. Gleichzeitig bieten die Händler interessierten Kunden Probefahrten an.

Ein weiterer Ansatzpunkt liegt in dem Bemühen, die Kundenbindungsinstrumente in ihrer formalen Gestalt aufeinander abzustimmen. Die **formale Integration** beschäftigt sich folglich mit der Vereinheitlichung von Gestaltungsmerkmalen und wird somit primär im Rahmen der Kommunikationspolitik bedeutsam. Konkret ist an einheitliche Gestaltungselemente, Logos oder Schrifttypen zu denken. Beim Kundenbindungsprogramm der *UBS* (Key Club) findet eine formale Integration in der Art statt, dass in sämtlichen Medien (TV, Print, Mailings) die Werbebotschaft durch Punkte visualisiert wird (z. B. Flugzeug, Gesichter, Blumenstrauß usw. durch Punkte dargestellt). Vielfach werden integrierte Kundenbindungsprogramme auch mit speziellen Namen und Markierungen verbunden, z. B. das pointup-Programm für Kreditkarteninhaber der *Credit Suisse*, der Keyclub der *UBS* oder das bekannte Miles&More-Programm der *Lufthansa* und ihrer assoziierten Partnerunternehmen.

Die unterschiedlichen Ansatzpunkte zur Erarbeitung eines integrierten Kundenbindungsmanagements zeigen die Möglichkeiten, die ein Unternehmen über den isolierten Einsatz einzelner Kundenbindungsinstrumente hinaus ergreifen kann, um den Erfolg des

Kundenbindungsmanagements langfristig zu steigern. Die Grundüberlegung eines integrierten Kundenbindungskonzeptes ist es, Synergieeffekte zu realisieren.

4. Kontrolle des Kundenbindungs- und -rückgewinnungsmanagements

Jede Investition eines Unternehmens in die Beziehung zum Kunden ist eine Zukunftsinvestition, die i. d. R. erst nach einigen Jahren erfolgswirksam wird. Von zentraler Bedeutung ist es, die getätigten Investitionen laufend zu überwachen, um Veränderungen hinsichtlich der Kundenorientierung des Unternehmens rechtzeitig zu erkennen und das eigene Verhalten darauf abzustimmen. Da die Hauptaufgabe der Kundenbindung als Bestandteil einer langfristigen, strategischen Zielplanung darin besteht, die ökonomischen Zielgrößen auf lange Sicht positiv zu beeinflussen, kann der Erfolg des Kundenbindungsmanagements nicht anhand kurzfristiger, rein klassischer ökonomischer Erfolgsgrößen, wie dem ROI, Marktanteil oder Umsatz, beurteilt werden. Vielmehr sind, im Sinne eines strategischen Controlling, zusätzliche **vorökonomische und ökonomische Erfolgsmaßstäbe** zur Beurteilung des Kundenbindungsmanagements heranzuziehen (*Bruhn/Georgi* 2000). Im Rahmen der vorökonomischen Wirkungskontrolle bietet es sich an, als qualitative Beurteilungskriterien der Kundenbeziehung auf die Messung der Kundenzufriedenheit (Abschnitt 4.1) und Kundenbindung sowie -Rückgewinnung (Abschnitt 4.2) zurückzugreifen.

4.1 Kontrolle der Kundenzufriedenheit

Ein erster Schritt bei der Bewertung des Kundenbindungsmanagements besteht darin, Informationen über den augenblicklichen Ist-Zustand der Kundenbefindlichkeiten zu sammeln. Hierzu kann eine Messung der Kundenzufriedenheit und Kundenbindung erfolgen. Aus den Ergebnissen lässt sich ein Ursache-Wirkungs-Zusammenhang zwischen Kundenzufriedenheit und Kundenbindung ableiten, der die Grundlage für die Gestaltung zukünftiger Kundenbindungsmaßnahmen bildet (*Reichheld* 1993, S. 111). Die systematische, re-

Themen-komplex	Oberthema/Konstrukt	Einzelfrage
Kontakt	Branchen- bzw. Unternehmenskontakt	„Sind Sie bei einem Anbieter dieser Branche Kunde? Wenn ja: Bei welchem Anbieter sind Sie hauptsächlich Kunde?"
Kundenzufriedenheit	Globalzufriedenheit	„Wie zufrieden sind Sie mit den Leistungen dieses Anbieters insgesamt?"
	Grund für Zufriedenheitsurteil	„Nennen Sie uns bitte den ausschlaggebenden Grund für Ihre Zufriedenheit/ Unzufriedenheit mit diesem Anbieter?"
	Zufriedenheit mit einzelnen Leistungs-merkmalen	„Wie zufrieden sind Sie mit den einzelnen Leistungsmerkmalen XY dieses Anbieters?"

Abb. 4-16: Fragen im Rahmen von Kundenzufriedenheitsanalysen (Quelle: in Anlehnung an *Homburg* et al. 2000 a, S. 513)

gelmäßige und differenzierte Messung der **Kundenzufriedenheit** steht folglich als qualitativer Leistungsindikator im Mittelpunkt des strategischen Controlling und zählt zu einer der zentralen Aufgaben der betrieblichen Marktforschung. Bei der Durchführung der Kundenzufriedenheitsmessung können vier Phasen unterschieden werden (*Homburg/Werner* 1998; *Link* 2000; *Hörner* 2006):

(1) Erarbeitung des Erhebungsdesigns,
(2) Durchführung eines Pretests,
(3) Durchführung der Befragung,
(4) Datenanalyse.

In der **ersten Phase** werden alle grundsätzlichen, konzeptionellen Details der beabsichtigten Kundenzufriedenheitsmessung erarbeitet (**Erhebungsdesign**). Beispielsweise ist festzulegen, ob die Messung telefonisch, schriftlich oder mündlich durchgeführt wird, welche Zielgruppen befragt werden und welcher externe Partner mit der Durchführung beauftragt wird. Darüber hinaus sind die Befragungsinhalte zu konkretisieren und die Stichprobengröße festzulegen. In der Unternehmenspraxis wird dabei sehr häufig die Ebene der Globalzufriedenheit sowie die Ebene einzelner Teilzufriedenheiten unterschieden (*Homburg* et al. 2000 a). Die Indikatoren zur Erhebung der Kundenzufriedenheit sind in **Abbildung 4-16** dargestellt.

In der **zweiten Phase** wird der gewählte Messansatz einer Überprüfung unterzogen. Hierzu eignet sich ein **Pretest** bei einer ausgewählten Anzahl von Kunden. Dieser bietet die Möglichkeit, die Verständlichkeit, Eindeutigkeit und Überschneidungsfreiheit der Kundenzufriedenheitsfragen zu kontrollieren, die Beantwortungszeit zu testen sowie die Abfolge der Fragen nochmals zu prüfen. Darauf aufbauend können noch Anpassungen der Messkonzeption vorgenommen werden.

Die **Durchführung der Kundenzufriedenheitsstudie** innerhalb der gesamten Stichprobe kennzeichnet die **dritte Phase**. In der Unternehmenspraxis werden dabei häufig externe Dienstleister, z. B. Marktforschungsinstitute, Managementberatungen oder auch Hochschulen integriert, die die Feldarbeit oder betreuende Dienstleistungen übernehmen. Durch das Einbeziehen externer Partner wird die Glaubwürdigkeit und die Objektivität der Erhebung sichergestellt. Ergänzend hierzu ist es wichtig, unter dem Unternehmensnamen die Leistungsverbesserung als das Ziel der Studie klar zu betonen.

In der **vierten Phase** der Kundenzufriedenheitsmessung werden die erhobenen **Daten analysiert und ausgewertet**. Die Globalzufriedenheit sowie die Zufriedenheit mit Einzelleistungen wird i. d. R. zur Interpretation graphisch aufbereitet. Notwendiger Handlungsbedarf kann somit abgeleitet und Maßnahmen zur Steigerung der Kundenzufriedenheit ergriffen werden.

4.2 Kontrolle der Kundenbindung und Kundenrückgewinnung

Ein hohes Zufriedenheitsniveau allein ist jedoch nicht ausreichend, um den Erfolg des Kundenbindungsmanagements beurteilen zu können. Erst wenn sich neben der Kundenzufriedenheit auch die Kundenbindung positiv entwickelt, ist eine aussagekräftige Tendenz hinsichtlich der Effektivität des Kundenbindungsmanagements erkennbar.

Themen-komplex	Oberthema/Konstrukt	Einzelfrage
Kundenbindung	Weiterempfehlungs-absicht	„Werden Sie diesen Anbieter an Freunde oder Bekannte weiterempfehlen?"
	Wiederkaufabsicht	„Werden Sie bei Bedarf bei diesem Anbieter Leistungen nachfragen?"
	Cross-Buying-Absicht	„Werden Sie über die bisherigen Leistungen hinaus noch andere Leistungen dieses Anbieters nutzen?"
	Preiserhöhungstoleranz	„Angenommen, das Unternehmen XY erhöht seine Preise, aber die übrigen Anbieter be-halten das alte Preisniveau bei. Um wie viel müsste das Unternehmen XY seine Preise erhöhen, bis Sie einen anderen Anbieter wählen würden?"

Abb. 4-17: Fragen im Rahmen von Kundenbindungsanalysen (Quelle: in Anlehnung an *Homburg* et al. 2000 a, S. 513)

Das Konstrukt Kundenbindung kann in die zwei Dimensionen „Verhaltensabsicht" und „tatsächliches Kaufverhalten" unterteilt werden (vgl. auch **Abbildung 4-1**). Entsprechend werden zur Kontrolle der Effektivität des Kundenbindungsmanagements auch zwei unterschiedliche Messgrößen herangezogen (*Homburg/Fürst* 2005, S. 559):

(1) Analyse des beabsichtigten Kaufverhaltens

Das beabsichtigte Kaufverhalten kann mit Hilfe folgender Indikatoren untersucht werden:
- Wiederkaufabsicht,
- Weiterempfehlungsabsicht,
- Cross-Buying-Absicht,
- Preiserhöhungstoleranz.

Die Vorgehensweise bei der Messung entspricht den vorgestellten vier Phasen bei der Messung der Kundenzufriedenheit. Die Indikatoren zur Erhebung des beabsichtigten Kaufverhaltens können durch die in **Abbildung 4-17** dargestellten Fragen erfasst werden.

(2) Analyse des tatsächlichen Kaufverhaltens

Die zuvor beschriebene ex ante-Betrachtung dient im Sinne einer Planfortschrittskontrolle der schrittweisen Überprüfung der gesetzten Ziele. Im Rahmen einer ex post-Betrachtung ist in einem nächsten Schritt zu analysieren, ob die Absichtserklärungen der Kunden auch dem tatsächlichen Kaufverhalten entsprechen. Die Messung der Dimension der Kundenbindung, die sich auf das bisherige Verhalten bezieht, basiert dabei auf objektiven Verfahren, die nicht durch subjektive Wahrnehmung der Kunden verzerrt werden. Der Einsatz von Messindikatoren, die sich am tatsächlichen, beobachtbaren Verhalten der Kunden orientieren, sind zur fundierten Beurteilung der Erfolgswirksamkeit des Kundenbindungsmanagements unverzichtbar und auch bei langlebigen Produkten zu erheben (*Brusa* 1995). Den folgenden Messindikatoren kommt dabei eine besondere Bedeutung zu:

• Wiederkauf,
• Umsatz aus Weiterempfehlungen,
• Cross Buying,
• Preiserhöhungstoleranz.

Wiederkauf: Die Wiederkaufrate analysiert den Anteil der tatsächlichen Wiederkäufe von aktuellen Kunden am Gesamtumsatz des Unternehmens in einem festgelegten Zeitraum. Die Messung der Wiederkaufrate ist dabei keinesfalls auf den Konsumgüterbereich beschränkt, sondern kann ebenfalls im Industriegüter- und Dienstleistungsbereich erhoben werden, jedoch unter Einsatz unterschiedlicher Messmethoden. Während im Konsumgüter- und Dienstleistungsbereich ein repräsentatives Haushaltspanel geeignet ist, die Wiederkaufrate zu erheben, kann im Industriegütermarketing (aufgrund der tendenziell geringeren Kundenanzahl) bereits eine fundierte Analyse der internen Kundendatenbank ausreichend sein (*Brusa* 1995, S. 20). Die Auswertung der erhobenen Wiederkaufraten kann ferner dazu dienen, eine Segmentierung des Kundenstamms nach Neu- bzw. Stammkunden vorzunehmen, beispielsweise um auf dieser Basis eine fundierte Entscheidung zur Budgetallokation treffen zu können (*Blattberg/Deighton* 1996, S. 142).

Beispiel: Die Marke *Pitralon* (Rasierwasser) erreichte 1995 eine Wiederkaufrate von 40 Prozent. Der Umsatzanteil der Wiederkäufer am Gesamtumsatz betrug dabei insgesamt 72 Prozent. Auf Neukunden entfielen entsprechend 28 Prozent des Gesamtumsatzes. Die Folge einer Abwanderung von 10 Prozent dieser gebundenen Kunden würde einer Umsatzeinbuße von ca. 20 Prozent entsprechen (*Brusa* 1995, S. 21).

Umsatz aus Weiterempfehlungen und Cross Buying: Weitere Anhaltspunkte zur Erfolgswirksamkeit der Kundenbindung kann die Analyse der aufgrund realer Weiterempfehlungen getätigten Umsätze und der tatsächliche Cross-Buying-Anteil der aktuellen Kunden geben. Der Anteil der Neukunden, die auf Empfehlungen von „Altkunden" verweisen, sind ein Indikator für Weiterempfehlungen im Kundenkreis. Die getätigten Zusatzkäufe im Verhältnis zum Gesamtumsatz (Cross-Buying-Anteil) beim jeweiligen Unternehmen kann mit Hilfe der Kundendatei ermittelt werden.

Preiserhöhungstoleranz: Durch Loyalität gebundene Kunden haben aufgrund des Vertrauens zu und der Identifikation mit ihrem Anbieter eine geringere Abwanderungswahrscheinlichkeit. Die Preiserhöhungstoleranz umfasst die geringere Sensitivität gegenüber Preiserhöhungen, die aus diesen Bindungsfaktoren resultiert. Sie kann beispielsweise gemeinsam mit der Erhebung weiterer Verhaltensmerkmale der Kundenbindung gemessen werden und zu dieser z. B. mit Hilfe einer Regressionsanalyse in Bezug gesetzt werden. Je steiler die Regression zwischen Kundenbindung und Wiederkaufabsicht bei höherem Preis ausfällt, desto höher ist die Preiserhöhungstoleranz einzuschätzen.

Die Kontrolle des Kundenbindungsmanagements ist von zentraler Bedeutung und ist regelmäßig durchzuführen. In der Unternehmenspraxis sind in diesem Bereich jedoch noch erhebliche Defizite festzustellen. So zeigt das Ergebnis einer Studie im Bankenbereich, dass nur ein bis zwei Prozent der Kunden Produkte aus unterschiedlichen Produktsegmenten in Anspruch nehmen. Hieraus lässt sich zum einen ableiten, dass Cross-Selling-Potenziale nur in sehr geringem Maße ausgeschöpft werden. Es zeigt sich aber auch, dass Banken entsprechende Instrumente nicht gezielt einsetzen. Nach anfänglich breit ausgerichteten Maßnahmen ist es ratsam, sich auf für Cross Selling empfängliche Kunden zu fokussieren. Neben einem diesbezüglichen Controlling besteht ein weiterer Erfolgsfaktor des Kundenbindungsmanagements in der Analyse des anzunehmenden Bedarfs der Kunden (z. B. Leistungen, die zu den vom Kunden in Anspruch genommenen Kernleistungen passen), die über ein hohes Potenzial verfügen (*Beutin/Klenk* 2005).

(3) Analyse des Abwanderungsverhaltens

Neben unternehmensseitigen Gründen liegen die Ursachen der Abwanderung oft auch bei Wettbewerbern (z. B. Leistungsinnovationen als Substitute) oder dem Kunden selbst (z. B. familiäre oder berufliche Gründe). Je nachdem, welche Abwanderungsgründe vorliegen, bestehen mehr oder weniger Möglichkeiten zur Reduktion des Abwanderungsrisikos bzw. zur Kundenrückgewinnung. Im Rahmen der Analyse des Verhaltens ist daher kontinuierlich zu erheben, welche Gründe jeweils ausschlaggebend für den Abwanderungswunsch sind, um gegebenenfalls rechtzeitig, d. h. nach Möglichkeit vor der faktischen Abwanderung, reagieren zu können. **Abbildung 4-18** gibt einen Überblick über mögliche Abwanderungsgründe.

Liegt der Abwanderungsgrund beim Unternehmen, ist ein besonderes Augenmerk auf den Prozess der Abwanderung zu legen, da oftmals nicht ein einzelner Anlass, sondern eine Verkettung von Mängeln im Verlauf der Kundenbeziehung aufgetreten sind. In diesem Fall kann z. B. eine Switching-Path-Analyse dabei helfen, Abwanderungsprozesse zu verstehen und Früherkennungssysteme für abwanderungsgefährdete Kunden einzurichten. **Abbildung 4-19** stellt eine Switching-Path-Analyse am Beispiel einer Versicherung dar.

Schließlich sind die getroffenen Maßnahmen der Kundenrückgewinnung dahingehend zu untersuchen, dass über die gesamten abgewanderten bzw. abwanderungsgefährdeten Kunden die Erfolgsquote erhoben wird, um im Sinn einer Gemeinkostenrechnung den Aufwand der Kundenrückgewinnung in ein Verhältnis zur Erfolgswahrscheinlichkeit setzen zu können. Es ist dafür zunächst ein Kennzahlensystem zweckmäßig, das in konzentrierter Form über den Rückgewinnungserfolg, im Sinne einer **Effektivität des Rückgewinnungsmanagements**, informiert. Der Rückgewinnungserfolg kann grundsätzlich durch den Quotient aus der Anzahl reaktivier-

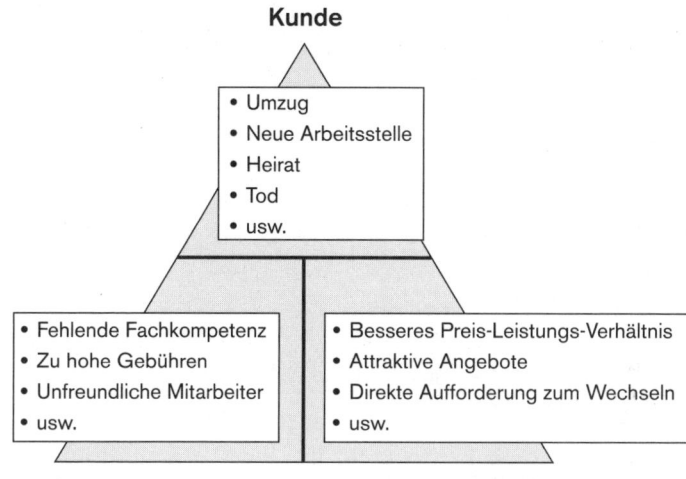

Abb. 4-18: Systematisierung von Abwanderungsgründen (Quelle: in Anlehnung an *Michalski* 2002, S. 43)

ter Kundenbeziehungen und der Anzahl endgültig abgewanderter Kunden berechnet werden. Ferner ist ein dialogbezogener Rückgewinnungserfolg durch den Quotienten aus der Anzahl reaktivierter Kundenbeziehungen und der Anzahl kontaktierter Kunden ermittelbar (*Michalski* 2002, S. 210). In einem zweiten Schritt werden die **Kosten des Rückgewinnungsmanagements** aufgestellt, die in Form von durchschnittlichen (Gemein-)Kosten pro Kontaktaufnahme oder als Einzelkosten, z. B. für die tatsächlich erforderliche Zeit in Kundengesprächen, eingeräumte Preisvorteile, darstellbar sind. In jedem Fall sind Kosten, die bei einzelnen nicht zurückgewonnenen Kunden angefallen sind, dem Rückgewinnungsmanagement als Gemeinkosten zuzurechnen. In einem dritten Schritt wird zur Ermittlung der **Effizienz des Rückgewinnungsmanagements** der **Nutzen der Rückgewinnungsmaßnahmen** berechnet. Dieser setzt sich aus den drei Nutzenkategorien Profitabilitätsnutzen, Kommunikationsnutzen und Informationsnutzen zusammen. Der Profitabilitätsnutzen ergibt sich aus dem Erhalt des Kundenwertes für das

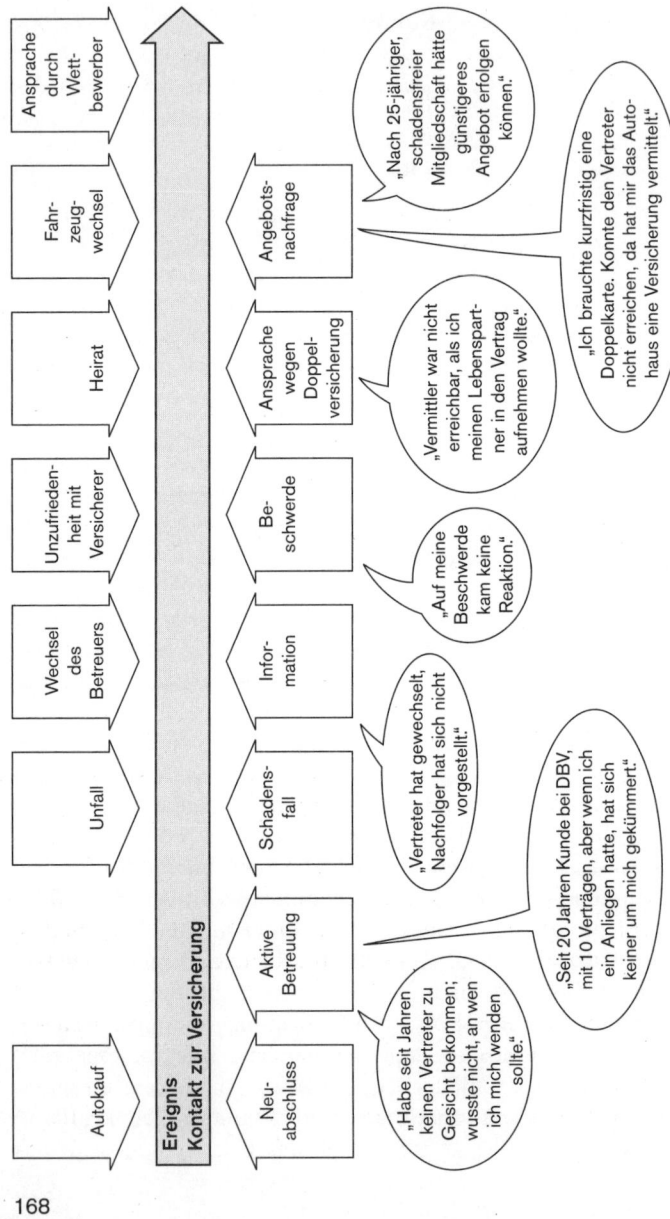

Abb. 4-19: Beispiel einer Switching-Path-Analyse bei einer Versicherung (Quelle: *Schröder* 1999, S. 23)

Unternehmen. Der Kommunikationsnutzen wird durch die Verhinderung oder Abschwächung negativer Mund-zu-Mund-Kommunikation („Beziehungswarnung") bzw. durch positive Kommunikationseffekte gegenüber potenziellen oder aktuellen Kunden generiert. Der Informationsnutzen wird analog dem Nutzen eines Beschwerdemanagements (siehe Kapitel 5) dadurch erzeugt, dass auf der Basis eines Dialogs mit abgewanderten oder abwandernden Kunden Verbesserungen von Kundenprozessen oder unternehmensinternen Prozessen möglich sind. Insbesondere bei den letztgenannten Nutzenkategorien ist jedoch auf die Problematik der Erhebung und Monetarisierung hinzuweisen. Während Kosten relativ genau ermittelt und zugeordnet werden können, ist dies bei den Nutzenwirkungen nur eingeschränkt möglich (*Michalski* 2002, S. 213 f.). Darüber hinaus ist es schwierig, den Kommunikationsnutzen zu ermitteln und die diesbezüglichen Kosten des Rückgewinnungsmanagements den Kosten gegenüberzustellen, die bei nicht durchgeführten Rückgewinnungsmaßnahmen durch die Abwanderung oder Nichtgewinnung weiterer Kunden entstanden wären.

Bei jedem einzelnen Kunden ist darüber hinaus zu prüfen, welche getroffenen Maßnahmen bei welchen Abwanderungsursachen zu einer Rückgewinnung geführt haben, um somit das Rückgewinnungsmanagement kontinuierlich zu kontrollieren und zu optimieren.

Zusammenfassung: Die folgenden **zehn Merkpunkte** können eine Hilfestellung für die Erarbeitung der verschiedenen Bausteine eines Kundenbindungsmanagements geben:

(1) **Ziele der Kundenbindung im Unternehmen verankern:** Stellen Sie sicher, dass die Ziele der Kundenzufriedenheit und Kundenbindung in Ihrem Unternehmen eine zentrale Stellung einnehmen und von den Mitarbeitern akzeptiert werden.

(2) **Kundenbindungsziele auf allen Ebenen definieren:** Formulieren Sie ökonomische, psychographische, informationsorientierte, wettbewerbsorientierte sowie mitarbeiterbezogene Ziele der Kundenbindung auf den verschiedenen Unternehmensebenen möglichst operational.

---

(3) **Kundenbindungsstrategie erarbeiten:** Erarbeiten Sie eine Strategie der Kundenbindung, in der die relevanten Dimensionen (Wer, Wen, Wie, Warum, Wie oft und Wann, mit Wem?) verbindlich festgelegt werden.

(4) **Maßnahmen der Kundenbindung koordinieren:** Sorgen Sie dafür, dass die einzelnen Maßnahmen der Kundenbindung aufeinander abgestimmt sind und der Strategie des Kundenbindungsmanagements folgen.

(5) **Kundendatenbank implementieren:** Kümmern Sie sich intensiv um den Aufbau und die Pflege einer umfassenden Kundendatenbank, in der alle Kundendaten aktuell abgerufen werden können und für die Maßnahmen der Kundenbindung kontinuierlich nutzbar sind.

(6) **Kundenzufriedenheitsanalysen durchführen:** Zur Kontrolle der Kundenbindung können zahlreiche Indikatoren erhoben werden. Führen Sie daher kontinuierliche Befragungen insbesondere in Bezug auf Kundenzufriedenheit und die Absichten zum Wiederkauf, Weiterempfehlung und Cross Buying durch.

(7) **Ursachen der Kundenabwanderung analysieren:** Ermitteln Sie Ursachen für die Abwanderung von Kunden, erkennen Sie gefährdete Kundenbeziehungen und leiten Sie Maßnahmen zur Reaktivierung dieser Kunden ab.

(8) **Verhaltensabsicht der Kunden erfragen:** Erheben Sie im Rahmen von Kundenbefragungen regelmäßig die Wiederkauf-, Cross-Buying- und Weiterempfehlungsabsicht Ihrer Kunden.

(9) **Tatsächliches Kaufverhalten analysieren:** Kontrollieren Sie permanent die Ziele der Kundenbindung anhand des realen Kaufverhaltens und setzen Sie diese Ergebnisse mit den erhobenen Absichtserklärungen der Kunden in Beziehung.

(10) **Kundenbezogene Erfolgsgrößen erfassen:** Erarbeiten Sie in Zusammenarbeit mit Mitarbeitern aus dem Rechnungswesen ein System, um kundenbezogene Erfolgsgrößen wie Kundenzufriedenheit und Kundenbindung messbar zu machen.

Literaturempfehlungen (Zur vertiefenden Auseinandersetzung mit dem Thema Kundenbindungs- und -rückgewinnungsmanagement werden folgende Literaturquellen empfohlen): *Blattberg, R. C./Deighton, J.* (1997): Aus rentablen Kunden vollen Nutzen ziehen, in: Harvard Manager, 19. Jg., Nr. 1, S. 24–32. *Bruhn, M./Homburg, Ch.* (Hrsg.) (2005): Handbuch Kundenbindungsmanagement. Grundlagen – Konzepte – Erfahrungen, 5. Aufl., Wiesbaden 2005. *Dick, A. S./Basu, K.* (1994): Customer Loyalty: Toward an Integrated Conceptual Framework, in: Journal of the Academy of Marketing Science, Vol. 22, No. 2, S. 99–113. *Diller, H.* (1996): Kundenbindung als Marketingziel, in: Marketing ZFP, 18. Jg., Nr. 2, S. 81–94. *Hartmann, W./Kreutzer, R. T./Kuhfuß, H.* (2004): Kundenclubs & More. Innovative Konzepte zur Kundenbindung, Wiesbaden 2004. *Hinterhuber, H. H./Matzler, K.* (Hrsg.) (2006): Kundenorientierte Unternehmensführung. Kundenorientierung – Kundenzufriedenheit – Kundenbindung, 4. Aufl., Wiesbaden 2006. *Matys, E.* (2005): Dienstleistungsmarketing. Kunden finden, gewinnen und binden, Heidelberg 2005. *Bruhn, M./Michalski, S.* (2005): Gefährdete Kundenbeziehungen und abgewanderte Kunden als Zielgruppen der Kundenbindung, in: Bruhn, M./Homburg, Ch. (Hrsg.): Handbuch Kundenbindungsmanagement. Grundlagen – Konzepte – Erfahrungen, 5. Aufl., Wiesbaden 2005, S. 251–271. *Peter, S. I.* (1999): Kundenbindung als Marketingziel. Identifikation und Analyse zentraler Determinanten, Diss., Universität Mannheim, 2. Aufl., Wiesbaden 1999. *Reichheld, F. F.* (1997): Der Loyalitäts-Effekt. Die verborgene Kraft hinter Wachstum, Gewinnen und Unternehmenswert, Frankfurt a. M./New York 1997. *Reichheld, F. F./Sasser, W.* (1991): Zero-Migration: Dienstleister im Sog der Qualitätsrevolution, in: Harvard Manager, 13. Jg., Nr. 4, S. 108–116.

Kapitel 5. Beschwerdemanagement

1. Grundlagen des Beschwerdemanagements

Nachdem ein Kunde gewonnen wurde, kann sich die Beziehung zum Unternehmen in Abhängigkeit der **Kundenzufriedenheit** oder **-unzufriedenheit** in zwei gegenläufige Richtungen entwickeln. Gelingt es dem Unternehmen, den Kunden nachhaltig zufrieden zu stellen, steigt mit zunehmender Dauer der Kundenbeziehung die Stärke der Kundenbeziehung und es erfolgt eine Entwicklung vom Kunden zum Klienten, vom Klienten zum Sympathisanten und schließlich – im Idealfall – zum „Enthusiasten" (vgl. **Abbildung 5-1**). Der Enthusiast nimmt sämtliche Leistungen des Unternehmens in hohem Maße in Anspruch, berücksichtigt keine Konkurrenzangebote und empfiehlt das Unternehmen häufig an Freunde oder Bekannte weiter.

Entwickelt sich jedoch die Kundenbeziehung in entgegengesetzte Richtung, ist es im Extremfall möglich, dass der Kunde zum „Terroristen" bezüglich des Unternehmens wird, indem er dem Unternehmen vor der Abwanderung – beispielsweise durch häufige Reklamation – Kosten verursacht und während oder nach der Abwanderung potenziellen sowie aktuellen Kunden vom Unternehmen abrät (*Bruhn* 2001 b, S. 6). Entsprechende Zusammenhänge sind in **Abbildung 5-1** dargestellt.

Häufig zeigt sich erst, wenn sich die Kundenbeziehung nicht idealtypisch entwickelt, ob ein Unternehmen als kundenorientiert bezeichnet werden kann, beispielsweise in Situationen, in denen ein unzufriedener Kunde versucht, seinen Unmut in Form einer Beschwerde zu artikulieren. Gemäß dem in der Praxis oft artikulierten Leitsatz „Eine Beschwerde ist ein Geschenk" zeigen Beschwerden nicht nur dem Unternehmen Schwachstellen seiner Leistungserstellung auf. Studien zeigen darüber hinaus, dass ein sich beschwerender Kunde meist den Wunsch hat, bei seinem aktuellen Anbieter zu verbleiben, während ein großer Teil der Kunden, die sich nicht beschweren, ohne Beschwerde abwandert und zusätzlich oft seine

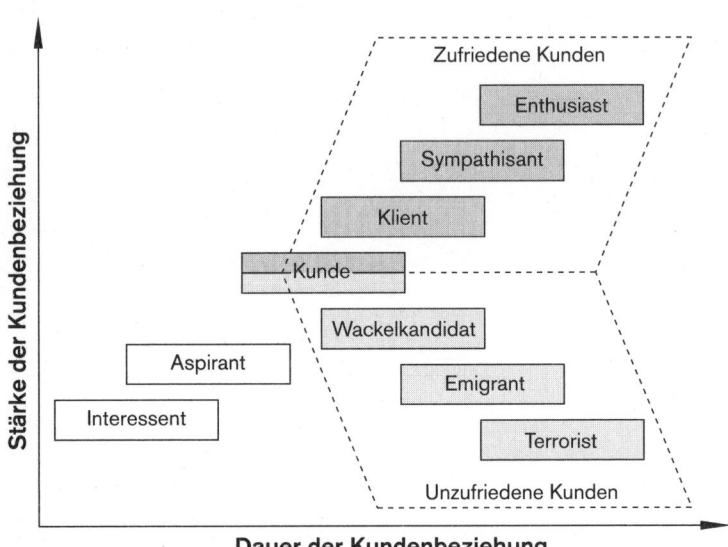

Abb. 5-1: Phasen einer Kundenbeziehung (Quelle: *Bruhn* 2001 b, S. 6)

Unzufriedenheit in Form von Kaufwarnungen weitergibt (*Bender* 2005). Folglich kann ein Kunde, der seine Beschwerde artikuliert, im Allgemeinen mit einem deutlich geringeren Kostenaufwand wieder an das Unternehmen gebunden werden, als ein neuer Kunde zu akquirieren oder ein bereits abgewanderter Kunde zurückzugewinnen ist. Gelingt es dem Unternehmen, das artikulierte Problem inhaltlich sowie in einer akzeptablen Zeitspanne zu lösen, kann häufig die Kundenzufriedenheit wiederhergestellt und die Geschäftsbeziehung stabilisiert werden. Ein aktives Beschwerdemanagement kann insofern einen wesentlichen Beitrag zur Steigerung der Kundenorientierung eines Unternehmens leisten (*Jeschke* 1997; *Stauss/ Seidel* 2007). **Abbildung 5-2** verdeutlicht den Zusammenhang von Kundenorientierung und Beschwerdemanagement im Überblick.

Angesichts dieser sowohl in der Wissenschaft als auch in der Praxis akzeptierten Zusammenhänge ist es umso erstaunlicher, dass die Implementierung des Beschwerdemanagements in der Unternehmenspraxis sich noch nicht als Standard etabliert hat (*Stauss* 2005).

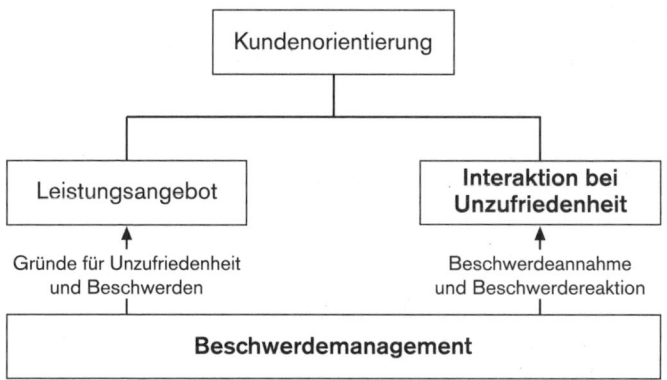

Abb. 5-2: Zusammenhang von Kundenorientierung und Beschwerdemanagement

Beispiel: Nach einer Studie der Forschungsgruppe *Management und Marketing* aus dem Jahr 2006 ist die sinkende Kundenzufriedenheit bei gesetzlichen Krankenkassen besonders auf ein mangelhaftes bzw. fehlendes Beschwerdemanagement zurückzuführen (http://www.m-plus-m.de, Zugriff am 1. 5. 2006).

Vor diesem Hintergrund gilt es, die Ziele, Aufgaben, Teilprozesse und Maßnahmen des Beschwerdemanagements näher zu betrachten.

1.1 Zum Begriff der Beschwerde

Dem Beschwerdebegriff liegt in der Literatur kein einheitliches Verständnis zugrunde (*Hoffmann* 1991; *Hansen* et al. 1995). Mehrheitlich werden unter dem **Beschwerdebegriff** sämtliche Unzufriedenheitsäußerungen von Kunden oder sonstigen Anspruchsgruppen im Hinblick auf die Markttätigkeit des Unternehmens verstanden. Die **Reklamation** ist als Sonderfall der Beschwerde zu betrachten, aus der ein konkreter Rechtsanspruch des Beschwerdeführers gegenüber dem Unternehmen resultiert (*Hansen* et al. 1995, S. 77).

Den folgenden Ausführungen liegt eine enge Begriffsdefinition zugrunde, die sich primär auf die Behandlung produkt- und serviceorientierter Unzufriedenheitsäußerungen von Kunden richtet.

Kommunikations- oder gesellschaftspolitische Beschwerden stehen nicht im Mittelpunkt der Betrachtung. Der **Begriff Beschwerde** wird wie folgt definiert:

Beschwerden sind Artikulationen der Unzufriedenheit von Konsumenten, die gegenüber einem Unternehmen vorgebracht werden, wenn der Kunde die wahrgenommenen Probleme subjektiv als gravierend betrachtet.

Auf diesem Verständnis aufbauend lassen sich unter dem Begriff **Beschwerdemanagement** sämtliche Maßnahmen der Analyse, Planung, Durchführung und Kontrolle verstehen, die ein Unternehmen im Zusammenhang mit Beschwerden von Kunden oder sonstigen Anspruchsgruppen ergreift (*Meffert/Bruhn* 2006). Es handelt sich folglich beim Beschwerdemanagement um einen aktiven Prozess des Unternehmens zur zielgerichteten Gestaltung der Kundenbeziehung und Erhöhung der Kundenzufriedenheit und -bindung.

1.2 Beschwerdemanagement zur Steigerung von Kundenzufriedenheit und -bindung

Im Zentrum eines aktiven Beschwerdemanagements steht das Ziel, auf artikulierte Unzufriedenheit so zu reagieren, dass diese abgebaut bzw. nach Abschluss des Beschwerdemanagementprozesses die Kundenzufriedenheit wiederhergestellt ist. Die Wiederherstellung von Kundenzufriedenheit steht wiederum unmittelbar mit dem Ziel der Steigerung der Kundenbindung in Zusammenhang.

Beispiel: In einer Studie von *Bain&Company* im Bereich Retail Banking wird deutlich, dass, abgesehen von Preisnachlässen, das Beschwerdemanagement sowie eine Kundenhotline die aus Kundensicht wichtigsten – und damit wirksamsten – Instrumente der Kundenbindung sind (*Huber/Wisskirchen* 2005, S. 59).

Ergebnisse aus dem Schweizer Kundenbarometer zeigen in diesem Zusammenhang deutlich, dass wesentliche Unterschiede in den Kundenzufriedenheits- und -bindungsindizes der Beschwerdeführer sowie Nicht-Beschwerdeführer bestehen (*Bruhn* 1998a). **Abbildung 5-3** zeigt ausgewählte Ergebnisse des Textilhandels. Hier wird deutlich, dass Kunden, die sich bei einem Mangel beschweren,

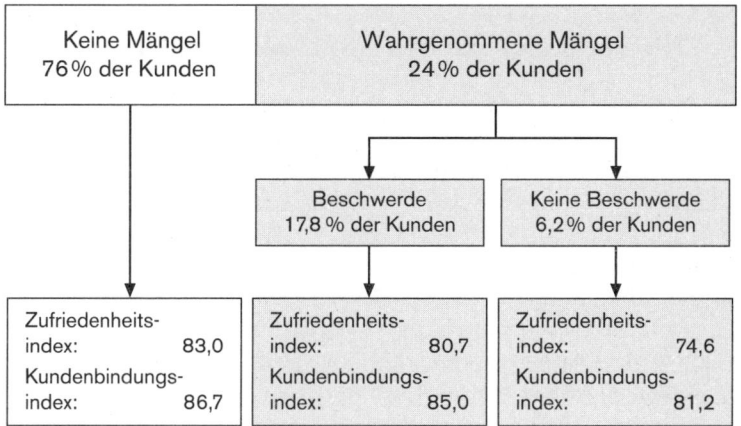

Abb. 5-3: Ergebnisse des Schweizer Kundenbarometers zum Zusammenhang von Beschwerden, Kundenzufriedenheit und -bindung im Textilhandel (Quelle: *Bruhn* 1998a, S. 64)

wesentlich höhere Kundenzufriedenheits- und -bindungswerte aufweisen (80,7 und 85,0) als Kunden, die sich nicht beschweren (74,6 und 81,2). Dies lässt den Schluss zu, dass durch ein aktives Beschwerdemanagement bzw. eine adäquate Reaktion auf Beschwerden eine deutliche Verbesserung der Kundenzufriedenheit und -bindung erreicht werden kann. Ein derartiges Ergebnis konnte, mehr oder weniger ausgeprägt, in sämtlichen Branchen festgestellt werden. Insgesamt wurden im Schweizer Kundenbarometer 20 Dienstleistungsbranchen untersucht. Angesichts dieser eindeutigen Ergebnisse ist eine noch stärkere Implementierung des Beschwerdemanagements in der Unternehmenspraxis notwendig. Weiterhin ist anzunehmen, dass ein Kunde, der den Aufwand einer Beschwerde betreibt und nach einem Beschwerdeanlass nicht sofort abwandert, grundsätzlich den Wunsch hat, bei seinem Anbieter zu verbleiben. In diesem Zusammenhang wurde bereits mehrfach das sog. „**Beschwerdeparadoxon**" nachgewiesen, das besagt, dass Kunden nach einer Beschwerde, die zu ihrer Zufriedenheit bearbeitet wurde, zufriedener sind, als sie zuvor ohne das Auftreten des Beschwerdegrundes waren (vgl. den Überblick bei *Stauss* 2005, S. 333).

2. Ziele und Aufgaben des Beschwerdemanagements

2.1 Ziele des Beschwerdemanagements

Bereits *Hirschman* (1970) identifizierte mit seinen Arbeiten zum Thema Exit, Voice and Loyalty verschiedene Reaktionsformen bei Unzufriedenheit. Unzufriedene Kunden können abwandern, sich beschweren oder negativ über den wahrgenommenen Mangel mit Dritten kommunizieren. Einige Kunden verhalten sich hingegen inaktiv und reagieren (scheinbar) nicht auf einen wahrgenommenen Mangel des Leistungsprogramms. Aus diesen in **Abbildung 5-4** dargestellten allgemeinen Reaktionsformen bei Unzufriedenheit lassen sich die konkreten Ziele des Beschwerdemanagements ableiten.

Das zentrale Oberziel des Beschwerdemanagements, eine hohe **Beschwerdezufriedenheit** zu generieren, setzt selbstverständlich an der hier im Vordergrund stehenden Reaktionsform „Beschwerde" an. Unter dem Begriff Beschwerdezufriedenheit wird das Resultat eines Informationsverarbeitungsprozesses des Beschwerdeführers verstanden, in dem die subjektiven Erwartungen in Bezug auf die Qualitätsdimensionen der Beschwerdebearbeitung und -lösung durch das Unternehmen mit dem tatsächlich eingetroffenen Beschwerdeprozess verglichen und beurteilt werden. **Abbildung 5-5** stellt diese Zusammenhänge nochmals graphisch dar.

Die Beschwerde(un)zufriedenheit wird dabei durch folgende **Merkmale** beeinflusst (*Stauss/Seidel* 2007):

- **Zugänglichkeit:** Leichtigkeit, mit der ein unternehmensinterner Ansprechpartner für das Kundenproblem gefunden wird; Kenntnis der Beschwerdeadresse.
- **Interaktionsqualität:** Kundenorientierte Ausgestaltung der Interaktion während der Annahme und Bearbeitung. Diese Dimension kann in weitere Qualitätsmerkmale untergliedert werden:
  - **Freundlichkeit/Höflichkeit:** Zuvorkommenheit, mit der der Beschwerdeführer behandelt wird; höflicher Umgangston/Sprachstil.
  - **Einfühlungsvermögen/Verständnis:** Bereitschaft, die Kundenperspektive einzunehmen; Verständnis für den Ärger des Kunden.

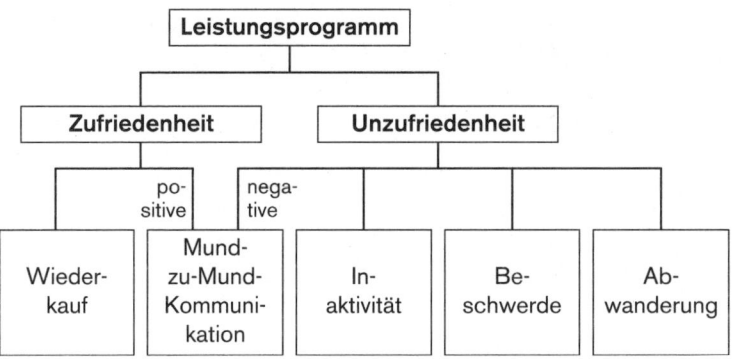

Abb. 5-4: Reaktionsformen von Kunden auf Zufriedenheit und Unzufriedenheit (Quelle: *Bruhn* 1982)

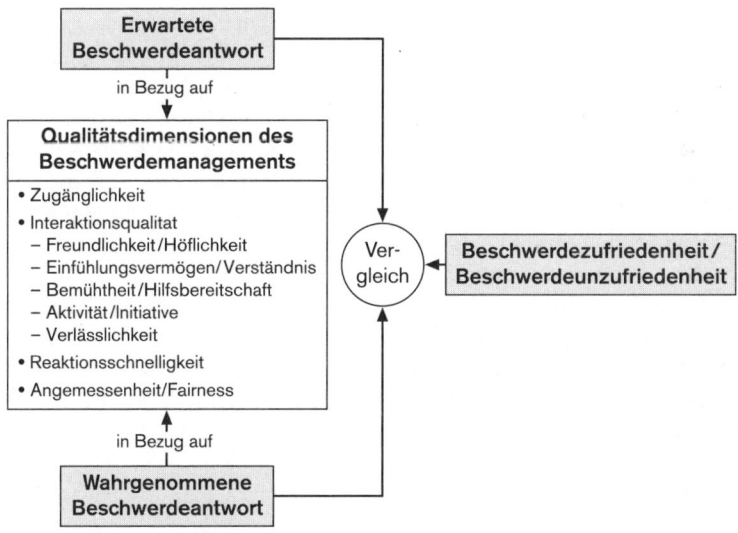

Abb. 5-5: Qualitätsdimensionen des Beschwerdemanagements und Beschwerde(un)zufriedenheit (Quelle: *Stauss* 2005, S. 329)

- **Bemühtheit/Hilfsbereitschaft:** Erkennbares Bemühen, das Problem im Kundensinne zu lösen.
- **Aktivität/Initiative:** Aktive Suche des Kontaktes zum Kunden; Erkundigung nach gewünschten Lösungen; Benachrichtigung über Verzögerungen.
- **Verlässlichkeit:** Einhaltung von inhaltlichen und zeitlichen Zusagen.
- **Reaktionsschnelligkeit:** Schnelligkeit, mit der eine Eingangsbestätigung eintrifft, mit der auf Kundenrückfragen reagiert und der Fall gelöst wird.
- **Angemessenheit/Fairness:** Angemessenheit der Problemlösung; Fairness der angebotenen Wiedergutmachung.

Studie: Im Rahmen einer von *Estelami* (2000) durchgeführten Studie wurde untersucht, welche Merkmale die Beschwerdezufriedenheit bzw. -unzufriedenheit beeinflussen. Basierend auf Kundenbefragungen wurde festgestellt, dass als Hauptgrund für eine zufrieden stellende Problemlösung eine Wiedergutmachung in Form eines Kompensationsangebotes angesehen wurde. Weiterhin hielten die befragten Kunden eine schnelle Reaktion des Unternehmens, die Freundlichkeit und das Einfühlungsvermögen der Unternehmensmitarbeitenden bei der Beschwerdeannahme für ausschlaggebend (*Estelami* 2000, S. 294 f.).

Eine kulante und schnelle Beschwerdebearbeitung und -reaktion ist folglich auch maßgeblich für das Erreichen nachgelagerter kundenbezogener Ziele des Beschwerdemanagements, wie z. B. die positive Beeinflussung der Wiederkaufabsicht, die Vermeidung negativer Mund-zu-Mund-Kommunikation, die Reduktion der Anzahl von Nicht-Beschwerdeführern und nicht zuletzt die Verhinderung von Abwanderungsprozessen (*Stauss* 2005). Leider fehlt es in der Praxis noch an einer befriedigenden Umsetzung eines effizienten Beschwerdemanagements, das in der Lage ist, Beschwerdezufriedenheit beim Kunden herzustellen (*Meyer/Dornach* 2000, S. 19 f.).

Beispiel: Bei der *Deutschen Bahn AG* werden – wie bei vielen Großunternehmen, die zahlreiche Zuschriften und Beschwerden erhalten – E-Mails mit Hilfe einer Software zugeordnet und zunächst mit einer standardisierten E-Mail beantwortet. Die täglich bis zu 2.000 Mitteilungen durchlaufen einen Filter, der nach bestimmten Schlüsselworten sucht und einem bestimmten Thema (z. B. Verspätungen, Sauberkeit) zugeordnet.

Die Wahrscheinlichkeit, das richtige Thema zu treffen, nimmt aufgrund einer lernfähigen Software stetig zu. Halbautomatisch können so individuelle Antworten kostengünstig erstellt werden (*Deutsche Gesellschaft für Qualität* 2006). Solange keine konkrete Kompensation erfolgt bzw. der Kunde nicht den Eindruck einer tatsächlichen Verbesserung erhält, ist durch diese Maßnahme allein allerdings noch keine Steigerung der Beschwerdezufriedenheit zu erwarten.

Aus dem Oberziel, die Kundenzufriedenheit wiederherzustellen, lassen sich weitere unternehmensbezogene **Ziele des Beschwerdemanagements** ableiten (*Meffert/Bruhn* 2006; *Stauss/Seidel* 2007):

- **Umsetzung und Verdeutlichung einer kundenorientierten Unternehmensstrategie.** Eine kulante Beschwerdeabteilung und die Existenz eines aktiven Beschwerdemanagements leisten einen Beitrag zur Aufrechterhaltung und Entwicklung eines kundennahen Unternehmensimages.

- **Vermeidung von Opportunitätskosten durch andere Reaktionsformen unzufriedener Kunden.** Beschwerden richten Verbraucher direkt an das Unternehmen, so dass das betroffene Unternehmen die Gelegenheit hat, Einfluss zu nehmen. Wählen unzufriedene Kunden andere Reaktionsformen (Abwanderung zur Konkurrenz, negative Mund-zu-Mund-Kommunikation, Einschalten der Presse), entstehen für das Unternehmen Kosten in Form von Umsatz-, Gewinn- und Imageeinbußen.

- **Auswertung und Nutzung der in Beschwerden enthaltenen Informationen.** Beschwerden liefern eine Fülle von Einsichten in Bezug auf Leistungsdefizite. Die Auswertung dieser Informationen kann als strategisches Frühwarnsystem dienen. Das Unternehmen wird in die Lage versetzt, basierend auf diese Informationen, Leistungsverbesserungen, -modifikationen und -differenzierungen durchzuführen.

- **Reduzierung interner und externer Fehlerkosten** aufgrund von Korrekturmaßnahmen zur Vermeidung von Falsch- und Doppelarbeit sowie Garantieansprüchen.

Beispiel: Gemäß einer Studie der *Universität Dortmund* und des Softwareherstellers *Materna* verwenden 40 Prozent der Unternehmen mit systematischem Beschwerdemanagement die eingegangenen Beschwerden für Produktverbesserungen und die Qualitätssicherung (*Friedrich* 2005).

Zufriedenheit mit der Beschwerdeabteilung

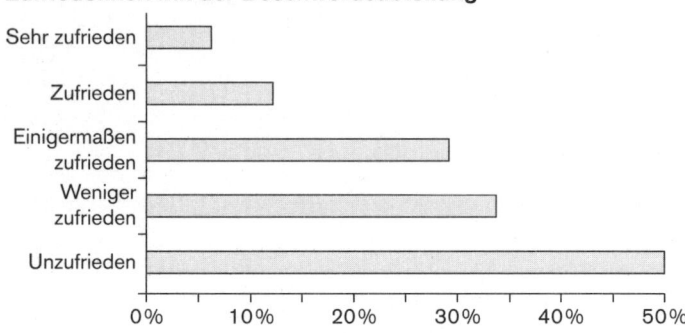

Abb. 5-6: Zusammenhang zwischen Beschwerdezufriedenheit und Abwanderung (Quelle: *Ullmann/Peill* 1995, S. 1517)

Hinsichtlich des Zusammenhangs von Beschwerdezufriedenheit und Abwanderungen von Kunden kam eine Untersuchung aus der **Versicherungsbranche** (*Ullmann/Peil* 1995) zu dem Ergebnis, dass Kunden, die mit der Beschwerdebearbeitung sehr zufrieden sind, die Geschäftsbeziehung lediglich zu rund 5 Prozent beenden. Hingegen wurde bei nicht zufrieden gestellten Beschwerdeführern eine Abwanderungsrate von nahezu 50 Prozent festgestellt. **Abbildung 5-6** zeigt das Ergebnis der Studie im Überblick.

Es ist allerdings davon auszugehen, dass der Anteil der sog. „**Unvoiced Complainers**", also derjenigen, die sich trotz Unzufriedenheit nicht beschweren, relativ hoch ist (*Bruhn* 1982, S. 52 f.). Aus Kundensicht werden hierfür ein zu hoher Zeitaufwand, die Ungewissheit hinsichtlich der richtigen Ansprechpartner sowie die mangelnde Aussicht auf Erfolg genannt. Das bedeutet, selbst Unternehmen mit aktivem Beschwerdemanagement kennen lediglich „die Spitze des Eisberges" (*Bruhn* 1982, 1985; *Stauss/Seidel* 2006). Dies führt neben dem Beschwerdemanagement zur Notwendigkeit weiterer Maßnahmen zur Identifikation abwanderungsgefährdeter Kunden.

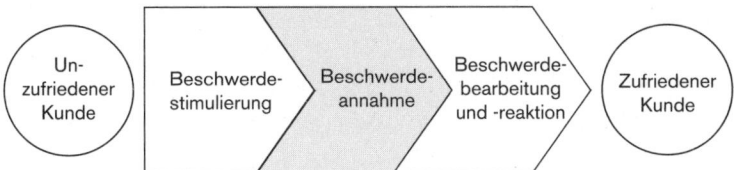

Abb. 5-7: Aufgaben des Beschwerdemanagements (Quelle: *Stauss/Seidel* 2006)

Beispiel: Die *Volkswagen* AG geht von folgenden Richtwerten innerhalb des Beschwerdemanagements aus (*Bunk* 1993, S. 65):
(1) Nur einer von 26 unzufriedenen Kunden trägt eine Beschwerde vor.
(2) Im Durchschnitt werden die negativen Erfahrungen an neun bis zehn weitere Personen weitergegeben.
(3) Jede zur Zufriedenheit bearbeitete Beschwerde wird fünf weiteren Personen mitgeteilt.

2.2 Aufgaben des Beschwerdemanagements

Ist die Entscheidung zugunsten eines aktiven Beschwerdemanagements gefallen, ist des Weiteren zu analysieren, welche Aufgaben das Beschwerdemanagement konkret wahrzunehmen hat. Bei einer prozessorientierten Sicht können drei **Aufgabenbereiche des Beschwerdemanagements** unterschieden werden (*Stauss/Seidel* 2007):

(1) Beschwerdestimulierung,
(2) Beschwerdeannahme,
(3) Beschwerdebearbeitung und -reaktion.

Abbildung 5-7 gibt einen Überblick zur Einordnung der einzelnen Prozesselemente in das Beschwerdemanagement.

Beschwerdestimulierung: Dem Teilprozess Beschwerdestimulierung können sämtliche planvollen und zielgerichteten Aktivitäten eines Unternehmens zugerechnet werden, die den Kunden zur Artikulation einer Beschwerde aufgrund bestehender Unzufriedenheit bewegen. Die Hauptaufgabe der Beschwerdestimulierung besteht darin, die Voraussetzungen für eine leichte sowie unkomplizierte Beschwerdeführung zu schaffen und das Bewusstsein der Mitarbeitenden hinsichtlich des Informationswertes einer Beschwerde zu stärken.

Beispiel: In der von *Neyer* (2000) in den USA durchgeführten Studie wird die Auswirkung von Beschwerden auf Kundenzufriedenheit und Kaufverhalten untersucht. Die Ergebnisse zeigen, dass unzufriedene Kunden, die zu Beschwerden ermuntert werden und die Möglichkeit erhalten, ihrer Unzufriedenheit Luft zu machen, im Nachhinein zufriedener sind. Gleichzeitig wurde festgestellt, dass diese Personengruppe eine erhöhte Bereitschaft aufweist, die Leistung des Unternehmens wieder in Anspruch zu nehmen (*Neyer* 2000).

Beschwerdeannahme: Die zweite Phase des Beschwerdeprozesses beschäftigt sich mit der Beschwerdeannahme. Hier steht insbesondere eine systematische und vollständige Erfassung der Beschwerdeinformation sowie das adäquate Verhalten der Mitarbeitenden bei der mündlichen Beschwerde im Vordergrund.

Beschwerdebearbeitung und -reaktion: Sind die erforderlichen Informationen vollständig erhoben und die Zuständigkeiten innerhalb des Beschwerdemanagements festgelegt, erfolgt in einem nächsten Schritt die aktive Gestaltung des Beschwerdeprozesses. Die **Beschwerdebearbeitung** betrifft die internen Prozesse im Unternehmen, die als Konsequenz auf eine Kundenbeschwerde ausgelöst werden. Im Mittelpunkt der Beschwerdebearbeitung steht die Analyse der Beschwerdeursachen, die Weiterleitung der Beschwerdeinformationen an die betroffenen Abteilungen bzw. Mitarbeitenden sowie die Festlegung von Standards zur Beschwerdebearbeitung. Dahingegen weist die **Beschwerdereaktion** einen externen Charakter auf. Im Vordergrund steht hierbei prinzipiell die Lösung des Problems bzw. die Wiedergutmachung. Hier ist festzulegen, in welchem Zeitraum und in welcher Form auf die eingegangene Beschwerde zu reagieren ist.

3. Teilprozesse des Beschwerdemanagements und Instrumenteeinsatz

3.1 Beschwerdestimulierung

Bei der Beschwerdestimulierung stehen inhaltlich zwei Fragenkomplexe im Vordergrund:

(1) Welche Beschwerdewege bestehen derzeit im Unternehmen bzw. sind zu aktivieren, zu optimieren oder neu zu schaffen?

(2) Wie können die realisierten Beschwerdewege gegenüber den Kunden bestmöglich kommuniziert werden?

(1) Festlegung des Beschwerdeweges

Bei der Festlegung des Beschwerdeweges stehen dem Unternehmen unterschiedliche Möglichkeiten zur Verfügung. Generell kann eine Beschwerde mündlich, schriftlich, telefonisch oder multimedial an das Unternehmen herangetragen werden. Je nach Branchenzugehörigkeit und Unternehmensstruktur kann die Aktivierung unterschiedlicher Beschwerdewege sinnvoll erscheinen. Mündliche Beschwerden lassen sich beispielsweise häufiger in Dienstleistungsbranchen beobachten, wohingegen schriftliche oder telefonische Beschwerdewege traditionell eher im Konsumgüterbereich anzutreffen sind. Der Einsatz von E-Mail und Internet hat in den vergangenen Jahren einen bemerkenswerten Bedeutungszuwachs erlangt und kann als Beschwerdeweg in nahezu allen Branchen eingesetzt werden.

Der **mündliche Beschwerdeweg** kann auf einfachem Wege durch eine aktive Nachfrage der Mitarbeitenden umgesetzt werden. Vorteilhaft ist dabei insbesondere die schnelle und effektive Erfassung der Kundenunzufriedenheit. Um sicherzustellen, dass die Nachfrage vom Kunden nicht als reine „Freundlichkeitsfloskel" interpretiert wird, ist eine möglichst direkte Ansprache des Kunden erforderlich, wie z. B.: „Haben Sie einen Vorschlag, wie wir unsere Leistungen verbessern können?".

Beispiel: Die Fluggesellschaft *British Airways* wählte eine alternative Form der mündlichen Beschwerdestimulierung. Das Unternehmen stellte am Flughafen London Heathrow **Video-Point-Kabinen** auf, in denen die ankommenden Kunden ihre Beschwerden, Anregungen oder Wünsche direkt auf ein Band sprechen konnten. Die Bänder wurden von Servicemitarbeitenden regelmäßig abgehört und entsprechend beantwortet (*Hart* et al. 1991, S. 131).

Über diese aktive Aufforderung hinaus ist zur mündlichen Beschwerdestimulierung ferner die Einrichtung von **Kundenforen** (Consumer Panel) denkbar, die – traditionell aus dem Innovationsmanagement stammend – aktuell auch vermehrt im Bereich des Nachkaufmarketing eingesetzt werden (*Günter* 1996, S. 98).

Beispiel: Das Möbelhaus *IKEA* verfolgt bereits seit 1986 die Idee der Consumer Panel. Dabei werden drei Mal im Jahr Kunden in das Unternehmen eingeladen, die über das Produkt- und Serviceangebot des Unternehmens diskutieren. Die Auswahl der geeigneten Personen erfolgt anhand der Auswertung von ausgefüllten Meinungskarten sowie eingetroffenen Beschwerdebriefen. Die Consumer Panels werden bei *IKEA* von einem Geschäftsführer anhand eines Fragebogens geleitet (*Bruhn* 1986, S. 108).

Eine traditionelle Maßnahme bei der Einrichtung **schriftlicher Beschwerdewege** ist die Ausgabe von **Meinungskarten**. Hierbei handelt es sich um standardisierte Vordrucke, die an leicht zugänglichen und auffälligen Standorten des Unternehmens ausgelegt werden und auf denen der Kunde seine Zufriedenheit sowie Bemerkungen schriftlich darstellen kann. Durch Einwurf in einen hierfür vorgesehenen „**Meckerkasten**" oder durch Abgabe der Meinungskarte beim Personal wird der Beschwerdeprozess eingeleitet. Zur Schaffung zusätzlicher Anreize der schriftlichen Beschwerdestimulierung werden in der Praxis häufig Preisausschreiben oder kleinere materielle Anreize eingesetzt.

Beispiel: Eine amerikanische Bank bot jedem Kunden, der sich schriftlich bei der Bank beschwerte, eine Prämie von einem Dollar an. Das Reaktionsergebnis dieser Aktion übertraf alle Erwartungen der Bank, da über 7.000 Anschreiben eingingen (*Ullman/Peill* 1995, S. 1517).

Die Einrichtung von **gebührenfreien Servicetelefonen** hat sich in der Praxis als weiterer klassischer Beschwerdekanal weitgehend durchgesetzt und gehört somit bei vielen Unternehmen zum Standard. Die telefonische Kontaktaufnahme bietet im Vergleich zum Einsatz von Meinungskarten verschiedene Vorteile. Aus Kundensicht reduziert sich durch das Angebot eines Servicetelefons vor allem der zeitliche Aufwand der Beschwerdeführung. Aus Unternehmenssicht ist eine vergleichsweise schnelle, individuelle und kostengünstige Beschwerdebearbeitung und daraus folgend auch eine schnelle Beschwerdereaktion möglich (*Meffert/Bruhn* 2006).

Beispiel: Bei der *Deutschen Telekom* gingen zeitweise zahlreiche Beschwerden über fehlerhafte Abrechnungen ein. Unter der gebührenfreien Rufnummer 0800-3301000 können Kunden bei der *Telekom* ihre Beschwerden äußern. Falls eine derartige Nummer eingerichtet wird, ist es allerdings neben einer Schulung der Mitarbeitenden unerlässlich, dass, besonders im Hinblick auf Auslastungsschwankungen, genügend Personal im Call Center zur Verfügung steht, da der Effekt einer verstärkten Beschwerdestimulierung über eine gebührenfreie Nummer sonst eine noch höhere Kundenunzufriedenheit auslöst.

Darüber hinaus können Leistungsdefizite oder Vertriebslücken häufig schneller als mit den traditionellen Methoden der Marktforschung erkannt und somit auch besser behoben werden.

Beispiel: Über Anrufe im Call Center des *Henkel*-Konzerns erfuhr das Unternehmen z. B. von Distributionslücken auf der Schwäbischen Alb, da 40 Anrufe die Listung eines neuen Kalklösers in dem dortigen Supermarkt forderten. Ferner wurde mit Hilfe des Servicetelefons festgestellt, dass die Drei-Kilo-Pakete eines Waschmittels aufgrund zu kleiner Tragegriffe nur schwer zu transportieren waren (*Tödtmann* 1998).

Durch die rasche Technologisierung von Unternehmen, z. B. in Bezug auf die Realisation multimedialer Kommunikationssysteme, eröffnet sich mit dem Online-Beschwerdemanagement ein weiterer Beschwerdeweg. Der besondere Vorteil eines **Online-Beschwerdemanagements** besteht in der Einsparung von Personalressourcen sowie einer beschleunigten Beschwerdeannahme. Durch ein internes Meldesystem kann die eintreffende Beschwerde direkt den zuständigen Mitarbeitenden erreichen, der dann für den abschließenden Beschwerdeprozess verantwortlich ist (*Bruhn* 1997 c).

Beispiel: Die *Raiffeisenbank Rheinbach Voreifel* hat auf der Einstiegsseite ihres Internetauftritts zentral eine Rubrik „Ihre Beschwerde – Unsere Chance" platziert, über die der Nutzer auf ein entsprechendes Formular geführt wird. Ähnlich wie beim Beispiel der Deutschen Bahn wird die Beschwerde über einen Filter – den der Benutzer hier allerdings selbst auswählt – direkt an die für den jeweiligen Beschwerdeanlass zuständige Stelle weitergeleitet (www.raiba-world.de, Zugriff am 4. 5. 2006).

(2) Kommunikation der realisierten Beschwerdewege

Der zweite Fragenkomplex der Beschwerdestimulierung beschäftigt sich mit der Kommunikation der eingerichteten Beschwerdewege. In der Regel kommen hierzu Maßnahmen im Rahmen der klassischen Werbung, wie z. B. Hinweise in Print-Anzeigen oder TV-Spots, aber auch Verpackungsaufdrucke, Vermerke auf dem Geschäftspapier usw., in Betracht.

Beispiel: Die britische *Midland Bank* legte in allen Bankfilialen Informationsbroschüren mit dem Titel: „How to complain about Midland Bank Services" aus, um die Kunden dazu zu bewegen, Probleme und Schwierigkeiten mit dem Unternehmen zu kommunizieren (*Ullman/Peill* 1995, S. 1517).

Im Vorfeld der kommunikativen Maßnahmen der Beschwerdestimulierung ist allerdings eine Kapazitätsplanung erforderlich, um die potenzielle Inanspruchnahme der Beschwerdekanäle und die zur Beschwerdebearbeitung erforderlichen Arbeitszeiten planen zu können. Dies ist insbesondere vor dem Hintergrund bedeutsam, dass eine auftretende Überlastung des Beschwerdekanals die Unzufriedenheit der Kunden durch zu lange Wartezeiten verstärkt und der initiierte Beschwerdeprozess bereits zu Beginn der Beschwerdeführung abgebrochen würde (*Drewes/Klee* 1994).

Neben den kontinuierlichen Instrumenten der Beschwerdestimulierung können zudem punktuelle Maßnahmen mit dem Ziel einer kurzfristig ergänzenden Beschwerdestimulierung durchgeführt werden. Denkbar wäre beispielsweise die Realisation eines **Ideenwettbewerbs**, bei dem die Kunden dazu aufgefordert werden, eigene Ideen zur Verbesserung des Leistungsangebotes zu entwickeln. Der gezielte Einsatz derartiger Maßnahmen kann jedoch die Durchführung kontinuierlicher Maßnahmen der Beschwerdestimulierung lediglich ergänzen (*Hansen* et al. 1995, S. 59f.).

3.2 Beschwerdeannahme

Im Rahmen der Beschwerdeannahme sind insbesondere die folgenden drei Fragen zu beantworten:

(1) Wer ist im Unternehmen für die Annahme der Beschwerden zuständig?

(2) Wie hat sich ein Mitarbeitender bei der Annahme von Beschwerden zu verhalten?

(3) Welche Informationen sind bei der Beschwerdeannahme zu erfassen?

(1) Zuständigkeit für die Beschwerdeannahme

Die Zuständigkeit der Beschwerdeannahme ist abhängig von der generellen Organisationsform des Unternehmens sowie der Art des primären Beschwerdeweges. Bei dezentral organisierten Unternehmen, beispielsweise Filialbetrieben einer Handelskette und mündlichen Beschwerden, kann das Prinzip der sog. **„Complaint Ownership"** angewandt werden (*Seidel/Stauss* 2002). Der Begriff Complaint Ownership beinhaltet, dass derjenige Mitarbeitende, demgegenüber die Beschwerde geäußert wird oder der nur zufällig ein Kundenproblem erfährt, „Eigentümer" des Problems und damit für dessen Bearbeitung und Klärung zuständig ist. Diese Vorgehensweise impliziert eine Übertragung von Entscheidungsrechten und Handlungsspielräumen auch auf Mitarbeitende unterer Hierarchiestufen.

Beispiel: In der Hotelkette *Ritz-Carlton* wird das Prinzip der Complaint Ownership konsequent angewendet. Jeder Mitarbeitende, der eine Beschwerde entgegennimmt, wird Beschwerdeeigner und ist damit automatisch für die Erfassung und Bearbeitung dieser Beschwerde verantwortlich (vgl. *Seidel/Stauss* 2002, S. 139f.). Dies ist in den Grundsätzen des Mitarbeitendenverhaltens verankert:

Grundsatz 8: Derjenige Mitarbeitende, an den die Beschwerde herangetragen wird, ist der Eigentümer dieser Beschwerde.

Grundsatz 9: Die unmittelbare Beschwichtigung unserer Gäste ist von jedem Mitarbeitenden sicherzustellen. Reagieren Sie augenblicklich und beheben Sie das Problem sofort. Fragen Sie innerhalb von 20 Minuten bei dem Gast nach, um sicherzugehen, dass das Problem zu seiner Zufriedenheit gelöst worden ist. Tun Sie alles, was in Ihrer Macht steht, um niemals einen einzigen Gast zu verlieren.

Bei Unternehmen, in denen eine telefonische oder schriftliche Beschwerdeführung überwiegt, liegt die Zuständigkeit für die Beschwerdeannahme zumeist bei einer **zentralen Beschwerdeabteilung**, die in der Unternehmenspraxis häufig auch unter den Bezeichnungen Kundenbetreuung, Verbraucherabteilung oder Customer Care Center figurieren. Die Erfahrungen der Unternehmenspraxis zur organisatorischen Gestaltung des Beschwerdemanagements haben gezeigt, dass grundsätzlich auch eine Kombination der zentralen und dezentralen Beschwerdebearbeitung möglich ist.

(2) Verhalten während der Beschwerdeannahme

Neben der Festlegung der Zuständigkeiten wird des Weiteren ein adäquates Verhalten der Mitarbeitenden im Erstkontakt der Beschwerdeannahme sichergestellt. Angesicht der Tatsache, dass der Grad der späteren Beschwerdezufriedenheit oftmals bereits in dieser Situation entschieden wird, nimmt das Verhalten der Mitarbeitenden eine zentrale Stellung ein. *Homburg/Werner* (1998, S. 115) weisen in diesem Zusammenhang auf verschiedene **Verhaltensrichtlinien bei der Beschwerdebearbeitung** hin. Bei der Beschwerdeannahme ist anzustreben:

(1) Die Freundlichkeit zu bewahren,

(2) dem Kunden das Gefühl zu vermitteln, dass er ernst genommen wird,

(3) die Beschwerde sofort zu lösen oder zumindest direkt weiterzuleiten,

(4) dem Kunden seine Beschwerde schriftlich zu bestätigen,

(5) dem Kunden einen direkten Ansprechpartner zu nennen, der für die Beschwerdebearbeitung verantwortlich ist,

(6) dem Kunden einen Endtermin zu nennen, bis zu dem der Beschwerdebearbeitungsprozess spätestens abgeschlossen ist.

Das richtige Verhalten in der Beschwerdesituation kann durch **Schulungen** trainiert und verbessert werden. Beispielsweise ist der Einsatz von **Rollenspielen** möglich, in denen die Mitarbeitenden konkrete Beschwerdesituationen nachzuvollziehen haben.

(3) Inhalte der Beschwerdeannahme

Bei der Beschwerdeannahme ist ferner festzulegen, wie die Inhalte der Beschwerde bestmöglich erfasst werden können. Inhaltlich besteht die Mindestanforderung in der Aufnahme der Informationen zum Beschwerdeproblem, des Beschwerdeführers sowie des Beschwerdeobjekts. Zudem ist eine unternehmensindividuelle Erfassungsform festzulegen, die eine einheitliche Beschwerdeannahme im Unternehmen sicherstellt. Hierzu werden i. d. R. standardisierte **Formblätter** oder computergestützte **Eingabemasken** eingesetzt, die eine unkomplizierte Annahme von Beschwerden der externen und internen Kunden ermöglichen.

Beispiel: Die Fluggesellschaft *Singapore Airlines* analysiert die Inhalte und Anzahl der Beschwerdeursachen und verfolgt diese anhand einer Fishbone-Analyse und kategorisiert diese nach externen (beeinflussbaren) und internen (beeinflussbaren) Ursachen. Sowohl für externe als auch für interne Ursachen werden in einem Ablaufplan jeweils zu ergreifende Maßnahmen aufgeführt (*Wirtz/Johnston* 2003).

Sinnvoll ist in diesem Zusammenhang die Einführung eines **computergesteuerten Systems**, das neben der Erfassung auch die Weiterleitung sowie Auswertung der Beschwerdeinformation garantieren kann. Die Bearbeitungszeiten können mit einem derartigen System deutlich gesenkt werden. Durch das computergesteuerte System bei *Rank Xerox* wird beispielsweise garantiert, dass 55 Prozent der eingehenden Beschwerden innerhalb von 48 Stunden bearbeitet werden (*Grunwald* 1999).

Beispiel: Die Beschwerdemanagement-Software der *Rödl&Partner Consulting GmbH* „Sorry!" ermöglicht die strukturierte Erfassung, Bearbeitung und Auswertung aller Kundenanliegen. Das Herzstück von „Sorry!" ist die mehrstufige Kategorisierung von Kundenbeschwerden. Per Mausklick können die Kundenbetreuer die passenden Kategorien auswählen und damit das Anliegen auswertbar machen. **Abbildung 5-8** zeigt die Vorgangsmaske des Programms. Inzwischen arbeiten in Deutschland neben ca. 20 Sparkassen unterschiedlicher Größe, die insgesamt mehr als 13 Mio. Kunden betreuen, auch Konzerne wie z. B. *Henkel*, *DaimlerChrysler* und *McDonald's,* mit „Sorry!" (www.roedl.de, Zugriff am 24. 4. 2006).

3.3 Beschwerdebearbeitung und -reaktion

In diesem letzten Teilbereich des Beschwerdemanagementprozesses sind zwei Aufgabenbereiche zu unterscheiden:

(1) **Beschwerdebearbeitung:** Hierzu zählen sämtliche Maßnahmen, die unternehmensintern zur Lösung der Beschwerde ergriffen werden.

(2) **Beschwerdereaktion:** In diesen Bereich fallen sämtliche Maßnahmen, die der Beschwerdeführer direkt wahrnimmt.

Der Beschwerdebearbeitung und -reaktion kommt eine besondere Bedeutung zu, da sie einen erheblichen Beitrag zur Erzielung der Beschwerdezufriedenheit leisten kann. Bei Erfüllung der subjektiven Erwartungen der Kunden hinsichtlich Schnelligkeit, Kompetenz sowie adäquater Reaktion auf die Beschwerde wird in vielen Fällen die in Erwägung gezogene Abwanderung verworfen und die Leistungen des Unternehmens weiterhin in Anspruch genommen.

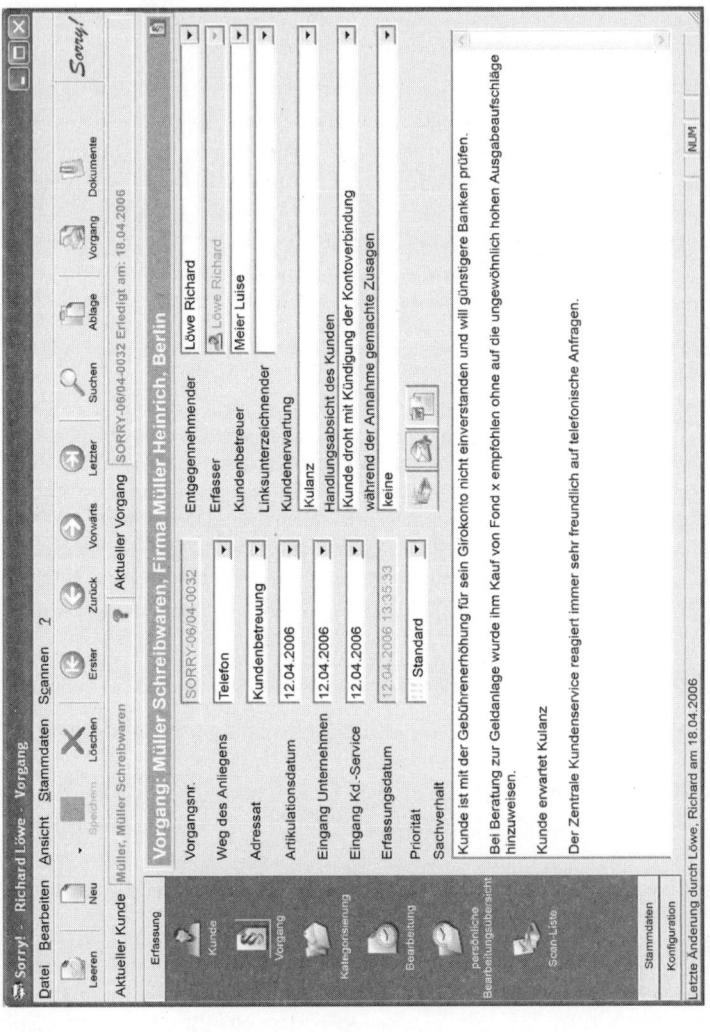

Abb. 5-8: Vorgangsmaske der Beschwerdesoftware „Sorry!" (Quelle: *Rödl IT-Consulting GmbH* 2006)

Analog den beiden erstgenannten Teilprozessen des Beschwerdemanagements sind auch in diesem Teilprozess zahlreiche operative Maßnahmen möglich.

(1) Beschwerdebearbeitung

Im Mittelpunkt der Beschwerdebearbeitung steht die Analyse der Beschwerdeursachen, die Weiterleitung der Beschwerdeinformationen sowie die Festlegung von Standards zur Beschwerdebearbeitung. In einem ersten Schritt sind die **Auslöser der Beschwerde** eingehend zu analysieren. Beispielsweise können auch externe Faktoren, wie Zulieferer, Kooperationspartner usw., die eigentliche Ursache der Beschwerde sein. Um eine adäquate Reaktion zu gewährleisten, ist ein möglichst umfassendes Bild der Beschwerdegründe notwendig. **Abbildung 5-9** gibt einen Überblick über zehn häufig genannte Gründe für Kundenbeschwerden.

10 Gründe für Kundenbeschwerden	
Güter	**Dienstleistungen**
1. Das Produkt ist fehlerhaft.	Der Service ist nicht zufriedenstellend.
2. Dem Kunden gefällt das Produkt nicht mehr.	Es gibt Schwierigkeiten mit der Rechnung.
3. Das Produkt (Kleidung) passt dem Kunden nicht.	Die zeitliche Abwicklung ist schwierig.
4. Das Produkt ist bei der Lieferung beschädigt worden.	Der Service ist zu langsam.
5. Das Produkt ist nicht mit anderen Produkten kompatibel.	Es gibt Missverständnisse bzgl. des Preises.
6. Das Produktdesign ist mangelhaft.	Das Verhalten der Mitarbeiter ist unangemessen.
7. Das Produkt ist in der Post verloren gegangen.	Die Reparatur ist mangelhaft.
8. Das Produkt wurde nicht zum versprochenen Zeitpunkt ausgeliefert.	Das Produkt wird während der Reparatur beschädigt.
9. Die Rechnung ist fehlerhaft.	Die Bestellung/Reservierung ist verlorengegangen.
10. Es wurde ein falsches Produkt geliefert.	Der Kunde nimmt die Dienstleistung nicht mehr in Anspruch.

Abb. 5-9: Die zehn häufigsten Gründe für Kundenbeschwerden bei Produkten und Dienstleistungen (Quelle: *Estelami* 2000, S. 293)

Sofern die Beschwerdeannahme und -bearbeitung nicht in einen bestimmten Zuständigkeitsbereich fallen, wird ferner geprüft, an wen die **Beschwerdeinformation weiterzuleiten** ist. Falls es erforderlich ist, zusätzliche Mitarbeitende in die Beschwerdebearbeitung zu integrieren, geschieht dies idealtypisch durch eine eindeutige Handlungsanweisung mit der Vorgabe eines konkreten Bearbeitungstermins, um unnötige Verzögerungen im Beschwerdeprozess zu vermeiden. Die Kontrolle der Beschwerdebearbeitungszeit kann z. B. durch ein internes „Eskalationssystem" erfolgen, das bei Überschreitung der festgelegten Bearbeitungszeit den Beschwerdevorgang an eine höhere Hierarchiestufe weiterleitet (*Homburg/Werner* 1998; *Stauss/Seidel* 2007). Um nicht nur den Zeitaspekt, sondern auch die sonstigen inhaltlichen Leistungen und Reaktionen der Mitarbeitenden zu strukturieren, können **Standards zur Beschwerdebearbeitung** eingeführt werden (*Bamford/Xystouri* 2005, S. 315).

Beispiel: Bei der *Vereins- und Westbank* wurden beispielsweise folgende Standards der Beschwerdebearbeitung festgelegt:

Vorgaben an das Beschwerdemanagement	Erfüllung
• 75 Prozent der Beschwerden sind sofort oder noch am selben Tag zu erledigen.	87 Prozent
• Als durchschnittliche Beschwerdedauer sind maximal 5 Tage anzustreben.	92 Prozent
• Bei schriftlichen Beschwerden erhält der Kunde noch am gleichen Tag eine Eingangsbestätigung mit Ansprechpartner und Terminzusage.	98 Prozent
• Bei Beschwerden, deren Bearbeitung länger als 5 Tage dauert, erfolgt am fünften Tag ein Zwischenbescheid. . .	79 Prozent
• Es ist zu vermeiden, dass eine Beschwerde in den Eskalationsprozess eintritt.	94 Prozent

Festzuhalten bleibt, dass für die Erreichung einer hohen Beschwerdezufriedenheit nicht nur das endgültige Beschwerdeergebnis, sondern vor allem der Prozess der Beschwerdebearbeitung von zentraler Bedeutung ist.

(2) Beschwerdereaktion

Bei der Beurteilung alternativer Maßnahmen zur Beschwerdereaktion steht – vor einer Wirtschaftlichkeitsbetrachtung dieser Maßnahmen – die Angemessenheit der Reaktion aus Sicht des Kunden im Vordergrund. Hierzu kann die aus der amerikanischen Media- und Marktforschung stammende sog. *Value-Laddering-Technik* eingesetzt werden, um Werte zu entdecken, die das Kundenverhalten steuern. Die Value-Laddering-Technik basiert auf der Means-End-Theory, nach der Individuen Mittel (means) einsetzen, um bestimmte Ziele zu erreichen (ends) (*Gruber* 2006). Bezogen auf die Beschwerdezufriedenheitsforschung bedeutet dies, dass bestimmte Qualifikationen und Verhaltensweisen (means) eines Kundenkontaktmitarbeiters auf den Kunden positive Auswirkungen haben (ends), die bei ihm wiederum persönliche Werte ansprechen bzw. verstärken (values). Bei diesen Werten könnte es sich zum Beispiel um Gerechtigkeitsbedürfnisse eines Kunden handeln. Vor diesem Hintergrund ist zu untersuchen, welcher Qualifikationen und Verhaltensweisen das Kundenkontaktpersonal bedarf, um durch die Beschwerdereaktion Beschwerdezufriedenheit zu erzeugen, welches die Konsequenzen der genannten Attribute sind (warum ist die genannte Qualifikation oder Verhaltensweise wichtig) und welche Werte bei ihnen dahinterstehen und Einfluss auf ihr Beschwerdeverhalten haben.

Studie: Bei einer Studie zur Beschwerdezufriedenheit wurden „Kompetenz", „Aktives Zuhören" und „Freundlichkeit" als wichtigste Attribute (means) des Kundenkontaktpersonals ermittelt. Der Wunsch der sich beschwerenden Kunden, ernst genommen zu werden (ends), stellt nach dieser Studie die wichtigste Konsequenz dar, aus dem die drei Werte „Gerechtigkeit", „Wohlfühlen" und „Selbstwert" (values) abgeleitet wurden. Die Erkenntnis über die Werte ist von zentraler Bedeutung, da die eingesetzten Maßnahmen und die Priorisierung von Mitarbeiterqualifikationen der Wichtigkeit dieser Werte unterzuordnen sind (*Gruber* 2006).

Um nach der Festlegung der notwendigen Eigenschaften des Personals die aus Kundensicht relevanten Faktoren der Beschwerdereaktion zu konkretisieren, ist eine Unterteilung dieser Faktoren in vier Bereiche sinnvoll (*Spork/Palmersheim* 2004):

- Zeit, die zwischen Beschwerdeeingang beim Unternehmen und der Reaktion gegenüber dem Beschwerdeführer verstreicht.
- Individualität der Beschwerdehandhabung und der Reaktion.
- Medium, mit dem der Kontakt zum Beschwerdeführer besteht.

• Ausmaß der Wiedergutmachung als Teil der Beschwerdereaktion.

Mit der Artikulation einer Beschwerde beginnt aus Kundensicht die Wartephase auf eine entsprechende Reaktion des Unternehmens. Wird die aus Kundensicht als realistisch eingeschätzte Zeitspanne der Beschwerdereaktion überschritten, sinkt die Erfolgsaussicht des Unternehmens auf die Wiederherstellung der Kundenzufriedenheit. Die Ergebnisse der *Servicebarometer AG* belegen, dass aus Kundensicht eine schnelle Beschwerdereaktion erwartet wird (*Meyer/Dornach* 2001, S. 59 ff.).

In kommunikationsbezogener Hinsicht ist als erste Reaktion des Unternehmens auf die Beschwerde an die Zusendung eines **Bestätigungsschreibens** und/oder an einen **Zwischenbescheid** zu denken. Ferner ist der Frage nachzugehen, ob im konkreten Beschwerdefall eine **Standard- oder eine Individualreaktion** angemessen ist. Im erstgenannten Fall handelt es sich um ein standardisiertes Reaktionsverhalten des Unternehmens bei häufiger auftretenden Beschwerdefällen mit geringerem Problemausmaß. Vorteilhaft ist die Standardreaktion insbesondere durch ihre schnelle Anwendbarkeit bei entsprechend kostengünstigem Verwaltungsaufwand (*Hart* et al. 1991, S. 135).

Beispiel: Bei der Fast-Food-Kette *McDonald's* ist jeder Mitarbeitende instruiert, bei einer Beschwerde über einen zu kalten Hamburger diesen sofort durch einen frisch zubereiteten Hamburger zu ersetzen.

Eine **Individualreaktion** ist hingegen immer dann angebracht, wenn der Beschwerdefall ein besonders schwerwiegendes Problem darstellt, die situativen Bedingungen mit anderen Beschwerdefällen nicht vergleichbar sind oder der Beschwerdeführer eine besondere Bedeutung im Kundenportfolio des Unternehmens einnimmt. Darüber hinaus ist es Aufgabe des Beschwerdemanagements, den jeweiligen Einzelfall dahin gehend zu prüfen, ob eine telefonische Kontaktaufnahme sinnvoll und Erfolg versprechend ist. Besonders gravierende Vorfälle, bei denen der Kunde als Adressat gezielt die Geschäftsführung des Unternehmens anspricht, werden in den meisten Fällen zwar an das Beschwerdemanagement delegiert, es kann aber im Rahmen der Beantwortung ratsam sein, z. B. einen

Antwortbrief von einer leitenden Instanz unterzeichnen zu lassen. Dies signalisiert dem Beschwerdeführer, dass seinem Vorfall die entsprechende Bedeutung beigemessen wird und vermittelt dem Schreiben zugleich einen individuellen Charakter. Diese Individualität erwies sich zudem als weiterer Bestimmungsfaktor der Beschwerdezufriedenheit (*Spork/Palmersheim* 2004).

Vor diesem Hintergrund ist im Zusammenhang mit dem Einsatz von Textbausteinen bei der schriftlichen Beantwortung von Beschwerden Vorsicht anzuraten. Dies gilt insbesondere dann, wenn sich der Kunde nicht zum ersten Mal an das betreffende Unternehmen wendet. Automatisierte, allgemeine Formulierungen können zu weiterer Verärgerung beim Kunden führen, wenn dieser sein unerfreuliches Erlebnis nicht in entsprechendem Maße als gewürdigt ansieht. In jedem Fall ist auf den jeweiligen Vorfall konkret Bezug zu nehmen, indem z. B. einzelne Formulierungen des Kunden gezielt aufgegriffen werden. Teilweise lassen sich solche individualisierten Antworten zwar mittels intelligenter Technik automatisiert realisieren. Hier wird jedoch die Vorteilhaftigkeit des telefonischen Dialogs deutlich, bei dem zwischenmenschliche Aspekte besser beurteilt werden können. Zudem kann eine kürzere Reaktionszeit realisiert werden. Aufgrund der höheren Kosten ist insgesamt in Abhängigkeit der Wichtigkeit des Problems und der Konsequenzen einer möglichen Beschwerdeunzufriedenheit für das Unternehmen abzuwägen, welcher Weg zu favorisieren ist.

Beispiel: Ist bei einem Kunden durch den Konsum eines Nahrungsmittels eine schwerere Krankheit ausgebrochen, so ist es sicherlich nicht angebracht, einen Standardbrief und einen Gutschein für ein anderes Produkt des Anbieters anzubieten.

Schließlich ist die definitive Beschwerdelösung dem Kunden mitzuteilen. Dabei wird der Kommunikationskanal gewählt, den der Kunde bevorzugt, d. h. in der Regel jener Kanal, über den der Kunde Kontakt zum Unternehmen aufgenommen hat. Im Normalfall erfolgt dies durch die Zustellung einer **schriftlichen Benachrichtigung**, die eine kurze Analyse des Beschwerdevorfalls und die Mitteilung des konkreten Kompensationsangebotes enthält.

Grundsätzlich sind in diesem Zusammenhang finanzielle, materielle und immaterielle Lösungsangebote denkbar, die einzelfallspezifisch zu wählen sind. Die Minimalanforderung besteht hier in der Einhaltung gesetzlicher Vorgaben des BGB, die im Folgenden aufgeführt sind:

- **Finanzielle Kompensationsangebote:** Erstattung des Kaufpreises (Wandelung bzw. Rücktritt § 437, § 441 BGB), Angebot eines Schadensersatzes (Schadensersatz § 437, § 439 BGB) oder die Gewährung eines Preisnachlasses (Minderung § 437, § 441 BGB).
- **Materielle Kompensationsangebote:** Umtausch- (Nachlieferung § 437, § 439 BGB) bzw. Reparaturrecht (Nachbesserung § 439 BGB) oder die Wiedergutmachung eines entstandenen Schadens durch ein individuelles Geschenk.
- **Immaterielle Kompensation:** Offizielle Entschuldigung oder Erklärung zu den situativen Faktoren des Beschwerdefalles im Unternehmen.

Bei den kompensatorischen Maßnahmen der Beschwerdereaktion ist häufig nicht der tatsächliche Wert des finanziellen oder materiellen Angebotes, sondern die Art und Weise der Beschwerdereaktion ausschlaggebend für die Erreichung von Beschwerdezufriedenheit.

Wird das Beschwerdemanagement als Baustein einer kundenorientierten Unternehmensstrategie verstanden, ist es letztlich Aufgabe der Unternehmensführung, geeignete Beschwerdemanagementsysteme zu implementieren, mit deren Hilfe die Aufgaben des Beschwerdemanagements erfüllt werden können. Sinnvoll ist in diesem Zusammenhang ein computergestütztes System, das sämtliche Bereiche des Beschwerdemanagements koordiniert und auch kontrolliert.

4. Kontrolle der Wirtschaftlichkeit des Beschwerdemanagements

Im Rahmen der Wirtschaftlichkeitskontrolle ist der Frage nachzugehen, ob sich Investitionen in ein Beschwerdemanagement lohnen. Das Hauptproblem einer Wirtschaftlichkeitsanalyse des Beschwerdemanagements liegt in der Erfassung der Nutzen- und Kostenkomponenten, die einander gegenüberzustellen sind. In der

Kostenkategorie	Beispielaktivität	Primärer Kostenfaktor
Kosten der Beschwerde-stimulierung	Anzeigengestaltung Internetauftritt Broschüren	Kommunikationskosten
Kosten der Beschwerde-annahme	Schulungen Externe Trainer Info-Center	Personalkosten für interne und externe Dienstleistungen
Kosten der Beschwerde-bearbeitung	Beschwerdesystem Beschwerdeformular	Interne Verwaltungs- und Personalkosten
Kosten der Beschwerde-reaktion	Kompensationsangebote Geschenke Beschwerdebriefe	Verwaltungs- und Realisationskosten
Kosten der Beschwerde-kontrolle	Kontrollsysteme Analyseprogramme	Interne Personal-kosten- und Betriebs-mittelkosten

Abb. 5-10: Kostenkategorien des Beschwerdemanagements

Literatur existieren hierzu verschiedene Lösungsansätze (*Fornell* 1978; *TARP* 1979; *Hoffmann* 1991; *Stauss/Seidel* 2007).

4.1 Kosten des Beschwerdemanagements

Die **Kosten des Beschwerdemanagements** umfassen den bewerteten Verbrauch von Gütern oder Leistungen zur Implementierung des Beschwerdemanagements im Unternehmen. Zur Kostenerfassung und -analyse ist eine Orientierung am Prozess des Beschwerdemanagements sinnvoll. Somit können Kosten der Beschwerdestimulierung, -annahme, -bearbeitung, -reaktion sowie -kontrolle unterschieden werden (vgl. **Abbildung 5-10**).

Die Grundproblematik bei der Erfassung der Kosten des Beschwerdemanagements besteht in der Zuordnung der Kostenkategorien. Hilfreich ist hierbei die Existenz einer Prozesskostenrechnung im Unternehmen (vgl. hierzu auch *Bruhn* 1998b, S. 168ff.).

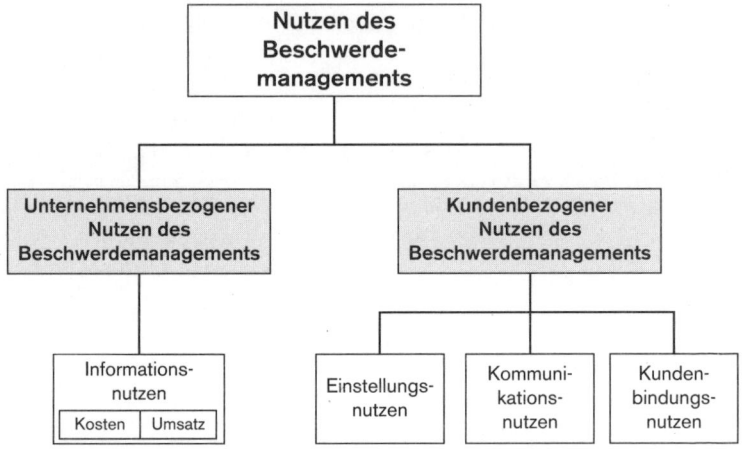

Abb. 5-11: Nutzenkomponenten des Beschwerdemanagements (Quelle: *Hoffmann* 1991, S. 69 ff.)

4.2 Nutzen des Beschwerdemanagements

Nachdem die Kosten des Beschwerdemanagements vorliegen, sind in einem zweiten Schritt die Nutzenkomponenten des Beschwerdemanagements herauszuarbeiten und der sich ergebende Nutzen z. B. in Form von Umsätzen oder Deckungsbeiträgen monetär zu quantifizieren. Wie **Abbildung 5-11** zeigt, kann generell zwischen unternehmensbezogenem und kundenbezogenem Nutzen des Beschwerdemanagements unterschieden werden.

Aufbauend auf dieser Systematisierung lassen sich folgende **Nutzenkategorien des Beschwerdemanagements** ableiten (*Hoffmann* 1991):

- Ein **Informationsnutzen** liegt vor, wenn aufgrund von Beschwerdeinformationen Restrukturierungsprozesse im Unternehmen eingeleitet wurden, die in der Folge zu wesentlichen Kostenreduktionen oder Umsatzsteigerungen führen.

  Beispiel: Das Unternehmen *Polaroid* nutzte die Beschwerdeinformationen zur Produktverbesserung in Richtung Bedienungsfreundlichkeit und konnte dadurch den Absatz der Produkte wesentlich steigern (*DeSouza* 1992, S. 27).

- Von **Einstellungsnutzen** wird gesprochen, wenn die Einstellung eines Kunden bzgl. eines Unternehmens aufgrund der erlebten Beschwerdereaktion positiv beeinflusst wurde.

Beispiel: Durch ein außergewöhnlich kundenorientiertes Verhalten gelang es dem *Club Mediterranée* nach einem schwerwiegenden Leistungsdefizit, eine positive Einstellung zum Unternehmen zu erzeugen. Nach einem sehr schlechten Flug mit einer Verspätung von insgesamt zehn Stunden und zahlreichen Pannen wurde den ankommenden Urlaubsgästen auf Kosten des Clubs ein großes Fest mit Musik, Champagner und Buffet geboten. Dieses überraschende Ereignis hinterließ bei allen Urlaubern einen nachhaltigen Eindruck und konnte wesentlich dazu beitragen, dass die Einstellungen dieser Kunden hinsichtlich der Leistungsfähigkeit des Clubs positiv beeinflusst wurden (*Hart* et al. 1991, S. 128).

- Ein **Kommunikationsnutzen** entsteht, wenn der Kunde mit der Beschwerdereaktion des Unternehmens zufrieden ist und seine positive Erfahrung an Freunde und Familienmitglieder weitergibt (Mund-zu-Mund-Kommunikation) (*DeSouza* 1992; *Borth* 2004).
- Von **Kundenbindungsnutzen** kann gesprochen werden, wenn die Abwanderung eines Kunden verhindert bzw. seine Wiederkaufbereitschaft hergestellt wird (vgl. hierzu auch Kapitel 4). Um diesen – für das Unternehmen primären, da direkt ökonomisch messbaren – Nutzen zu messen, ist es notwendig, neben der Größe des Gesamtkundenstamms und dessen Loyalitätsquote Informationen darüber zu erheben, welcher Anteil der Kunden unzufrieden ist und welcher Anteil unzufriedener Kunden sich beschwert. Darüber hinaus ist zu messen, wie viele Kunden durch das Beschwerdemanagement von der Abwanderung abgehalten wurden und welcher zukünftige Deckungsbeitrag von diesen Kunden erwirtschaftet wird (*Stauss/Schoeler* 2004, S. 153).

4.3 Kosten-Nutzen-Analyse des Beschwerdemanagements

Um eine fundierte Beurteilung des Beschwerdemanagements zu gewährleisten, werden in einem letzten Schritt die abgeleiteten Kosten-Nutzen-Komponenten einander gegenübergestellt und verglichen. Übersteigen die ermittelten Kosten den Nutzen des Beschwerdemanagements, sind Einsparungen auf der Kostenseite zu realisieren. Hierzu sind alle Kostenkategorien in Bezug auf Einsparungsmöglichkeiten zu kontrollieren, ohne die Kundenzufriedenheit in Bezug auf Produkt- und Servicequalität aus den Augen zu verlieren. Es werden diejenigen Aktivitäten gestrichen, die nur eine unterproportionale Nutzensteigerung herbeiführen. Im Normalfall jedoch wird der Nutzen überwiegen und sich die Einführung eines Beschwerdemanagements für das Unternehmen als eine lohnende Investition auf dem Weg zu einem kundenorientierten Unternehmen erweisen.

Zusammenfassung: Die folgenden **zehn Merkpunkte** können als Hilfestellung dienen, um einen schnellen Überblick hinsichtlich der Beschwerdesituation im eigenen Unternehmen zu gewinnen und eventuell notwendige Maßnahmen abzuleiten:

(1) **Unternehmensspezifische Aufgaben des Beschwerdemanagements festlegen:** Definieren Sie die Ziele und Aufgaben des Beschwerdemanagements eindeutig und legen Sie die Zuständigkeiten im Unternehmen sowie die organisatorische Verankerung im Detail fest.

(2) **Beschwerdestimulierung aktiv unterstützen:** Setzen Sie sich für eine aktive Beschwerdestimulierung ein und überlegen Sie, welche externen und internen Maßnahmen in Ihrem Unternehmen geeignet erscheinen, Beschwerden zu stimulieren.

(3) **Beschwerdemanagement als Chance begreifen:** Trainieren Sie insbesondere die Mitarbeitenden im direkten Kundenkontakt in regelmäßigen Schulungsseminaren hinsichtlich der Bewältigung von Beschwerdesituationen. Arbeiten Sie darauf hin, dass auch die übrigen Mitarbeitenden das Beschwerdemanagement als Chance zur Weiterentwicklung des Unternehmens sehen.

(4) **Hohe Qualität der Beschwerdeannahme realisieren:** Gewährleisten Sie, dass allen beschwerdeführenden Kunden bei der Beschwerdeannahme ein positives Gefühl vermittelt wird. Die Kunden sind optimalerweise nach der Beschwerde der Überzeugung, dass das vorgetragene Problem ernst genommen und unverzüglich bearbeitet wird.

---

(5) **Leistungsindikatoren der Beschwerdebearbeitung festlegen:** Legen Sie für die Beschwerdebearbeitung eindeutige Leistungsindikatoren und Sollstandards fest und kontrollieren Sie diese regelmäßig. ◀

(6) **Kommunikationspolitische Maßnahmen zur Initiierung des Dialoges durchführen:** Bestätigen Sie Beschwerden durch Eingangs- bzw. Zwischenbescheide. Gehen Sie beim schriftlichen Endbescheid und der angebotenen Kompensationslösung auf die individuelle Situation ein. Überlegen Sie über die Realisierung dieser traditionellen Kommunikationsmaßnahmen hinaus, welche weiteren Instrumente zur Unterstützung des Dialoges ergriffen werden können.

(7) **Beschwerdeinformationen systematisch analysieren:** Unterziehen Sie die Beschwerdeinformationen regelmäßig qualitativen und quantitativen Analysen, um Defizite im Leistungsangebot frühzeitig erkennen zu können.

(8) **Kundenzufriedenheitsanalysen regelmäßig durchführen:** Erfassen Sie die Beschwerdezufriedenheit kontinuierlich im Rahmen von umfassenden Zufriedenheitsanalysen.

(9) **Interne Voraussetzungen für ein Beschwerdemanagement schaffen:** Schaffen Sie die organisationalen und informationstechnischen Voraussetzungen, damit die Mitarbeitenden im Unternehmen in der Lage sind, den Prozess eines aktiven Beschwerdemanagements selbständig voranzutreiben.

(10) **Effizienzkontrollen durchführen:** Gewährleisten Sie, dass ein Kosten-Nutzen-Vergleich des Beschwerdemanagements durchgeführt wird.

Literaturempfehlungen (Zur vertiefenden Auseinandersetzung mit dem Thema Beschwerdemanagement werden folgende Literaturquellen empfohlen): *Bamford, D./Xystouri, T.* (2005): A Case Study of Service Failure and Recovery Within an International Airline, in: Managing Service Quality, Vol. 15, No. 3, S. 306–322. *Bruhn, M.* (1986): Beschwerdemanagement, in: Harvard Manager, 8. Jg., Nr. 3, S. 104–108. *Bruhn, M.* (1987): Der Informationswert von Beschwerden für Marketingentscheidungen, in: Hansen, U./Schoenheit, I. (Hrsg.): Verbraucherzufriedenheit und Beschwerdeverhalten, Frankfurt a. M./

New York 1987, S. 123–140. *Fürst, A.* (2005): Beschwerdemanagement: Gestaltung und Erfolgsauswirkungen, Wiesbaden 2005. *Hansen, U./Jeschke, K./Schöber, P.* (1995): Beschwerdemanagement – Die Karriere einer kundenorientierten Unternehmensstrategie im Konsumgütersektor, in: Marketing ZFP, 17. Jg., Nr. 2, S. 77–88. *Hoffmann, A.* (1991): Die Erfolgskontrolle von Beschwerdemanagement-Systemen. Theoretische und empirische Erkenntnisse zum unternehmerischen Nutzen von Beschwerdeabteilungen, Frankfurt am Main u. a. 1991. *Jeschke, K.* (2005): Beschwerdemanagement – Grundlagen und Konzepte, in: Symposion Publishing (Hrsg.): Beschwerdemanagement in der Praxis. Kundenkritik als Chance nutzen, Düsseldorf 2005. *Reichheld, F. F.* (1996): Learning from Customer Defection, in: Harvard Business Review, Vol. 74, No. 2, S. 56–69. *Seidel, W./Stauss, B.* (2002): Beschwerdemanagement. Personalpolitische Konsequenzen für Dienstleistungsunternehmen, in: Hansen, W./Kamiske, G. F. (Hrsg.): Qualitätsmanagement im Dienstleistungsbereich, Düsseldorf 2002, S. 131–143. *Stauss, B.* (2005): Kundenbindung durch Beschwerdemanagement, in: Bruhn, M./Homburg, Ch. (Hrsg.): Handbuch Kundenbindungsmanagement. Grundlagen, Konzepte, Erfahrungen, Wiesbaden 2005, S. 315–342. *Stauss, B./Schöler, A.* (2003): Beschwerdemanagement Excellence. State-of-the-Art und Herausforderungen der Beschwerdemanagement-Praxis in Deutschland, Wiesbaden 2003. *Stauss, B./Seidel, W.* (2007): Beschwerdemanagement. Unzufriedene Kunden als profitable Zielgruppe, 4. Aufl., München/Wien 2007.

Kapitel 6. Innovationsmanagement

1. Grundlagen des Innovationsmanagements

1.1 Stellung des Innovationsmanagements in Deutschland

Das Angebot kundenorientierter Produkte und Dienstleistungen bezieht sich nicht nur auf die Sicherstellung des aktuellen Leistungsangebotes. Vielmehr sind im Rahmen der Kundenorientierung auch Leistungen zu generieren, die die latent vorhandenen, jedoch noch nicht artikulierten Erwartungen der Kunden erfüllen. Gelingt es Unternehmen, diese „versteckten" Bedürfnisse und Erwartungen zu identifizieren, so eröffnet sich eine weitere Möglichkeit, die Kundenorientierung zu steigern. Der Zusammenhang zwischen Kundenorientierung und dem Baustein Innovationsmanagement, dargestellt in **Abbildung 6-1**, liegt somit primär auf der Seite des Leistungsangebotes, jedoch spielen auch Interaktionsaspekte eine Rolle, insbesondere bei dem zunehmend diskutierten Ansatz der „Open Innovation", deren Wesen darin besteht, insbesondere Inno-

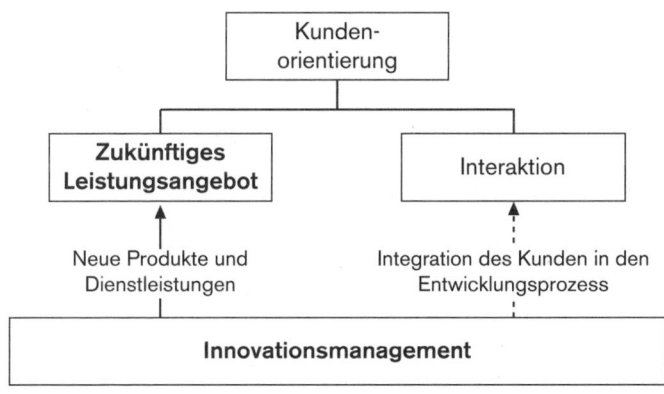

Abb. 6-1: Zusammenhang zwischen Kundenorientierung und Innovationsmanagement

vationspotenziale von Kunden, aber auch anderer Personen und Institutionen in den Leistungs- bzw. Produktentwicklungsprozess mit einzubeziehen (*Piller/Stotko* 2003).

Bereits *Schumpeter* wies darauf hin, dass die Volkswirtschaft grundlegend darauf angewiesen sei, dass Unternehmer „das Alte" durch „etwas Neues" ersetzen (*Schumpeter* 1911). Erst wenn Wissen in vermarktete Produkte und Dienstleistungen umgesetzt wird, entstehen Innovationen, und nur durch ständige Innovationsvorsprünge lassen sich hohe Löhne und Kapitalrenditen sowie eine hohe Lebensqualität aufrechterhalten. Diese Innovationssprünge herbeizuführen, ist primär Aufgabe der Unternehmen. Um dabei erfolgreich zu sein, benötigen sie innovationsförderliche Rahmenbedingungen und ein professionelles Innovationsmanagement. Gleichzeitig ist ein Unternehmertyp gefragt, der mit Risikobereitschaft und Durchhaltevermögen neue Ideen entwickelt und realisiert. In der heutigen Diskussion zum Thema „Innovation" werden jedoch gerade diese Merkmale vermisst und teilweise wird von einem deutlichen Innovationsdefizit gesprochen (*Warnecke* 1996; *Credit Suisse* 1998, *McKinsey&Company* 2001, S. 5 ff.; *IDC* 2006). Im Rahmen der Studie „Global Survey on Innovation" der Beratungsgesellschaft *Arthur D. Little*, wurden 669 Unternehmen in zehn Branchen in Europa, USA, Lateinamerika und Asien zum Thema „Innovation" befragt. Obwohl 84 Prozent der Befragten Innovationen als sehr wichtig für den Unternehmenserfolg ansehen, konstatieren gleichwohl drei Viertel eine Lücke zwischen dem angestrebten Ziel und den tatsächlich in ihrer Unternehmung realisierten Innovationen. Dabei schwankt allerdings das Innovationsdefizit nach Branchen (*Arthur D. Little* 1997).

Unternehmen stehen vielfach vor dem komplexen Planungsproblem, Maßnahmen zur Reaktivierung der im Laufe der Zeit nachgelassenen Innovationsfähigkeit zu entwickeln. Ein Rückblick auf die in den letzten Jahren verfolgte Innovationspolitik vieler Unternehmen lässt erste Anhaltspunkte für die Ursachen erkennen. Drei Entwicklungstendenzen sind in diesem Zusammenhang besonders hervorzuheben (*Warnecke* 1996; *Booz Allen Hamilton* 2006):

(1) Kontinuierliche Senkung der Ausgaben für Forschung und Entwicklung

Seit ca. 15 Jahren ist eine kontinuierliche Senkung der staatlichen Forschungsausgaben in Deutschland festzustellen (*Specht* et al. 2002, S. 8). Hinzu kommt, dass in den sehr dynamischen Branchen der Unterhaltungselektronik sowie Computer- und Kommunikationstechnologie die deutsche Wirtschaft eine unterdurchschnittliche Innovationskraft aufweist (*Warnecke* 1996). Im Vergleich führender Wirtschaftsnationen hat Europa gegenüber den USA und Asien bei forschungs- und entwicklungsintensiven Waren deutlich an Weltmarktanteilen verloren (*McKinsey&Company* 2001, S. 5 ff.).

Studie: Das Marktforschungsunternehmen *IDC* konstatiert in seiner Analyse von 300 führenden Firmen in den USA, Deutschland, Frankreich, Großbritannien, China und Indien den europäischen Unternehmen eine zu große Zurückhaltung bei der Investition in IT-Innovationen. Die Implementierung von neuen Trends erfolgt gemäß der Studie erst, wenn diese sich am Markt etabliert haben. Die fehlende Erkenntnis, dass IT-Innovationen auch in nicht IT-dominierten Branchen zu Wettbewerbsvorteilen führen kann, führt laut *IDC* dazu, dass europäische Unternehmen zunehmend hinter ihre innovativeren Konkurrenten aus den USA und ihre billigeren Konkurrenten aus Asien zurückfallen (*IDC* 2006).

(2) Geringe Nutzung externer Ressourcen innerhalb des Innovationsmanagements

Als weitere Ursache des Innovationsdefizites ist auf eine geringe Nutzung der externen Ressourcen, beispielsweise durch eine Zusammenarbeit mit langjährigen Zulieferern, hinzuweisen. Während z. B. im Produktionsbereich zahlreiche Bestrebungen unternommen werden, die Wettbewerbsfähigkeit durch eine Senkung der Fertigungstiefe zu verbessern, sind derartige Aktivitäten in Bezug auf die Entwicklungstiefe (eigene Entwicklung neuer Produkte und Serviceleistungen ohne Einbezug Dritter) nicht zu beobachten. Als Kennzahl wird von einer Entwicklungstiefe von ca. 98 Prozent ausgegangen, d. h., lediglich zwei Prozent der Forschungsaktivitäten werden von externen Partnern übernommen (*Warnecke* 1996). Angesichts der Sensibilität des Themas ist eine hohe Entwicklungstiefe sicherlich verständlich, jedoch werden hier gleichzeitig Innovationspotenziale verschenkt, die die Wettbewerbsfähigkeit von Unternehmen maßgeblich steigern könnten.

Beispiel: Der Kopiergerätehersteller *Xerox* schuf 1970 mit dem Palo Alto Research Center (PARC) das erste Forschungszentrum für so genannte „Open Innovation". Aus den Entwicklungen des Forschungszentrums ergaben sich zahlreiche Spin-Offs (z. B. *3Com, Adobe*), die ihre Produkte weitgehend unabhängig von *Xerox* vermarkten durften. So waren die Investitionen zwar zu einem großen Teil erfolgreich, führten aber nur zu einem deutlich kleineren Teil zu entsprechenden Rückflüssen der Investitionen an *Xerox* (*Chesbrough* 2003).

(3) Verbesserungsfähiges Management der eigenen internen Forschungskapazitäten

Ferner ist zu beobachten, dass die Unternehmenspotenziale, wie z. B. die Unternehmensstrukturen, Informationssysteme, Unternehmenskultur und auch Führungssysteme, noch zu wenig auf die Schaffung eines günstigen Innovationsklimas ausgerichtet sind. In diesem Zusammenhang ist an die Beseitigung organisatorischer und personeller Hemmnisse zur Umsetzung von neuen Ideen, an die Förderung der bereichsübergreifenden Kommunikation oder an die Entwicklung neuer Methoden zur Ideenfindung zu denken (*Arthur D. Little* 1997). Gleichzeitig gilt es, die F&E-Mitarbeitenden durch materielle und immaterielle Anreizsysteme zur Ideengenerierung und -umsetzung zu motivieren (*Specht* et al. 2002, S. 23).

Beispiel: Der Automobilhersteller *BMW* räumt Mitarbeitenden neben dem Angebot flexibler Arbeitszeitmodelle die Möglichkeit zur Forschung an so genannten „U-Boot-Projekten" ein, über deren Inhalte sie zum großen Teil selbst entscheiden. Erst wenn sich die Frage nach der direkten Umsetzung in Produkte bzw. Herstellungsprozesse stellt, wird der Vorstand über die konkreten Vorschläge informiert. Ziel dieser Projekte ist es, das „Querdenken" im Unternehmen zu fördern.

Führungskräfte, die sich zum Ziel gesetzt haben, die Kundenorientierung durch das Angebot innovativer Leistungen zu steigern, haben sich somit auch die Frage zu stellen, wie die Rate der erfolgreichen Innovationen in ihrem Unternehmen erhöht werden kann. Erste Hinweise zur Umsetzung eines erfolgreichen Innovationsmanagements kann die Analyse der **Gründe für das Scheitern von Innovationen** geben. Bei einer Untersuchung aus dem Industriegüterbereich konnten sechs Hauptgründe für den Mindererfolg bei der Einführung von Innovationen identifiziert werden (*Backhaus/ Voeth* 2007):

(1) Die Zahl der potenziellen Kunden für die Innovation wurde überschätzt; die Anzahl der Käufer war zu gering, um mit der Innovation langfristig Gewinne realisieren zu können (28 Prozent der fehlgeschlagenen Neueinführungen).

(2) Es handelte sich lediglich um Betriebsneuheiten (abweichende Imitationen bereits vorhandener Produkte/Me-too-Produkte) und nicht um echte Marktinnovationen (24 Prozent der fehlgeschlagenen Neueinführungen).

(3) Es handelte sich um Me-too-Produkte, die dem Wettbewerbsdruck neuer Anbieter nicht gewachsen waren (13 Prozent der fehlgeschlagenen Neueinführungen).

(4) Die Produktinnovation hatte technische Schwächen (15 Prozent der fehlgeschlagenen Neueinführungen).

(5) Die Preissetzung für die Produktinnovation war zu hoch, so dass die Nachfrage zu gering war, um die Innovation flächendeckend durchzusetzen (13 Prozent der fehlgeschlagenen Neueinführungen).

(6) Die Produkte entsprachen nicht den Kundenbedürfnissen, d. h., die Marktsituation wurde von den Unternehmen falsch eingeschätzt (7 Prozent der fehlgeschlagenen Neueinführungen).

Die Herausforderungen des Wettbewerbs können folglich nur dann bewältigt werden, wenn der Innovationsprozess – insbesondere in Bezug auf die oben angesprochenen Gründe – optimiert und auch beschleunigt wird. Der Zeitaspekt spielt für den Innovationserfolg in zweifacher Hinsicht eine entscheidende Rolle, da zum einen nicht nur die Generierung einer neuen Idee, sondern auch die richtige Wahl des Markteintrittszeitpunktes den Innovationserfolg beeinflusst (*Trinkfass* 1997). Zum anderen gewinnt auch die Innovationsgeschwindigkeit zunehmend an Bedeutung. So sind insbesondere bei technischen Innovationen eine schnelle Serienreife von Produkten und die schnelle Anpassung an die Erfordernisse des Marktes bzw. der Kunden zentral für den Erfolg der Innovation. Hierzu wurde der Begriff des *„Rapid Prototyping"* geprägt (www.rtejournal.de, Zugriff am 30. 6. 2006). Als oberstes Ziel bei der Einführung von Innovationen geht mit dieser Anforderung die Notwendigkeit einher, die Bedürfnisse der aktuellen und potenziellen Kunden detailliert und systematisch zu erfassen, um kundenorientierte Produkte und Serviceleistungen anbieten zu können.

1.2 Zum Begriff Innovation

Der im Folgenden zugrunde gelegte Begriff der Innovation basiert insbesondere auf der Grundüberlegung, dass das Konstrukt Kundenorientierung zu einem großen Anteil durch das Produkt- und Dienstleistungsangebot des Unternehmens beeinflusst wird, dessen inhaltliche Gestaltung somit eine wichtige Komponente der Kundenorientierung darstellt. Daher bezieht sich der hier zugrunde gelegte Innovationsbegriff sowohl auf Produkte als auch auf Dienstleistungen (zum Innovationsmanagement in Dienstleistungsunternehmen vgl. *Benkenstein* 2001; *Bruhn/Stauss* 2004). Daher wird folgende Definition verwendet:

> Eine **Innovation** umfasst die mittelbare und/oder unmittelbare Erarbeitung einer aus Unternehmens- und Kundensicht neuen Idee des Leistungsangebotes (Produkt und/oder Dienstleistung) mit dem Ziel, diese Idee erfolgreich am Markt durchzusetzen und somit in der Folge den Kundennutzen nachhaltig zu steigern.

Innovationen sind somit kein Selbstzweck, sondern haben zum Ziel, einen Beitrag zur Kundenorientierung und letztlich zum wirtschaftlichen Erfolg des Unternehmens zu leisten (*Jaberg* 1996; *Boutellier/Völker* 1997). Diese kundenbezogene Sichtweise wird in jüngster Zeit gemeinsam mit Konzepten zur Kundenintegration in den Innovationsprozess deutlich betont und stellt den zentralen Erfolgsfaktor im Rahmen des Innovationsmanagements dar (*Haedrich/Tomczak* 1996, S. 151 f.).

1.3 Merkmale von Innovationen

Unabhängig von den gewählten Interpretationsformen sind Innovationen im Allgemeinen durch vier Merkmale gekennzeichnet.

Diese haben einen wesentlichen Einfluss auf die Gestaltung und Steuerung von Innovationsprozessen und werden daher kurz beschrieben. Als zentrale **Merkmale von Innovationen** sind zu unterscheiden (*Thom* 1980; *Gierl* 1995):

- Neuheit,
- Komplexität,
- Unsicherheit,
- Konfliktgehalt.

Neuheit: Ein konstitutives Merkmal von Innovationen ist ihre „Neuheit". Einem Beurteilungsobjekt wird nur die Eigenschaft „neu" zuerkannt, wenn es merklich vom Vertrauten abweicht (*Ostlund/Tellefsen* 1974). Deshalb wird in der Literatur mehrheitlich von subjektiver Neuheit aus Unternehmens- bzw. Kundensicht gesprochen (*Hauschildt* 1997; *Judt/Aigner* 2006). Kann zum einen die Assoziation der Neuheit beim Kunden nicht erreicht werden (Produkt ist „nicht neu") oder wird zum anderen ein zu starker technologischer Fortschritt wahrgenommen (Produkt ist „zu neu"), so ist die Gefahr des Scheiterns am Markt relativ groß (*Gierl* 1995, S. 488).

Beispiel: Der iPod des Unternehmens *Apple*, der zeitweise eine Quasi-Monopolstellung in seinem Markt innehatte, bietet in seiner Kernleistung, der Archivierung und mobilen Abspielmöglichkeit von Musikdateien, keine Innovation im engeren Sinne. Die Verbindung der Funktionalitäten mit einem populären Design, der Möglichkeit der automatischen Erkennung der Musik aus ca. einer Mrd. Titeln über das Internet, des möglichen Downloads aktueller Musik sowie weiterer Software-Tools führten zur kundenseitigen Wahrnehmung einer echten Innovation.

Komplexität: Bei Entwicklungsprojekten handelt es sich stets um komplexe, wenig strukturierte Entscheidungsprobleme, die durch eine große Anzahl unterschiedlicher Elemente, interdependenter Beziehungen und eine hohe Eigendynamik gekennzeichnet sind. Je größer die Komplexität des Entscheidungsproblems, desto schwieriger wird die systematische Planung von Innovationen. Aus diesem Grund ist ein Vorgehen erforderlich, das die Kundenorientierung in den Mittelpunkt der Planungen stellt. In jeder Phase des Innovationsprozesses ist zu prüfen, ob der Kundennutzen durch die Neuentwicklung gesteigert werden kann. Eine Möglichkeit, die in diesem Zusammenhang oft Anwendung findet, ist die Integration des Kunden in den Innovationsprozess (*Kleinaltenkamp* 1996; *Backhaus/Voeth* 2007).

Beispiel: Die Innovationsstrategie von *IBM* ist stark auf Joint Ventures und gemeinschaftliche Projekte ausgerichtet, die oft in Zusammenarbeit mit Kunden in einem Open-Innovation-Prozess durchgeführt werden. Ein Beispiel einer erfolgreichen Partnerschaft stellt die Studie „Computer auf Rädern" dar, bei der *IBM* – basierend auf dem Input von *BMW* – eine Vision für das Auto des Jahres 2015 entwickelt hat (*Gassmann/Enkel* 2004).

Unsicherheit: Innovationen sind ferner durch das Merkmal der Unsicherheit gekennzeichnet. Beispielsweise ist unsicher, ob die Innovationsidee von den Kunden akzeptiert wird, inwieweit eine Durchsetzung der Innovation auch unter Effizienzgesichtspunkten möglich ist und ob die Innovationsidee nicht bereits von der Konkurrenz realisiert wurde bzw. diese kurz vor dem Abschluss steht. Das Merkmal der Unsicherheit wird durch die zunehmende Dynamik der Umwelt intensiviert, die sich dadurch äußert, dass Trendzyklen immer kürzer werden. In den verschiedenen Phasen der Produktentwicklung stehen zur Unsicherheitsreduktion unterschiedliche Instrumente zur Verfügung (vgl. auch Abschnitte 2.4 und 2.5 in diesem Kapitel).

Konfliktgehalt: Neues hat auch seine „unangenehmen Seiten", da das Auseinandersetzen mit dem Neuen das Verarbeiten mehrdeutiger Informationen sowie den Umgang mit Risiken beinhaltet und in einer stressgeladenen Situation münden kann (*Gierl* 1995, S. 307). Aus diesem Grund löst die Abkehr von Vertrautem hin zu etwas Neuem nicht selten Widerstände und Abwehrreaktionen bei Mitarbeitenden und Kunden des Unternehmens aus. Die Berücksichtigung dieses Konfliktpotenzials ist bei der Planung von Produkt- und Dienstleistungsinnovationen in der Weise notwendig, dass das Ausmaß (Innovationshöhe) und die Geschwindigkeit (Innovationsintervall), mit der Innovationen auf den Markt gebracht werden, auf die Akzeptanz der Mitarbeitenden und Kunden abzustimmen sind.

Beispiel: Vom neuen UMTS-Standard im Mobilfunkbereich versprachen sich die Anbieter eine große Nachfrage nach neuen Mobilfunk-Dienstleistungen mit einem hohen Datenübertragungsbedarf. Die Akzeptanz der neuen Dienste war bislang jedoch gering. So wurden UMTS-Dienste Anfang des Jahres 2006, zwei Jahre nach der Einführung, von kaum mehr als einem Prozent der Mobilfunk-Kunden genutzt. Noch ist offen, ob sich die hohen Anfangsinvestitionen für alle Anbieter auszahlen werden.

Je nach Erfüllungsgrad der Innovationsmerkmale kann von Substitutions-/Inkrementalinnovationen, Verbesserungs-/Quasiinnovationen oder von Me-too-Produkten/Imitationen gesprochen werden (*Becker* 1999). Die **Substitutionsinnovationen** zeichnen sich dadurch aus, dass das Merkmal „Neuheit", aber auch alle anderen oben dargestellten Merkmale in hohem Maße erfüllt sind. Bisherige Alternativen werden in ihrem Leistungsumfang und ihrer -fähigkeit völlig ersetzt (z. B. Schallplatten werden durch CDs abgelöst). Bei **Verbesserungs-/Quasi-Innovationen** handelt es sich um neuartige Produkte, bei denen bekannte Elemente bestehender Produkte in ihrer Leistung verbessert wurden (z. B. Leistungssteigerungen von Computern). Bloße Nachahmungen bestehender Produkte hingegen werden als **Me-too-Produkte/Imitationen** bezeichnet.

In mehreren Branchen haben sich darüber hinaus weitere Bezeichnungen für Produktinnovationen herausgebildet: Modellwechsel und „Face Lifting" in der Autoindustrie, „New Generations" und „Updates" bei Software, „New Chemical Entities" bei Pharmazeutika (*Brockhoff* 2000, S. 29).

2. Planung und Umsetzung von Innovationen

2.1 Systematisierung des Innovationsmanagements

Innovationen setzen neue Maßstäbe im Markt. Um dies realisieren zu können, werden neue Produkte oder Dienstleistungen innerhalb eines Innovationsmanagements systematisch geplant, organisiert, umgesetzt und der Innovationserfolg kontrolliert. Ein Innovationsmanagement besteht aus verschiedenen Phasen, die in **Abbildung 6-2** im Überblick dargestellt sind.

Ausgangspunkt des Innovationsmanagements ist die Festlegung der **Innovationsstrategie**, bei der traditionell entweder technologie- oder marktorientierte Aspekte dominieren. In der ersten Phase des Innovationsprozesses sind die relevanten Informationen zu be-

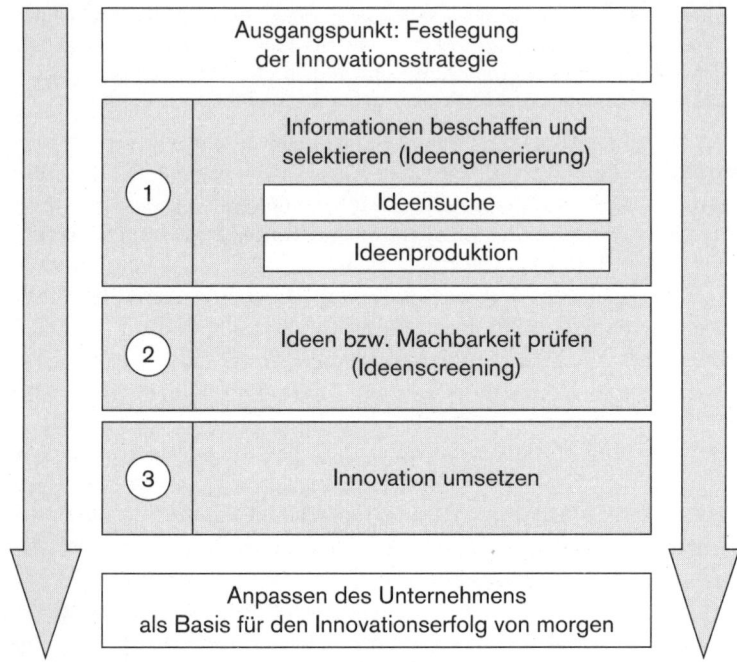

Abb. 6-2: Phasen des Innovationsmanagements im Überblick (in Anlehnung an *Hauschildt* 1997, S. 349 ff.; *Kotler/Keller* 2005, S. 338)

schaffen und zu selektieren. Hier werden die Teilphasen **Ideensuche** und **Ideenproduktion** unterschieden. Im Bereich der Kundenintegration werden, ebenso wie beim Konzept der Open Innovation, neue Möglichkeiten zur schnellen und bedarfsgerechten Umsetzung von Innovationen diskutiert. Beim Black-Box-Engineering liegen im Gegensatz zu herkömmlichen Innovationsprozessen die genauen Inputs der beteiligten Parteien nicht fest, so dass während des Prozesses der Ideengenerierung das Maximum an möglichen Synergien aus den Ideen und Kenntnisständen der einzelnen Partner nutzbar ist (*Freiling* et al. 2004, S. 163).

Hinsichtlich der Art der Kundenintegration bieten sich unterschiedliche Möglichkeiten an. Traditionelle Quellen kundenseitiger

Innovationsideen sind qualitative Befragungen und das Beschwerdemanagement. Sie greifen jedoch häufig zu kurz, um tiefgreifende Informationen über die aktuellen und zukünftigen Bedürfnisse der Kunden zu erhalten (*Hünerberg/Mann* 2004, S. 255). Bei Customer Focus Groups wird eine Gruppendiskussion mit Hilfe eines geschulten Moderators durchgeführt. Der Vorteil besteht darin, dass sich die Kunden bei der Entwicklung ihrer Ideen ergänzen und eine gegenseitige Inspiration für Weiterentwicklungen und Vertiefungen der Ideen möglich ist (*Malhotra/Birks* 2000, S. 161 f.). Weniger aufwändige Möglichkeiten der Ideensuche beinhalten z. B. Kundenforen im Internet, User Goups, Kundenclubs oder Customer Advisory Boards, d. h. Kundenbeiräte, die als ständige Teilnehmer regelmäßiger Meetings zur Weiterentwicklung von Produkten und Dienstleistungen instutionalisiert sind (*Hünerberg/Mann* 2004, S. 261 ff.).

Die zweite Phase des Innovationsprozesses – das **Ideenscreening** – beschäftigt sich mit der Bewertung der einzelnen Innovationsideen, auch hinsichtlich der Frage, ob diese vom Unternehmen überhaupt realisiert werden können. Ziel dieser ersten Auslese vorliegender Innovationsideen (Screening) ist die Konzentration auf potenziell erfolgreiche Ideen. Dabei können ebenfalls vom Unternehmen einberufene Personengruppen in ähnlicher Art wie bei der Ideensuche und -produktion zum Einsatz kommen.

Fallen die Bewertungen positiv aus, so schließt sich die dritte Phase an, in der die **Innovationsideen** konkretisiert und technisch umgesetzt werden. In diesem Zusammenhang sind aus der Unternehmensstrategie Richtwerte bzgl. der Intensität und Dauer des F&E-Projekts abzuleiten. Es ist zu klären, in welchem Umfang über das eigene Know-how hinaus technologisches Wissen zur Umsetzung der Innovation notwendig ist. Hierbei kann der Technologietransfer auf dem Weg eines informellen Informationsaustauschs mit einer externen Institution oder aufgrund vertraglicher Informationsüberlassung, z. B. im Rahmen von Lizenzverträgen, erfolgen.

Da sich die Phasen teilweise überschneiden ist es empfehlenswert, schon in frühen Entwicklungsphasen auf Entscheidungshilfen zurückzugreifen, um erkennbaren Fehlentwicklungen gegenzusteuern und so das Risiko eines wirtschaftlichen Fehlschlags zu reduzieren. Weiterhin können durch frühzeitige Tests die Akzeptanz und

Phasen des Innovationsmanagements	Entscheidungshilfen
(1) Ideengenerierung	• Interne und externe Informations-quellen • Funktionsanalyse • Morphologische Analyse • Brainstorming/-writing • Synektik
(2) Ideenscreening	• Punktbewertungsverfahren • Wirtschaftlichkeitsanalysen
(3) Innovation umsetzen	• Konzepttest • Produkttest • Markttest

Abb. 6-3: Ausgewählte Entscheidungshilfen für die Produktentwicklung (Quelle: *Gierl* 1995, S. 495)

das Marktpotenzial der Innovation besser abgeschätzt werden. Den im Rahmen dieser Phase entstandenen Kosten stehen keine Erlöse gegenüber, falls ein Abbruch der Entwicklung unausweichlich wird. Gleichzeitig steigt jedoch die Sicherheit mit den Vorhersagen über den wirtschaftlichen Erfolg des Neuproduktes. Einige ausgewählte Entscheidungshilfen, die in diesen Phasen der Produktentwicklung zur Anwendung kommen, sind in **Abbildung 6-3** dargestellt und werden in den Abschnitten 2.3 bis 2.5 näher erläutert.

Die Entscheidungen des Innovationsmanagements haben schließlich auch Auswirkungen auf die generellen Unternehmensstrategien. Dies ist beispielsweise der Fall, wenn aufgrund der Innovation auch neue Geschäftsfelder erschlossen oder neue Kundengruppen angesprochen werden. Insofern besteht in der letzten Phase des Innovationsprozesses ein unternehmensinterner Anpassungsbedarf.

Im Rahmen dieser Phasen findet ein Auswahlprozess statt, in dem aus einer Vielzahl generierter Ideen nur einige wenige Erfolg versprechende Produkt- und Dienstleistungen entstehen. Hierbei ist es nicht unüblich, dass von sämtlichen Ideen, die generiert wurden, letztlich nur ein Prozent tatsächlich realisiert werden (*Haedrich/Tomczak* 1996, S. 156).

2.2 Festlegung der Innovationsstrategie

Ausgangspunkt des Innovationsmanagements ist die Festlegung der Innovationsstrategie. In dieser Phase ist festzulegen, wie Innovationen im Unternehmen generiert und durchgesetzt werden. Generell sind drei **Innovationsstrategien** zu unterscheiden (*Corsten* 1989, S. 7; *Rothwell* 1995, S. 10 ff.):

(1) Technology-Push-Innovationsstrategie,

(2) Market-Pull-Innovationsstrategie,

(3) Integrierte Innovationsstrategie (Coupling Model of Innovation).

Zentrales Differenzierungskriterium der beiden erstgenannten Innovationsstrategien ist die Richtung, aus der die Innovation initiiert wird. Während bei der erstgenannten Strategie die Idee für ein neues Produkt oder eine neue Dienstleistung aus dem Unternehmen (in der Regel der Forschungs- und Entwicklungsabteilung) stammt, geht bei der Market-Pull-Innovationsstrategie die Initiative zur Innovation vom Kunden aus. Beide Ansätze werden in **Abbildung 6-4** graphisch verdeutlicht.

(1) Technology-Push-Ansatz

Unternehmen, die den Technology-Push-Ansatz präferieren, sind bemüht, für ihre erarbeitete (technologische) Lösung bzw. Erfindung eine adäquate Anwendungsmöglichkeit zu finden.

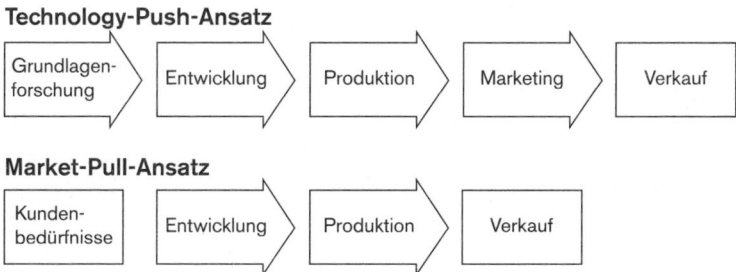

Abb. 6-4: Alternative Innovationsstrategien (Technology Push vs. Market Pull) (Quelle: *Carter/Williams* 1957; *Smookler* 1966; *Rothwell* 1992)

217

Beispiel: Dies war bei der Einführung des Erkältungssaftes *„Wick Medi-Nait"* der Fall. Auf der Suche nach einer Produktinnovation entwickelten die Forscher einen Saft, der zwar hervorragend gegen Husten und Schnupfen wirkte, jedoch gleichzeitig eine einschläfernde Wirkung aufwies. Diese aus Kundensicht unerwünschte Eigenschaft brachte den Hersteller auf die Idee, gerade diesen Aspekt als Produktvorteil zu vermarkten. Der „Erkältungssaft für die Nacht" wurde daraufhin erfolgreich am Markt durchgesetzt (*Rasner/Nagel* 1998).

Vorteilhaft ist bei diesem strategischen Ansatz insbesondere die Tatsache, dass eine relativ große Anzahl von Innovationsideen entwickelt werden kann. Allerdings ist mit dieser Innovationsstrategie gleichzeitig auch ein höheres Risikopotenzial und eine höhere Innovationsfloprate – insbesondere aufgrund einer eher geringeren Orientierung am Kundenwunsch – verbunden (*Bruhn/Hadwich* 2006).

Ein anschauliches Beispiel für den Technology-Push-Ansatz ist das Unternehmen *3M*, das aufgrund seiner ausgeprägten Innovationsfreude häufig mit dem Namen „Master of Innovation" tituliert wird. Einer der wesentlichen Gründe für diese Bezeichnung liegt in der Tatsache, dass das Unternehmen ca. 30 Prozent des Gesamtjahresumsatzes mit Produkten erzielt, die jünger als vier Jahre sind. Diese hohe Anzahl von Produktideen wird bei *3M* dadurch erreicht, dass die Forschungsbudgets entsprechend hoch ausgerichtet sind, und die Mitarbeitenden der Forschungsabteilungen dazu motiviert werden, sich fortlaufend mit neuen Projekten zu beschäftigen. Die Motivation zu neuen Erfindungen wird durch die so genannte 85/15-Regel erreicht: 15 Prozent der Arbeitszeit können die Wissenschaftler im Unternehmen Forschungsprojekten ihrer eigenen Wahl widmen, 85 Prozent den vom Unternehmen vorgegebenen Projekten (*Uhl* 1995, S. 202).

Beispiel: Ein Beispiel des Technology-Push-Ansatzes bei *3M* ist die Entwicklung der Haftnotizen (Post-It™). Ein Entwicklungsingenieur des Unternehmens hatte in seiner frei verfügbaren Forschungszeit einen neuen Klebstoff entwickelt. In der Testphase zeigte sich, dass dieser Klebstoff sehr schlechte Klebeeigenschaften aufwies. Der Kundenwunsch (hohe Klebekraft) konnte folglich nicht erfüllt werden. Daraufhin suchte der Mitarbeitende nach neuen Anwendungsgebieten für seine Erfindung. Dabei fiel ihm ein, dass er sich beim Kirchenbesuch schon sehr häufig gewünscht hatte, dass das lästige Blättern nach neuen Liedern entfiele. Er bestrich einige Blätter Papier mit seinem neuen Kleber und markierte bei seinen Kirchengängen die Seiten des Gesangbuches. Die Idee gefiel dem Entwicklungsingenieur so gut, dass er anfing, Haftnotizen mit geringer Klebekraft in Eigenproduktion herzustellen, die er kostenlos an sämtliche Kollegen verteilte. Der Erfolg war nicht nur unternehmensintern, sondern auch am externen Markt sehr groß.

Voraussetzungen für den Erfolg eines auf der Basis der Technology-Push-Strategie entwickelten Produktes ist ein effizientes Technologie- sowie F&E-Management. Tendenziell gilt: Je höher der Innovationsgrad, desto eher ist der Technology-Push-Ansatz erfolgreich (*Meffert* 2000, S. 383).

(2) Market-Pull-Ansatz

Der Grundgedanke der Market-Pull-Innovationsstrategie basiert auf der Annahme, dass die ausschlaggebenden Impulse für neue Produkt- oder Dienstleistungsinnovationen vom Markt bzw. den Bedürfnissen der Kunden (Nachfragesog) ausgehen. In dieser Situation „verlangt" der Markt nach einer Innovation, d. h., die Ansatzpunkte zur Steigerung des Kundennutzens wurden von den aktuellen Kunden bereits artikuliert.

Beispiel: Einige Beispiele für Innovationen, die durch einen Market Pull ausgelöst worden sind, finden sich im Bereich erneuerbarer Energien. Stetig steigende Preise für fossile Rohstoffe, insbesondere Öl, sorgen für einen kundenseitigen Bedarf an alternativen Möglichkeiten zur Erzeugung von Heizwärme oder zur Reduktion des Energieverbrauchs. Dieser Market Pull kann durch Steuerungsinstrumente, wie die sog. „Öko-Steuer" in Deutschland, noch verstärkt werden.

Zur Identifikation der Kundenwünsche hat in den vergangenen Jahren das so genannte **Lead-User-Konzept** eine beachtliche Bedeutung erlangt. Als Lead User werden diejenigen Kunden bezeichnet, deren ausgeprägte Produkt- und Systemwünsche zunächst den am weitesten gehenden technologischen Fortschritt repräsentieren. In der Regel weist diese Kundengruppe ein sehr hohes Involvement in diesem speziellen Bereich auf und setzt sich auch privat intensiv mit dem Produkt des jeweiligen Anbieters auseinander. Dies kann so weit gehen, dass Unternehmen Quasi-Prototypen einer kundendeterminierten Innovation zur Verfügung gestellt bekommen. Beim Lead-User-Konzept werden diese Kunden direkt in den Innovationsprozess einbezogen, um die (latent) vorhandenen Kundenbedürfnisse schnell und präzise erfassen zu können. Lead User können mit ihrem Bedürfnis nach fortschrittlichen Lösungen für Probleme konkrete Anregungen für die Gestaltung von Produkten und Systemen liefern (*Burgelman* et al. 2003; *Katz* 2003; *Bruhn/Hadwich* 2006).

Beispiel: Die *Novo Nordisk Pharma AG*, ein Schweizer Unternehmen, das Insulin für Diabetiker produziert, lud zwölf Meinungsbildner (Ärzte, Krankenschwestern, Ernährungsberater) zu einem dreitägigen Innovationsworkshop ein. Ziel war es, neue Lösungsansätze für Ärzte zu entwickeln, damit diese ihre an Diabetes erkrankten Patienten besser betreuen können. Als Restriktionen waren eine leichte Handhabung, geringe Zeitintensität und ein geringer Raumbedarf der neuen Lösung gegeben. Das Ergebnis bestand im sog. „Instructionscenter"; einer Drehscheibe, auf der die relevanten Patientengruppen sowie die dazu passenden Behandlungsmethoden schnell zusammengestellt werden können. Die Ärzte beurteilten diese neue Lösung im Vergleich zu den sonst üblichen Broschüren oder Informationsblättern als sehr gut (*Belz* 1998, S. 272 ff.).

Eine weitere Form der Zusammenarbeit kann ferner durch die Umsetzung des **Customer-Integration-Ansatzes** verwirklicht werden (*Kleinaltenkamp* 1996, 1997). Ein Unternehmen versucht im Rahmen des Customer-Integration-Ansatzes, Kundenlösungen in sehr enger Zusammenarbeit und Einbindung des Kunden zu entwickeln. In Abhängigkeit davon, wie ausgeprägt das Beschaffungsverhalten der Kunden ist und in welchem Umfang der Nachfrager an der Leistungserstellung mitwirken will bzw. seine Mitwirkung aus Unternehmenssicht anzustreben ist, wird der Kunde in den Prozess der Leistungs-/Produktgestaltung mit einbezogen. So entsteht Klarheit darüber, welche Kundenwünsche zu erwarten sind. Denkbar sind in diesem Zusammenhang Workshops und Gesprächskreise mit Kunden, um Impulse zur Entwicklung von Innovationen zu erhalten. Die Zusammenarbeit mit dem Kunden beschränkt sich bei diesem Ansatz nicht nur auf Lead User, sondern berücksichtigt sämtliche Nachfrager des jeweiligen Unternehmens (*Picot* et al. 2003; *Reichwald/Piller* 2006).

Beispiel: Der Customer-Integration-Ansatz wird bei der *Siemens AG* in der Art realisiert, dass Kundenveranstaltungen und darüber hinaus auch Kundenbefragungen durchgeführt werden, deren Ergebnisse in den Produktentstehungsprozess einfließen (*Pfeifer* 1996). Derart identifizierte Konsumtrends, z. B. zu Hightech-Lösungen, wurden auch von dem Uhrenhersteller *Junghans* genutzt, beispielsweise um eine funkgesteuerte Uhr einzuführen, deren Zeitabweichung max. eine Sekunde beträgt.

Die Market-Pull-Innovationsstrategie bietet somit eine Möglichkeit, die zukünftigen Bedürfnisse der Kunden zu analysieren und Ansatzpunkte zur Steigerung der Kundenorientierung zu entdecken. Voraussetzung für den Erfolg ist vor allem eine zielführende Marktforschung sowie ein schlagkräftiges Marketing. Eine Gefahr dieses Strategieansatzes besteht allerdings darin, dass „frühe Folger" relativ schnell am Markt auftreten, da auch die Wettbewerber die latent vorhandenen Kundenwünsche analysieren und ihrerseits an der Entwicklung von Innovationen arbeiten.

(3) Integrative Innovationsstrategie (Coupling Model of Innovation)

Die Zweckmäßigkeit des Technology-Push- und des Market-Pull-Ansatzes wurde lange Zeit intensiv und kritisch diskutiert. Untersuchungen zeigten, dass Unternehmen, die den Market-Pull-Ansatz betonen, langfristig erfolgreicher am Markt agieren (vgl. *Johne/ Pavlidis* 1995; *Hauschildt* 1997). In jüngster Zeit wird jedoch vermehrt die Ansicht vertreten, dass eine fallweise Entscheidung über das strategische Vorgehen im Innovationsmanagement unter Berücksichtigung der grundsätzlichen strategischen Ausrichtung des Unternehmens (Kunden-, Wettbewerbs-, Technologieorientierung) sinnvoll ist (*Gatignon/Xuereb* 1997, S. 77 ff.). Es ist somit eher von einer integrierten Innovationsstrategie, dem sog. „**Coupling Model of Innovation**", auszugehen (*Rothwell* 1995, S. 13), die sowohl die Technologie- als auch die Marktkomponente berücksichtigt. **Abbildung 6-5** zeigt diesen Ansatz im Überblick.

Dieser Ansatz ist nicht nur durch eine integrative Sicht von Technologie und Marktanforderungen charakterisiert, sondern beinhaltet die Integration von externen Partnern, wie z. B. Zulieferern, im Rahmen eines **Simultaneous Engineering**. Hierbei wird versucht, die Innovationsentwicklungsprozesse von Zulieferer und Hersteller

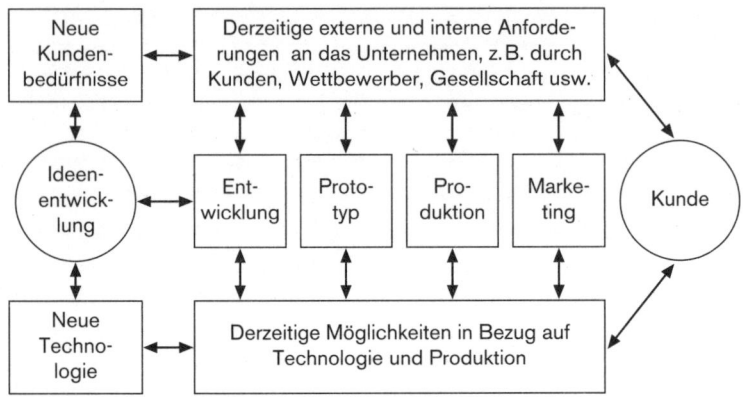

Abb. 6-5: Integriertes Modell des Innovationsmanagements am Beispiel einer Produktinnovation (Quelle: *Rothwell* 1995, S. 13)

durch organisatorische und auch technische Maßnahmen mit dem Ziel zu parallelisieren, den Markteintritt vor den Wettbewerbern realisieren zu können (*Rothwell* 1995).

Es wurde deutlich, dass Innovationen sowohl aus eigener Kraft als auch durch Anregungen der aktuellen Kunden entwickelt werden können und bei der Suche nach neuen Produkten oder Dienstleistungen eine integrative Sicht sinnvoll ist.

2.3 Phase der Ideengenerierung

Nachdem die Grundsatzentscheidung zur Innovationsstrategie getroffen ist, folgt jene Phase des Innovationsmanagements, in der konkrete Ideen gefunden und selektiert werden. Die Phase der **Ideengenerierung** enthält dabei zwei Aktivitätsbereiche – die Ideensuche und Ideenproduktion. Liegen keine konkreten Vorstellungen bzw. Hinweise von aktuellen Kunden über mögliche Innovationen vor, so werden bei der **Ideensuche** interne und externe Quellen auf mögliche Hinweise für Innovationen analysiert. Bei der Ideenproduktion stehen analytische Verfahren im Vordergrund, mit deren Hilfe Ideen zu generieren sind. **Abbildung 6-7** zeigt in einem Überblick, welche internen und externen Quellen im Rahmen der Ideensuche herangezogen werden können.

Interne Ideenquellen	Externe Ideenquellen
• Kundendienstberichte	• Expertenbefragungen
• Kundenanfragen	• Absatzmittlerbefragungen
• Kundenbeschwerden	• Kundenbefragungen
• Vorschlagswesen	• Kundenbeobachtung
• Ergebnisse aus der Forschung	• Konkurrenzbeobachtung
• Befragung der Mitarbeiter	• Forschungsinstitute
• Befragung der Zulieferer	• Technologieberater
• Befragung des Handels	• Patentämter
• Status Reports von Beratern	• Hochschulen

Abb. 6-6: Interne und externe Ideenquellen im Rahmen der Ideensuche

Bei der Heranziehung dieser Ideenquellen lassen sich erste Anregungen zur Ideensuche entnehmen. Für eine konsequente Kundenorientierung ist dabei von besonderer Bedeutung, die Mitarbeitenden mit direktem Kundenkontakt (z. B. Angestellter am Bankschalter, Verkäufer) für Fragen des Innovationsmanagements zu sensibilisieren. Dies gilt ebenso für Mitarbeitende mit indirektem Kundenkontakt (z. B. zentrale Beschwerdeabteilung, Verbraucherabteilung usw.), die die im Tagesgeschäft erhobenen Daten nach ideen-/innovationsrelevanten Informationen analysieren könnten.

Beispiel: Entsprechend den Ergebnissen der Studie Innovationskompass 2001 (entstanden durch eine Initiative von *McKinsey*, *VDI Nachrichten* und der *TU Berlin*) setzen erfolgreiche Unternehmen auf ausführliche Gespräche mit Schlüsselkunden. Sie liefern wertvolle Informationen über Marktgegebenheiten, die bei der Produktdefinition hilfreich sind. Neben den Schlüsselkunden sind – bei Vorhaben mit hohem Innovationsgrad – Experten als Quellen neuer Informationen wichtig. Sie sind in dieser Situation prädestiniert, dem Unternehmen neue und meist überraschende Informationen über innovationsrelevante Markt- und Technologiegegebenheiten zu erschließen (*McKinsey&Company* 2001, S. 23 ff.).

Erfahrungsgemäß reichen die aufgezeigten Informationsquellen jedoch nicht aus, um echte kundenorientierte Innovationen zu finden. Aus diesem Grund werden vor allem kreativitätsfördernde Techniken, wie beispielsweise die Funktionsanalyse, morphologische Analyse, Brainstorming oder Synektik zur **Ideenproduktion** herangezogen.

Funktionsanalyse: Im Rahmen der Funktionsanalyse werden zunächst jene Funktionen – in der Regel eines Produktes – beschrieben, die bereits erfüllt werden. Durch Kombination verschiedener Funktionen können neue Produktideen generiert werden.

Beispiel: Ein Hersteller von Milcherzeugnissen stellt Milch, Butter und Joghurt mit Früchten her. Durch eine Kombination der Produktfunktionen – wie z. B. Gesund ernähren und Durstlöschen – entstehen neue Produktideen, wie z. B. die *LC1* Getränke des Unternehmens *Nestlé*.

Morphologische Analyse: Bei der morphologischen Analyse wird die Bedarfserfüllung von Produkten in zentrale Grunddimensionen zerlegt, um durch eine Kombination der Merkmalsausprägungen Hinweise auf neue Produkte zu erhalten. Jede technisch realisierbare Kombination von Merkmalsausprägungen stellt hierbei eine mögliche Handlungsalternative des Unternehmens dar. Mittels dieser Technik kann nichts grundlegend Neues gefunden werden, es können aber bekannte Teillösungen zu innovativen Gesamtlösungen kombiniert werden.

Beispiel: Ein Tierfutterhersteller kann sein Hundefutter nach vier Grunddimensionen mit folgenden Merkmalsausprägungen aufteilen: (1) Produktinhalt (Hühnerfleisch, Rindfleisch, Schweinefleisch, Lammfleisch, Putenfleisch), (2) Produktbeschaffenheit (Brocken, Flocken, roh, getrocknet, gekocht, flüssig), (3) Verpackung (Karton, Dose, Tube, Flasche, Tüte), (4) Gewicht (100 g bis 3.000 g). Durch systematisches Kombinieren sämtlicher Merkmalsausprägungen können Produktideen – z. B. gekochtes Lammfleisch in 700g-Tüten – entwickelt werden **(Abbildung 6-7)**.

Brainstorming/-writing: Drei bis acht Personen mit breitem Interessenfeld und verschiedenen Fachkenntnissen aus möglichst unterschiedlichen Abteilungen eines Unternehmens bilden eine Arbeitsgruppe, um Ideen zu einer vorgegebenen Problemstellung zu entwickeln. Bei einer Brainstormingsitzung, die maximal 60 Minuten dauert, ist es von zentraler Bedeutung, dass Vorschläge zwar ergänzt und mit anderen Ideen kombiniert werden, jedoch keine Bewertung oder Kritik an einzelnen Ideen erfolgt. Denn wird das Für und Wider der vorgebrachten Ideen nicht sofort diskutiert, steigt die „Ideenausbeute" entscheidend. Neben den Teilnehmern und einem

Merkmal	Aktuelle Ausprägung	Andere mögliche Ausprägungen					
Produktinhalt	Hühnerfleisch	Rind-fleisch	Schweine-fleisch	**Lamm-fleisch**	Puten-fleisch	usw.	
Produkt-beschaffenheit	Brocken	Flocken	roh	getrocknet	**gekocht**	usw.	
Verpackung	Karton	Dose	Tube	Flasche	**Tüte**	usw.	
Gewicht	500 g	100 g	200 g	300 g	400 g	600 g	**700 g**	usw.
usw.							

Abb. 6-7: Morphologischer Kasten für ein neues Hundefutter

Protokollanten, der die Beiträge notiert, ist ebenfalls ein Moderator erforderlich. Er präzisiert das Problem, regt passive Teilnehmer an und achtet darauf, dass auch außergewöhnliche Ideen formuliert werden. Die protokollierten Vorschläge werden später durch die entsprechenden Verantwortungsträger des Innovationsprozesses geprüft. In ähnlicher Weise verläuft das Brainwriting, bei dem Innovationsideen durch die Gruppenteilnehmer schriftlich festgehalten werden (*Dold/Gentsch* 2000, S. 80 ff.).

Beispiel: Das Brainstorming findet nicht zwingend im üblichen Rahmen des Unternehmens statt. Die *Idea Factory*, ein „Ideenentwicklungszentrum" in San Francisco, stellt Unternehmen eine umfangreiche Hightech Infrastruktur zur Ideengenerierung zur Verfügung. Diese beinhaltet z. B. Aufnahmegeräte, die sämtliche Aufzeichnungen, die im Laufe einer Ideensitzung an die Tafel geschrieben wurden, automatisch speichern (*Leonard/Rayport* 1998).

Synektik: Hierbei handelt es sich um ein Gruppenverfahren, bei dem mehrere Mitarbeitende und externe Personen zusammenkommen, um Handlungsalternativen durch Analogiebildung zu suchen. Die Gruppenteilnehmer werden mit dem zu behandelnden Problem durch einen Experten vertraut gemacht. Im Anschluss verfremden sie das Ausgangsproblem gezielt, indem sie nach analogen Problemen in anderen Lebensbereichen suchen (z. B. Natur, Technik, Alltag). Durch das Verknüpfen der in den analogen Bereichen vorgefundenen Lösungen mit dem Ausgangsproblem können innovative Lösungsmöglichkeiten entdeckt werden.

Beispiel: Zu denken ist an den sog. „Lotuseffekt". Die Blattoberfläche der Lotusblume weist eine Noppenstruktur auf und verhindert somit, dass Schmutz und Wasser an ihr haften bleiben. Die Entdeckung der Selbstreinigungskraft der Lotusblume führte dazu, dass in Forschungslabors versucht wurde, das Vorbild in der Natur nachzuahmen. Die ersten Produkte gibt es bereits zu kaufen. Hierzu zählen selbstreinigende Dachziegel und eine Fassadenfarbe mit „Lotuseffekt", die Wände dauerhaft sauber hält (http://www.nees.uni-bonn.de/lotus/de/lotus_effect_html.html, Zugriff am 24. 9. 2006).

2.4 Phase der Ideenprüfung und -auswahl

Kreative und analytische Verfahren der Ideensuche führen zu einer Vielzahl von Vorschlägen, die Hinweise auf die Realisierung von Innovationen geben. Diese werden einem weiteren Schritt einer Beurteilung, dem sog. **Ideenscreening**, unterzogen. Ziel des Ideenscreening ist es, aus einem relativ großen Ideenpool diejenigen Innovationsideen auszuwählen, die die höchste Erfolgswahrscheinlichkeit aufweisen.

Zur Beurteilung der „Innovationsqualität" lassen sich unterschiedliche Methoden heranziehen, um jeweils spezifische erfolgsrelevante Kriterien einer Innovation zu prüfen. **Abbildung 6-8** zeigt eine entsprechende Qualitätskriterien-Methoden-Matrix, die die Eignung der zur Verfügung stehenden Methoden für diese Kriterien aufzeigt.

Eine Möglichkeit zur Integration der Bewertungskriterien ist das Punktbewertungsverfahren – auch Scoringmodell genannt –, mit dessen Hilfe eine transparente Entscheidung unter Einbeziehung zahlreicher sowohl quantitativer als auch qualitativer Kriterien herbeigeführt werden kann. Das Grundmodell eines Punktbewertungsverfahrens basiert auf der Festlegung von relevanten Beurteilungskriterien für den Innovationserfolg, der Festlegung von Gewichtungsfaktoren, die die Bedeutung des jeweiligen Kriteriums hervorheben, der Vergabe von Punktwerten sowie der Addition der gewichteten Punktwerte zu einem Endergebnis. In **Abbildung 6-9** ist

Methode / Kriterien	Qualitätskriterien					
	Kunden-attraktivität	Markt-attraktivität	Produkt-attraktivität	Machbar-keit	Unterneh-mens-Fit	Wirtschaftl. Attraktivität
KANO-Methode	x					
Conjoint-Analyse	x					
Quality-Function-Deployment	x					
Portfoliotechnik	x		x			
Szenariotechnik		x	x		x	x
Delphi-Methode		x	x			
Technologie-Roadmapping		x	x	x	x	
TRIZ (Theorie erfinderischen Problemlösens)		x	x	x		
Projektreview			x	x		x
Stat. Investitionsrechenverfahren						x
Dyn. Investitionsrechenverfahren						x
Nutzwertanalyse	x	x	x		x	
Lebenszyklusaufwand-Modell	x	x	x		x	x
Scoring-Modell	x	x	x	x	x	x

Abb. 6-8: Qualitätskriterien-Methoden-Matrix (Quelle: in Anlehnung an *Weckenmann* et al. 2006, S. 80)

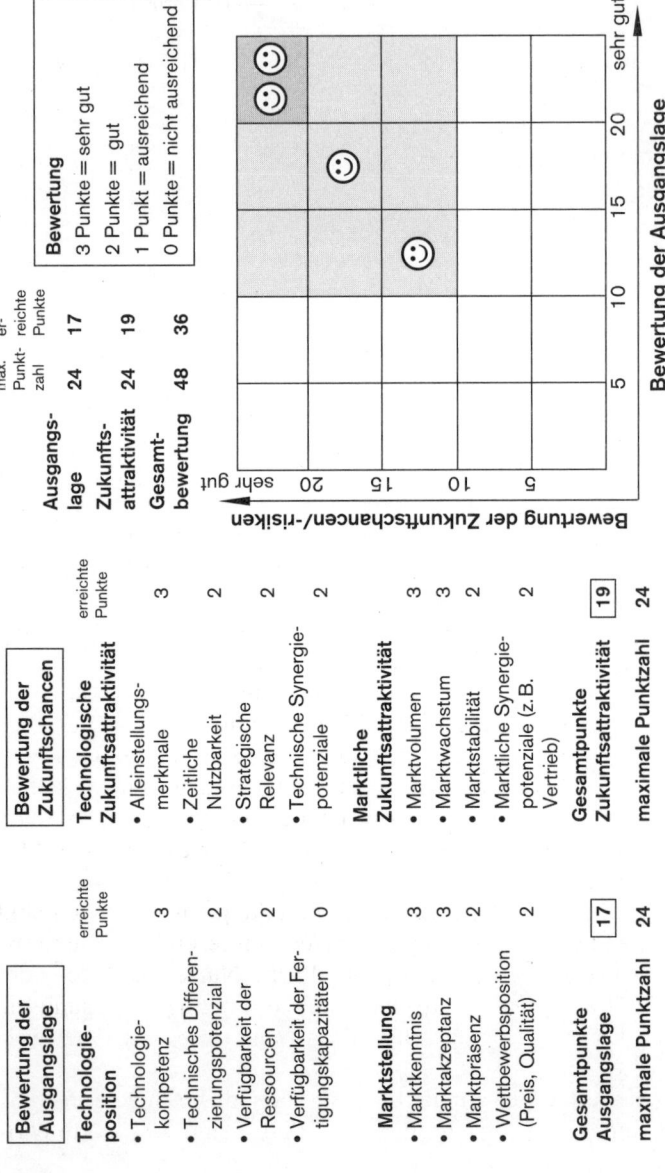

Abbildung 6-9: Scoringmodell zur Beurteilung von Innovationsideen (Quelle: *Deutsche Bank* 1996)

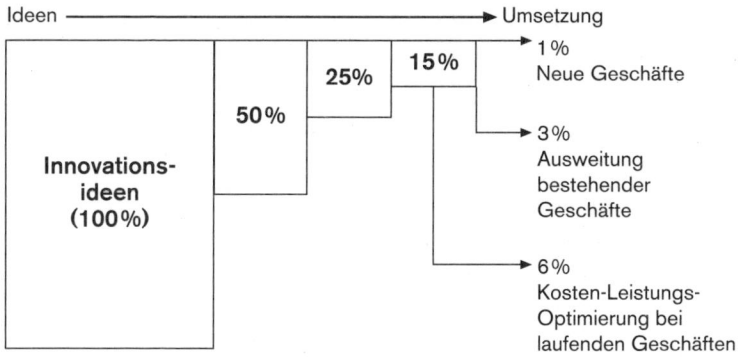

Abbildung 6-10: Realisationschancen von Innovationsideen (Quelle: *Haedrich/Tomczak* 1996, S. 156)

ein vereinfachtes Scoringmodell (ohne Gewichtungsfaktoren) aus der Unternehmenspraxis dargestellt.

Die erreichte Punktzahl (Gesamtbewertung) ist Maßstab für eine Annahme oder Ablehnung der betreffenden Idee. Wie in **Abbildung 6-10** erkennbar, ist eine Idee mit einer sehr hohen Gesamtbewertung auf jeden Fall weiter zu verfolgen, da hier sowohl die Realisierbarkeit als auch die zukünftigen Chancen im Markt sehr positiv bewertet werden. Je geringer die erzielte Gesamtbewertung im Vergleich zur maximal zu erreichenden Punktzahl ausfällt, desto eher ist von der Weiterverfolgung dieser Idee abzuraten. Bei Innovationsideen, die zwar einen hohen Kundennutzen stiften, jedoch technisch durch das eigene Unternehmen nicht umgesetzt werden können, ist darüber hinaus eine externe Vermarktung der Idee denkbar.

Die auf diese Weise gewonnenen Handlungsempfehlungen sind durch weitere Entscheidungstechniken, insbesondere Nutzwert- und Wahrscheinlichkeitsanalysen, Risiko-Nutzen-Kalküle oder Sensitivitätsanalysen, zu ergänzen und zu untermauern, damit die wirklich Erfolg versprechenden Innovationsideen umgesetzt werden können.

Nach der Grobauswahl der Ideen im Rahmen des Ideenscreening erfolgt eine weitere, zweite Auswahl. Hierbei sind detaillierte **Wirt-**

schaftlichkeitsanalysen für die verbleibenden Innovationsideen durchzuführen. Im Rahmen einer Wirtschaftlichkeitsanalyse werden die für die einzelnen Planungsperioden erwarteten Umsätze und Kosten genauer abgeschätzt. Methodisch werden hierzu Verfahren der Investitionsrechnung, wie z. B. die Kapitalwertmethode, Annuitätenmethode oder vollständige Finanzpläne, eingesetzt, die die Vorteilhaftigkeit der verschiedenen Innovationskonzepte zu bestimmen versuchen. Schließlich werden die berechneten Erfolgsdaten mit den angestrebten Unternehmens- und Marketingzielen in Beziehung gesetzt. Zu klären ist, ob die geplanten Umsatz-, Marktanteils- und Renditeziele durch die neuen Produkte und Dienstleistungen erreicht werden können und wie hoch das Investitionsrisiko einzuschätzen ist. Am Ende der Phase des Ideenscreening verbleibt in der Regel nur noch eine geringe Ideenanzahl, die im weiteren Verlauf auf ihre Umsetzbarkeit zu prüfen sind. Diesen Auswahlprozess verdeutlicht **Abbildung 6-10**.

2.5 Phase der Umsetzung von Innovationen

In den vorangegangenen Phasen wurden jene Innovationen identifiziert, die aus Unternehmenssicht gute Chancen für eine Markteinführung bieten. In der sich nun anschließenden Umsetzungsphase stehen je nach Entwicklungsstadium der Innovation verschiedene Aufgaben im Vordergrund.

Frühe Umsetzungsphase: In diesem Stadium werden meist Konzepttests durchgeführt. Hierbei wird die Produktidee erstmals den Marktpartnern (Konsumenten und Handel) vorgestellt, um zu ermitteln, ob die Idee verständlich und glaubwürdig ist, welche Vor- und Nachteile mit ihr assoziiert werden und ob ein Produkt überhaupt als kaufwürdig erachtet wird (*Gierl* 1995, S. 504). Sind die Reaktionen überwiegend positiv, wird die Idee weiterverfolgt („Go-Entscheidung"). Im Anschluss daran werden oftmals Prototypen (so genannte „Nullserien") entwickelt. Dabei wird das Produkt in kleinerer Stückzahl hergestellt, um es weiteren Prüfverfahren unterziehen zu können.

Beispiel: Bei der Einführung der A-Klasse durch *Mercedes Benz* wurde die Bedeutung der Testphase eines Prototyps anscheinend unterschätzt, da sonst dem sog. „Elchtest" sicherlich vermehrt Aufmerksamkeit zugekommen wäre.

Mittlere Umsetzungsphase: Falls das neue Produkt bzw. die Dienstleistung bereits relativ konkret ausgearbeitet worden ist, eine sofortige Markteinführung jedoch nicht angestrebt wird, ist über die Durchführung eines Produkt- oder sogar Markttests zu entscheiden. Ein **Produkttest** beinhaltet die Beurteilung des Neuprodukts oder einzelner Produkteigenschaften durch ausgewählte Testpersonen, um möglicherweise auftretende Qualitätsmängel frühzeitig zu erkennen und noch vor der Einführung der Innovation auf dem Gesamtmarkt beheben zu können.

Beispiel: Ein bekanntes Beispiel für einen Produkttest ist der „*Pepsi*-Test". Hier forderte *Pepsi* die Konsumenten zu einem Vergleich von *Pepsi* und *Coca-Cola* auf. Das Ergebnis war, dass beim Blindtest *Pepsi* besser abschnitt als *Coca-Cola*. Bei Darbietung der Marke (offener Test) war es jedoch genau umgekehrt. Allgemein lässt sich in diesem Zusammenhang vermerken, dass Testobjekte, die im Blindtest gut und im offenen Test schlecht abschneiden, wie in diesem Fall *Pepsi*, Schwierigkeiten bei der Marktkommunikation und der Vermittlung ihres Markenimages aufweisen. Bei umgekehrter Konstellation, wie hier bei *Coca-Cola*, sind Modifikationen am Testobjekt zu erwägen (*Chernatony/Malcolm* 1998).

Der **Markttest** geht noch einen Schritt weiter. Hier wird die Innovation in einem Testgebiet eingeführt, um den wirtschaftlichen Erfolg in einem realistischen Umfeld, in dem der Anbieter verschiedene Marketinginstrumente testen kann, abzuschätzen. Markttests sind bei unterschiedlichen Formen von Innovationen mit speziellem Fokus auf die Kundenintegration anwendbar.

Bei der Entwicklung von industriellen, aber zum Teil bereits individualisierten Leistungen, beispielsweise von Automobilen, beinhaltet der Markttest die Prüfung des Nachfragepotenzials für einzelne Leistungskomponenten sowie der Zahlungsbereitschaft der Kunden bei unterschiedlichen Leistungskonfigurationen. Anhand der Ergebnisse können zum einen die erforderlichen Kapazitäten geplant und zum anderen über Absatzprognosen ein Target Costing durchgeführt werden, d. h., es wird festgelegt, wie viel einzelne Prozesse und Komponenten der Leistungserstellung im Hinblick auf die Kundenbedürfnisse und die Zahlungsbereitschaft kosten dürfen.

Beispiel 1: Speziell hinsichtlich neuer Dienstleistungen im Internet kommt Markttests eine hohe Bedeutung zu. Die schnelle Verbreitung derartiger Services, wie z. B. von Internettelefonie (VoIP, z. B. über das Unternehmen *Skype*), virtuellen Marktplätze im B2B-Bereich oder Business Communities (z. B. *Xing*), bietet zwar die Möglichkeit eines schnellen Wachstums und einer schnellen Übernahme der Marktführerschaft, aber besonders für Pioniere gleichzeitig hohe Risiken eines Scheiterns, wenn Kundenbedürfnisse nicht exakt erfasst werden. Bei einem späteren Markteintritt besteht hingegen kaum eine Chance auf eine erfolgreiche Etablierung im Markt (z. B. Konkurrenten des virtuellen Auktionhauses *Ebay* oder der Online-Partnervermittlung *Parship*). Markttests über die Marktgröße können hier einen zentralen Beitrag zum Erfolg einer Innovation leisten (zum Einsatz von Markttests bei verschiedenen Leistungsinnovationen vgl. *Woratschek* et al. 2004).

Beispiel 2: Als Testmarkt werden häufig Städte oder Regionen ausgewählt, deren Bedingungen mit den zukünftigen Bedingungen auf dem Gesamtmarkt vergleichbar sind. Beispielsweise führte die Firma *Henkel* für die Einführung der *Persil Megaperls* in Deutschland einen Markttest in der deutschsprachigen Schweiz durch.

Späte Umsetzungsphase: Nachdem die Innovation in allen Detailfragen spezifiziert wurde, ist sicherzustellen, dass die angestrebten Innovationsvorteile möglichst umfassend ausgeschöpft werden können. Besondere Bedeutung nimmt hierbei die frühzeitige Sicherung von **Schutzrechten** ein (*Deutsche Bank* 1996). Unter der Internetadresse des *Deutschen Patentamtes* (http://www.dpma.de, Zugriff am 25. 7. 2006) können umfangreiche Informationen, insbesondere zur konkreten Vorgehensweise bei der Anmeldung eines Patentes und zur Art der unterschiedlichen Schutzrechte, abgerufen werden. **Abbildung 6-11** zeigt die zentralen Schutzrechte im Überblick.

Beispiel für aktuelle Patentanmeldungen: Die Firma *Porsche* ließ im Jahre 2005 eine Vorrichtung patentieren, die gezielt Motorengeräusche in die Fahrgastzelle überträgt, nachdem in Studien festgestellt wurde, dass Kunden zwar keine Fahrgeräusche von außen (z. B. Fahrtwind), aber – insbesondere bei Sportwagen – durchaus Motorengeräusche wahrnehmen wollen (www.dpma.de, Zugriff am 19. 4. 2006).

Beispiel für Marken: Bekannte Beispiele für geschützte Marken sind: „Persil", „Dr. Oetker", „IBM" oder auch der Slogan „Hoffentlich *Allianz*

Arten von Schutzrechten	Inhalt	Schutzobjekt	Laufzeit und Anmeldung
Patent	Schutzrecht auf technische Erfindungen. Verbietet Dritten die gewerbliche Verwertung.	Technische Gegenstände und Verfahren, wie Maschinen oder Produktionsverfahren usw.	Laufzeit max. 20 Jahre. Anmeldung bei: Deutsches Patentamt; Europäisches Patentamt, beide München.
Gebrauchsmuster	Ebenfalls Schutzrecht auf technische Erfindung (kleines Patent), bei beweglichen Gegenständen.	Geräte, Maschinen, Vorrichtungen und deren Teile.	Laufzeit max. 6 Jahre. Anmeldung bei: Deutsches Patentamt, München.
Marken	Kennzeichnung von Produkten oder Dienstleistungen.	Sämtliche Zeichen (Namen, Abbildungen, Zahlen etc.), wenn sie zur Wettbewerbsdifferenzierung geeignet sind.	Laufzeit zunächst für 10 Jahre, jedoch verlängerbar. Anmeldung bei: Deutsches Patentamt, München.
Geschmacksmuster	Design einer Marke.	Zum Beispiel Textilmuster oder Verpackungen.	Laufzeit max. 15 Jahre. Anmeldung bei der zuständigen Registrierbehörde des Anmeldenden.

Abb. 6-11: Relevante Schutzrechte im Überblick (Quelle: in Anlehnung an *Deutsche Bank* 1996)

versichert". Aber auch Embleme, z. B. der *Mercedes*-Stern, Farben, z. B. das Lila der Marke *Milka*, Zahlenkombinationen, z. B. 4711, 911 sowie Hörzeichen, z. B. „Like Ice in the Sunshine" von *Langnese* oder „Ich liebe es" von *McDonald's*, lassen sich schützen.

Abschließend ist darauf hinzuweisen, dass der Innovationsprozess nicht ohne permanente Feedbackschleifen ablaufen kann. Es findet eine möglichst kontinuierliche Prämissen- und Durchführungskontrolle (im Sinne eines Investitionscontrolling) statt, die die Zielkonformität des erarbeiteten Konzeptes sicherstellt (*Schröder* 1996).

2.6 Anpassungsbedarf bei der Einführung von Innovationen

Wenn die Entscheidung zur Einführung einer Innovation getroffen wurde, ist in einem letzten Schritt zu prüfen, welche Auswir-

Innovationsidee Nr. _____		
Beurteilungskriterien	**Ja**	**Nein**
1. Anpassungen in der Beschaffung? • Rohstoffe • Bezugsquellen/-partner/-länder • sonstige Änderungen		
2. Anpassungen in der Produktion/Leistungserstellung? • neue Fertigungstechnik • neue Produktionsanlagen • neue Mitarbeiter • neue Informationssysteme		
3. Anpassung im Marketing? • neue Zielgruppen • neue Marketingziele • neue Marketinginstrumente • neue Wettbewerber		
4. Anpassungen des Umfeldes? • geänderte Umweltbe(ent)lastungen • zusätzliche Raumanforderungen • zusätzliche Budgetnotwendigkeiten		

Abb. 6-12: Anpassungsbedarf im Unternehmen bei der Einführung von Innovationen

kungen diese Entscheidung auf andere Unternehmensbereiche hat. Dabei können zahlreiche Bereiche, beispielsweise Produktion, Marketing oder auch der Vertrieb, betroffen sein. Zur Beurteilung des Anpassungsbedarfs im Unternehmen kann die in **Abbildung 6-12** dargestellte Checkliste herangezogen werden, die insbesondere für überschaubare Innovationsprozesse (z. B. in mittelständischen Unternehmen) geeignet ist.

Sind sämtliche Phasen des Innovationsmanagements durchlaufen und der Anpassungsbedarf im Unternehmen festgestellt, erfolgt die Vermarktung der Innovation. Hier stehen Fragen des Marketingmix und zur Bekanntmachung insbesondere der Kommunikationspolitik im Vordergrund (*Bruhn* 2005 b). Bei der Markteinführung ist häufig ein typischer Verlauf, der sog. **Adoptionsprozess,** bei der Annahme von Innovationen durch die Kunden zu beobachten. Zunächst nutzen nur einige wenige Meinungsbildner das neue Produkt bzw. die Dienstleistung. Fällt deren Beurteilung positiv aus, so nimmt die Zahl der Kunden durch positive Mund-zu-Mund-Kommunikation kontinuierlich zu, bis letztlich die Akzeptanz im Markt erreicht ist.

3. Implikationen für das Innovationsmanagement in kundenorientierten Unternehmen

Die Ausführungen haben gezeigt, dass zur Steigerung der Kundenorientierung von Unternehmen auch die Verbesserung des Innovationsmanagements sinnvoll sein kann. Abschließend wird zusammengefasst, welche zentralen Erfolgsfaktoren besonders zu beachten sind (vgl. hierzu auch *Arthur D. Little* 1997, S. 12):

• Planung im Rahmen eines Managementprozesses,
• Beachtung des Managements von Wissen,
• Anpassung der Strukturen und der Kultur,
• Fokussierung des Kundennutzens.

Erste Schlussfolgerung ist die Erkenntnis, dass Innovationen innerhalb eines **Managementprozesses** zu planen und zu realisieren sind, d. h., es ist ein Rahmenkonzept mit definierten Innovationszielen zu entwickeln, innerhalb dessen die Phasen des Innovationsprozesses ablaufen können. Auf der Basis eines strategischen Konzeptes ist es dann möglich, die Auswirkungen der Innovationsideen auf Faktoren wie Unternehmensstrukturen, Kosten und Kundennutzen zu bewerten.

Studie: Laut einer Studie der *Wirtschaftsuniversität Wien* im Jahre 2006 erwirtschaften innovative Unternehmen 50 Prozent ihres Umsatzes mit Innovationen, die weniger als drei Jahre alt sind. Sie investieren im Durchschnitt zehn Prozent ihres Umsatzes in Forschung und Entwicklung. Weiterhin waren sie durch Prozessinnovationen in der Lage, elf Prozent der Produktionskosten einzusparen (www.top100.de, Zugriff am 20. 8. 2006).

Eine weitere Implikation für das Management von Innovationen liegt darin, dass die Realisierung von Innovationserfolgen ein systematisches **Management von Wissen** voraussetzt. Die Führungskräfte im Unternehmen haben sicherzustellen, dass die latent vorhandenen Kundenbedürfnisse erfasst und verarbeitet werden. Ziel ist es, diese Informationen nicht nur in der Marketingabteilung, sondern auch innerhalb des Innovationsmanagements sinnvoll einzusetzen. Durch Anpassungen der Informationssysteme kann die permanente Wissensverarbeitung und somit ein kontinuierlicher Lernprozess im Unternehmen ermöglicht werden.

Beispiel: Die Entwicklung des *ViewCams* von *Sharp* basierte zu einem Großteil auf der exakten Analyse der Kundenwünsche. Im Rahmen von Kundeninterviews wurde festgestellt, dass die bisherigen Camcorder-Besitzer weitgehend zufrieden mit den Leistungen der Produkte waren. Allerdings fiel auf, dass Senioren und Frauen im Kundenprofil stark unterrepräsentiert waren. Viele Senioren konnten den Camcorder aufgrund von Augenproblemen nicht bedienen. Die Zielgruppe der Frauen verzichtete auf dieses Produkt, da der Sucher des Camcorders das Make-up beeinträchtigte. Daraufhin entwickelte *Sharp* ein neues Modell, bei dem statt des Suchers ein kleiner Bildschirm integriert war und so die Kundenprobleme nicht mehr auftreten konnten. Der Erfolg dieser Neueinführung übertraf alle Erwartungen des Unternehmens. In zwei Jahren steigerte sich der Marktanteil von *Sharp* in Japan von 2 auf 20 Prozent (*Griffiths/Buchner* 1999, S. 281 ff.).

Eine dritte Konsequenz liegt darin, die notwendigen Anpassungen der **Organisationsstrukturen** und der **Unternehmenskultur** zur Verbesserung des Innovationsklimas vorzunehmen. Als zentrale Erfolgsvoraussetzungen zur Steigerung der Innovationsfähigkeit sind beispielsweise Faktoren wie Einfachheit der Organisationsform, Wertschätzung des einzelnen Mitarbeitenden, einfacher Informationsfluss, hohe Selbstverantwortung oder hohe Handlungsfreiheit der Mitarbeitenden zu nennen (*Meffert* 1995). An der Allgemeingültigkeit der Aufzählung lässt sich jedoch leicht erkennen, dass diese Forderung in direktem Zusammenhang mit der generellen Durchsetzung kundenorientierter Unternehmenspotenziale steht und daher eher im Gesamtzusammenhang der Gestaltung kundenorientierter Unternehmen zu betrachten ist (vgl. Kapitel 9).

Beispiel: Bei zehn für ihre Innovationskultur mit Preisen ausgezeichneten Unternehmen verwenden die Mitarbeitenden der Marketingabteilung 62 Prozent ihrer Arbeitszeit auf die Entwicklung von Innovationen. Dies wird nach Aussage der für die Auszeichnung verantwortlichen Jury vor allem mit Hilfe einer kooperativen Unternehmenskultur, insbesondere der Zusammenarbeit von Entwicklung und Marketing, ermöglicht (*Späth* 2006).

Schließlich sei darauf hingewiesen, dass erfolgreiche Innovationen notwendigerweise mit der Schaffung eines **Kundennutzens** zu verbinden sind, der vom Kunden wahrgenommen wird. Die Rolle des einzelnen Kunden als Ideenquelle für Innovationen ist in diesem Zusammenhang neu zu überdenken. Eine stärkere Kundenintegration in den Innovationsprozess schafft neue Impulse, die in der Lage sind, Veränderungsprozesse in Richtung Kundenorientierung auszulösen.

Zusammenfassung: Die folgenden **zehn Merkpunkte** können als Hilfestellung für die Umsetzung eines erfolgreichen Innovationsmanagements im eigenen Unternehmen dienen:

(1) **Innovationen am Kundennutzen ausrichten:** Machen Sie sich bewusst, dass neue Produkte und Dienstleistungen nur dann wirklich Erfolg versprechend sind, wenn sie aus Kundensicht einen echten Nutzen herbeiführen. Verschaffen Sie sich daher bereits im Vorfeld ein genaues Bild über die Relevanz einzelner Nutzenkategorien aus Kundensicht, um aus der Vielzahl von Innovationsideen die „richtigen" Ideen auswählen zu können.

(2) **Innovationen strategisch planen:** Stellen Sie sicher, dass das Innovationsmanagement auf einem strategischen Rahmenkonzept basiert, in dem die Innovationsziele festzulegen und die strategischen Ansätze zur Erarbeitung von Innovationen zu konkretisieren sind.

(3) **Kunden als Ideenquelle nutzen:** Beziehen Sie Ihre Kunden bereits frühzeitig in den Innovationsprozess ein (Lead User). Beachten Sie jedoch, dass bei Innovationssitzungen, an denen Kunden teilnehmen, nicht nach Bestätigungen für die bereits gereifte Idee gesucht wird, sondern verfolgen Sie die Schwächen der Innovationsideen.

(4) **Innovationen als Wert der Unternehmenskultur verankern:** Die Notwendigkeit zur Innovation ist auch im Wertesystem des Unternehmens zu berücksichtigen. Ergreifen Sie daher

---

Maßnahmen, wie beispielsweise die Integration des Innovationszieles im Unternehmensleitbild, die den Stellenwert von Innovationen im Unternehmen erhöhen.

(5) **Unkonventionelle Ideen fördern:** Schaffen Sie beispielsweise durch die Einführung der 85/15-Regel ein Unternehmensumfeld, das die Entstehung außergewöhnlicher Innovationen fördert.

(6) **Entwicklungsmöglichkeiten für innovative Mitarbeitende schaffen:** Innovationserfolg ist häufig auch eine Frage der Mitarbeiterqualifikation. Verhindern Sie durch gezielte Maßnahmen, dass innovative Mitarbeitende das Unternehmen verlassen, um eigene Pionierunternehmen zu gründen oder ihr Innovationspotenzial der Konkurrenz zur Verfügung stellen.

(7) **Innovationspotenzial externer Partner nutzen:** Prüfen Sie, ob eine Zusammenarbeit mit externen Partnern möglich ist, ohne dass Sie die Weitergabe von sensiblen Informationen an Wettbewerber zu befürchten haben.

(8) **Finanzielle Ressourcen überdenken:** In den vergangenen Jahren ist in der Praxis eine kontinuierliche Senkung der Forschungsausgaben festzustellen. Überdenken Sie die Bedeutung des Innovationsmanagements zur Steigerung der Kundenorientierung und erarbeiten Sie auf dieser Basis ein Forschungs- und Entwicklungsbudget.

(9) **Markteintrittszeitpunkt sorgfältig planen:** Nicht nur die Entwicklung der Innovationen, sondern auch der „richtige" Zeitpunkt des Markteintrittes sind strategisch vorzubereiten. Analysieren Sie die Vor- und Nachteile der einzelnen Markteintrittsstrategien sorgfältig.

(10) **Innovationscontrolling erarbeiten:** Falls Sie im Rahmen Ihres eigenen Innovationsmanagements keine Verbesserungspotenziale mehr erkennen, ist in einem weiteren Schritt zu prüfen, ob die Realisierung eines Innovationscontrolling sinnvoll erscheint. Bilden Sie ein Projektteam aus Mitarbeitenden der Controlling- sowie Entwicklungsabteilung, das dieser konkreten Frage nachgeht.

Literaturempfehlungen (Zur vertiefenden Auseinandersetzung mit dem Thema Innovationsmanagement werden folgende Literaturquellen empfohlen): *Albers, S./Gassmann, O.* (Hrsg.) (2005): Handbuch Technologie- und Innovationsmanagement. Strategie – Umsetzung – Controlling, Wiesbaden 2005. *Brockhoff, K.* (1998): Forschung und Entwicklung – Planung und Kontrolle, 5. Aufl., München/Wien 1998. *Brockhoff, K.* (2002): Produktinnovation, in: Albers, S./Herrmann, A. (Hrsg.), Handbuch Produktmanagement. Strategieentwicklung – Produktplanung – Organisation – Kontrolle, 2. Aufl., Wiesbaden 2006, S. 25–54. *Bruhn, M./Hadwich, K.* (2006): Produkt- und Servicemanagement. Konzepte – Methoden – Prozesse, München 2006. *Chesbrough, H. W.* (2003): Open Innovation. The New Imperative for Creating and Profiting from Technology, Boston 2003. *Gassmann, O./Kobe, C.* (2006): Management von Innovation und Risiko. Quantensprünge in der Entwicklung erfolgreich managen, Berlin 2006. *Haas, A./Ivens, B. S.* (2005): Innovatives Marketing. Entscheidungsfelder – Management – Instrumente. Wiesbaden 2005. *Hauschildt, J.* (1997): Innovationsmanagement, 2. Aufl., München 1997. *Hünerberg, R./Mann, A.* (2004): Dialogkommunikation als Instrument des Innovationsmanagements, in: *Bruhn, M./Stauss, B.* (Hrsg.): Dienstleistungsinnovationen. Forum Dienstleistungsmanagement, Wiesbaden 2004. *Lambertz, M./Geckeler, H.* (1996): Innovation. Total Innovation Management, München 1996. *Leonard, D./Rayport, J. F.* (1998): Innovative Produkte durch empathische Kundenbeobachtung, in: Harvard Business Manager, 20. Jg., Nr. 3, S. 68–78. *Schröder, H.-H.* (1996). Konzepte und Instrumente eines Innovations-Controllings, in: Die Betriebswirtschaft, 56. Jg., Nr. 5, S. 489–507.

Kapitel 7. Kundenwertmanagement

1. Grundlagen des Kundenwerts

1.1 Relevanz und Ziele des Kundenwertmanagements für die Kundenorientierung

Der Wandel im Marketing vieler Unternehmen hin zu einer deutlicheren Gewichtung der Kundenorientierung ist vor allem auf die – wissenschaftlich und praktisch nachgewiesene – hohe Bedeutung langfristiger Kundenbeziehungen zurückzuführen (*Grönroos* 1994; *Diller* 1995; *Bruhn* 2003; *Homburg/Bruhn* 2005). Auslöser dieser Entwicklung war die Erkenntnis, dass durch eine systematische Pflege der Kundenbeziehungen der unternehmerische Erfolg – in Form von höheren Wiederkaufraten, Weiterempfehlungen, Cross Selling oder einer geringeren Preissensibilität – gesteigert werden kann. Eine zunehmende Beziehungsdauer geht demzufolge mit einer höheren Profitabilität einher (*Reichheld/Sasser* 1991).

Die Hypothese über einen positiven Zusammenhang zwischen Kundenbindung und Profitabilität ist in der Literatur allerdings nicht unumstritten. So zeigen Studien, dass beispielsweise nicht nur langfristige Beziehungskunden, sondern auch Transaktionskunden profitabel sein können (*Garbarino/Johnson* 1999, S. 81; *Krafft* 2002, S. 158). Die wesentliche Kritik gilt aber der Pauschalisierung bzw. groben Vereinfachung dieser Hypothese, die von einem Automatismus des Zusammenhangs zwischen Kundenbindung und Profitabilität ausgeht und damit eine undifferenzierte Kundenbindungspolitik von Unternehmen einfordert. Dabei werden jedoch zum einen Sättigungseffekte vernachlässigt, die ab einem bestimmten Niveau auftreten und dazu führen, dass Kundenbindungsinvestitionen unprofitabel werden. Zum anderen bleibt unberücksichtigt, dass der ökonomische Erfolg der Kundenbindung sich nicht einstellt, wenn auf der Kundenseite z. B. keine entsprechenden Ertragspotenziale vorhanden sind. Demzufolge sind längerfristige Beziehungen zu manchen Kunden profitabel, zu anderen aber auch unprofitabel. Oftmals lässt sich die Aufteilung der Kundendeckungsbeiträge ansatzweise nach der sog. Pareto-Regel darstellen, die besagt, dass 20 Prozent der Kunden 80 Prozent der Deckungsbeiträge für ein Unternehmen erwirtschaften (*Folly* 2006).

Studie: In einer Studie wird der Kundenstamm eines deutschen Versandhandelsunternehmens in Kundensegmente unterteilt. Sie kommt zu dem Ergebnis, dass der Kundenwert nicht unbedingt mit der Dauer der Geschäftsbeziehung zum Kunden in einem positiven Zusammenhang steht. Vielmehr zeigt sie ein Kundensegment von immerhin zwölf Prozent der untersuchten Kunden, das eine kurze Geschäftsdauer aufweist, aber dennoch für das Unternehmen profitabel ist. Außerdem wird festgestellt, dass Kunden mit geringem Kundenwert und kurzer Geschäftsdauer um vier- bis sechsmal höhere Betreuungskosten für das Unternehmen verursachen (*Krafft 2002*).

Aufbauend auf diesen Überlegungen wird postuliert, dass ein an ökonomischen Zielen ausgerichtetes Kundenbindungsmanagement eine monetäre Bewertung von Beziehungsinvestitionen des Anbieters voraussetzt. Das Ziel des Kundenbindungsmanagements ist die differenzierte Steigerung der Kundenbindung, d. h., dass Beziehungen ausschließlich zu profitablen Kunden stabilisiert und ausgebaut werden (*Eggert* 2003, S. 45). Der Wert eines Kunden für den Anbieter stellt damit die zentrale Steuerungsgröße für das Kundenbindungsmanagement dar. Aus der Verbindung zur Kundenbeziehung wird deutlich, dass der Begriff des Kundenwerts möglichst über die gesamte Kundenlebensdauer betrachtet wird. Daher dient folgende Definition des Kundenwerts als Grundlage (*Berger/Nasr* 1998):

Kundenwert ist die Differenz zwischen den zum Aufbau und zur Aufrechterhaltung einer Kundenbeziehung entstehenden Kosten und den Erlösen, die vom Kunden über die gesamte Dauer der Kundenbeziehung generiert werden.

In der Erfolgskette der Kundenorientierung steht der Kundenwert an letzter Stelle, d. h., er ist als kundenindividueller ökonomischer Erfolg die finale Zielgröße der Kundenorientierung. Demzufolge sind die Aktivitäten der Kundenorientierung nach der Maßgabe zu gestalten, dass deren Wirkungen beim Kunden zu einer Steigerung des anbieterseitigen Kundenwerts führen. Kundenwertmanagement wird dementsprechend wie folgt definiert:

Kundenwertmanagement ist die Ermittlung und Analyse kundenindividueller Kundenwerte sowie die Planung, Umsetzung und Kontrolle einer kundenwertbezogenen Steuerung von Kundenbeziehungen mit dem Ziel eines effizienteren Einsatzes von Marketinginstrumenten und einer optimalen Ausschöpfung von Kundenpotenzialen.

In der aktuellen Forschung wird der Kundenwert überwiegend analytisch, teilweise operativ behandelt. Schwerpunkt der Diskussion stellen vor allem zahlreiche unterschiedliche Modelle zur Bestimmung des (zukunftsorientierten) Customer Lifetime Value dar (vgl. für einen Überblick *Venkatesan/Kumar* 2004). Die Praktikabilität dieser Modelle bezüglich der Messbarkeit der Kundenwertelemente sowie die systematische Nutzung der Ergebnisse im Rahmen der Kundenorientierung wird jedoch nur in Ansätzen aufgezeigt. Vor diesem Hintergrund ist die Frage nach einem praktikablen Ansatz eines Kundenwertmanagements zu beantworten.

1.2 Dimensionen des Kundenwerts

Bezüglich der Inhalte des Kundenwertes lassen sich zwei Dimensionen differenzieren (*Gierl/Kurbel* 1997, S. 176 ff.; *Meyer/Dullinger* 1998, S. 772 f.):
- Monetäre Dimension,
- Zeitliche Dimension.

Während die monetäre Dimension die für den Anbieter nutzenstiftenden Beiträge der Kundenbeziehung widerspiegelt, wird mit der zeitlichen Dimension die Dauer der Kundenbeziehung berücksichtigt. Diese beiden Dimensionen lassen sich wiederum nach Vergangenheits- und Zukunftsorientierung unterscheiden, wie **Abbildung 7-1** aufzeigt.

Als Elemente der monetären Dimension sind die Akquisitionskosten und die bisherige Profitabilität als vergangenheitsorientierte Komponenten und das Kundenpotenzial als zukunftsorientierte Komponente zu unterscheiden. Diesbezüglich werden bei den ver-

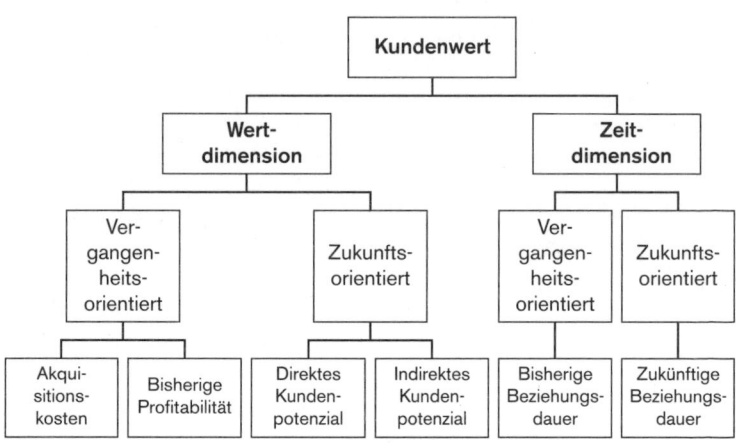

Abb. 7-1: Dimensionen des Kundenwerts (Quelle: *Bruhn* et al. 2005, S. 659)

gangenheitsorientierten Aspekten die Akquisitionskosten der bisherigen Profitabilität des Kunden gegenübergestellt. Die **Akquisitionskosten** stellen einmalige Kosten dar, die dem Anbieter zum Beziehungsbeginn entstehen, also z. B. Kosten für die Ansprache potenzieller Kunden über Postwurfsendungen, Gespräche mit Interessenten oder für Formalitäten eines Vertragsabschlusses.

Beispiel: Der Automobilclub *ADAC* gibt an, dass durch E-Mail-Abwicklung die Akquisitionskosten für eine erweiterte Mitgliedschaft (z. B. mit Auslandsreiseschutz) von zehn auf fünf Euro gesenkt werden konnten (*Lammoth* 2004).

Die **bisherige Profitabilität** ergibt sich aus den vergangenen Erlösen und Kosten einer Kundenbeziehung. Den **Erlösen** sind sowohl direkte Erlöse aus dem Erwerb von Leistungen durch den Kunden als auch indirekte Erlöse zuzurechnen. Unter Letzteren können jene Erlöse gefasst werden, die dem Anbieter die Realisierung von Zusatzerlösen bei anderen potenziellen oder bestehenden Kunden ermöglicht hat. In der Literatur werden diesbezüglich insbesondere Weiterempfehlungserlöse diskutiert, die auf die durch positive Mund-zu-Mund-Kommunikation realisierte Gewinnung von Neukunden zurückzuführen sind. Darüber hinaus werden auch Innovationserlöse erfasst, die durch eine aufgrund eines Kundenfeedbacks vorgenommene Leistungsverbesserung ausgelöst werden. Den Erlösen sind zur Ermittlung der bisherigen Profitabilität die **Kosten** gegenüberzustellen. Hierbei sind insbesondere Leistungs-, Marketing- und Vertriebskosten von Relevanz. Die Leistungskosten betreffen die Stückkosten der vom Kunden erworbenen Leistungen. Die Marketingkosten ergeben sich aus den Marketingaktivitäten, wie z. B. Mailing, Kataloge oder Call-Center-Kontakte. Die Vertriebskosten sind abhängig von den für den Kauf der Leistung genutzten Vertriebskanälen (z. B. Filiale, Internet, Telefon).

Studie: Kundenindividuelle Kostenzurechnungen setzen eine Identifikation der einzelnen Kunden und ein One-to-One-Marketing voraus. Instrumente der Massenkommunikation können als Gemeinkosten nicht einzelnen Kunden zugeordnet werden. Innerhalb einer empirischen Studie in der Elektroindustrie wurde festgestellt, dass 50 Prozent der befragten Unternehmen diesbezüglich nur eine Vollkostenrechnung durchführten. Lediglich 13 Prozent der Unternehmen waren in der Lage bzw. hatten entsprechende Analyseinstrumente eingeführt, um kundenindividuell Kosten zu erfassen (*Fischer/Schmöller* 2001, S. 19).

Bei einer zukunftsorientierten Betrachtung kann zwischen dem direkten und indirekten Kundenpotenzial unterschieden werden. Das Kundenpotenzial stellt die zukunftsorientierte Komponente der Wertdimension dar. Dieses umfasst das direkte und das indirekte Kundenpotenzial.

Das **direkte Kundenpotenzial** resultiert zum einen aus der unveränderten Fortsetzung der Beziehung durch den Kunden (Wiederkaufpotenzial), d. h., aus einer gleichbleibenden Kauffrequenz, Leistungsnutzung und Preissensibilität. Zum anderen wird das direkte Kundenpotenzial durch mögliche Erlös- und Profitabilitätssteigerungen bestimmt (Beziehungsausbaupotenzial). Dieses kann durch eine Steigerung der Kauffrequenz (Up Selling) und/oder durch den Verkauf zusätzlicher Leistungen (Cross Selling) erreicht werden.

Das **indirekte Kundenpotenzial** ergibt sich aus der Veränderung des Kaufverhaltens anderer Personen, die aus Aktivitäten des Kunden resultiert, für den das Kundenpotenzial ermittelt wird, d. h., insbesondere informatorische und kommunikative/akquisitorische Aktivitäten. Unter den **informatorischen Aktivitäten** werden die verwertbaren subjektiven kundenspezifischen Informationen verstanden, die das Unternehmen durch jegliche Art der Kommunikation mit dem Kunden erhält. Untersuchungen ergaben, dass nur etwa zehn Prozent der Unternehmen diese Informationen systematisch aufgreifen und weiterverarbeiten (*Schleuning* 1997). Den **kommunikativen** bzw. **akquisitorischen Aktivitäten** werden Wirkungen der Mund-zu-Mund-Kommunikation subsumiert, die bei der Akquisition von Neukunden einen hohen Stellenwert einnimmt. Entsprechende Untersuchungen zeigen, dass 100 zufriedene Kunden im Durchschnitt ca. 30 neue Kunden „akquirieren", unzufriedene Kunden dagegen ihre negativen Erfahrungen an drei bis fünf mal so viele Personen weitergeben als bei positiven Erfahrungen (*Schleuning* 1997). Hinsichtlich dieser Relation kommen einige Studien zu weniger deutlichen Ergebnissen (*Helm* 2002). Die grundsätzliche Relevanz solcher Kaufwarnungen bleibt jedoch bestehen.

Neben der Wertdimension beinhaltet der Kundenwert eine **Zeitdimension**, die mit der Dauer der Kundenbeziehung in Zusammenhang steht. Dabei lassen sich drei Komponenten unterscheiden:

- Die **bisherige Lebensdauer** bezeichnet den Zeitraum zwischen Beziehungsbeginn und dem aktuellen Zeitpunkt.
- Die **Restlebensdauer** kennzeichnet die verbleibende Lebensdauer der Beziehung vom aktuellen Zeitpunkt bis zum Beziehungsende.
- Die **Gesamtlebensdauer** setzt sich aus der bisherigen Beziehungsdauer und der Restlebensdauer zusammen, umfasst also die Lebensdauer vom Beziehungsbeginn bis zum Beziehungsende.

Die Bestimmung der Dimensionen und Komponenten des Kundenwerts bildet den Ausgangspunkt für die Messung des Kundenwerts, die in den einzelnen Modellen in unterschiedlicher Weise berücksichtigt werden.

2. Ansatzpunkte der Kundenwertanalyse

2.1 Methoden der Kundenwertmessung

Die zunehmende Bedeutung des Einsatzes von Kundenwertberechnungen im Unternehmen ist in der Praxis zwar erkannt, eine

Umsetzung dieser Berechnungen ist jedoch noch nicht weit verbreitet. So bejaht die Mehrheit der in empirischen Untersuchungen befragten deutschen Unternehmen die Wichtigkeit der Berechnung eines Kundenwertes. Trotzdem finden sich kaum Berichte über den praktischen Einsatz von Kundenwertberechnungen, insbesondere anspruchsvollen zukunftsorientierten Ansätzen (*Krafft/Rutsatz* 2003, S. 298). Dies ist um so erstaunlicher, da Unternehmen zahlreiche Verfahren zur Verfügung stehen, um den Wert eines Kunden quantitativ oder qualitativ zu ermitteln.

Die in der Literatur zur Messung des Kundenwerts bzw. der Kundenwertdimensionen diskutierten Kundenwertansätze sind vielfältig (vgl. zu einem Überblick *Cornelsen* 2000; *Günter/Helm* 2003). Eine Differenzierung der Ansätze lässt sich anhand von drei Dimensionen vornehmen, die gemeinsam mit den jeweiligen Verfahren in **Abbildung 7-2** dargestellt sind (*Bruhn* et al. 2000, S. 169f.). Zusätzlich zur Wert- und Zeitkomponente wird dabei noch die Berechnungsweise herangezogen, so dass sich folgende Dimensionen ergeben:

- Art des Lösungsalgorithmus (heuristisch, quasi-analytisch),
- Art der Kundenwertkomponenten (monetär, nicht-monetär),
- Art des betrachteten Zeithorizonts (statisch, dynamisch).

Hinsichtlich des **Lösungsalgorithmus** können heuristische und quasi-analytische Verfahren differenziert werden. Heuristische Verfahren geben Hinweise auf „richtige" Lösungswege und ein Erfolg versprechendes Suchverhalten. Sie liefern keine quantitativen Resultate und ermöglichen keine Ableitung optimaler Entscheidungen. Wesentlicher Vorteil dieser Verfahren ist, dass sie unter Verwendung relativ kleiner Datenbanken durchführbar und daher mit geringen Kosten verbunden sind. Deshalb werden die heuristischen Verfahren in der Praxis – trotz der eingeschränkten Aussagekraft – immer noch sehr häufig eingesetzt. Die quasi-analytischen Verfahren basieren auf mathematischen Berechnungen, die einen quantitativen Vergleich von Kunden auf der Grundlage numerischer Werte oder Punktwerte ermöglichen. Aufgrund der exakten Werte werden zumindest theoretisch optimale Entscheidungen realisierbar. Darüber hinaus erzielen diese Verfahren in der Regel vollständigere

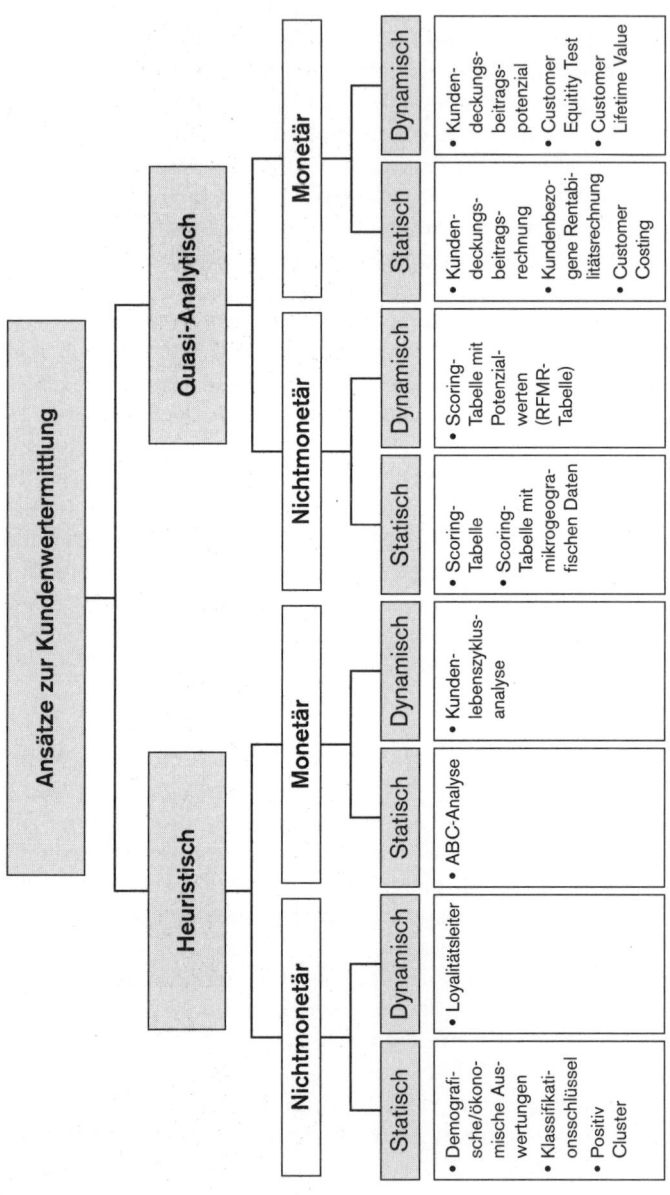

Abb. 7-2: Ansätze zur Kundenwertermittlung (Quelle: in Anlehnung an *Bruhn* et al. 2000, S. 170)

und besser anwendbare Resultate. Die aufwändige Datenbeschaffung und -verarbeitung sowie die Komplexität der Problemerfassung gehören zu den wesentlichen Nachteilen dieser Verfahren.

In Bezug auf die Art der **Kundenwertkomponenten** lassen sich monetäre und nicht-monetäre Verfahren unterscheiden. Wenn im Unternehmen die benötigten Umsatz- und Kostenzahlen direkt aus dem Rechnungswesen gewonnen werden können und jegliche Budgetüberlegungen monetär kalkuliert werden, bieten sich monetäre Verfahren an. Diese lassen durch ihre Eindeutigkeit direkte Kundenvergleiche zu und haben den Vorteil, dass sie in Kalkulationen und Budgetberechnungen mit einbezogen werden können. Der Nachteil der meisten monetären Verfahren ist ihre auf den Zusatzumsatz beschränkte Wertauffassung, die aufgrund der Vernachlässigung weiterer relevanter – auf die Kundenbindung oder Kommunikation des Kunden zurückführbare – Wertkomponenten unvollständig ist. Nicht-monetäre Verfahren beschränken sich auf eine primär qualitative Bewertung der Kunden und verzichten absichtlich auf den Versuch, jegliche Beziehung monetär zu bewerten.

In Abhängigkeit vom **betrachteten Zeithorizont** lassen sich statische (Zeitpunktbetrachtung) und dynamische Verfahren (Zeitraumbetrachtung) abgrenzen. Statische Verfahren sind für eine kurzfristige Bestandsaufnahme durchaus sinnvoll, zur langfristigen Bewertung von Kunden jedoch nicht einsetzbar, da sie zukünftige Entwicklungen – anders als die dynamischen Verfahren – nicht miteinbeziehen. Statische Verfahren sind den dynamischen durch ihre Unvollständigkeit der Kundenbetrachtung unterlegen. Kunden, die zum Zeitpunkt der Ermittlung unrentabel sind, können nur durch die Betrachtung ihres zukünftigen Volumens bewertet werden. Der Nachteil dynamischer Verfahren liegt in der Komplexität der Verfahren, die primär durch die zu erstellenden Prognosen und das zu berücksichtigende Risiko bedingt ist. Im Folgenden werden heuristische und quasi-analytische Verfahren im Detail erläutert.

(1) Heuristische Verfahren

Die einfachste Methode einer Kundenbewertung stellt die Kundensegmentierung mittels **demografischer** und (statischer) **ökonomischer Kriterien** dar, bei der die Kunden eines Unternehmens anhand dieser Kriterien analysiert und gruppiert werden. Diese Daten können – ergänzt um weitere kundenspezifische Informationen – in einem Klassifikationsschlüssel als Zahlencode (z. B. 93-5-10-11) strukturiert dargestellt werden. Besteht eine qualitativ hochwertige Datenbank, die demografische, geografische, psychografische oder kaufverhaltensbezogene Merkmale ökonomisch attraktiver Kunden erfasst, kann zusätzlich das Verfahren des **Positiv Cluster** genutzt werden. Bei dieser Methode werden die Ausprägungen merkmalsgleicher oder -ähnlicher Kunden zur Bewertung der Investitionswürdigkeit von potenziellen Kunden sowie Neukunden verwendet (*Link* 1995, S. 110). Das weit verbreitete **Kundenportfolio** stellt eine Erweiterung der Kundensegmentierung dar. Mittels einer Portfoliomatrix werden zwei Faktoren – meist die Kundenattraktivität als unternehmensexterne Größe und die Wettbewerbsposition als unternehmensspezifische Größe – dargestellt. Aus der Positionierung der Kunden in dieser Matrix lässt sich deren Investitionswürdigkeit in Form einer Typologisierung einordnen, die eine Erarbeitung segmentspezifischer Strategien ermöglicht (*Homburg/Schnurr* 1998, S. 180 ff.; *Köhler* 2000, S. 344 ff.).

Eine Möglichkeit zur Dynamisierung heuristischer, nicht-monetärer Verfahren zeigt das Verfahren der **Loyalitätsleiter** auf, bei dem Kunden in Abhängigkeit ihrer Bindung zum Unternehmen in Loyalitätsstufen kategorisiert werden. Die Position eines Kunden auf der Loyalitätsleiter verändert sich idealtypisch aufgrund der potenziellen Kaufwahrscheinlichkeit bzw. des Investitionsrisikos des Unternehmens schrittweise im Zeitablauf (*Link/Hildebrand* 1997, S. 161 f.).

Als monetäres heuristisches Verfahren stellt die **Kundenumsatzanalyse** bzw. **ABC-Analyse** ein weit verbreitetes Instrument zur Bewertung von (Stamm-)Kunden dar (*Homburg/Daum* 1997 b, S. 395). Grundlage ist die Analyse der in einer Periode getätigten Umsätze, innerhalb derer alle Kunden nach der Höhe der Umsätze bzw. der Umsatzerwartungen in eine Rangreihe gebracht werden. Aufgrund dieser Rangreihe lassen sich drei Kundengruppen bilden, indem die Kunden mit dem höchsten Umsatzanteil als A-Kunden, die restlichen Kunden als B- bzw. C-Kunden bezeichnet werden (*Bruhn* 1999 b, S. 132 f.). Oft wird hier die erwähnte Pareto-Regel bestätigt, nach der 20 Prozent der Kunden 80 Prozent der Umsätze generieren. Durch die Erweiterung der ABC-Analyse um dynamische Werte, z. B. Umsatz- oder Deckungsbeitragspotenziale, kann die Qualität des Verfahrens – insbesondere für die exakte Analyse von potenziellen Kunden und Neukunden – wesentlich verbessert werden. Der Kundenlebenszyklus zeigt den Verlauf der Umsatz- und Kosten- bzw. der Deckungsbeitragsentwicklung eines Kunden im Zeitablauf auf (*Homburg/Daum* 1997 b, S. 4 ff.; *Köhler* 2000, S. 352). Abhängig von der Zyklusphase, in der sich der Kunde befindet, wird dieser unterschiedlich bewertet und angesprochen.

(2) Quasi-analytische Verfahren

Der Grundgedanke des quasi-analytischen, aber nicht-monetären **Scoring-Verfahrens** ist die Bewertung der Kunden anhand mehrerer Merkmale, bei denen verschiedene qualitative Kriterien im Vordergrund stehen. Durch die Identifizierung und Gewichtung relevanter Kriterien werden Kunden durch die Vergabe von Punkten beurteilt und somit direkt vergleichbar gemacht (*Link* 1995, S. 109; *Schemuth* 1996, S. 86; *Homburg/Schnurr* 1998, S. 179; *Köhler* 2000, S. 342 f.; *Fader* et al. 2005, S. 416). Es ist möglich, Gewinne und Kosten der Kundenbeziehung auch als Bewertungskriterien mit einzubeziehen; diese werden aber, wie die anderen Kriterien, mit Punkten bewertet und fließen nicht direkt als monetäre Größen in die Berechnung mit ein. Erweitern lässt sich die Scoring-Tabelle um **mikrogeografische Daten**, indem die Kunden in direkte Beziehung zu ihrem Wohnumfeld gesetzt werden (*Link/Hildebrand* 1997, S. 170 f.). Zur Realisierung einer dynamischen Kundenbetrachtung kann die Scoring-Tabelle mit **Potenzialwerten** herangezogen werden. Das wohl bekannteste Verfahren dieser Art ist die vor allem im Versandhandel eingesetzte **RFMR-Methode** (Recency, Frequency, Monetary Ratio), die als grundlegende Kriterien das letzte Kaufdatum, die Häufigkeit der Käufe, den durchschnittlichen Umsatz, die Anzahl der Retouren und die Zahl der Werbesendungen als Bewertungsgrundlage verwendet. Durch die Punktbewertung der Kriterien entsteht aufgrund der Potenzialorientierung bei der Punktvergabe ein dynamisches Käuferprofil (*Gierl/Kurbel* 1997, S. 178; *Link/Hildebrand* 1997, S. 166 f.; *Miglautsch* 2000; *Shih/Liu* 2003, S. 170).

Wesentlich verbreiteter als die nicht-monetären Ansätze sind die monetären, quasi-analytischen Verfahren. Die **Kundendeckungsbeitragsrechnung** ermöglicht die Berechnung des Beitrages jedes Kunden zum Periodengewinn, indem durch eine stufenweise und verursachungsgerechte Zuordnung von Erlösen und Kosten ein monetärer Kundenwert berechnet wird (*Link* 1995, S. 109). Dadurch lassen sich Aussagen über die Kundenprofitabilität treffen, die zur Selektion investitionswürdiger Kunden führt, die den höchsten Ziel-Deckungsgrad aufweisen. Ähnlich ist das **Customer Costing** aufgebaut, bei dem die Steuerung und die hierarchische Zurechnung der kundenbezogenen Kosten und Erträge zu den Bezugsebenen Marketing, Vertrieb und Logistik (*Knöbel* 1998, S. 57 ff.) in Form einer Kundenergebnisrechnung umgesetzt wird. Die Zuordnung der produkt- und kundenspezifischen Gemeinkosten erfolgt auf unterschiedlichen Deckungsbeitragsstufen in einer auf der Prozesskostenrechnung basierenden Erfolgsrechnung. Daraus ist ersichtlich, dass ein Prozesskostensystem für diese Kalkulation unablässig ist (*Knöbel* 1998, S. 57). Durch das Konzept des „**Return on Investment**" (ROI) lässt sich der erwirtschaftete Deckungsbeitrag in Relation zum (in eine Kundenbeziehung eingesetzten) Kapital bringen. Je höher die individuelle Rendite ausfällt, desto attraktiver wird die Kundenbeziehung für ein Unternehmen.

Die Ermittlung des **Kundendeckungsbeitragspotenzials** kann als konsequente Erweiterung der Kundendeckungsbeitragsrechnung angesehen werden, indem die kurzfristige statische Sichtweise durch eine dynamische Betrachtung von Entwicklungspotenzialen ersetzt wird. Da insbesondere potenzielle Kunden oder Neukunden erst im Laufe der Kundenbeziehung profitabel werden, steht die zukünftige Deckungsbeitragsentwicklung im Vordergrund (*Link/ Hildebrand* 1997, S. 163 f.). Im **Customer Equity Test** setzt sich der Kundenwert aus dem Akquisitions-, Wiederkaufs- (Wiederkaufswahrscheinlichkeit, Kaufvolumen, Add-on Selling), und Kommunikationsverhalten des Kunden zusammen. Die Berechnung des Kundenwertes basiert auf den Wahrscheinlichkeiten dafür, dass ein Kunde akquiriert bzw. zurückgewonnen werden kann. Je ausgeprägter diese Faktoren in Verbindung mit den ökonomischen und vorökonomischen Faktoren sind, desto wertvoller wird ein Kunde bewertet (*Blattberg/Deighton* 1996, S. 136 ff.; *Blattberg/Deighton* 1997, S. 24 ff.). Aus der Investitionsrechnung lässt sich der **Customer Lifetime Value (CLV)** ableiten, indem die dem Kunden direkt zurechenbaren Ein- und Auszahlungsströme während der gesamten Lebensdauer der Investition (Beziehungsdauer) prognostiziert und auf den Gegenwartswert diskontiert werden (*Bechwati/Eshgi* 2004, S. 93). Insbesondere die Berücksichtigung einer Retention Rate (Wiederkaufwahrscheinlichkeit) und die Erweiterung des monetären Wertes durch nicht-monetäre Wertkomponenten erhöhen die Aussagekraft des CLV.

Beispiel: Eine von *Reichheld/Sasser* (1991) durchgeführte und häufig zitierte Studie besagt, dass ein Kreditkartenkunde im ersten Jahr der Geschäftsbeziehung einen durchschnittlichen Kundenwert von 30 USD erbringt. Im fünften Jahr der Beziehung hat sich dieser Wert bereits auf 50 USD erhöht. Ähnliche Kundenwertentwicklungen werden auch für andere Branchen aufgezeigt. Betrachtet man den potenziellen Lebensumsatz pro Kunde insgesamt (Customer Lifetime Value), so wird dieser Betrag für einen Supermarkt auf 178.952 EUR geschätzt. Eine Bankbeziehung verspricht einen Lebensumsatz von 7.669 EUR und für einen Automobilhersteller wird ein Wert pro Kunde von 107.371 EUR angesetzt (Studie der *Boston Consulting Group* 1990).

Den Ausgangspunkt zur **Berechnung des Customer Lifetime Value** bildet die Kapitalwertformel, die – analog der klassischen Investitionsrechnung – auch für Kundeninvestitionen angewendet werden kann, wie in **Abbildung 7-3** dargestellt ist (*Link/Hildebrand* 1997). Die bereits getätigten sowie die zukünftig zu erwartenden Zahlungsströme des einzelnen Kunden werden – basierend auf Erfahrungswerten des Unternehmens über das Verhalten des Kunden – möglichst exakt erfasst und auf einen einheitlichen Bezugszeitpunkt abgezinst. Diese Vorgehensweise beruht auf dem Prinzip, dass zukünftige Zahlungen für das Unternehmen weniger wert sind als gegenwärtige (*Homburg/Daum* 1997, S. 402). Dahinter steht die Überlegung, dass strategische Entscheidungen nur auf dem aktuellen, d. h. dem Gegenwartswert eines Kunden, zu treffen sind.

In **Abbildung 7-4** ist ein Beispiel zur Berechnung eines Kundenwertes wiedergegeben. Die implizite Prämisse, dass jedes Unternehmen die Ein- und Auszahlungen der Kunden individuell erfassen

Customer Lifetime Value (Potential Value)

$$CLV = -I_0 + \sum_{t=0}^{T} x_t \cdot (p - k) - M_t$$

Customer Lifetime Value (Present Value)

$$CLV = -I_0 + \sum_{t=0}^{T} \frac{(p - k) - M_t}{(1 + r)^t}$$

Customer Lifetime Value (Present Value mit Retention Rate)

$$CLV = -I_0 + \sum_{t=0}^{T} \frac{(x_1 \cdot (p - k) - M_t) \cdot R^t}{(1 + r)^t}$$

t	= Jahr
T	= voraussichtliche Zahl der Jahre, in denen der Umworbene Kunde bleibt
x_t	= Abnahmeprognose für Jahr t
p	= (kundenindividueller) Produktpreis
k	= Stückkosten
Mt	= kundenspezifische Marktaufwendungen im Jahr t
r	= Kalkulationszinsfuß
R	= Retention Rate
I_0	= Akquisitionskosten im Zeitpunkt t = 0

Abb. 7-3: Formeln zur Berechnung eines investitionstheoretischen Customer Lifetime Value (Quelle: in Anlehnung an *Link/Hildebrand* 1997, S. 165)

und zurechnen kann, ist jedoch in der Unternehmenspraxis in vielen Fällen nicht gegeben.

Um eine Kundenwertstrategie fundiert planen zu können, sind zunächst die Voraussetzungen im Rechnungswesen zu schaffen (*Plinke* 1989; *Scheiter/Binder* 1992; *Homburg/Daum* 1997; *Köhler* 2000). Derartige Umstellungen sind für das betroffene Unternehmen meist mit hohem organisatorischen Aufwand verbunden, die zu hohen Kosten im Vorfeld führen. Demgegenüber bestehen Nutzenaspekte zum einen in der Möglichkeit, für das Unternehmen die Attraktivität seiner Kunden zu ermitteln, und zum anderen in den Erfolgspotenzialen (Cross-Selling-Potenziale, Weiterempfehlungen, Informationswert usw.), die sich im Rahmen einer kundenwertbezogenen Beziehungssteuerung realisieren lassen.

	t = 0	t = 1	t = 2	t = 3	t = 4	t = 5	t = 6	t = 7	Potential CCL
Abnahmeprognose	4	6	10	16	20	20	20	20	
Produktpreis	10	10	10	10	10	10	10	10	
Stückkosten	3	3	3	3	3	3	3	3	
Marketingaufwendungen	20	30	40	40	30	30	20	20	
Akquisitionskosten	50	–	–	–	–	–	–	–	
Erlös	–42,00	12,00	30,00	72,00	110,00	110,00	120,00	120,00	S = 532,00 GE
Abzinsungsfaktor (r = 0,1)	1,00	1,10	1,21	1,33	1,46	1,61	1,77	1,94	Present CLV
Erlös (diskontiert)	–42,00	10,91	24,79	54,09	75,13	68,30	67,74	61,58	S = 320,55 GE
Retention Rate (R = 0,75) und Abzinsung kumuliert	1,00	0,68	0,46	0,32	0,22	0,15	0,10	0,07	Present CLV mit Retention
Erlös (diskontiert und mit Retention Rate)	–42,00	8,18	13,95	22,82	23,77	16,21	12,06	8,22	S = 63,21 GE

Abb. 7-4: Fiktives Beispiel für die Berechnung eines Kundenwertes

Methode	Typ	Nein
• Demografische und ökonomische Segmentierung • Klassifikationsschlüssel • Positive Cluster • Kundenportfolio • Kundenattraktivitäts-Wettbewerbspositions-Portfolio • Kundenzufriedenheits-Kundenattraktivitäts-Portfolio • Kundenzufriedenheitsanalysen	h / nm / s	n.e. 10,8 n.e. 10,8 13,5 8,1 45,9
• Loyalitätsleiter	h / nm / d	10,8
• ABC-Analyse	h / m / s	43,2
• ABC-Analyse mit dynamischen Werten • Kundenlebenszyklusanalyse	h / m / d	n.e. n.e.
• Scoring-Tabelle	qa / nm / s	18,9
• Scoring-Tabelle mit Potenzialwerten (RFMR-Tabelle)	qa / nm / d	13,5
• Kundendeckungsbeitragsrechnung • Customer Costing • Kundenbezogene Rentabilitätsrechnung (ROI) • Bedarfsdeckungsquote	qa / m / s	21,6 n.e. n.e. 10,8
• Customer Equity Test • Customer Lifetime Value	qa / m / d	n.e. 8,1
n.e = nicht erhoben; h = heuristisch; qa = quasi-analytisch; nm = nichtmonetär; m = monetär; s = statisch; d = dynamisch		

Abb. 7-5: Verwendung von Verfahren zur Kundenwertmessung im Bekleidungseinzelhandel (Quelle: *Schröder/Schettgen* 2002, S. 14)

Studie: Eine Studie ermittelte die Anwendung der verschiedenen Methoden zur Kundenwertmessung im Bekleidungseinzelhandel. Dabei zeigte sich, dass heuristische und vergangenheitsorientierte Methoden noch eine deutlich größere Verbreitung erfahren als neuere, zukunftsorientierte Methoden der Kundenwertmessung (*Schröder/Schettgen* 2002). **Abbildung 7-5** stellt die Anwendungshäufigkeit in einer Übersicht dar.

Im Rahmen einer Beurteilung der Berechnungsmöglichkeiten bereitet besonders die Ermittlung der zukunftsorientierten Kundenwertdimensionen Schwierigkeiten, d. h. des Kundenpotenzials sowie der Restlebensdauer (Prognoseproblem). In der wissenschaftlichen Literatur werden dahin gehend verschiedene statistische Methoden diskutiert. **Abbildung 7-6** zeigt eine Auswahl von Methoden zur Prognose der zukunftsorientierten Kundenwertdimensionen, die sich zunächst im Hinblick auf ihren Aufwand unterscheiden (vgl. für einen Überblick *Hippner* et al. 2001; *Günter/Helm* 2003; *Bruhn* et al. 2004). Darüber hinaus variieren die Reliabilität, Validität und Predictive Power, d. h. die Vorhersagekraft der verschiedenen Ansätze. Diese Unterschiede sind allerdings nicht allgemein gültig, sondern sind im Einzelfall zu analysieren, um die optimale Methode für das jeweilige Unternehmen zu bestimmen.

Bei der Kundenwertanalyse liegen darüber hinaus zwei **Zurechnungsprobleme** vor. Zum einen ist das Kundenverhalten zur Bestimmung der erlösbezogenen Kundenwertkomponente zu analysieren. Dabei erweist sich oft die Zuordnung des Kundenverhaltens (z. B. anhand des Umsatzes gemessen) zum einzelnen Kunden als sehr schwierig (*Dias* et al. 2002). Zurechnungsprobleme bestehen zum anderen auch bei den Kosten einer Kundenbeziehung. Beispielsweise ist es schwierig, die für einen Bankangestellten entstehenden Kosten auf alle Kunden zu verteilen. In der Literatur werden diesbezügliche Lösungsansätze diskutiert. So wenden *Ness* et al. (2001) die Prozesskostenrechnung zur Bestimmung der Beziehungskosten an und identifizieren auf Basis ihrer Analyse Akquisitions-, Erstellungs-, Betreuungs- und Bindungskosten.

Insgesamt bleibt festzuhalten, dass zur Ermittlung eines validen, möglichst eindeutigen Kundenwerts der Einsatz eines quasi-analytischen, dynamischen und monetären Verfahrens anzustreben ist, das nach Möglichkeit um nicht-monetäre Wertkomponenten ergänzt wird. Ausgehend von dem Konzept sowie der Messung des Kundenwerts ist dessen Umsetzung im Rahmen eines kundenwertorientierten Kundenbindungsmanagements sicherzustellen. In einem ersten Schritt ist dabei eine Segmentierung der Kunden nach ihrem individuellen Kundenwert erforderlich.

Methode	Ergebnis Wertkomponente	Ergebnis Zeitkomponente	Datenaufwand	Entwicklungsaufwand	Implementierungsaufwand	Predictive Power
Logistische Regression	–	Abwanderungswahrscheinlichkeit	+	+	+	Keine allgemeine gültige Aussage möglich; muss im Einzelfall für Alternativmodelle bewertet werden
Multiple Regression	Geschätzte Profitabilität	Geschätzte Lebensdauer	–	+	+	
Markov-Kette	–	Abwanderungswahrscheinlichkeit	–	–	+	
Neuronale Netze	Profitabilität pro Cluster	Lebensdauer Abwanderungswahrscheinlichkeit pro Cluster	+	–	–	
Survival-Analyse	–	Abwanderungswahrscheinlichkeit	+	–	+	
Zeitreihenanalyse	Geschätzte Profitabilität	Geschätzte Lebensdauer	–	–	–	
Clusteranalyse	Profitabilität pro Cluster	Lebensdauer Abwanderungswahrscheinlichkeit pro Cluster	+	–	+	

Abb. 7-6: Methoden zur Prognose der zukunftsorientierten Kundenwertdimensionen (Quelle: *Bruhn* et al. 2004, S. 443)

2.2 Kundenwertsegmentierung

Die Ergebnisse der Kundenwertanalysen dienen als Grundlage einer kundenwertbasierten Kundensegmentierung. Dabei werden – im Unterschied zur klassischen Marktsegmentierung – Daten eingesetzt, die direkt bei den aktuellen Kunden erhoben werden (z. B. über Transaktionsdatenbanken oder Kundenbefragungen). Ansätze zur kundenwertbasierten Segmentierung können nach zwei Dimensionen definiert werden. Zum einen kann nach dem Differenzierungsgrad der Segmentierung unterschieden werden, d. h., ob eine einzelkundenorientierte Segmentierung („Segment of One") oder eine kundengruppenorientierte Segmentierung (klassische Segmentierung) vorgenommen wird. Zum anderen lassen sich nach der Dimensionalität der Segmentierung ein- und mehrdimensionale Segmentierungen unterscheiden. Die eindimensionalen Modelle stellen partialanalytische Ansätze dar, die zur Ermittlung des Kundenwerts eine als besonders wichtig erachtete Größe (z. B. Umsatz) verwenden. Mehrdimensionale Verfahren differenzieren dagegen verschiedene Wertbeiträge des Kunden und berücksichtigen in entsprechender Weise mehrere Größen, die geeignet sind, diese Wertbeiträge abzubilden (*Eggert* 2003, S. 45).

Beispiel: Eine Segmentierung nach dem Umsatz findet bei vielen Fluggesellschaften und deren Kooperationspartnern statt. So kann jeder Kunde bei dem Bonusprogramm *Miles&More* Meilen „erwerben", indem er über Flugbuchungen oder Käufe bei kooperierenden Unternehmen entsprechende Umsätze tätigt. Diese Meilen kann er gegen Produkte, Freiflüge oder andere Services eintauschen. Mit dem Status des Frequent Traveller, den er ab 35.000 innerhalb eines bestimmten Zeitraums erworbenen Meilen erhält, hat er Anspruch auf weitere Value Added Services wie z. B. späten Check-In, eine größere Gepäckmenge oder Zugang zu Flughafen-Lounges. Für zwei weitere Segmente, die ebenfalls nach der Anzahl der gesammelten Meilen abgestuft sind, kommen weitere exklusive Services hinzu (*Eisenächer* 2005).

In der wissenschaftlichen Literatur werden überwiegend mehrdimensionale Segmentierungsansätze diskutiert. Dabei finden unterschiedliche Kombinationen psychologischer, verhaltensbezogener und ökonomischer Kundenwertkomponenten statt. Es existieren rein ökonomisch orientierte Ansätze, dessen Segmente durch die Variation der Umsatz- und Kostenkomponente des Kundenwertes entstehen (*Ness* et al. 2001). Dadurch resultieren „Champions" (hoher Umsatz, geringe Kosten), „Demanders" (hoher Umsatz, hohe Kosten), „Acquaintances" (geringer Umsatz, geringe Kosten) und „Losers" (geringer Umsatz, hohe Kosten). Zusätzlich kann diese Segmentierung um die zukunftsorientierte Komponente der Kundenbindungswahrscheinlichkeit erweitert werden. In ähnlicher Weise werden Kundensegmente auf Basis der Reagibilität von Kunden hinsichtlich von Marketingaktivitäten des Anbieters (verhaltensbezogenes Kriterium) sowie der Kundenprofitabilität (ökonomisches Kriterium) gebildet (*Krafft* 2002). Eine verwandte Möglichkeit besteht in der Kombination von finanziellen und verhaltensbezogenen Kennzahlen durch die Anwendung der Dimensionen „Recency", „Frequency" und „Monetary" (*Marcus* 1998). Schließlich ist es denkbar, verhaltensbezogene (Kundenbindung) und psychologische Segmentierungskriterien (Kundenzufriedenheit) zu kombinieren (*Brusco* et al. 2003).

3. Planung des Kundenwertmanagements

3.1 Kundenwertstrategien

Die Kundenbeziehung lässt sich zum einen anhand ihres bisherigen monetären Wertes beurteilen und steuern. Zum anderen ist es aber sinnvoll, sie in Form eines Kundenlebenszyklus in die drei Phasen der Kundenbeziehung zu unterteilen: die Akquisitions-, Bindungs- und Rückgewinnungsphase (**Abbildung 7-7**).

Der vergangenheitsbezogene, monetäre Wert einer Kundenbeziehung ohne Betrachtung der Phase, in der sich die Kundenbeziehung gerade befindet, lässt bereits Aussagen über die Sinnhaftigkeit weiterer Investitionen in Form des Einsatzes von Marketinginstrumenten zu. Führen weitere Aufwendungen, z. B. preisliche Vergünstigungen oder Direct Mails, angesichts eines aktuell geringen Kundenwertes dazu, dass dieser unter Null sinkt, so ist von einer weiteren Aufrechterhaltung der Beziehung abzusehen.

In der **Akquisitionsphase** werden durch Maßnahmen der Bezie-

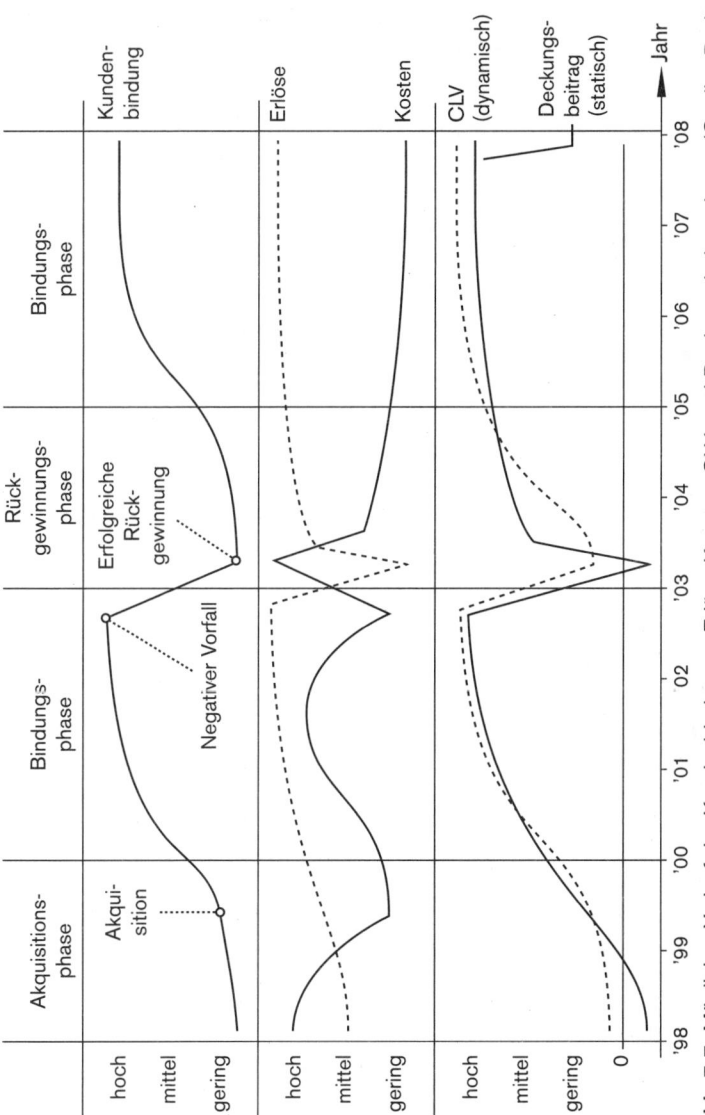

Abb. 7-7: Möglicher Verlauf der Kundenbindungs-, Erlös-, Kosten-, CLV- und Deckungsbeitragskurve (Quelle: *Bruhn* et al. 2000, S. 180)

hungsvorbereitung und -anbahnung Grundlagen für eine erfolgreiche Ansprache von potenziell profitablen Kunden durchgeführt. Kann ein potenzieller Kunde von den Leistungen eines Unternehmens überzeugt werden, wird dieser durch erste (Test-)Käufe zum Neukunden. Eine für den Kunden zumindest zufriedenstellende Zusammenarbeit stellt die Basis für eine Intensivierung der Beziehung dar.

Der Kunde empfindet Loyalität gegenüber dem Unternehmen und wird dadurch in die **Bindungsphase** eintreten. Die primären Aufgaben des Unternehmens bestehen im Beziehungsaufbau sowie in der Beziehungspflege und -stabilisierung. Neben einer technisch/funktionalen, vertraglichen und ökonomischen Bindung ist dies vor allem durch eine emotionale Bindung möglich (*Bruhn* 1999a). Die erwähnten Studien von *Reichheld/Sasser* (1991) zeigten, dass durch eine Verringerung der Kundenabwanderung von fünf Prozent der Gewinn innerhalb von zehn Jahren um 80 Prozent erhöht werden konnte. Weitere Ursachen der im Laufe einer Kundenbeziehung zunehmenden Profitabilität sind in kundenbezogenen Erlössteigerungen und Kostensenkungen bei langfristig gebundenen Kunden zu sehen, die auf eine verringerte Preis- und Qualitätssensitivität sowie ein vermehrtes Cross-Buying zurückzuführen sind (*Link/ Hildebrand* 1997, S. 28 ff.; *Berger/Nasr* 1998, S. 19 f.). Der ökonomische Erfolg von Maßnahmen zur Verbesserung der Kundenbindung spiegelt die Notwendigkeit der konsequenten Orientierung am profitablen Kunden wider (*Reichheld* 1993, S. 106 f.; *Berger/Nasr* 1998, S. 19 f.).

In einer Kundenbeziehung besteht jedoch auch die Gefahr, dass ein Kunde aus bestimmten Gründen (z. B. wiederholte Transaktionsfehler, attraktives Konkurrenzangebot) die Beziehung zum Unternehmen reduziert oder abbricht. Ziel eines Unternehmens ist es, Kunden, die sich in der **Rückgewinnungsphase** befinden, mit spezifischen Marketingmaßnahmen wieder an ihr altes Bindungsniveau heranzuführen.

Der Erfolg der Kundenorientierung des Unternehmens kann nicht mehr an den generellen Marketingzielen Gewinn, Umsatz oder Marktanteil gemessen werden, sondern es sind kundenbezogene Erfolgsgrößen, wie der Customer Lifetime Value, heranzuziehen. Je nach Phasenzugehörigkeit eines Kunden werden modifizierte, kundenindividuelle Marketingzielsetzungen festgelegt, zu deren Realisierung der Kundenwert für die umfassende Planung, Steuerung und Kontrolle von Kundenbeziehungen genutzt werden kann.

3.2 Operativer Einsatz des Kundenwertmanagements

Im Folgenden wird analog der strategischen Ausrichtung eines Kundenwertmanagements eine Einteilung der kundenwertbezogenen Maßnahmen nach den drei **Kundenbeziehungsphasen** vorgenommen:

(1) Einsatz des Kundenwerts in der Kundenakquisitionsphase,
(2) Einsatz des Kundenwerts in der Kundenbindungsphase,
(3) Einsatz des Kundenwerts in der Kundenrückgewinnungsphase.

(1) Einsatz des Kundenwerts in der Kundenakquisitionsphase

Im Rahmen des Relationship Marketing wird – im Unterschied zum traditionellen Marketing – angestrebt, jeden potenziellen Kunden gemäß seines zukünftigen Potenzials anzusprechen (*Wang/ Splegel* 1994, S. 74 f.; *Köhler* 2000, S. 335). Zur Überprüfung dieser Potenziale bedarf es erster Akquisitionsegmentierungen, die Anhaltspunkte dafür liefern, ob der potenzielle Kunde zur Zielgruppe des Unternehmens gehört. Da in der Anfangsphase einer Kundenbeziehung wenig Kundendaten vorhanden sind, sind durch traditionelle Marktforschungsverfahren Informationen über potenzielle Kunden zu ermitteln (vgl. auch *Reichheld* 1993, S. 107 f.; *Roberts* 1997, S. 31 f.). Insbesondere mittels heuristischer Verfahren, beispielsweise des Positiv-Cluster-Verfahrens oder des Lebenszyklus bestehender Kunden, kann auf Basis demografischer und ökonomischer Daten eine Bewertung potenzieller Kunden vollzogen werden (*Link/Hildebrand* 1997, S. 22 f.)

Diese Daten dienen als Grundlage für eine erste, provisorische Ermittlung des Kundenwerts, der eine Akquisitionsüberprüfung der potenziellen Kundenbeziehungen ermöglicht. In Abhängigkeit der Höhe des Kundenwerts eines potenziellen Kunden können die Maßnahmen des Akquisitionsmanagements geplant, gesteuert und kontrolliert werden.

Der Kundenwert eines potenziellen Kunden dient darüber hinaus der Akquisitionsbudgetierung. Grundsätzlich ist es für die Sinnhaftigkeit einer Beziehung zwingend notwendig, dass die Akquisitionskosten den Kundenwert nicht übersteigen, da die Kundenbeziehung ansonsten einen negativen (kumulierten und diskontierten) zukünftigen Gewinn ausweisen würde. Der Kundenwert gilt somit als das kostenbezogene Höchstmaß für die gesamten akquisitorischen Maßnahmen. Das Prinzip der Verteilung der Akquisitionskosten auf die gesamte Kundenlebensdauer machen sich beispielsweise Bücherclubs zunutze, die trotz anfänglich hoher Akquisitionskosten profitable Kundenbeziehungen aufbauen können (*Link/ Hildebrand* 1997, S. 27).

(2) Einsatz des Kundenwerts in der Kundenbindungsphase

Die primäre Aufgabe des Kundenwerts in der Kundenbindungsphase ist die Profitabilitätsüberprüfung im Hinblick auf bestehende Kundenbeziehungen. Der ermittelte Wert zeigt, wieviel jeder einzelne Kunde zum Erfolg des Unternehmens während seiner gesamten prognostizierten Bindungszeit beisteuert. Ziel des Unternehmens im Rahmen des Relationship Marketing ist nicht mehr die Maximierung des Kundenstamms, sondern die Optimierung der Kundenbeziehungen (*Homburg/Daum* 1997, S. 394 f.). Kunden, die einen negativen Kundenwert aufweisen, werden als Kostenverursacher erkannt und nicht mehr gefördert, so dass eine Optimierung der Marketingaktivitäten auf die profitablen Kunden bzw. eine Kosteneinsparung bei unprofitablen Kunden vollzogen werden kann. Ist der Wert jedes einzelnen Kunden bekannt, lassen sich Beziehungssegmentierungen vornehmen. Neben der differenzierten Betreuung einzelner Kunden lassen sich Kundengruppen bilden, die in Abhängigkeit der Höhe ihres Kundenwerts unterschiedlich intensiv bearbeitet werden. Dies führt zu einem differenzierten Bindungsmanagement, das neben kundenspezifischen Kommunikationsmaßnahmen maßgeschneiderte Leistungsangebote (Produkt- und Sortimentspolitik) sowie deren Preisgestaltung und die Vertriebspolitik beinhaltet (*Link/Hildebrand* 1997, S. 165).

Beispiel 1: Mobilfunkunternehmen nutzen die Segmentierung nach Kundenwerten zur bevorzugten Behandlung profitabler Kunden. Ein kundenwertbezogenes Call-Center-Routing weist bei erkannter und zugeordneter Nummer diesen schneller einen Kundenbetreuer zu als weniger profitablen Kunden.

Beispiel 2: Ein kundenwertorientierter Einsatz von Ressourcen lässt sich insbesondere bei Direct-Marketing-Maßnahmen realisieren. Um den Marketingerfolg diesbezüglich zu maximieren, werden individuelle Angebote lediglich an Kunden gerichtet, die aufgrund einer hohen Kauffrequenz, einer in der Vergangenheit hohen Responserate oder eines generell hohen Kundenwertes als Erfolg versprechend angesehen werden. Ebenso ist es zweckmäßig, besonders wertvollen Kunden, denen exklusiv Angebote (z. B. günstige Produktbündel, Extraservices, Sonderpreise) unterbreitet werden, die Exklusivität dieser Leistungen auch zu kommunizieren und die Kundenbindung durch solch explizite Sonderbehandlungen zu erhöhen (z. B. Fahrt mit *Porsche Cayenne* zum Flugzeug als exklusive Leistung für Mitglieder des HON Circle bei der *Lufthansa*) (*Eisenächer* 2005, S. 751 f.).

Der Kundenwert wird zur Planung, Steuerung und Erfolgskontrolle sämtlicher Marketingmaßnahmen eingesetzt, um den richtigen Kunden zum richtigen Zeitpunkt mit den richtigen Argumenten ein auf sie zugeschnittenes Angebot zu machen. Im Idealfall ist der Erfolg der Marketingaktivitäten in der – im Zeitablauf geringer werdenden – Erhöhung der Kundenbindung und des Kundenwerts ersichtlich. **Abbildung 7-8** zeigt die Auswirkung des Kundenbindungsmanagements auf den Kundenwert eines Kunden. Werden die Erlöse als konstant angenommen (Betrachtungsraum acht Jahre, Abzinsung zehn Prozent, auf Basis des Kundenwerts mit Retention Rate), dann wird eine Erhöhung der Retentionrate von 0,65 auf 0,85 (die Wiederkaufrate wird um 20 Prozentpunkte erhöht) den Kundenwert um 59,5 Prozent erhöhen. Die Steuerung der Kundenbindung führt somit zu erheblichen Steigerungen des Kundenwertes. Dieser Effekt wird sich noch verstärken, wenn man von steigenden Umsätzen und sinkenden Kosten bei fortdauernder Kundenbindung ausgeht.

Ferner lässt sich der Kundenwert zur Bindungsbudgetierung der gesamten kundenspezifischen Marketingaktivitäten nutzen. Die Kosten dürfen auch bei der Gestaltung von Marketingmaßnahmen nicht den Kundenwert übersteigen – grundsätzlich ist jedoch die Höhe des Kundenwerts ausschlaggebend für die Höhe des eingesetzten Budgets.

Retention Rate nach Einsatz des Bindungsmanagements

Retention Rate vor Einsatz des Bindungsmanagements	0,50	0,55	0,60	0,65	0,70	0,75	0,80	0,85	0,90	0,95
0,50	0	8,9	19,3	31,6	46,2	63,7	84,7	109,9	140,2	176,7
0,55		0	9,6	20,9	34,3	50,4	69,6	92,8	120,6	154,2
0,60			0	10,3	22,6	37,7	54,8	76,0	101,4	132,0
0,65				0	11,1	24,4	40,3	59,5	82,5	110,3
0,70					0	12,0	26,3	43,5	64,3	89,2
0,75						0	12,8	28,2	46,7	69,0
0,80							0	13,6	30,1	49,8
0,85								0	14,4	31,8
0,90									0	15,2
0,95										0

Abb. 7-8: Erhöhung des Kundenwerts durch den Einsatz eines Bindungsmanagements (bei konstanten Erlösen und einer Betrachtungsdauer von 8 Jahren) (Quelle: *Bruhn* et al. 2000, S. 183)

Die regelmäßige Berechnung eines Kundenwerts lässt zudem eine genaue Analyse der Entwicklung einer Kundenbeziehung nach Profitabilitätsaspekten zu. Mittels eines Kundenlebenszyklus – basierend auf der Entwicklung des Kundenwerts – lassen sich Tendenzen aufzeigen, die Hinweise auf die zeitliche Entwicklung einer Beziehung geben.

(3) Einsatz des Kundenwerts in der Kundenrückgewinnungsphase

Beendet ein Kunde seine Beziehung zum Unternehmen, oder hat er diesbezügliche Absichten, so hat das Unternehmen mit geeigneten Mitteln auf diese Gefahr zu reagieren. Der Verlust eines profitablen Kunden bringt große monetäre Einbußen. Diese setzen sich aus den verlorenen Erträgen, den noch nicht amortisierten Akquisitionskosten sowie aus Imageschäden durch (negative) Mund-zu-Mund-Kommunikation gegenüber bestehenden und potenziellen Kunden zusammen. Da die Rückgewinnung von bestehenden Kunden meist kostengünstiger ist als die Neukundenakquisition, besteht aus Profitabilitätsgründen ein Ziel in der Verhinderung der Abwanderung gebundener Kunden (*Müller/Riesenbeck* 1991, S. 69).

Ziel eines Unternehmens ist es, diese gefährdeten Beziehungen durch die Rückgewinnungssegmentierung mittels des Kundenwerts (vgl. auch *Stauss* 1997, S. 7 ff.) aufzuspüren. Im Vordergrund steht eine allgemeine Rückgewinnungsüberprüfung aufgrund der Kundenwerte der letzten Jahre. Spezifisch bei Radikal- oder Kurzschlussabwanderungen ist erkennbar, dass der Kundenwert bei Nicht-Eintritt des zur Abwanderung führenden Vorfalls weiterhin positiv wäre. Je höher die Kundenwerte der letzten Jahre waren, desto intensiver hat sich das Unternehmen um die Rückgewinnung des Kunden durch Maßnahmen des Rückgewinnungsmanagements zu bemühen. Eine wesentliche Rolle spielt hierbei das Beschwerdemanagement, das durch geeignete Maßnahmen die Unzufriedenheit eines Kunden verringern oder gar aufheben kann. Entsprechend des Vorgehens bei der Neukundenakquisition ist darauf zu achten, dass bei der Rückgewinnungsbudgetierung die maximalen kundenspezifischen Kosten nicht den Kundenwert übersteigen. Auch in der Rückgewinnungsphase wird wiederum der vergangene Kundenwert primär die Höhe des Rückgewinnungsbudgets bestimmen.

Zur Vermeidung von Plan- und Zweifelabwanderungen, die sich über mehrere Perioden hinziehen können, lässt sich der Kundenwert in Form des Kundenlebenszyklus als Kontrollinstrument einsetzen. Ist mittels der **Abwanderungswahrscheinlichkeitsanalyse** eine negative Tendenz feststellbar, können geeignete Rückgewinnungmaßnahmen die mögliche Abwanderung verhindern. Zudem lässt die Analyse der Kundenwertentwicklung eine **Abwanderungsevaluation** zu. Diese ermöglicht eine Bestimmung des Zeitpunktes, zu dem der negative Trend des Kundenwerts erstmalig aufgetreten ist, um die Gründe für den Abbau der Beziehung durch den Kunden zu ermitteln.

4. Einsatz eines Kundenwertcontrolling

Im Rahmen des Kundenwertcontrolling werden sowohl das Kundenportfolio selbst als auch die Strategien und Maßnahmen dahin gehend kontrolliert, ob die gesetzten Ziele erreicht wurden (Ergebniskontrolle). Darüber hinaus gilt es zu überprüfen, inwieweit die praktisch umgesetzten Prozesse den geplanten Abläufen entsprechen (Verfahrenskontrolle). Gegenstand dieser Kontrolle kann darüber hinaus auch die Überprüfung der Akzeptanz und des Verhaltens von Mitarbeitern sein, die am Kundenbindungsmanagement beteiligt sind (*Wirtz/Schilke* 2004, S. 48). Letztlich ist infolge der Unsicherheit von Prognosen, die z. B. im Rahmen der Kundenwertanalyse zur Ermittlung von Kundenpotenzialen durchgeführt wurden, eine Kontrolle der Prämissen notwendig, d. h., dass bestimmte Annahmen, wie z. B. die Kauffrequenz, kontinuierlich zu überprüfen sind.

In der wissenschaftlichen Literatur werden in Bezug auf eine kundenwertorientierte Kontrolle insbesondere die dargestellten Ansätze zur Kundenwertanalyse diskutiert (*Krafft* 2002, S. 248 ff.). Andere Autoren entwickeln Kontrollsysteme, indem sie bekannte Konzepte – wie die Balanced Scorecard – auf die Kundenbindung-Kundenwert-Problematik anwenden (vgl. *Cornelsen* 2000, S. 293 ff.).

Die Kontrolle des kundenwertorientierten Kundenbindungsmanagements ist in den untersuchten Unternehmen insgesamt schwach ausgeprägt. Dies betrifft insbesondere die strategische Kontrolle, bei der z. B. Kundenwertsegmente regelmäßig kontrolliert werden. In operativer Hinsicht werden einzelne Kundenbindungsmaßnahmen teilweise nach Kundenwertkalkülen beurteilt sowie Maßnahmen bewusst zur Generierung von Informationen über einen Kunden eingesetzt und kontrolliert.

Zusammenfassung: Die folgenden **zehn Merkpunkte** können eine Hilfestellung für die Erarbeitung der verschiedenen Bausteine eines Kundenwertmanagements geben:

(1) **Kundenwert als Erfolgsfaktor im Unternehmen verankern:** Nehmen Sie Kennzahlen des Kundenwerts in die finanziellen Erfolgsgrößen Ihres Unternehmens auf.

(2) **Aktuellen Kundenwert messen:** Messen Sie individuelle Kundenwerte Ihrer Kunden. Verwenden Sie dabei nach Möglichkeit nicht nur heuristische und vergangenheitsorientierte, sondern auch quasi-analytische, dynamische Verfahren wie die Methode des Customer Lifetime Value, um aussagekräftigere Werte zu erhalten.

(3) **Kundenpotenziale abschätzen:** Entwickeln Sie eine Datenbank mit Kundenhistorien, aus denen Sie über das Zukunftspotenzial anderer Kunden mit ähnlichem Kaufverhalten und/oder ähnlichen demografischen Daten Prognosen abgeben können.

(4) **Relevante Messgrößen in die Kundendatenbank aufnehmen:** Kümmern Sie sich intensiv um die kontinuierliche Erfassung der umsatz- und renditebezogenen Kundendaten und verknüpfen Sie diese Daten mit nicht-monetären Daten aus Kundengesprächen, Beschwerden usw.

(5) **Ziele für das Kundenwertmanagement formulieren:** Setzen Sie Ziele für die Entwicklung und das Ausschöpfen von Kundenwerten. Verwenden Sie dabei als Zielgrößen eher Rendite- als Umsatzkennzahlen.

(6) **Segmentierung nach Kundenwert vornehmen:** Leiten Sie aus den individuellen Kundenwerten in Verbindung mit dem Kaufverhalten Segmente ab, um Ihre Kunden nach ihren Bedürfnissen und ihrer Profitabilität behandeln zu können.

---

(7) **Kundenwertstrategie erarbeiten:** Erarbeiten Sie eine Strategie, in der die Stoßrichtungen für unterschiedliche Segmente entsprechend ihrem Kundenwert festgelegt werden. Richten Sie den Ressourceneinsatz ebenfalls an der Profitabilität einzelner Kunden und Kundengruppen aus.

(8) **Instrumente zur Ausschöpfung einsetzen:** Setzen Sie Instrumente der Mediawerbung, Verkaufsförderung und des Direct Marketing im Hinblick auf ihre Wirkung bei den unterschiedlich profitablen Kundengruppen ein.

(9) **Nichtmonetäre Kennzahlen einbeziehen:** Berücksichtigen Sie bei der segmentspezifischen Marktbearbeitung Faktoren, die sich indirekt auf den Kundenwert auswirken können, insbesondere positive und negative Mund-zu-Mund-Kommunikation und Informationspotenziale von Kunden.

(10) **Kundenwertziele kontrollieren:** Vergleichen Sie regelmäßig aktuelle Kundenwerte mit Ihren Vorgaben und passen Sie bei Veränderungen die Segmentierung kontinuierlich an.

Literaturempfehlungen (Zur vertiefenden Auseinandersetzung mit dem Thema Kundenwertmanagment werden folgende Literaturquellen empfohlen): *Blattberg, R. C./Deighton, J.* (1997): Aus rentablen Kunden vollen Nutzen ziehen, in: Harvard Manager, 19. Jg., Nr. 1, S. 24–32. *Bruhn, M./Homburg, Ch.* (Hrsg.) (2005): Handbuch Kundenbindungsmanagement. Grundlagen – Konzepte – Erfahrungen, 5. Aufl., Wiesbaden 2005. *Günter, B./Helm, S.* (Hrsg.) (2003): Kundenwert. Grundlagen – Innovative Konzepte – Praktische Umsetzungen, 2. Aufl., Wiesbaden 2003. *Kumar, V./Reinartz, W. J.* (2005): Customer Relationship Management. A Databased Approach, New York. *Plaster, G./Alderman, J.* (2006): Beyond Six Sigma. Profitable Growth through Customer Value Creation, New York 2006. *Rust, R. T./Zeithaml, V. A./Lemon, K. N.* (2000): Driving Customer Equity: How Customer Lifetime Value Is Reshaping Corporate Strategy, New York 2000. *Rust, R. T./Lemon, K. N./Zeithaml, V. A.* (2004): Return on Marketing: Using Customer Equity to Focus Marketing Strategy, in: Journal of Marketing, Vol. 68, No. 1, S. 109–127. *Weber, J./Lissautzki, M.* (2004): Kundenwert-Controlling, Weinheim. *Wirtz, B. W./Göttgens, O.* (Hrsg.) (2004): Integriertes Marken- und Kundenwertmanagement. Strategien, Konzepte und Best Practices, Wiesbaden 2004.

Kapitel 8. Integrierte Kommunikation

1. Grundlagen der Integrierten Kommunikation

1.1 Integrierte Kommunikation zur Steigerung der Kundenorientierung

Unter verschärften Wettbewerbsbedingungen und zunehmend ausgereiften sowie homogenen Produkt- und Dienstleistungsangeboten wird die Kommunikation zwischen Unternehmen und Kunde zum entscheidenden Erfolgsfaktor. Der steigende Informationsfluss durch eine Zunahme der Kommunikationskanäle in klassischen und elektronischen Medien führt zu einer stetig wachsenden Informationsüberlastung des Kunden. Die gleichzeitige Homogenisierung der Leistungsangebote, die Kaufentscheidungen weiter erschwert, erfordert zur Differenzierung gegenüber dem Wettbewerb eine klare Positionierung.

Im Rahmen der Kundenorientierung findet weiterhin eine Schwerpunktverlagerung der traditionellen Kommunikationsarbeit in Richtung einer stärkeren Fokussierung des **Kundendialogs** statt. Gefördert wird diese Entwicklung ebenfalls durch die Möglichkeit, über elektronische Kanäle direkt mit dem Kunden in Kontakt zu treten. Darüber hinaus kommt sie dem unternehmensseitigen Wunsch nach einer klaren Positionierung und Differenzierung vom Wettbewerb entgegen.

Vor dem Hintergrund dieses breiten Spektrums von Kommunikationsmöglichkeiten sowie dem – oft auch kundenseitigen – Wunsch nach einem individuellen Dialog stehen die Unternehmen vor der Herausforderung, ein sowohl in der klassischen Kommunikation und den neuen Medien als auch in der individuellen Kundenkommunikation **einheitliches Auftreten** aufrechtzuerhalten. Dieses ist erforderlich, um die angestrebte klare Positionierung zu erreichen. Das diesen Anstrengungen zugrunde liegende Prinzip wird durch den Begriff der Integrierten Kommunikation beschrieben (*Bruhn* 2006b, S. 1 f.). Sie bezieht sich auf alle Personen und Kanäle, über

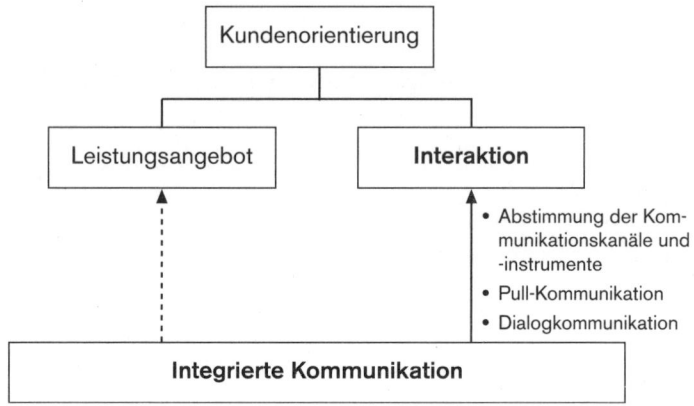

Abb. 8-1: Zusammenhang zwischen Kundenorientierung und Integrierter Kommunikation

die der Kunde direkt oder indirekt mit dem Unternehmen in Kontakt treten kann bzw. die vom Unternehmen zur Kontaktaufnahme mit dem Kunden nutzbar sind. Wie **Abbildung 8-1** zeigt, bestehen die Aufgaben der Integrierten Kommunikation hinsichtlich der Kundenorientierung in der Interaktionsgestaltung.

Die Kommunikationsarbeit von Unternehmen war lange Zeit durch eine einseitige **Push-Kommunikation** gekennzeichnet. Durch den Einsatz von Instrumenten der Massenkommunikation wurde versucht, die Kaufentscheidung des Kunden positiv zu beeinflussen (vgl. **Abbildung 8-2**).

Seit einiger Zeit ist ein Wandel von der Push- zur **Pull-Kommunikation** zu beobachten. Die Pull-Kommunikation ist dadurch gekennzeichnet, dass Kunde und Unternehmen vermehrt direkt kommunizieren, d. h., es handelt sich nicht mehr um eine einseitige, unternehmensgesteuerte Kommunikation, sondern um Unternehmen und Kunde als gleichberechtigte Kommunikationspartner. Das immer stärker zu beobachtende Bedürfnis der Kunden nach Dialog wird innerhalb der Pull-Kommunikation durch das Angebot eines Informations- und Interaktionspools in unterschiedlicher medialer Ausprägung befriedigt (vgl. **Abbildung 8-3**). Bei der Pull-Kommuni-

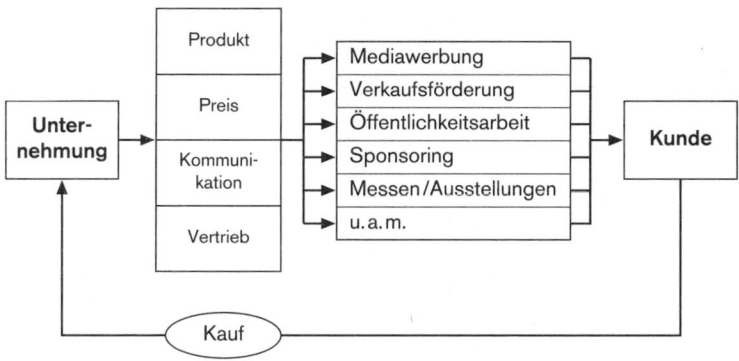

Abb. 8-2: Traditionelle Push-Kommunikation in Unternehmen

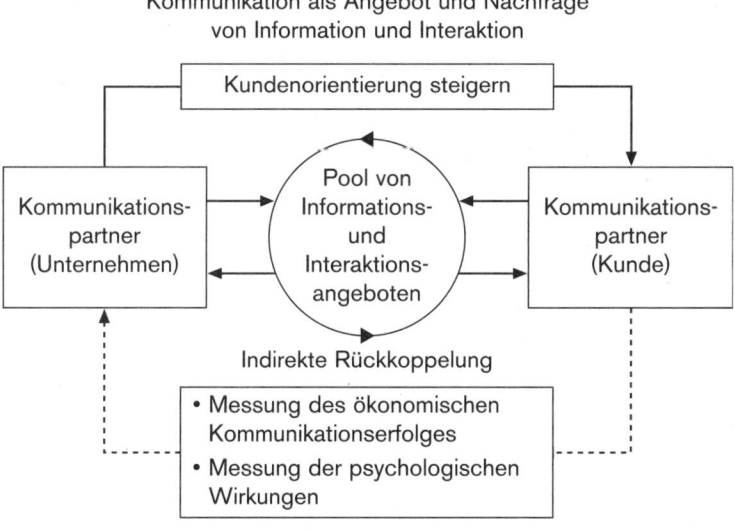

Abb. 8-3: Kommunikationsmodell und Pull-Kommunikation im Beziehungsmarketing

kation entscheidet der Kunde somit zunehmend selbst, ob, wo, wann und welcher Kommunikationsbotschaft er sich aussetzt (*Bruhn* 1997 a, S. 5). Nicht zuletzt hat die wachsende Verbreitung des Internet zu dieser Entwicklung beigetragen. Individualisierte Kommunikation und kundenindividuelle Reaktionen liefern einen wesentlichen Beitrag zur Kundenorientierung.

Beispiel: Der Versicherungskonzern *Allianz AG* bietet auf seiner Homepage für verschiedene Themenbereiche die Möglichkeit zur Dialogaufnahme. Der Kunde kann je nach Präferenz in dem jeweiligen Bereich sein Bedürfnis schildern oder nur um Kontaktaufnahme bitten und so die Kommunikation initiieren, die dann zielgerichtet, d. h. von den mit dem jeweiligen Thema vertrauten Mitarbeitenden, weitergeführt wird (www.allianz.de, Zugriff am 26. 10. 2006).

Die Herausforderung der Unternehmen besteht darin, die dialog- und interaktionsorientierten Instrumente in das bestehende Kommunikationsmix des Unternehmens zu integrieren und aufeinander abzustimmen. Diese Aufgabe kommt dem Konzept der **Integrierten Kommunikation** zu, das in den letzten Jahren einen starken Bedeutungszuwachs erfahren hat (*Esch* 2001, *Bruhn* 2004; 2005 a).

1.2 Integrierte Kommunikation im Relationship Marketing

Das Konzept des **Beziehungs- bzw. Relationship Marketing** bringt Veränderungen für die Ausgestaltung der Kommunikation eines Unternehmens mit sich. Instrumente, die zur Bindung des Kunden führen, sind primär dialogorientiert. Dialogorientierte Kommunikationsinstrumente bieten dem Kunden die Möglichkeit, aktiv einen Kommunikationsprozess zu initiieren und seine Bedürfnisse und Wünsche gegenüber dem Unternehmen zu signalisieren. Unternehmen und Kunde können beide die Rolle des Senders und Empfängers übernehmen.

Im Rahmen eines Beziehungsmarketing ist den **individuellen Informations- und Kommunikationsbedürfnissen** des einzelnen Kunden Rechnung zu tragen. Der Kunde kann individuell aus einem breiten Informations- und Interaktionsangebot selektieren. Es ist Aufgabe des Unternehmens, die entsprechenden Voraussetzungen dafür zu schaffen, z. B. durch die Einrichtung von Hotlines oder Call Centern,

Anfragemöglichkeiten via E-Mail und Internet-Seiten. Vorrangiges Ziel ist es somit, Interaktionen mit dem Kunden zu ermöglichen und aufrechtzuerhalten, um den individuellen Kundenwünschen gerecht werden zu können (*Bruhn* 2003). Nicht nur für den Kunden bietet die Beziehungsorientierung einen eindeutigen Mehrwert, auch für das Unternehmen bieten sich Vorteile, wie z. B. umfassende Informationen über den Kundenstamm oder zahlreiche Hinweise auf Verbesserungsmöglichkeiten des Leistungsangebotes durch ein konsequentes Beschwerdemanagementsystem (vgl. Kapitel 5).

Eine **dialogorientierte Kommunikation im Beziehungsmarketing** stellt einige Anforderungen an die Unternehmen (*Bruhn* 2003, 2006 b):

- Durch die Entwicklung hin zu einer Pull-Kommunikation ist es eine notwendige Aufgabe der Unternehmen, die Kommunikationsaktivitäten der Zielgruppen anzuregen. Informationsangebote sind derart zu gestalten, dass potenzielle Kunden die Aufforderung, mit dem Unternehmen in Kontakt zu treten, akzeptieren und umsetzen.

- Die Interaktion mit dem Kunden steht im Mittelpunkt eines beziehungsorientierten Marketing. Erst über den Dialog können die Ziele des Relationship Marketing, wie Kundenzufriedenheit, Vertrauen und Kundenbindung, gefördert werden. Kommunikationsinstrumente sind folglich nach dem Kriterium ihrer Interaktions- bzw. Dialogeignung zu bewerten, zu selektieren und schließlich zu implementieren.

- Beziehungsorientierung in der Kommunikation erfordert das Angebot individueller Kommunikationsangebote, die auf die Bedürfnisse und Ansprüche unterschiedlicher Zielgruppen zugeschnitten sind.

- Das Ziel der Interaktion und die Individualisierung des Kommunikationsangebotes stellen neue Anforderungen an das Reaktionsverhalten der Unternehmen, wobei der Flexibilität besondere Bedeutung zukommt. Zum einen gilt es, ein möglichst vielfältiges Kommunikationsangebot zur Verfügung zu stellen, um mit den Zielgruppen in einen Dialog zu treten. Zum anderen sind Instrumente zu entwickeln und zu koordinieren, die einer flexiblen Kundenkommunikation dienen (*Lischka* 2000; *Bruhn* 2003).

Schließlich besteht eine zentrale Aufgabe des Unternehmens in der **Abstimmung und Vernetzung** der einzelnen Kommunikationsaktivitäten, um ein eigenständiges, konsistentes und einzigartiges Bild des Unternehmens bzw. der Marke zu generieren. Die hierfür notwendigen Prozesse sind Gegenstand des Konzepts der Integrierten Kommunikation.

1.3 Begriff und Merkmale der Integrierten Kommunikation

In Wissenschaft und Praxis liegt dem Begriff der Integrierten Kommunikation bis heute kein einheitliches Verständnis zugrunde (vgl. *Bruhn* 2005 a, 2005 b). Vielfach bestehen entweder Abgrenzungsprobleme zu angrenzenden Konzepten (z. B. zu Corporate-Identity-Konzepten) oder der Begriff wird zu weit bzw. zu eng definiert. In Anlehnung an die Begriffsauffassungen der Integration (vgl. *Bleicher* 1999) wird folgende Definition der Integrierten Kommunikation verwendet:

> **Integrierte Kommunikation** ist ein Prozess der Analyse, Planung, Organisation, Durchführung und Kontrolle, der darauf ausgerichtet ist, aus den differenzierten Quellen der internen und externen Kommunikation von Unternehmen eine Einheit zu bilden, um ein für die Zielgruppen der Kommunikation konsistentes Erscheinungsbild des Unternehmens bzw. eines Bezugsobjektes des Unternehmens (z. B. Marke) zu vermitteln (*Bruhn* 2006 b, S. 17).

Mit diesem Begriffsverständnis der Integrierten Kommunikation werden verschiedene **Merkmale** verbunden. Folgende Aspekte sind besonders hervorzuheben:

- **Integration als Ziel der Unternehmenskommunikation:** Integrierte Kommunikation ist ein Ziel der Unternehmenskommunikation. Die Kommunikationsarbeit ist so auszurichten, dass eine strategische Positionierung des Unternehmens im Kommunikationswettbewerb möglich wird und die Kommunikation als Wettbewerbsfaktor sowie integraler Bestandteil der Marketingstrategie genutzt werden kann.
- **Integrierte Kommunikation als Managementprozess:** Integrierte Kommunikation ist als Managementprozess zu verstehen, bei dem

die Kommunikationsaktivitäten systematisch geplant, organisiert, implementiert und kontrolliert werden.

- **Internes und externes Instrumentarium:** Integrierte Kommunikation umfasst sowohl die internen als auch externen Kommunikationsinstrumente. Um diese Kommunikationsinstrumente sinnvoll zu integrieren, sind deren spezifische Funktionen, Aufgaben und Beziehungsstrukturen zu erfassen bzw. zu analysieren.
- **Einheit in der Kommunikation:** Integrierte Kommunikation ist darauf ausgerichtet, eine Einheit in der Kommunikation zu schaffen, in die die einzelnen Kommunikationsinstrumente integriert werden. Diese Einheit stellt die Zielrichtung und den Orientierungsrahmen für die Integration sämtlicher Kommunikationsinstrumente dar. Im Hinblick auf ein kundenorientiertes Grundkonzept ist der Dialogkommunikation ein hoher Stellenwert zuzuordnen.
- **Effektivitätssteigerung:** Aufgabe der Integrierten Kommunikation ist es, die Effektivität der Kommunikation zu steigern. Die Wirksamkeit der Integrierten Kommunikationsarbeit ist daran zu messen, ob durch den gemeinsamen Auftritt Synergiewirkungen erzielt wurden und damit ein verbesserter Einsatz des Kommunikationsbudgets erfolgt.
- **Einheitliches Erscheinungsbild:** Integrierte Kommunikation ist im Ergebnis darauf bezogen, ein einheitliches Erscheinungsbild bei den Zielgruppen zu erzeugen. Durch prägnante, in sich widerspruchsfreie und damit glaubwürdige Kommunikation kann das Entscheidungsverhalten von Kunden positiv beeinflusst werden.

Es ist einsichtig, dass der Markterfolg nur mit Hilfe eines professionellen und umfassenden Kommunikationsmanagements gesichert werden kann, das sämtliche Merkmale beachtet. Um ein derartiges System zu erarbeiten, ist es notwendig, dass die Ziele, Formen und Anforderungen der Integrierten Kommunikation von allen am Kommunikationsprozess Beteiligten akzeptiert werden.

In jüngerer Zeit erlangt der Begriff „**Cross-Media**" eine wachsende Bedeutung. In Übereinstimmung mit dem Konzept der Integrierten Kommunikation werden hier unterschiedliche Kommunikationskanäle und Werbeträger miteinander genutzt. Im Gegensatz zur integrierten Kommunikation handelt es sich bei Cross-Media jedoch nicht um ein strategisches Gesamtkonzept, sondern eher um ein Konzept des Kampagnenmanagements, in dessen Mittelpunkt die Gestaltung einer Botschaft steht, die über unterschiedliche Wege kommuniziert wird (*Bruhn* 2006 b, S. 28 ff.).

Beispiel: Bei der Talentshow „Deutschland sucht den Superstar" auf dem Sender *RTL* trat ebenso wie auf der zugehörigen Website die Marke „*Cab*" der Brauerei *Krombacher* als Sponsor auf. Der Automobilhersteller *Hyundai* erschien während der TV-Show in einem Anruf-Gewinnspiel, für das er ebenfalls auf der Website warb.

2. Ziele, Formen und Anforderungen der Integrierten Kommunikation

2.1 Ziele der Integrierten Kommunikation

Neben dem hier im Vordergrund stehenden Oberziel eines in sich geschlossenen Kommunikationsauftritts können zudem spezifische ökonomische und psychologische Teilziele der Integrierten Kommunikation unterschieden werden. Die psychologischen Zielgrößen stellen dabei vorökonomische Ziele dar, deren Erfüllung die Erreichung ökonomischer Zielsetzungen begünstigt.

Psychologische Ziele der Integrierten Kommunikation: Im Bereich der psychologischen Zielsetzungen wird angestrebt, Irritationen beim Kunden aufgrund unterschiedlicher kommunikativer Aussagen zu vermeiden und somit die Glaubwürdigkeit sowie Akzeptanz des Unternehmens zu steigern.

Beispiel: In der klassischen Kommunikation wird häufig mit „Service- und Kundenorientierung" geworben. Beim direkten Kundenkontakt per Telefon kann dieses Leistungsversprechen jedoch nicht immer eingehalten werden. Die Mitarbeitenden sind oftmals unter Zeitdruck, reagieren unhöflich und können die Fragen der Kunden nicht beantworten. Ziel der Integrierten Kommunikation ist es unter anderem, derartige Situationen zu vermeiden.

Ökonomische Ziele der Integrierten Kommunikation: Die Integrierte Kommunikation ermöglicht Synergieeffekte, z. B. in Form einer positiven Verstärkung der Botschaftserkennung durch den

Kunden, die einen höheren Umsatz zum Ziel haben. Durch die Integration können aber auch Kostensenkungspotenziale realisiert werden. Eine Senkung der Kommunikationskosten wird beispielsweise möglich, wenn unterschiedliche Kommunikationsabteilungen auf identische Vorleistungen zurückgreifen.

Beispiel: Für die klassische Mediawerbung ist eine aufwändige Bildvorlage zum Druck der Printanzeige erforderlich. Da im Rahmen der Integrierten Kommunikation das Hauptmotiv der Anzeigenkampagne auch im Bereich des Direct Marketing verwendet wird, können die Produktionskosten zur Erstellung einer eigenen Druckvorlage für diesen Bereich eingespart werden. Durch die Wiederholung des Anzeigenmotivs wird gleichzeitig eine höhere Wiedererkennungsrate bei den Kunden erreicht.

2.2 Formen der Integrierten Kommunikation

Bereits durch die begriffliche Abgrenzung der Integrierten Kommunikation wurde deutlich, dass die Integrationsaufgabe sich nicht auf eine rein formale Abstimmung des Unternehmensauftrittes beschränkt. Vielmehr gilt es, die einzelnen Kommunikationsinstrumente umfassend, d. h. sowohl bezüglich des formalen Auftrittes und der Aussagenkompatibilität als auch hinsichtlich der Einsatzabfolge aufeinander abzustimmen. Im Folgenden wird daher zwischen verschiedenen **Formen der Integrierten Kommunikation** unterschieden (*Kroeber-Riel* 1991; *Bruhn* 2005 a). **Abbildung 8-4** zeigt die Formen der Integrierten Kommunikation im Überblick.

Wie die Abbildung zeigt, lassen sich die folgenden fünf Formen der Integration unterscheiden:
• Inhaltliche Integration,
• Formale Integration,
• Zeitliche Integration,
• Richtungen der Integration,
• Ebenen der Integration.

Die drei primären Formen, d. h. die inhaltliche, formale und zeitliche, Integration betreffen unterschiedliche Gegenstände, Ziele, Instrumente und zeitliche Horizonte. Ferner werden sie durch die Richtungen der Integration mit dem Umfeld des Unternehmens, d. h. z. B. Lieferanten und Absatzmittler, abgestimmt. und mittels

Integrations-formen		Gegen-stand	Ziele	Hilfs-mittel	Zeit-horizont
Inhaltliche Integration	Richtungen der Integration	Thematische Abstimmung durch Verbin-dungslinien	• Konsistenz • Eigen-ständigkeit • Kongruenz	Einheitliche • Bot-schaften • Argumente • Bilder	Langfristig
Formale Integration	Ebenen der Integration	Einhaltung formaler Gestaltungs-prinzipien	• Präsenz • Prägnanz • Klarheit	Einheitliche Zeichen / Logos nach • Schrifttyp • Größe • Farbe	Mittel- bis langfristig
Zeitliche Integration		Abstimmung innerhalb und zwischen Planungs-perioden	• Konsistenz • Kontinuität	Ereignis-planung („Timing")	Kurz- bis mittelfristig

Abb. 8-4: Formen der Integrierten Kommunikation (Quelle: *Bruhn* 2006 b, S. 80)

der Ebenen der Integration hinsichtlich ihrer Instrumente und Funktionen übergreifend betrachtet.

(1) Inhaltliche Integration

Weitgehend vernachlässigt wurde in der Unternehmenspraxis bisher oftmals die inhaltliche Integration der Kommunikation. wie eine internationale Studie zeigte (*Bruhn* 2006 c). Sie dient dazu, die Kommunikationsmittel thematisch durch sog. **Verbindungslinien** aufeinander abzustimmen und dadurch ein einheitliches Erscheinungsbild zu vermitteln. Als Verbindungslinien können einheitliche Slogans, Kernbotschaften, Kernargumente, Schlüsselbilder u. a. verwendet werden. Um eine inhaltliche Integration zu ermöglichen ist es erforderlich, sich der Zusammenhänge und Beziehungen sowie Wechselwirkungen zwischen den einzelnen Kommunikationsinstrumenten bewusst zu werden und diese zu analysieren.

Beispiel: Ein Schlüsselbild, das von *Volksbanken* und *Raiffeisenbanken* seit dem Jahr 1988 eingesetzt wird, ist der „freie Weg", der in unterschiedlichen inhaltlichen Ausprägungen, aber mit dem gleichen Grundmotiv, dargestellt wird. In den Jahren 2004 und 2005 wurde das Schlüsselbild zwar nicht mehr in seiner traditionellen Form eines realen Weges geführt, blieb jedoch in abstrakter Form so erhalten, dass eine Wiedererkennung weiterhin möglich war.

In einer Zeit, in der die Kunden einer ständigen Informationsüberlastung durch Werbebotschaften ausgesetzt sind, stellt die inhaltliche Integration der Kommunikation eine zentrale Herausforderung der aktuellen Kommunikationsarbeit dar. Nur durch eine konsistente inhaltliche Abstimmung können dauerhafte Gedächtniswirkungen bei den Konsumenten erreicht werden. Die Schwierigkeiten bei der Umsetzung der inhaltlichen Integration bestehen darin, dass sich die Verantwortlichen zu wenig mit den Inhalten der mittel- bis langfristig angestrebten zentralen Ziele und Botschaften der gesamten Unternehmenskommunikation beschäftigen bzw. dieses Aufgabengebiet zu sehr in die Hände externer Dienstleister geben.

(2) Formale Integration

Im Vergleich zur inhaltlichen ist die formale Integration leichter zu realisieren und in den meisten Unternehmen – wenn auch mit unterschiedlichem Ausprägungsgrad – vorzufinden. Bei der formalen Integration werden sämtliche Kommunikationsinstrumente durch Gestaltungsprinzipien so miteinander verbunden, dass ein formal einheitliches und dadurch leicht wiedererkennbares Erscheinungsbild des Unternehmens sichergestellt wird. Als **Gestaltungsprinzipien** kommen die einheitliche Verwendung von Unternehmens- oder Markenzeichen, Logos, Schriftzügen, Farben usw. in Frage. In der Kommunikationspraxis liegen in der Regel schriftlich formulierte Richtlinien beispielsweise im Rahmen von Corporate-Design-Handbüchern vor, deren Einhaltung leicht kontrolliert werden kann.

Beispiele: Die formale Integration der Kommunikation wird bei der Marke *Milka* z. B. durch die Farbe Lila und den markanten Schriftzug sichergestellt. Weitere Beispiele sind das (magentafarbene) T der *Deutschen Telekom* oder das (geschwungene) M als Symbol für die Fastfood-Kette *McDonald's*.

(3) Zeitliche Integration

Die zeitliche Integration bezieht sich auf die zeitliche Abstimmung im Einsatz der Kommunikationsmittel innerhalb und zwischen verschiedenen Planungsperioden mit dem Ziel, durch ein geeignetes „Timing" die gegenseitige Verstärkung verschiedener Kommunikationsaktivitäten im Zeitablauf zu erreichen. Die Kontinuität der Botschaften im Zeitablauf ist in diesem Zusammenhang besonders zu betonen. Es zeigt sich, dass die Wirkung der Botschaften bei nur temporär erhöhter Intensität der Kommunikationsmaßnahmen stärker ausfällt und unter Umständen länger anhält, als bei einer kontinuierlich auf durchschnittlichem Niveau gehaltener Intensität der Maßnahmen (*Bruhn* 2006 b, S. 519)

Beispiel: Bei der Fußball-Weltmeisterschaft 2006 warben zahlreiche Sponsoren mit spezifischen Kampagnen. Die Festnetzsparte *T-Com* der *Deutschen Telekom* erhöhte über mehrere Monate vor dem Beginn der Weltmeisterschaft stetig die Intensität ihrer Kommunikation über ihr Sponsoringengagement. Gleichzeitig inszenierte das Unternehmen Events, bei denen sie 1,5 Mio. Trikots mit ihrem Markenaufdruck an Menschen verschenkte, die sich in einer Menschenkette zum „größten Nationalteam der Welt" formierten. Der zunehmende Werbedruck und die steigende Dichte der Aktionen sorgte für eine ebenfalls schnell ansteigende Bekanntheit der Marke *T-Com* (www.telekom3.de, Zugriff am 27. 7. 2006).

(4) Richtung der Integration

Im Rahmen der inhaltlichen, formalen und zeitlichen Integration sind nicht nur die Maßnahmen innerhalb des Unternehmens aufeinander abzustimmen, sondern gegebenenfalls auch die Kommunikation gegenüber Lieferanten, Mitarbeitenden, Presse, Absatzmittler u. a. m. Insbesondere bei Zielgruppen, die ihrerseits direkten Kontakt zu den Kunden haben, ist für die Konsistenz der Kommunikation zu sorgen. Diesbezüglich können horizontale und vertikale Integration differenziert werden.

Horizontale Integration: Häufig werden für die verschiedenen Zielgruppen des Unternehmens (Konsumenten, industrielle Abnehmer, Händler, Zulieferer, Öffentlichkeit) unterschiedliche Botschaften verwendet und verschiedene Kommunikationsinstrumente eingesetzt. Dementsprechend ist es auch auf Ebene der einzelnen Markt-stufen notwendig, alle Instrumente und -maßnahmen zu integrie-ren.

Beispiel: Werden die von einem Unternehmen belieferten Händler im gleichen Zeitraum mittels Fachhandelsanzeigen, per Direct Mail und durch ein persönliches Gespräch über die Einführung eines neuen Pro-duktes informiert, so ist innerhalb der horizontalen Integration auf die Ver-mittlung widerspruchsfreier und sich ergänzender Botschaften durch die-se drei Kommunikationskanäle zu achten, damit die Händler ebenfalls konsistente Aussagen an die Kunden weitergeben.

Vertikale Integration: Die vertikale Integration bezieht sich schließ-lich auf die verschiedenen Stufen der Wertschöpfungskette. Sie hat zum Ziel, eine Durchgängigkeit der kommunikativen Ansprache auf den verschiedenen Ebenen des Marktes (z. B. Zulieferbetriebe, Herstellerzentrale, Tochterunternehmen, Verkaufsniederlassungen, Handelsvertreter, Groß- und Einzelhandel, Konsument) zu realisie-ren. Eine vertikale Integration, dass auf den verschiedenen Stufen inhaltlich abgestimmte Maßnahmen eingesetzt werden, wobei ein besonderes Problem in der vergleichsweise schlechten Steuerbar-keit der Kommunikationsprozesse durch das Unternehmen zu se-hen ist.

Beispiel: Bei der Neueinführung eines Automodells erfolgen Kommuni-kationsmaßnahmen sowohl vom Hersteller, z. B. Durchführung einer Ein-führungskampagne in den klassischen Medien, als auch von den einzel-nen Automobilhändlern, z. B. persönliches Anschreiben an die Stamm-kunden des Autohauses. Im Rahmen der vertikalen Integration ist darauf zu achten, dass die kommunikativen Botschaften des Herstellers und Händlers aufeinander abgestimmt werden.

(5) Ebenen der Integration

Für die Realisierung einer effektiven und effizienten Kommunika-tion ist zuletzt auch eine Integration auf der Ebene der einzelnen Kommunikationsinstrumente sowie der von den Instrumenten zu erfüllenden Funktionen notwendig.

Instrumentelle Integration: Innerhalb der instrumentellen Integra-tion wird eine Abstimmung zwischen den verschiedenen Kommu-nikationsinstrumenten sowie innerhalb eines einzelnen Kommunikationsinstrumentes angestrebt. Für den Einsatz in der Praxis bedeutet dies, dass jede Kommunikationsmaßnahme darauf hin zu untersuchen ist, mit welchen anderen Instrumenten oder -maßnahmen sie im Sinne einer instrumentellen Integration vernetzt werden kann.

Beispiel:. Der Schweizer Finanzkonzern *Credit Suisse* engagiert sich stark im Sportsponsoring der Formel Eins. Diese Aktivitäten werden z. B. im Rahmen der Direct-Marketing-Maßnahmen aufgegriffen. So werden etwa in persönliche Anschreiben Gewinnspiele zur Bekanntmachung neuer Produkte und Services eingebunden, die Reisen zu bestimmten Formel-Eins-Events ermöglichen.

Funktionale Integration: Die funktionale Integration bezieht sich auf die Frage, welchen gemeinsamen Beitrag die einzelnen Kommunikationsinstrumente im Hinblick auf die Realisierung der Kommunikationsziele leisten können. Erfüllen Kommunikationsinstrumente gemeinsam bestimmte Funktionen (z. B. Informations- oder Dialogfunktionen), dann können die Instrumente in diesen gemeinsam zu erfüllenden Aufgaben inhaltlich aufeinander abgestimmt werden.

Beispiel: Ein Unternehmen, das ein Beschwerdemanagement aufbauen möchte, wird dazu verschiedene dialogorientierte Kommunikationsinstrumente einsetzen. Das Angebot einer telefonischen Beschwerdehotline sowie die Beschwerdemöglichkeit via E-Mail stellt in diesem Zusammenhang ein Beispiel für die funktionale Integration zweier Instrumente dar.

Es bleibt festzuhalten, dass die Umsetzung der Integrierten Kommunikation in Unternehmen nicht ad hoc vollzogen werden kann. Zunächst ist es notwendig, dass die komplexen Beziehungen zwischen den einzelnen Kommunikationsinstrumenten erkannt, analysiert und bewertet werden, um im Anschluss daran eine inhaltliche, formale und zeitliche Abstimmung der Maßnahmen vorzunehmen.

2.3 Anforderungen an die Integrierte Kommunikation

Um eine erfolgreiche Umsetzung der Integrierten Kommunikation zu garantieren, sind verschiedene Anforderungen an die Kommunikationsarbeit im Unternehmen zu stellen. **Abbildung 8-5** zeigt die In-

Anforderungen	Inhalt/Ziel	Gefahren
Bewusstseins-komponente	Schaffung eines Integrationsbe-wusstseins bei den Mitarbeitern	Fehlende Motivation und Einsicht bei den Mitarbeitern
Strategie-komponente	Strategische Verankerung der Unternehmenskommunikation	Verzettelung in operativen Einzelmaßnahmen
Positionierungs-komponente	Festlegung der zukünftigen Unternehmenspositionierung	Mangelnde Ziel- und Zukunfts-gerichtetheit der Unternehmens-kommunikation
Gestaltungs-komponente	Schaffung einheitlicher formaler Gestaltungsprinzipien für die Kommunikation	Mangelnde Prägnanz und Klarheit bei der Wiedererkennung des Unternehmens
Verbindungs-komponente	Definition von Verbindungslinien zwischen Kommunikations-instrumenten	Diffuses Bild vom Unternehmen durch uneinheitliches Auftreten
Konsistenz-komponente	Herbeiführung konsistenter Aussagen in der Unternehmens-kommunikation	Widersprüche und Irritationen bei den Zielgruppen
Kongruenz-komponente	Schaffung von Kongruenz zwischen Verhalten und Kommu-nikation des Unternehmens	Glaubwürdigkeitsverluste durch divergentes Verhalten
Kontinuitäts-komponente	Kontinuierlicher Einsatz von Kommunikationsinstrumenten	Irritationen und keine Lerneffekte durch wechselnden Einsatz

Abb. 8-5: Anforderungen an die Integrierte Kommunikation (Quelle: *Bruhn* 2006 b, S. 91)

halte und Gefahren dieser Anforderungen im Überblick. Die Führungskräfte des Unternehmens übernehmen in diesem Zusammenhang die Aufgabe, die Erfüllung der Anforderungen sicherzustellen. Im Einzelnen handelt es sich um acht Komponenten, die im Folgenden näher erläutert werden:

Bewusstseinskomponente: Bei sämtlichen mit der Kommunikation betrauten Führungskräften und Mitarbeitenden ist ein Bewusstsein über die Notwendigkeit zur Integrierten Kommunikation sowie deren Beitrag zur Verbesserung der Kundenorientierung des Unternehmens zu schaffen und der Integrationsgedanke aktiv nach innen zu tragen. Sämtliche Mitarbeitende sind umfassend über die Grundidee, die Ziele und Aufgaben einer Integrierten Kommunikation zu informieren, um so eventuell vorhandene Barrieren abzubauen. Kooperationsbereitschaft sowie ganzheitliches und vernetztes Denken sind die zentralen Anforderungen an die Mitarbeitenden, die zur erfolgreichen Umsetzung der Integrierten Kommunikation beitragen. Ferner ist die Bereitschaft zu gegenseitiger Information, zu Transparenz sowie Kontrolle eine zentrale Voraussetzung für den Kommunikationserfolg.

Beispiel: Angesichts reifer Märkte im Industriegüterbereich hat *Mettler-Toledo*, Marktführer im Bereich Wägetechnologien, seit einigen Jahren seinen Managementfokus verändert. Es fand ein Wandel von der Produktorientierung hin zu einer Kommunikationsorientierung statt. Dies mündete in einer neuen Vision des Unternehmens, die wie folgt lautet: „Marktführer durch Kundenkommunikation". Die Führungskräfte und Mitarbeitenden von *Mettler-Toledo* sind sich dabei bewusst, dass das Management der Kundenkontakte vom Erstkontakt bis hin zu Servicekontakten nur in einem integrierten Kommunikationskonzept erfolgen kann (*Rüegg-Stürm/Lüthi* 1998, S. 157).

Strategiekomponente: Grundlegende Erfolgsvoraussetzung Integrierter Kommunikation ist eine strategische Verankerung im Unternehmen. Die Integration darf sich nicht in operativen Einzelmaßnahmen erschöpfen. Dies verlangt die Formulierung einer unternehmerischen Kommunikationsstrategie, die die zentralen Ziele, Zielgruppen und Instrumente definiert. Diese Strategie ist gemeinsam zu erarbeiten und dient als strategischer Rahmen, innerhalb dessen sich alle Kommunikationsmaßnahmen bewegen.

Beispiel: Nach der Übernahme der Fluggesellschaft *DBA* durch das Unternehmen *Air Berlin* ist eine Integration der Marketingstrategien beider Gesellschaften notwendig. Während *Air Berlin* als „Euro Shuttle" positioniert ist und zu 82 Prozent von Privatkunden genutzt wird, bediente die *DBA* mit einem Geschäftskundenanteil von 70 Prozent bislang besonders innerdeutsche Verbindungen mit dem Slogan „Businessklasse für alle". Die Herausforderung an die Kommunikationsstrategie besteht somit in einer einheitlichen Kommunikation und Ansprache der Zielgruppen, die möglicherweise neu zu definieren sind. Das Unternehmen entschied sich dafür, den Namen *Air Berlin* als Dachmarke zu verwenden, deren Geschäftskundenbereich durch den Slogan „powered by *DBA*" und spezifisch auf Geschäftskunden ausgerichtete Kommunikationsinhalte und -kanäle abgegrenzt wird (*Holst* 2006).

Positionierungskomponente: Die verschiedenen Integrationsmaß-nahmen orientieren sich inhaltlich an der angestrebten Positionie-rung des Unternehmens bzw. seiner Produkte und Marken. Die Po-sitionierung bestimmt das Soll-Image des Unternehmens und stellt die für das gesamte Unternehmen verbindliche strategische Zielset-zung dar. Für den Wahrnehmungsraum der Soll-Positionierung sind dabei entweder solche Dimensionen zu wählen, die bereits für den Kunden relevant sind und gleichzeitig Stärken bzw. relevante Ver-besserungen des Unternehmens darstellen, oder solche, bei denen durch eine bessere Kommunikation deren Bedeutung aus Kunden-sicht (z. B. die Wichtigkeit einer bestimmten Marke aufgrund eines kommunizierten Prestiges) gesteigert werden kann (*Bruhn* 2006 b, S. 187 f.)

Beispiel: Die *Union Bank of Switzerland* (*UBS*) positioniert sich bei-spielsweise als Unternehmen mit qualitativ herausragenden Dienstleis-tungen, umfassender Kundenbetreuung, fachlicher Kompetenz und ethi-schen Grundsätzen. Dies wird im Rahmen der aktuellen Unternehmens-kommunikation mit dem Slogan „Sie und *UBS*" bzw. „You and Us" ausgedrückt.

Gestaltungskomponente: Die Kommunikationsinhalte sind in der Integrierten Kommunikation klar, prägnant, stimulierend, einpräg-sam und zu konzentrieren, damit sie von den Zielgruppen schnell gelernt und dauerhaft gespeichert werden können. Dies setzt eine in formaler Hinsicht identische Gestaltung bestimmter Kommunikati-onselemente sowie deren kontinuierlichen Einsatz voraus (*Bednar-czuk* 1990, S. 219 f.; *Kroeber-Riel/Esch* 2004; *Bruhn* 2006 a).

Beispiel: Die formale Integration der *Deutschen Telekom* ist erfolgreich mit dem Buchstaben T und der Farbe Magenta. Die Kommunikations-maßnahmen sämtlicher Marken des Unternehmens basieren auf diesen beiden Gestaltungselementen.

Verbindungskomponente: Innerhalb der Kommunikationsarbeit besteht eine Aufgabe in der Suche bzw. der Festlegung von Verbin-dungslinien, die die verschiedenen Kommunikationsmaßnahmen integrieren. Sie stellen die operative Klammer zwischen den Kom-munikationsinstrumenten dar. Die Verbindungslinien können in-haltlicher (Botschaften, Slogans, Argumente) oder formaler Art (Bilder, Gestaltungskomponenten, Logos) sein und stellen sicher, dass die Einheitlichkeit in der Kommunikation wahrgenommen wird.

Beispiel: Der *Unilever*-Konzern versuchte über eine integrierte Kommunikationskampagne, der sinkenden Markenloyalität ihrer Kunden zu begegnen. Für die im Jahr 2006 in Cannes ausgezeichnete Kampagne für die Deodorantmarke *Lynx* (in Deutschland *Axe*) wurde als verbindendes Element die fiktive Airline „LynxJet" gewählt, die auf allen Kommunikationskanälen genutzt wurde: „Stewardessen" der Airline führten Promotionstouren in Großstädten durch. Der Inhalt eines Werbespots, der als virale Marketingkampagne realisiert, d. h. im Internet publiziert und von den Besuchern der Seite weiter verbreitet wurde, bestand darin, ein der Airforce One des amerikanischen Präsidenten nachgebildetes Flugzeug in eine Maschine der LynxJet umzusprühen. TV-Spots und Flugangebote der Airline auf Plakaten und im Internet komplettierten die integrierte Kommunikationskampagne für das Deodorant, dessen Verkaufszahlen nach der Kampagne um 20 Prozent stiegen (*Richter/Hammer* 2006).

Konsistenzkomponente: Sämtliche internen und externen Kommunikationsbotschaften haben in sich konsistent zu sein, d. h., es sind keine Widersprüche zulässig, die die Aussagen des Unternehmens unglaubwürdig machen.

Beispiel: Der Einzelhandelskonzern *Wal-Mart*, der auf seiner Unternehmenshomepage mit dem Slogan „*Wal-Mart* setzt auf Menschlichkeit" wirbt, wurde in Deutschland mehrfach verklagt, weil er partnerschaftliche Beziehungen zwischen Mitarbeitenden verbot. Auch in den USA, wo sich das Unternehmen mit dem Grundsatz „respect for the individual" positioniert, kam es zu einer Sammelklage von Frauen wegen Diskriminierung am Arbeitsplatz.

Kongruenzkomponente: Eine Integrierte Kommunikation ist mit dem Unternehmensverhalten in Einklang zu bringen. Dies beinhaltet die Notwendigkeit, durch die unterschiedlichen Kommunikationsmaßnahmen keine Versprechen bzw. Ansprüche zu kommunizieren, die durch Produkte, innerbetriebliche Maßnahmen oder andere Unternehmensaktivitäten nicht eingehalten werden können. Divergenzen zwischen der Kommunikation und dem Unternehmensverhalten führen zu einem Glaubwürdigkeitsverlust des Unternehmens, der letztlich sogar Abwanderungsprozesse auslösen kann.

Beispiel: Die Aussage der *Deutschen Bahn AG*, dass die Bahn pünktlich komme, wird von einer Vielzahl ihrer Kunden nicht als glaubwürdig eingeschätzt. Darüber hinaus trägt die Geheimhaltung der entsprechenden Unternehmensstatistiken negativ zum Image der *Deutschen Bahn* bei, wenn von einer offiziellen Seite die vermutete Zahl der Verspätungen offiziell bestätigt wird (www.stiftung-warentest.de, Zugriff am 6. 5. 2006).

Kontinuitätskomponente: Ein Konzept der Integrierten Kommunikation erfordert eine mittel- bis langfristige Orientierung der Inhalte, Formen und Maßnahmen der Kommunikation. Es ist deshalb unabdingbar, dass bei der Planung von Einzelinstrumenten nicht nur die Integrationsmöglichkeiten bedacht werden, sondern ebenso auf die Kontinuität im Einsatz geachtet wird. Nur ein kontinuierlicher Einsatz des Kommunikationsmix verstärkt die Wirkung der Integrierten Kommunikation und verankert die zu vermittelnden Inhalte und Botschaften im Bewusstsein der Konsumenten.

Diese acht Komponenten stellen die zentralen Anforderungen an eine Integrierte Kommunikation dar. Sie sind sowohl bei der Planung der einzelnen Kommunikationsinstrumente als auch bei der Einbindung verschiedener Kommunikationsmittel in ein Gesamtsystem der Kommunikation zu berücksichtigen. Die Einhaltung dieser Anforderungen erleichtert dem Unternehmen, die angestrebte Positionierung zu erreichen und eine kommunikative Abgrenzung von den Konkurrenten vorzunehmen.

2.4 Instrumente der Integrierten Kommunikation

Bei einem kundenorientierten Konzept der Integrierten Kommunikation stehen insbesondere Instrumente der **Dialogkommunikation** im Vordergrund. **Abbildung 8-6** gibt einen Überblick über proaktive und reaktive Instrumente, die mit Hilfe eines Database Management am Grundgedanken der Integrierten Kommunikation auszurichten, d. h. aufeinander abzustimmen sind.

Grundsätzlich liegt der Fokus einer kundenorientierten Kommunikation auf der Pull-Kommunikation, d. h., der Kunde wird proaktiv vom Unternehmen zum Dialog aufgefordert. Hierbei ist allerdings der Kundenbedarf im Hinblick auf die Kommunikationsmöglichkeiten genau abzuschätzen, um eine Belästigung des Kunden zu vermeiden. Der Einsatz **proaktiver Instrumente** beinhaltet zunächst die

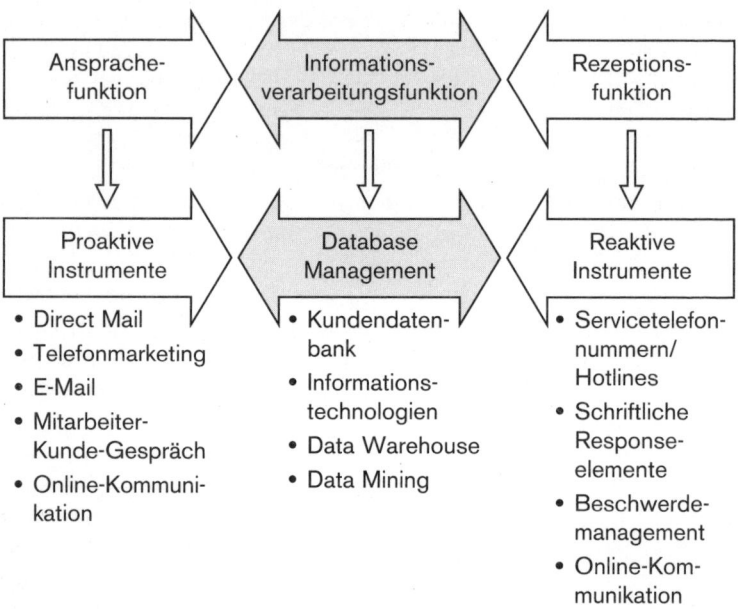

Abb. 8-6: Instrumente der Dialogkommunikation (Quelle: *Lischka* 2000, S. 44)

Kontaktanbahnung und Initiierung eines Dialogs mit dem Ziel einer Kundentransaktion. Hier kommen zur Kontaktanbahnung Direct Mails, auf traditionellem oder elektronischem Wege, in Frage. Die Abwicklung einer Transaktion findet typischerweise im Rahmen einer Mitarbeiter-Kunde-Interaktion im direkten Kontakt („Face-to-Face" oder per Telefon) oder im indirekten Kontakt (per Post oder auf elektronischem Weg) statt. Ein besonderer Stellenwert wird hier der Online-Kommunikation eingeräumt, da diese sowohl proaktiv als auch reaktiv genutzt werden kann. Zum einen ist es möglich, Informationen für die Kunden im Internet bereitzustellen, zum anderen können Kunden über E-Mail direkt auf das Informationsangebot reagieren bzw. ihrerseits, z. B. über die Eingabemaske eines Beschwerdemanagements, einen Dialog initiieren (*Bruhn* 1997 a).

Als **reaktive Instrumente** werden all jene Maßnahmen bezeichnet, die dem Kunden (passiv) die Möglichkeit bieten, mit dem Unternehmen in Kontakt zu treten. Hierzu zählen Servicetelefonnummern (z. B. kostenfreie 0800-Nummern) oder schriftliche Responseelemente, wie z. B. Antwortkarten oder Beschwerdeformulare. In diesem Rahmen kann durch den Einsatz reaktiver Instrumente auch eine Nachbereitung der Transaktion stattfinden. So dient diese Rückkopplung zum einen als Kriterium der Erfolgskontrolle für den Einsatz proaktiver Instrumente. Zum anderen werden die bei der Reaktion des Kunden ermittelten Daten in der Kundendatenbank gespeichert und sind als Informationsgrundlage für den weiteren Einsatz proaktiver Instrumente nutzbar (*Lischka* 2000, S. 45).

Die Verknüpfung beider Funktionen, die jeweils nach der Maßgabe der Integrierten Kommunikation zu gestalten sind, wird durch das **Database Management** realisiert. Eine Kundendatenbank ist die erste Voraussetzung für die Möglichkeit der Abstimmung proaktiver und reaktiver Maßnahmen. Innerhalb dieser Datenbank werden neben kundenindividuellen Informationen zu Transaktionen demografische Daten sowie sämtliche Informationsflüsse im Kundendialog erfasst, gesammelt und im Hinblick auf die Gestaltung der Kundenbeziehungen ausgewertet. Somit kommt dem Database Management zusätzlich eine Integrationsfunktion für den Einsatz von Instrumenten der Dialogkommunikation zu, wie es **Abbildung 8-7** veranschaulicht.

Im Zusammenhang mit dem Database Marketing ist auch das „**Permission Marketing**" zu sehen. Hierbei werden grundsätzlich ebenfalls Kundendaten gesammelt, die Kommunikation jedoch – nach der Stimulierung durch das Unternehmen – auf Wunsch des Kunden und auf der Basis der kundenseitigen Präferenzen geführt wird (*Godin* 2001). Das Unternehmen bietet beispielsweise auf seiner Homepage an, dem Kunden Newsletter über aktuelle Produkte oder Angebote zuzusenden. Der Kunde kann auf der Seite über eine Internetmaske seine Interessen oder persönliche Informationen angeben, um dem Unternehmen eine individuelle Anpassung der Informationen zu ermöglichen. Dieses Instrument existiert neben der zunehmend populären Verwendung im Internet auch weiterhin als traditionelle **Call-back-Formulare** in Papierform, z. B. als Beilage bei Produkten, Einlagen in Unternehmensbroschüren, Flyer auf Messeständen usw.

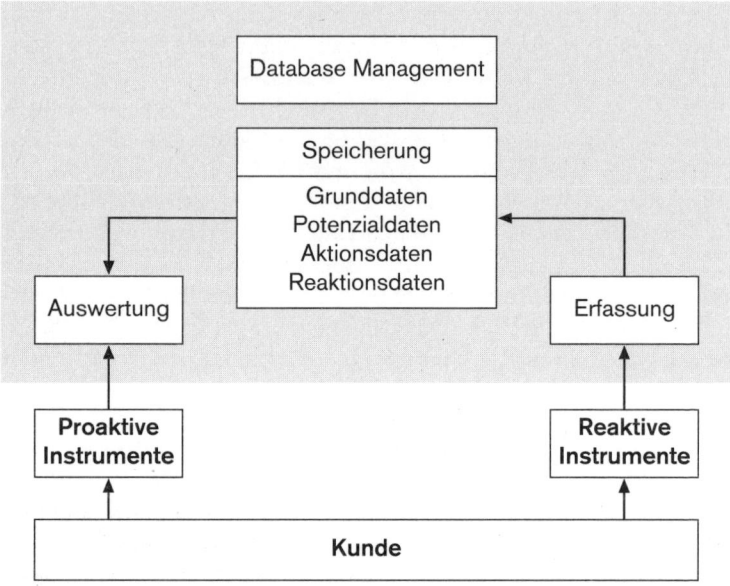

Abb. 8-7: Integrationsfunktion des Database-Managements (Quelle: *Lischka* 2000, S. 47)

Beispiel: Das Unternehmen *T-Online* der *Deutschen Telekom* startete 2003 ein Maßnahmenpaket für individuelle Kampagnen im Rahmen eines Permission Marketing. Laut einer Studie des Marktforschungsinstituts *Emnid* würden 50 Prozent der Verbraucher es begrüßen, wenn Unternehmen die Marketingmaßnahmen auf ihre Präferenzen hin abstimmen würden. Fast 30 Prozent sind bereit, sich in einer Permission Community zu registrieren, sofern das Unternehmen vertrauenswürdig ist. *T-Online* bietet seinen Geschäftspartnern die Möglichkeit, die Interessen registrierter Kunden einzusehen und diese mit individuellen Informationen anzusprechen sowie ihnen direkte Angebote zu unterbreiten. Streuverluste und die Verärgerung von Kunden über unerwünschte Werbung können so reduziert werden (*T-Online* 2006).

3. Planung und Realisierung der Integrierten Kommunikation

3.1 Planungsebenen der Integrierten Kommunikation

Um der komplexen Aufgabenstellung der Integrierten Kommunikation gerecht zu werden, bedarf es eines systematischen und ganzheitlichen Managementprozesses, der das Unternehmen befähigt, die vielfältigen Kommunikationsbeziehungen innerhalb und zwischen Kommunikationsabteilungen miteinander in Einklang zu bringen. Dabei können grundsätzlich zwei **Planungsebenen der Integrierten Kommunikation** unterschieden werden:

• Ebene der Gesamtkommunikation,
• Ebene der einzelnen Kommunikationsinstrumente.

Ebene der Gesamtkommunikation: Auf der Ebene der Gesamtkommunikation ist über die zentralen Fragestellungen der Kommunikationspolitik des Unternehmens zu entscheiden. Hier gilt es, strategische Zielsetzungen, ein kommunikatives Leitbild sowie die kommunikative Positionierung des Unternehmens zu definieren und damit sämtliche Kommunikationsmaßnahmen des Unternehmens in eine einheitliche Richtung zu lenken. Die Unternehmensleitung übernimmt in diesem Zusammenhang die Aufgabe, die Integration zu initiieren sowie zu steuern und trägt die Verantwortung für die Schaffung einer „Einheit in der Kommunikation" (*Bruhn* 2005b). Diese Aufgabe ist durch die Entwicklung eines strategischen Konzeptes Integrierter Kommunikation planerisch zu vollziehen (Top down), wobei die einzelnen Kommunikationsabteilungen nach Möglichkeit in diesen Prozess einzubeziehen sind (Bottom up).

Ebene der einzelnen Kommunikationsinstrumente: Auf dieser Ebene ist ausschließlich über den Einsatz einzelner Instrumente, wie z. B. Mediawerbung, Sponsoring usw., zu entscheiden. Die planerische Verantwortung liegt bei den Kommunikations-Fachabteilungen, die den Einsatz einzelner Kommunikationsinstrumente planen. Sämtliche Kommunikationsinstrumente sind strategisch auszurichten, d. h., sie unterstützen die Strategie auf der Ebene der Gesamtkommunikation des Unternehmens.

Aus der Unterscheidung zwischen den beiden Ebenen folgt, dass es für ein erfolgreiches Kommunikationsmanagement erforderlich ist, eine strategische Ausrichtung der Kommunikation auf zwei Ebenen gleichzeitig vorzunehmen. Die Zusammenhänge zwischen den beiden Ebenen zeigt **Abbildung 8-8** im Überblick.

3.2 Realisierung der Integrierten Kommunikation

Entscheidend für den Erfolg der Integrierten Kommunikation ist ein systematisches Vorgehen in der Realisationsphase, bei dem die Führungskräfte und Fachabteilungsverantwortlichen eng zusammenarbeiten. Folgende Teilaufgaben zur Realisierung der Integrierten Kommunikation können unterschieden werden:

- Analyse der Kommunikationssituation,
- Festlegung der strategischen Positionierung und der Kommunikationsziele,
- Identifikation der Zielgruppen,
- Kategorisierung der Kommunikationsinstrumente,
- Suche nach Integrationsmöglichkeiten auf Ebene der Kunden,
- Suche nach Integrationsmöglichkeiten auf Ebene der Kommunikationsinstrumente,
- Suche nach Integrationsmöglichkeiten auf Ebene der Mitarbeitenden,
- Entwicklung eines Integrationskonzeptes.

Analyse der Kommunikationssituation: Die Analyse der spezifischen internen und externen Kommunikationssituation bildet den Ausgangspunkt der Einführung eines Konzeptes der Integrierten Kommunikation. Bei dieser Ist-Analyse gilt es zu untersuchen, wie der derzeitige kommunikative Auftritt des Gesamtunternehmens wie auch einzelner Kommunikationsinstrumente wahrgenommen wird und welche Faktoren die Kommunikationssituation beeinflussen. Hierbei ist die Einnahme unterschiedlicher Wahrnehmungsperspektiven, beispielsweise die der Kunden, Teilöffentlichkeiten oder Mitarbeitenden, notwendig.

Festlegung der strategischen Positionierung und der Kommunikationsziele: Mit Hilfe der strategischen Positionierung wird näher bestimmt, wie das Unternehmen in der subjektiven Wahrnehmung

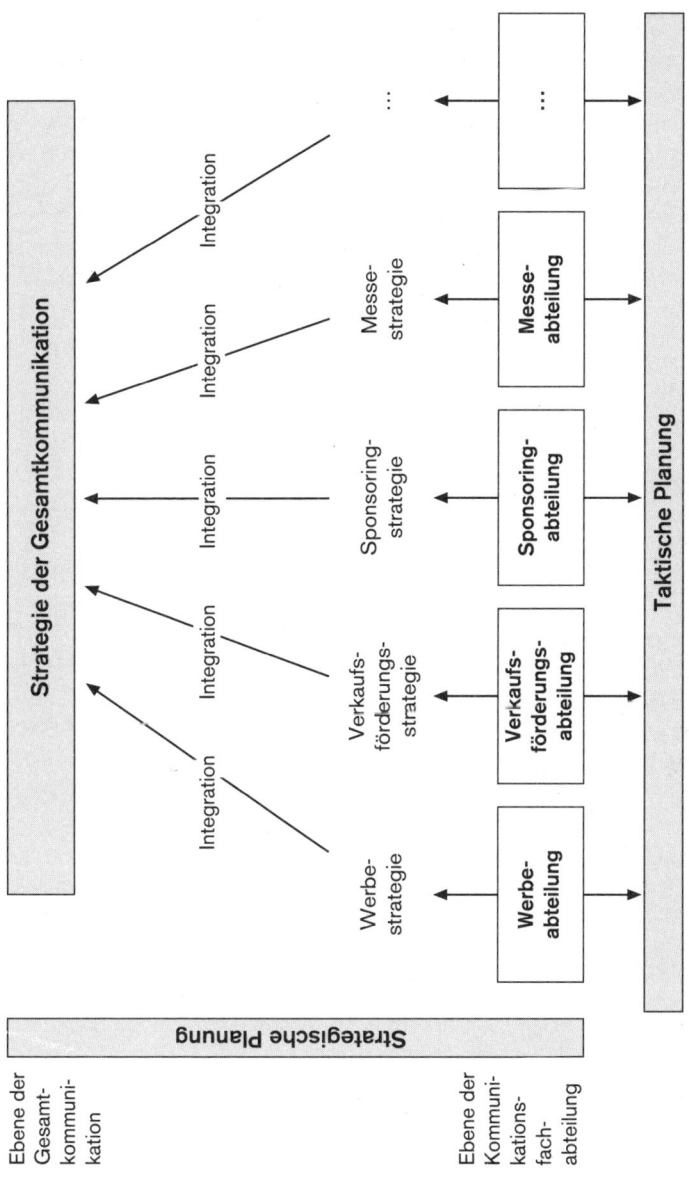

Abb. 8-8: Kommunikationsstrategien auf unterschiedlichen Ebenen (Quelle: *Bruhn* 2006b, S. 148)

seiner relevanten Zielgruppen gesehen werden möchte (Soll-Positionierung). Zielsetzung ist es, sich in der subjektiven Wahrnehmung der Zielgruppen so zu positionieren, dass eine deutliche Abgrenzung von der Konkurrenz – im Sinne eines überdurchschnittlich kunden- und dialogorientierten Unternehmens – gegeben ist und Präferenzen für das eigene Unternehmen oder die Marke geschaffen werden. Die strategische Positionierung erfolgt in der Regel auf der Ebene der Gesamtkommunikation. Aus den strategischen Positionierungsvorgaben heraus lassen sich anschließend die strategischen Ziele der Integrierten Kommunikation ableiten sowie die taktischen und operativen Ziele für die Einzelmaßnahmen in den Kommunikations-Fachabteilungen bestimmen.

Identifikation der Zielgruppen: Bei der Definition und Identifikation der Zielgruppen gilt es, diejenigen Kommunikationsempfänger auszuwählen, die das Unternehmen primär ansprechen möchte. Dabei werden die Zielgruppen auf der Ebene der Kommunikationsinstrumente notwendigerweise wesentlich detaillierter erfasst und beschrieben als auf Unternehmensebene. Von zentraler Bedeutung für den Integrationsgedanken ist in diesem Planungsschritt die Beachtung der „Nichtausschließbarkeit" der Wahrnehmung kommunikativer Signale. Ein Unternehmensbild entsteht auf Seiten der Zielgruppe als Gesamteindruck aller wahrgenommenen Kommunikationssignale eines Unternehmens. Bei der Fülle kommunikativer Maßnahmen kann folglich nicht ausgeschlossen werden, dass eine Zielgruppe Kommunikationsinhalte aufnimmt, die nicht für diese Zielgruppe bestimmt waren.

Beispiel: Der *Allianz*-Versicherungskonzern unterteilt seinen Markt in Privat- und Geschäftskunden, die direkt auf der Einstiegsseite des Unternehmens im Internet ihren Bereich auswählen und auf den jeweils folgenden Seiten komplett voneinander getrennte Angebote und Informationen erhalten (www.allianz.de, Zugriff am 12. 9. 2006). Das Versicherungsunternehmen *DBV-Winterthur* spricht, ebenfalls direkt auf der Einstiegsseite, als getrennte Zielgruppen Privatkunden, Unternehmen, Ärzten und aufgrund ihres speziellen Leistungsspektrums für Beamte zusätzlich Mitarbeitende des öffentlichen Dienstes differenziert an (www.dbv-winterthur.de, Zugriff am 12. 9. 2006).

Kategorisierung der Kommunikationsinstrumente: Ferner ist es erforderlich, die Bedeutung der einzelnen Kommunikationsinstrumente für die Integrierte Kommunikation zu analysieren und jene Instrumente zu identifizieren, die maßgeblich für den Erfolg der Unternehmenskommunikation sind. Diese sog. „Leitinstrumente" sind am ehesten geeignet, die strategischen Ziele der Kommunikation zu erreichen. In vielen Unternehmen ist zu beobachten, dass die klassische Mediawerbung das zentrale Leitinstrument darstellt, da sie über eine hohe Einflussnahme auf andere Kommunikationsinstrumente verfügt, selbst aber nur sehr wenig beeinflusst wird. Allerdings nimmt die Bedeutung der klassischen Werbung im Hinblick auf eine stärkere Fokussierung auf einzelne Kundenbeziehungen mehr und mehr ab (*Bruhn* 1997a, S. 4), wohingegen die Mitarbeiterkommunikation zunehmend an Bedeutung gewinnt. Dies nicht zuletzt vor dem Hintergrund, dass die Mitarbeiterkommunikation erfolgskritisch für die Motivation von Mitarbeitenden sein kann (vgl. Kapitel 9).

Um die richtige Auswahl und Festlegung eines Instrumentemix zu realisieren, ist die Eignung jedes einzelnen Kommunikationsinstrumentes zur Zielerreichung sowie das Beziehungsgefüge zwischen einzelnen Kommunikationsinstrumenten zu überprüfen. Diese Eignungsprüfung ist von der Unternehmensleitung gemeinsam mit den entsprechenden Kommunikationsabteilungen vorzunehmen.

Suche nach Integrationsmöglichkeiten auf Ebene der Kunden: Neben der Ausrichtung auf die Zielgruppen kann eine Integration der Kommunikationsaktivitäten auch auf der Ebene des einzelnen Kunden (bzw. Kundengruppen) erfolgen. Voraussetzung hierzu ist eine umfassende Kundendatenbank, die Angaben über den Stand der bisherigen Kommunikationsmaßnahmen mit dem Kunden erfasst und sämtliche positiven wie negativen Kundenkontakte dokumentiert. Ziel der Integration auf Kundenebene ist eine individualisierte Ansprache der Kunden in den unterschiedlichen Phasen ihres Lebenszyklus. Bei Neukunden werden beispielsweise die Kommunikationsmaßnahmen mit dem Ziel der Information sowie Initiierung eines Dialogs integriert, während bei langjährigen Kunden die Kommunikationsinstrumente dahin gehend abgestimmt werden, dass sie gemeinschaftlich Kundenbindungsziele erreichen.

Beispiel: Bei *Mettler-Toledo* erfolgt eine individuelle Planung sämtlicher Kundenkontakte des Unternehmens mit dem Ziel, die Kommunikationsinhalte, Zeitpunkte sowie Formen auf die Bedürfnisse des einzelnen Ansprechpartners abzustimmen. Es wird ein individueller Kommunikationsplan pro Kundengruppe erstellt, der einige zentrale Richtlinien befolgt: Abstimmung der Kommunikation auf den Kaufzyklus, mehrere Kommunikationskontakte pro Jahr unabhängig vom Geschäftsabschluss, Differenzierung der Kommunikation nach Kaufhäufigkeitstypen, Orientierung am Kaufpotenzial eines Kunden sowie individualisierte Kommunikationsinhalte in den unterschiedlichen Kundenclustern (*Rüegg-Stürm/Lüthi* 1998, S. 160).

Suche nach Integrationsmöglichkeiten auf Ebene der Kommunikationsinstrumente: Wenn Klarheit über die Bedeutung einzelner Instrumente im Kommunikationsmix herrscht, können eine Hierarchie erstellt und Leitinstrumente definiert werden. Hierauf aufbauend folgt die konkrete Suche nach realisierbaren Möglichkeiten, die einzelnen Kommunikationsinstrumente zu vernetzen (z. B. die Mediawerbung mit der Multimediakommunikation). Die Möglichkeit zur Integration des Leitinstrumentes mit den übrigen Kommunikationsinstrumenten wird in folgenden Beispielen verdeutlicht:

Beispiel 1: Die Kombination von Mediawerbung und Multimediakommunikation hat insbesondere vor dem Ziel der Verbesserung der Dialogorientierung von Unternehmen in jüngster Zeit stark an Bedeutung gewonnen. Die Integration dieses Instrumentes mit der Mediawerbung äußert sich beispielsweise in Hinweisen auf die Aktivitäten der Multimediakommunikation in klassischen Werbemitteln. Denkbar sind Verweise in der Mediawerbung auf DVDs oder auf die Homepage des Unternehmens. Ebenso kann dies durch die Einbindung von Werbemitteln in Multimediaanwendungen erfolgen. Hier ist die Möglichkeit zum Aufbau eines kontinuierlichen Dialoges zwischen Unternehmen und Kunde besonders ausgeprägt.

Beispiel 2: Eine Vielzahl von Werbespots enthält Verweise auf die Homepage des jeweiligen Unternehmens, die weiterführende Informationen bietet. Auf diese Weise wird die aktive Kommunikationsaktivität des Rezipienten stimuliert, die für einen Beziehungsaufbau von zentraler Bedeutung ist. Die Fluggesellschaften *Germanwings* (www.germanwings.de) oder *Ryanair* (www.ryanair.com) beispielsweise schalten Werbespots und Plakataktionen, die Hinweise auf seine Internetadresse enthalten, um potenzielle Kunden auf die Homepage zu lotsen. Der Anbieter *Hapag*

Lloyd Express (www.hlx.com) hat seine Internetadresse sogar anstelle seines eigenen Namens als Firmenname etabliert.

Suche nach Integrationsmöglichkeiten auf der Ebene der Mitarbeitenden: Hierbei ist besonders die **interne Kommunikation** hervorzuheben, die häufig Voraussetzung für den zielorientierten Einsatz der übrigen Kommunikationsinstrumente ist. Die interne Kommunikation umfasst sämtliche Aktivitäten der Botschaftsübermittlung zwischen Mitarbeitenden einer Organisation auf unterschiedlichen Ebenen (*Schick* 2003, S. 13 ff.; *Bruhn* 2005 b). Im Hinblick auf das Ziel einer (besseren) Kundenorientierung ist die Kongruenz zwischen nach außen vermittelten Grundsätzen und internen Maßgaben des Unternehmens von zentraler Bedeutung, insbesondere in Unternehmen mit häufigem Kundenkontakt.

Beispiel: Die Bank *Credit Suisse* lancierte im Rahmen ihres neuen Markenbildes Anfang 2006 eine Werbekampagne, die die Kundenorientierung der Mitarbeitenden und die individuelle Betreuung in den Mittelpunkt stellte. Mit Aussagen zu unterschiedlichen Bedürfnissen des Kunden und der jeweils abgestimmten Begleitung durch die Bankberater werden nicht nur dem Kunden umfassende Serviceleistungen zugesichert, sondern auch Anforderungen an die Mitarbeitenden formuliert, die ebenfalls über die in der Kampagne vermittelten Grundsätze zu informieren. Die Einhaltung dieser Grundätze ist entsprechend intern durchzusetzen und zu kontrollieren.

Zur Strukturierung der Gesamtheit der internen Kommunikationsmaßnahmen ist eine Unterscheidung nach dem **Medium** (persönliche und mediale interne Kommunikation) sowie der **Kontinuität** der internen Kommunikation (kontinuierliche versus sporadische Interne Kommunikation) zweckmäßig. **Abbildung 8-9** zeigt beispielhaft Instrumente der internen Kommunikation, die dieser Systematik zugeordnet werden können und nachfolgend im Detail erläutert werden.

Der **kontinuierlich-persönlichen internen Kommunikation** sind Formen der persönlichen Kommunikation zuzuordnen, die in der Regel institutionalisiert sind und in regelmäßigen Abständen die Informations-, Dialog- und Motivationsfunktion erfüllen (*Bruhn* 1999 a). In der Unternehmenspraxis kommen dabei häufig Schulungs- und Trainingsprogramme, Projektgruppen sowie Mentorenschaften zum Einsatz (*Bolmann Pullins* et al. 1996, S. 125 ff.).

Ansprache / Kontinuität des Einsatzes	Persönlich	Medial
Kontinuierlich	Kontinuierlich-persönliche Interne Kommunikation Beispiele: • Schulungen und Trainings • Projektgruppen • Mentorenschaften	Kontinuierlich-mediale Interne Kommunikation Beispiele: • Mitarbeiterzeitschrift • Intranet • Videos
Sporadisch	Sporadische-persönliche Interne Kommunikation Beispiele: • Workshops • Mitarbeitergespräche	Sporadisch-mediale Interne Kommunikation Beispiele: • Aushänge • Rundschreiben

Abb. 8-9: Instrumente der internen Kommunikation (*Bruhn* 2005a, S. 216)

Studie: Die *Universität Hohenheim* ermittelte im Rahmen einer Mitarbeiterbefragung in einem Unternehmen, dass Mitarbeitende Informationen über ihre Firma nur zu 17 Prozent von ihren direkten Vorgesetzten bekommen. Dies führt oftmals zu ineffizienten Abläufen und Zeitverlusten, wenn die Aufmerksamkeit der Mitarbeitenden auf Gerüchte und „Flurfunk" gerichtet sind. Als eine weitere Erkenntnis der Studie wird ausgeführt, dass Kosten, die aufgrund von mangelhafter interner Kommunikation entstehen, deutlich höher sind als Kosteneinsparungen, die z. B. über Einsparungen in der Infrastruktur erreicht werden können (*Mast* 2004).

Die **sporadisch-persönliche interne Kommunikation** beinhaltet solche Kommunikationsmaßnahmen, die in unregelmäßigen Zeitabständen stattfinden und bei denen der Schwerpunkt auf dem persönlichen Dialog liegt. Hierzu sind vor allem Mitarbeitergespräche zu zählen, deren Aufgabe es z. B. ist, im Rahmen der Integrierten Kommunikation den Mitarbeitenden Veränderungen von (kundenorientierten) Grundsätzen des Unternehmens zu vermitteln.

Zu den **kontinuierlich-medialen internen Kommunikationsmaßnahmen** gehören beispielsweise das Intranet, die Mitarbeiterzeitschrift, Plakate, Videos oder andere Medien, die geeignet sind, Botschaften des Unternehmens auf einer breiten Basis zu vermitteln (*Bruhn* 2000 b, S. 418 f.). Auch hier ist darauf zu achten, dass auf die Mitarbeitenden gerichtete Botschaften konsistent mit den Inhalten sind, die gegenüber den Kunden kommuniziert werden.

Beispiel: Im Jahre 2005 bekam die Mitarbeiterzeitung „Bosch Zünder" des Unternehmens *Bosch* den 1. Preis des „Inkom-Grand-Prix" für Interne Kommunikation, an dem 133 Unternehmen mit ihren Mitarbeiterzeitungen und -zeitschriften teilnahmen. Ziel der internationalen Mitarbeiterzeitschrift mit einer Auflage von 160.000 Exemplaren ist es, den Mitarbeitenden ihren konkreten Beitrag innerhalb der Wertschöpfungskette in ansprechender Form zu verdeutlichen und ihnen für die aktive Mitgestaltung am Erfolg des Unternehmens zu danken.

Die Informationsfunktion wird häufig durch **sporadisch-mediale Maßnahmen** erfüllt, da diese besonders geeignet sind, schnell und gezielt auf Unternehmenssituationen zu reagieren (*Schick* 2002, S. 13 ff.). Vor dem Hintergrund, dass ein direkter Zusammenhang zwischen dem Grad der Identifikation von Mitarbeitenden mit dem Unternehmen und dem Grad der Informiertheit der Mitarbeitenden besteht, ist diesem Bereich eine hohe Bedeutung beizumessen.

Über die Maßnahmen der internen Kommunikation hinaus nehmen die Mitarbeitenden als sog. „**Second Audience**" auch die externen Botschaften des Unternehmens wahr (*Stauss* 2000 b, S. 216). Zum einen sind externe Kommunikationsmaßnahmen denkbar, die sich sowohl an die externen als auch die internen Kunden richten. Hierbei wird versucht, z. B. durch die Darstellung von Mitarbeitenden oder durch die Auslobung einer besonders langen Unternehmenszugehörigkeit, die Identifikation des Mitarbeitenden mit dem Unternehmen sowie die Mitarbeiterbindung zu steigern. Zum anderen werden externe Kommunikationsmaßnahmen eingesetzt, die sich ausschließlich an die externen Kunden richten, jedoch durch ihre Botschaftsgestaltung indirekt die Mitarbeitenden beeinflussen. Der indirekte Wirkungseffekt entsteht dadurch, dass die Mediawerbung hohe Erwartungshaltungen der Konsumenten aufbaut, die die Mitarbeitenden in der individuellen Kontaktsituation zu erfüllen haben (z. B. besonders hohe Servicequalität, Pünktlichkeit, Flexibilität usw.). Wichtig ist in diesem Zusammenhang, dass die Mitarbeitenden diese extern gerichteten Aussagen kennen und unterstützen.

Aus diesem Grund ist eine sowohl inhaltliche als auch zeitliche Abstimmung der internen und externen Kommunikation erforderlich. Ziel ist es, vor dem Einsatz der extern gerichteten persönlichen Kommunikation die Mitarbeitenden im Kundenkontakt über die verschiedenen Ziele und Strategien umfassend zu informieren (*Bruhn* 2005 b).

Beispiel: Die Kundenzeitschrift „mobil" der *Deutschen Bahn* dient zum einen der Unterhaltung der Kunden über vielfältige Themen sowie als Medium für Verkaufsaktionen. Zum anderen werden in dem strategische Projekte des Unternehmens präsentiert und aktuelle Entwicklungen im Unternehmen und im Umfeld erläutert. Weiterhin berichtet die Zeitschrift regelmäßig über verschiedene Arbeitsprofile bei der Bahn, um das Unternehmen als attraktiven Arbeitgeber zu profilieren.

Zusammenführung in ein Konzept der Integrierten Kommunikation und Implementierung: Mit den dargestellten Teilaufgaben wurden zentrale Bausteine zur Realisation der Integrierten Kommunikation beschrieben. Diese gilt es, in einem strategischen Konzept der Integrierten Kommunikation zusammenzuführen. Das Vorgehen bei der Entwicklung eines solchen strategischen Konzeptes bestimmt sich insbesondere durch die Zusammenfügung bzw. das „Herunterbrechen" der einzelnen Teilaufgaben. **Abbildung 8-10** stellt die Kernelemente (strategische Positionierung, Kommunikative Leitidee, Leitinstrumente) einer Strategie der Integrierten Kommunikation dar (vgl. ausführlich *Bruhn* 2005 b).

Sämtliche Überlegungen zur Integrierten Kommunikation münden in einem **Konzeptpapier**, das so zu konkretisieren und auszugestalten ist, dass es in der täglichen und praktischen Kommunikationsarbeit Verwendung finden kann. Hier empfiehlt es sich, die wesentlichen strategischen, instrumentellen sowie inhaltlichen Vorgaben schriftlich für jede Fachabteilung zu dokumentieren und Handlungsanweisungen daraus abzuleiten. Da es sich somit um inhaltliche und formale Vorgaben handelt, hat das Konzeptpapier den Charakter von Richtlinien, die das Thema der Integrierten Kommunikation zu einem „greifbaren" Gegenstand für alle an der Kommunikationsarbeit Beteiligten macht (Kommunikations-Fachabteilungen, Werbeagenturen, Kommunikationsberater, Außenstelle des Unternehmens usw.).

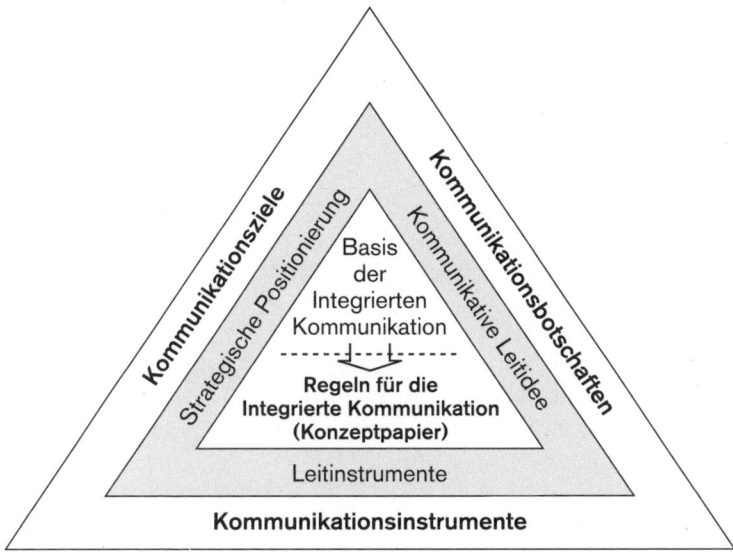

Abb. 8-10: Kernelemente einer Strategie der Integrierten Kommunikation (Quelle: *Bruhn* 2006 b, S. 172)

Die Forderung nach der Vorgabe eines Konzeptpapiers stößt in der Praxis (z. B. bei den Werbeagenturen) auf Widerstände, da mit ihr die Angst vor Kreativitätsverlusten verbunden ist. Das Konzeptpapier kann jedoch die Arbeit der Fachabteilungen wesentlich erleichtern, da die Verantwortlichen auf ein vorhandenes Aussagensystem zurückgreifen können und gleichzeitig über einen kreativen Spielraum für eigene Botschaften an ihre speziellen Kundengruppen verfügen. Es ist offensichtlich, dass die Durchsetzung von Eigeninteressen hinter einer optimalen Gestaltung der Kommunikationsarbeit im Sinne einer permanenten Pflege der Kundenbeziehung zurücksteht. Um möglichen Widerständen gegen die kommunikativen Leitlinien frühzeitig entgegenzuwirken, bietet sich die Bildung von Projektteams an, die die Integrierte Kommunikation koordinieren und gemeinsam an der Lösung auftretender Probleme der Integration arbeiten.

Beispiel: Im Rahmen der vom *Art Directors Club für Deutschland e. V.* vergebenen Preise für die beste Kommunikationsgestaltung in unterschiedlichen Medien wurde 2006 darauf hingewiesen, dass integrierte Kampagnen zwar stärkere Beachtung finden, jedoch noch unzureichend durchdacht sind. Das Konzept einer vernetzten Kommunikation steckt nach Angaben des Verbandes in Deutschland noch in der Anfangsphase (*Unckrich* 2006).

4. Barrieren bei der Implementierung der Integrierten Kommunikation

Die unterschiedlichen Formen der Integrierten Kommunikation zeigen Möglichkeiten auf, eine Abstimmung im Auftritt unterschiedlicher Kommunikationsinstrumente und -mittel zu erreichen. Die Kommunikationspraxis befindet sich bei der Umsetzung dieser Integrationsformen jedoch vielfach in den frühen Anfängen. Die Gründe hierfür sind auf ganz unterschiedlichen Ebenen zu suchen. Drei Problembereiche sind besonders hervorzuheben (*Bruhn* 2006 b, S. 80 ff.):

(1) Inhaltlich-konzeptionelle Barrieren,
(2) Organisatorisch-strukturelle Barrieren,
(3) Personell-unternehmenskulturelle Barrieren.

4.1 Inhaltlich-konzeptionelle Barrieren

Die inhaltlich-konzeptionellen Barrieren zur Umsetzung der Integrierten Kommunikation beziehen sich auf Defizite, die in der Konzepterarbeitung einer Integrierten Kommunikation begründet sind. Eine erste Schwierigkeit liegt dabei im unterschiedlichen **Verständnis des Begriffes** und des Umfanges einer Integrierten Kommunikation. Ohne ein gemeinsames Verständnis für die Integrierte Kommunikation kommt es unweigerlich zu Problemen bei der Entwicklung eines von allen Beteiligten akzeptierten Konzeptes der Integrierten Kommunikation (*Kreyenbühl* 1997).

Ein weiterer Problembereich liegt in der **unvollständigen Integration** aller Kommunikationsinstrumente. So kann sehr häufig eine Vernachlässigung der internen Kommunikation beobachtet werden, obwohl die Zusammenhänge zwischen interner Kommunikation und Mitarbeitermotivation bekannt sind. Weiterhin führt ein geringer Informationsgrad sowie ein nicht ausreichendes Verständnis für die Konzepte der Integrierten Kommunikation zu Umsetzungsproblemen, da gerade die Integration mehrerer Instrumente eine interdisziplinäre Zusammenarbeit und einen offenen Informationsfluss zwischen Abteilungen und Funktionen erfordert.

Studie: Bei differenzierter Betrachtung einzelner Unternehmensbereiche lassen sich Unterschiede hinsichtlich der Integrationsproblematik noch differenzierter aufzeigen. Es wurde belegt, dass die Beteiligung der Geschäfts- bzw. Unternehmensleitung bei der Umsetzung deutlich dazu beiträgt, die Barrieren zu reduzieren. Instrumente des Event Marketing scheinen sich ebenfalls günstig auf die Integrationsbemühungen auszuwirken. Dies kann möglicherweise dadurch begründet sein, dass ein Event als „Aufhänger" einer integrierten Kampagne dienen kann, dem sich andere Kommunikationsinstrumente unterordnen lassen (*Bruhn* 2006 c, S. 86).

Zuletzt wird der Erfolgszusammenhang zwischen Integrierter Kommunikation und Kundenorientierung bzw. verbesserter Wettbewerbsposition oft nicht erkannt. Entsprechend fehlen aufgrund der daraus resultierenden Nichteinbindung der oberen Führungsebene verbindliche strategische Zielformulierungen und Strategien für die Kommunikation des Unternehmens.

4.2 Organisatorisch-strukturelle Barrieren

Die organisatorisch-strukturellen Barrieren stehen in Verbindung mit der Form der Verankerung der Integrierten Kommunikation innerhalb bestehender Unternehmenshierarchien. Zwei gravierende Punkte sind die mangelnde **organisatorische Verankerung** sowie eine **unklare Verantwortungszuweisung** für die Integrierte Kommunikation. Üblicherweise existiert keine Abteilung oder Stelle in der bestehenden Organisationsstruktur, die für die Koordination der internen und externen Kommunikationsmaßnahmen verantwortlich ist. Die Unterstützung der Führungsebene, diese aufzubauen, ist ebenfalls eher gering. Vielmehr ist die kommunikative Verantwortung in der Regel über viele Fachabteilungen auf unterschiedliche Hierarchieebenen verteilt. Die Öffentlichkeitsarbeit oder auch das

Sponsoring ist beispielsweise als Stabsstelle direkt der Geschäftsführung unterstellt, während die Verantwortung für die Werbung oder Verkaufsförderung bei den Fachabteilungen in der Linie bzw. beim Produktmanagement der zu bewerbenden Marke liegt. Diese **organisatorische Trennung** der unterschiedlichen Fachabteilungen behindert eine Zusammenarbeit und Koordination im Sinne eines geschlossenen Unternehmensauftrittes. Die Folge im Unternehmen ist, dass jede Abteilung auf ihre Eigenständigkeit in der Planung, Umsetzung und Budgetierung bedacht ist. Derartige Ressort- bzw. Bereichsegoismen sind als zentrale Barriere der praktischen Integration der Kommunikation anzusehen (*Schulz* et al. 1996).

> **Beispiel:** Eine Bank hat die einzelnen Abteilungen unabhängig voneinander ihren Auftritt im Internet erstellen lassen. Obgleich daraufhin eine Vielzahl von kreativen und ausgefallenen Internetseiten entstanden, wurde dem Konzept der Integrierten Kommunikation und damit einem geschlossenen Unternehmensauftritt wenig Beachtung geschenkt, so dass auf sämtlichen Seiten im Nachhinein auf der Grundlage einheitlicher Richtlinien eine Überarbeitung notwendig wurde.

Eine besondere Integrationsproblematik ergibt sich in divisionalen und überregionalen Organisationsstrukturen. Die Eigenständigkeit nationaler oder internationaler Tochterunternehmen macht die Durchsetzung einer einheitlichen Kommunikationsstrategie insbesondere in Großunternehmen nahezu unmöglich. Vielfach ist aber eine zu starke Integration, die in einer Vereinheitlichung mündet, gar nicht wünschenswert. Dies ist der Fall, wenn die bearbeiteten Märkte starke regionale Unterschiede aufweisen. Hier stoßen Integrationsversuche an ihre sachlogischen Grenzen.

4.3 Personell-kulturelle Barrieren

Die innerhalb von Unternehmen am schnellsten zu erkennenden Probleme in der Realisierung einer Integrierten Kommunikation sind dem Bereich der **personell-kulturellen Barrieren** zuzuordnen. Diese betreffen Probleme aufgrund unterschiedlicher Denk- und Verhaltensweisen von Mitarbeitenden in existierenden Unternehmenskulturen.

Eine Schwierigkeit liegt häufig in dem lückenhaften Verständnis und **Bewusstsein für eine Integrierte Kommunikationsarbeit** begründet. Auseinandergehende Vorstellungen über die Integrationsaufgaben verhindern die Entwicklung gemeinsamer Zielvorstellungen. Neben dem mangelnden Begriffsverständnis trägt auch der vielfach konstatierte **Mangel an Wissen und Professionalität** bei den Verantwortlichen dazu bei, dass eine Integrierte Kommunikationskonzeption weder entwickelt noch umgesetzt wird.

Der Implementierung der Integrierten Kommunikation stehen in der Kommunikationspraxis vielfältige Barrieren entgegen. Eine vom Lehrstuhl für Marketing und Unternehmensführung der *Universität Basel* zum zweiten Mal durchgeführte **Studie zum Stand der Integrierten Kommunikation in Unternehmen** zeigt die Bedeutung der einzelnen Barrieren auf (*Bruhn* 2006 c). Im Rahmen der Untersuchung wurden Unternehmen zu den wahrgenommenen Schwierigkeiten und Problemen bei der Implementierung der Integrierten Kommunikation befragt (vgl. **Abbildung 8-11**).

Als Hauptproblem wird die Erfolgskontrolle der Integrierten Kommunikation gesehen. Weitere zentrale Barrieren bestehen hinsichtlich des Bereichsdenkens von Mitarbeitenden sowie fehlenden Daten zur Beurteilung der Integrierten Kommunikation. Die Verbindung der Kommunikationsinstrumente gelingt – unter anderem dank zunehmender Verbreitung von Konzepten zur Umsetzung – heute bereits besser als noch vor einigen Jahren, stellt aber, ebenso wie die Informationsüberlastung der Mitarbeiter, weiterhin ein Problemfeld dar. Konzeptionelle Barrieren bestehen hinsichtlich der Verankerung der Integrierten Kommunikation in den Leitlinien des Unternehmens und fehlenden Zielformulierungen. Die Angst vor Kompetenz-, Macht- und Ressourcenverlusten sowie das Problem der mangelnden Bereitschaft der Mitarbeitenden zur Abstimmung ihrer Maßnahmen im Rahmen der Integrierten Kommunikation wurde von den Unternehmensvertretern als weniger relevant eingestuft (*Bruhn* 2006 c, S. 83 ff.).

Eine Integrierte Kommunikation kann einen wesentlichen Beitrag zur Steigerung der Kundenorientierung und Kundenbindung leisten. Im Sinne eines Wandels von der traditionellen Push- zu einer dialogorientierten Pull-Kommunikation ist jeder Kommunikationskontakt, sei es via Anzeigenwerbung, Direct Mail oder Telefonat, als

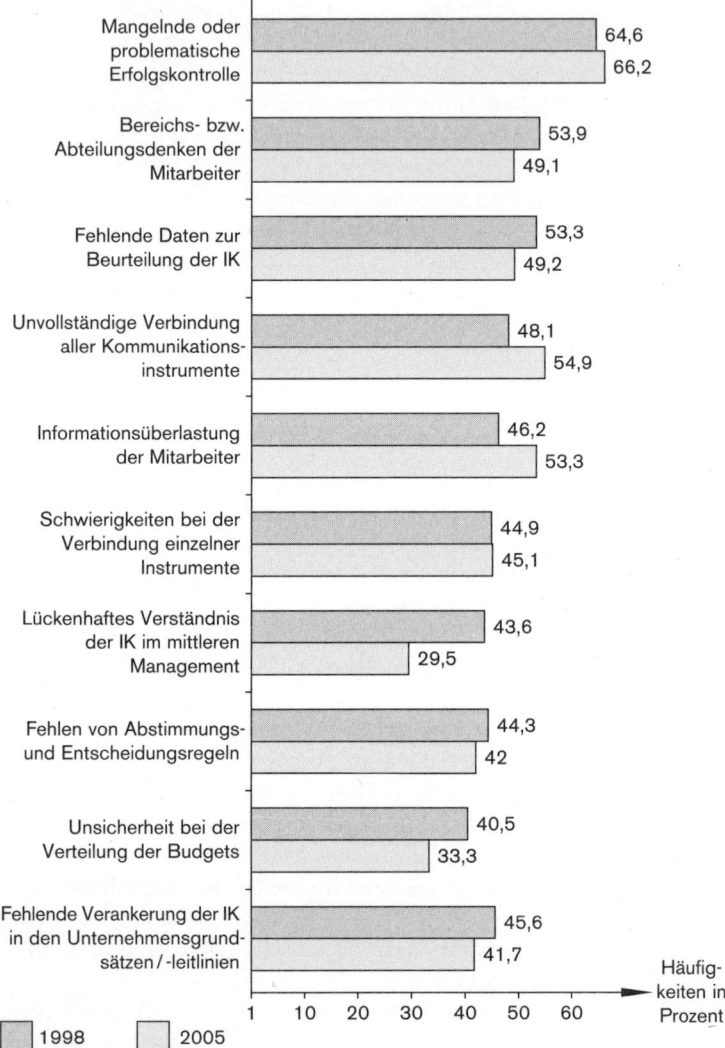

Abb. 8-11: Barrieren der Integrierten Kommunikation in der deutschen Unternehmenspraxis (Quelle: *Bruhn* 2006 c, S. 85)

Teil der Beziehungspflege mit einem Geschäftspartner anzusehen. Wenn es gelingt, die Anstrengungen hinsichtlich der kundenorientierten Strategie mit den internen und externen Kommunikationsprozessen in einen Gesamtprozess zu integrieren, werden sich langfristig die gewünschten Ergebnisse einstellen.

Zusammenfassung: Die folgenden **zehn Merkpunkte** können eine Hilfestellung für die Erarbeitung eines Konzeptes der Integrierten Kommunikation geben.

(1) **Integrierte Kommunikation als Unternehmensziel definieren:** Stellen Sie sicher, dass die Integrierte Kommunikation in den Zielkatalog des Unternehmens aufgenommen wird und dass die Unternehmensleitung die zentrale Verantwortung für die strategische Positionierung des Unternehmens übernimmt.

(2) **Bewusstsein für die Integrierte Kommunikation schaffen:** Schaffen Sie ein Bewusstsein bei sämtlichen Mitarbeitenden des Unternehmens für die Notwendigkeit einer integrierten Betrachtung der Unternehmens- und Marketingkommunikation.

(3) **Vernetztes Denken fördern:** Prüfen Sie die bisherigen Analyse- und Planungssysteme des Unternehmens auf ihre Fähigkeit, eine ganzheitliche und vernetzte Denkweise im Unternehmen zu fördern sowie Änderungen auf den Kommunikationsmärkten frühzeitig zu erkennen.

(4) **Strategisches Konzept der Integrierten Kommunikation erarbeiten:** Erstellen Sie ein strategisches Konzept der Integrierten Kommunikation, in dem Sie die Ziele, Botschaften und insbesondere die Leitinstrumente der Kommunikation verbindlich festlegen.

(5) **Konzeptpapier der Integrierten Kommunikation festlegen:** Definieren Sie innerhalb eines Konzeptpapiers der Integrierten Kommunikation sämtliche Regeln zum Einsatz der Kommunikationsinstrumente.

(6) **Inhaltliche, formale und zeitliche Integration vornehmen:** Legen Sie einheitliche Gestaltungsprinzipen für die Kommunikationsarbeit fest. Schaffen Sie inhaltliche Verbindungen zwi-

---

schen den Kommunikationsinstrumenten und koordinieren Sie die Kommunikationsmaßnahmen in ihrer zeitlichen Abfolge.

(7) **Abgestimmten Einsatz der internen und externen Kommunikationsinstrumente sicherstellen:** Stellen Sie sicher, dass durch eine Abstimmung und Vernetzung der einzelnen internen und externen Instrumente Synergiewirkungen für die Unternehmens- und Marketingkommunikation erzielt werden.

(8) **Integrierte Kommunikation organisatorisch verankern:** Sorgen Sie dafür, dass die Aufgaben der Integrierten Kommunikation auch innerhalb der Aufbauorganisation verbindlich verankert werden und sich in klaren Verantwortlichkeiten niederschlagen.

(9) **Integrierte Kommunikation durch Projektteams implementieren:** Initiieren Sie ein Projektteam mit dem Ziel der reibungslosen Implementierung der Integrierten Kommunikation im Unternehmen.

(10) **Erfolg der Integrierten Kommunikation messen:** Legen Sie Indikatoren fest, die den Erfolg und die Wirkungen der Integrierten Kommunikation für Ihr Unternehmen messbar machen.

Literaturempfehlungen (Zur vertiefenden Auseinandersetzung mit dem Thema Integrierte Kommunikation werden folgende Literaturquellen empfohlen): *Bruhn, M.* (2006 b): Integrierte Unternehmens- und Markenkommunikation. Strategische Planung und operative Umsetzung, 4. Aufl., Stuttgart 2006. *Bruhn, M.* (2006 c): Integrierte Kommunikation in den deutschsprachigen Ländern. Bestandsaufnahme in Deutschland, Österreich und der Schweiz, Wiesbaden 2006. *Bruhn, M.* (2005 a): Kommunikationspolitik. Systematischer Einsatz der Kommunikation für Unternehmen, 3. Aufl., München 2005. *Clow, K. E./Baack, D.* (2003): Integrated Advertising, Promotion, and Marketing Communications, 2. Aufl. Englewood Cliffs 2003. *Esch, F.-R.* (2001): Wirkungen integrierter Kommunikation. Ein verhaltenswissenschaftlicher Ansatz für die Werbung, 3. Aufl., Wiesbaden 2001. *Godin, S.* (2001): Permission Marketing – Kunden wollen wählen können, München 2001. *Kirchner, K.* (2001): Integrierte Unternehmenskommunikation. Theoretische und empirische Bestandsaufnahme und eine Analyse amerikanischer Großunternehmen, Wiesbaden 2001. *Kroeber-Riel, W./Esch, F.-R.* (2004): Strategie und Technik der Werbung. Verhaltenswissenschaftliche Ansätze, 6. Aufl., Stuttgart 2004. *Percy, L.* (1997): Strategies for Implementing Integrated Marketing Communications, Lincolnwood (Chicago) 1997. *Schulz, D. E./Tannenbaum, S. I./Lauterborn, R. F.* (1994): The New Marketing Paradigm: Integrated Marketing Communications, Lincolnwood (Chicago) 1994. *Sirgy, M. J.* (1998): Integrated Marketing Communications. A System Approach, Upper Saddle River (New Jersey) 1998. *Smith, P. R./Taylor, J.* (2004): Marketing Communications: An Integrated Approach, London 2004. *Thorsón, E./Moore, J.* (Hrsg.) (1996): Integrated Communication. Synergy of Persuasive Voices, Mahwah (New Jersey) 1996.

Kapitel 9. Implementierung der Kundenorientierung

1. Grundlage der Implementierung von Strategien

1.1 Implementierungslücke als Herausforderung für das Management

Obgleich die konsequente Ausrichtung aller Unternehmensaktivitäten am Kundennutzen heute unbestritten als wesentlicher Erfolgsgarant für die Konkurrenzfähigkeit und den langfristigen Erfolg von Unternehmen gilt, führen entsprechende Maßnahmen in Unternehmen oftmals nicht zum gewünschten Ergebnis. So verlieren einer Studie der Marketingberatung *OgilvyOne Worldwide* zufolge die größten Unternehmen in Europa und den USA aufgrund mangelnder Kundenpflege noch immer jährlich rund 29 Mrd. USD Umsatz (*o. V.* 2002). Dies kann in Anbetracht der Komplexität der notwendigen Veränderungsprozesse, die mit der Implementierung von Kundenorientierungsprogrammen verbunden sind, zahlreiche Ursachen haben. Als zentrales Praxisproblem hat sich das Fehlen einer geschlossenen Strategie zur Implementierung der Kundenorientierung erwiesen. Diese sog. **Implementierungslücke** (*Bruhn* 2002 b) konkretisiert sich in mehreren Ausprägungsformen.

Es ist eine unzureichende **Konsequenz der Führungskräfte** in der Um- und Durchsetzung kundenorientierter Konzeptionen festzustellen (*Backhaus/Hilker* 1994). Beispielsweise hat sich die häufig in der Unternehmenspraxis vertretene Annahme, Kundenorientierung sei vor allem durch den Einsatz moderner CRM-Technologien umzusetzen und damit primär ein IT-Projekt, als Irrtum herausgestellt (*Hippner* 2005). Deshalb ist auch die Verantwortlichkeit für die Kundenorientierung im Topmanagement und den funktionalen Bereichen anzusiedeln, und nicht lediglich in der IT-Abteilung (*Krafft* et al. 2002).

Dabei spielen **Informationstechnologien** durchaus eine wichtige Rolle. Für deren sinnvollen bzw. effizienten Einsatz sind jedoch zunächst entsprechende Voraussetzungen zu schaffen. Dies umfasst eine dem Unternehmensgeschäft angemessene Definition des Kundenwertes zu definieren und entsprechende Möglichkeiten zu dessen Messung. Möglicherweise ist es notwendig, weitere kaufverhaltensbezogene Informationen zu erheben (z. B. Kaufhäufigkeit, Weiterempfehlungen). Die zu erfassenden Daten sind mit vorökonomischen Daten aus verschiedenen Bereichen (z. B. aus einer Zufriedenheitsbefragung, Beschwerden) zu verknüpfen. Diese Integration verschiedener Daten gelingt oft nicht in ausreichendem Maße (*Roland Berger* 2002).

Weiterhin werden die tatsächlichen **Kundenbedürfnisse** bei der Gestaltung der Systeme oft vernachlässigt. Es werden Kundenerwartungen angenommen, die nicht der Realität entsprechen und so falsche Schwerpunkte bei der vermeintlichen Umsetzung der Kundenorientierung in Unternehmenssysteme gesetzt.

Zuletzt existieren **interne Implementierungsbarrieren**, wie z. B. Widerstände und Unsicherheiten bei den Mitarbeitenden oder unflexible Organisations- und Kommunikationsstrukturen, die nur schrittweise abgebaut werden können. Hierzu zählen im weiteren Sinne auch Barrieren, die aufgrund mehrstufiger Märkte (z. B. zwischen Hersteller und Händler) auftreten (*Kolks* 1990; *Hilker* 1993; *Droege & Comp.* 2000; *Meffert* 2000). Es gilt folglich, nach Lösungsansätzen zur Reduktion der Implementierungslücke zu suchen und diese konsequent zu verfolgen.

Studie: Bei einer Studie des Unternehmens *Concertare* wurden mehr als 1.100 Autohäuser hinsichtlich verschiedener Kriterien der Kundenorientierung im Rahmen eines standardisierten Vorgehens von Testkäufern untersucht. Dabei wurde festgestellt, dass ein erheblicher Teil des Potenzials, sowohl im Hinblick auf Kundenbedürfnisse als auch bezüglich des Verkaufspotenzials, nicht ausgeschöpft wurde. Bei einer Umsetzung der von den Herstellern vorgegebenen Richtlinien könnte dieses Potenzial deutlich besser realisiert werden (*Concertare* 2005).

Mit dem **Begriff Implementierung** verbindet sich ein Prozess, „... durch den Marketingpläne in aktionsfähige Aufgaben umgewandelt werden und durch den sichergestellt wird, dass diese Aufgaben so durchgeführt werden, dass sie die Ziele des Planes erfüllen" (*Kotler/Bliemel* 2005). Je nach Prozessphase sind dabei unterschiedliche Ziele relevant, die wiederum durch ein breites Spektrum an Implementierungsmaßnahmen gestützt werden.

1.2 Ziele und Phasen der Strategieimplementierung

Für eine erfolgreiche Implementierung kundenorientierter Konzepte sind zunächst die **Ziele der Strategieimplementierung** festzulegen. Da es sich bei der Steigerung der Kundenorientierung um einen mehrstufigen Prozess handelt, verändern sich die Ziele in den einzelnen Prozessphasen (vgl. **Abbildung 9-1**). Während in der ersten Phase die Schaffung von Akzeptanz für die Notwendigkeit zur Steigerung der Kundenorientierung sowie die Vermittlung von Informationen an die Mitarbeitenden im Vordergrund steht, wechselt die Zielsetzung in der zweiten Phase von der Initiierung zur Durchsetzung der Kundenorientierung. Ziel ist die Erarbeitung von Maßnahmen zur Verbesserung der Kundenorientierung des Unternehmens und eine Festlegung konkreter Verantwortlichkeiten. In der dritten Phase wird das Ziel verfolgt, die festgelegten Maßnahmen auf Abteilungs- oder Projektebene umzusetzen, Anpassungen vorzunehmen und den Fortschrittserfolg zu kontrollieren.

Der Aufbau von **Akzeptanz und Wissen** bei den betroffenen Mitarbeitenden ist eine der problematischsten Aufgaben im gesamten Prozess. Gerade bei einer von oben „verordneten" oder durch eine interne Abteilung erarbeiteten Neuausrichtung stößt die Umsetzung der Kundenorientierung bei Mitarbeitenden oftmals auf das „Not-invented-here"-Syndrom, d. h., die Mitarbeitenden lehnen im Hinblick auf ihre eigene Erfahrung und die dadurch empfundene Expertenrolle von außen kommende Veränderungen ab. Mit dieser Problematik sind daher folgende Subziele verbunden:

- Vermittlung von Kenntnissen über das Thema Kundenorientierung und das damit zusammenhängende Implementierungsprojekt,
- Gewährleistung, dass das Konzept von sämtlichen Personen verstanden und gemeinsam erarbeitet wird,
- Erzielung einer hohen Einsatzbereitschaft auf sämtlichen Hierarchieebenen.

Hingegen bezieht sich die **Durchsetzungsphase** auf die Spezifizierung der bislang noch relativ global formulierten Konzeptbausteine

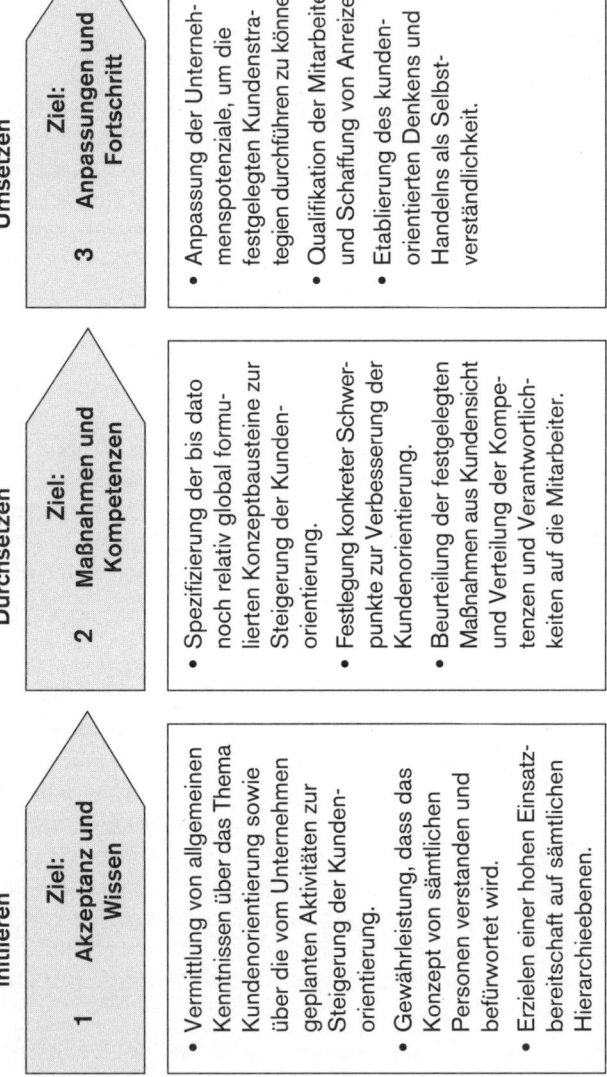

Initiieren

Ziel:
1 Akzeptanz und Wissen

- Vermittlung von allgemeinen Kenntnissen über das Thema Kundenorientierung sowie über die vom Unternehmen geplanten Aktivitäten zur Steigerung der Kundenorientierung.
- Gewährleistung, dass das Konzept von sämtlichen Personen verstanden und befürwortet wird.
- Erzielen einer hohen Einsatzbereitschaft auf sämtlichen Hierarchieebenen.

Durchsetzen

Ziel:
2 Maßnahmen und Kompetenzen

- Spezifizierung der bis dato noch relativ global formulierten Konzeptbausteine zur Steigerung der Kundenorientierung.
- Festlegung konkreter Schwerpunkte zur Verbesserung der Kundenorientierung.
- Beurteilung der festgelegten Maßnahmen aus Kundensicht und Verteilung der Kompetenzen und Verantwortlichkeiten auf die Mitarbeiter.

Umsetzen

Ziel:
3 Anpassungen und Fortschritt

- Anpassung der Unternehmenspotenziale, um die festgelegten Kundenstrategien durchführen zu können.
- Qualifikation der Mitarbeiter und Schaffung von Anreizen.
- Etablierung des kundenorientierten Denkens und Handelns als Selbstverständlichkeit.

Abb. 9-1: Phasen und Ziele des Implementierungsprozesses der Kundenorientierung

und legt konkrete Schwerpunkte zur Verbesserung der Kundenorientierung fest. Dies erfordert auch eine intensive Auseinandersetzung der Führungskräfte mit den Möglichkeiten zur Verbesserung der Kundenorientierung im Unternehmen und der Relevanz der Maßnahmen aus Kundensicht.

Beispiel: Im Rahmen einer Kundenzufriedenheitsstudie eines IT-Dienstleisters konnten einige Schwächen im Leistungserstellungsprozess sowie der Interaktion zwischen Kunde und Unternehmen festgestellt werden. Maßnahmen zur Leistungsverbesserung erfolgten jedoch nicht in sämtlichen Punkten. Vielmehr wurde die Bedeutung der einzelnen Schwächen aus Kundensicht näher analysiert, um eine Priorisierung der Verbesserungsmaßnahmen vornehmen zu können. Im Ergebnis konzentrierte sich der Verbesserungsprozess der Kundenorientierung auf drei vom Kunden wahrgenommene Qualitätsdefizite.

An der **Umsetzung** der nun vorliegenden maßgeschneiderten Kundenorientierungsprogramme in der dritten Phase arbeiten in der Regel zahlreiche Mitarbeitende des Unternehmens. In dieser Phase sind häufig Anpassungen der Unternehmenssysteme und -strukturen erforderlich, z. B. in Form der Einführung neuer Datenbanksysteme, einer Abteilung Beschwerdemanagement usw. Um die Entscheidung zur Kundenorientierung zu untermauern, ist eine kundengerichtete Unternehmensvision zu formulieren, die die dauerhafte Zufriedenheit der Kunden als Maßstab für die Bewertung der Unternehmenspolitik hat. Weiterhin ist es sinnvoll, Anreizsysteme zu schaffen, die die Mitarbeitenden zu kundenorientiertem Verhalten motivieren. Dies kann z. B. in Form von Auszeichnungen, Bekanntmachungen in internen Medien, dem Einräumen größerer Verantwortung bzw. Entscheidungsfreiheit oder auch materiellen Anreizen wie z. B. Statussymbolen, Incentive-Reisen oder variablen Lohnanteilen, in Abhängigkeit von der Kundenzufriedenheit, realisiert werden.

Bei der Festlegung von Implementierungszielen ist nicht zu vernachlässigen, dass diese i. d. R. auch **Kosten- und Zeiteffekte** mit sich bringen. Daher sind offene Fragen zu Kosten-Nutzen-Aspekten der geplanten Kundenorientierungsmaßnahmen im Vorfeld der Implementierung zu klären. In diesem Zusammenhang könnten z. B. folgende Fragen auftreten:

- Ist die Integration externer Berater in den Implementierungsprozess sinnvoll?
- Ist die vollständige Umstrukturierung bisheriger Informationssysteme notwendig?
- Welchen Nutzen bringt die Verbesserung eines bestimmten Qualitätsmerkmals aus Kundensicht?
- Sind die Kunden bereit, für eine Qualitätssteigerung einen höheren Preis zu bezahlen?
- u. a. m.

Vor diesem Hintergrund ist im Einzelfall unter Kosten-Nutzen-Aspekten zu prüfen, wie intensiv eine Anpassung der bestehenden Unternehmenspotenziale, insbesondere der Strukturen, Systeme und der Unternehmenskultur, vorgenommen wird.

2. Kundenorientierte Gestaltung der Unternehmenspotenziale

Mittlerweile ist unumstritten, dass nur ein ausgewogenes Zusammenspiel der Strategie zur Steigerung der Kundenorientierung mit den dazu passenden Strukturen, Systemen und der Kultur langfristig Erfolg versprechend ist. Allerdings stoßen diese Veränderungen nicht immer auf allgemeines Verständnis bei den beteiligten Personen. Zahlreiche interne Barrieren bestehen, die beispielsweise auf Machtverlust oder sonstige Negativfolgen zurückzuführen sind. Diese gilt es zu erkennen und im Rahmen des Implementierungsprozesses zu beseitigen.

2.1 Implementierungsbarrieren der Kundenorientierung

Obwohl sich zahlreiche Bücher, Beiträge sowie Seminare mit der Kundenorientierung beschäftigen, existieren nur sehr wenige theoretische und empirische Studien, die sich explizit mit den Barrieren bei der Implementierung der Kundenorientierung auseinandersetzen. Eine empirische Untersuchung von *Plinke* (1996) liefert zu Fragen bezüglich der Arten von Implementierungsbarrieren hilfreiche Erkenntnisse. Aus der branchenübergreifenden Befragung von

340 Führungskräften der deutschen Industrie wird deutlich, dass es sich primär um Fragen der Struktur, Systeme, Kultur sowie der internen Zusammenarbeit handelt, die die Implementierung der Kundenorientierung behindern oder zumindest verlangsamen. Die Bedeutung dieser vier Faktoren wird durch zahlreiche Erfahrungsberichte aus der Praxis bestätigt (*Reinecke* et al.1998, S. 278 f.; *Witte* 2000). Die Herausforderung besteht nun darin, die mit diesen Hauptbarrieren verbundenen Einzelaspekte zu steuern und zu kontrollieren.

Organisatorisch-strukturelle Barrieren beziehen sich auf die mangelhafte Anpassung der bestehenden Strukturen und Systeme an die Anforderungen der neuen kundenorientierten Strategie. Notwendige Anpassungen sind beispielsweise hinsichtlich der Informationssysteme erforderlich. Im Rahmen der Implementierung ist dafür zu sorgen, dass z. B. zusätzliche kunden- und mitarbeiterbezogene Daten verarbeitet und aufbereitet werden können. Weiterhin ist z. B. eine kommunikationsfördernde Organisation anzustreben, indem Defizite in der horizontalen und vertikalen Kommunikation abgebaut werden, so dass sämtliche Mitarbeitende über alle notwendigen Informationen verfügen können. Weitere Barrieren in der bestehenden Aufbau- oder Ablauforganisation betreffen z. B. eine fehlende Prozessorganisation, eine nicht gepflegte Kundendatenbank oder unzureichende kundenbezogene Controllingsysteme zur Messung der Kundenorientierung. Damit einher gehen häufig auch Probleme der monetären Bewertung von Kundenprozessen.

Beispiel: Das Unternehmen *ABB* hatte bereits intensiv in die Verbesserung der Kundenorientierung, z. B. durch den Aufbau eines Total Quality Managements, investiert, konnte diese kundenbezogenen Prozesse jedoch innerhalb des Rechnungswesens nicht bewerten. Es fehlte an einer Prozesskostenrechnung, die eine ursachengerechte Verrechnung der Kosten ermöglicht (*Zoller* 1998, S. 26 ff.).

Die Probleme im **kulturellen Bereich** liegen z. B. in der Gleichgültigkeit und Unsensibilität der Mitarbeitenden im Kundenkontakt oder in der Wahrnehmung der Mitarbeitenden, dass Kundenorientierung kein durch das Topmanagement getragener Wert des Unternehmens ist. Kulturelle Barrieren bilden somit zum einen die mangelnde Akzeptanz bei den Mitarbeitenden, zum anderen aber auch die fehlende Überzeugungsarbeit durch Führungskräfte. Weiterhin tragen unklare Kompetenzzuordnungen, Ressort- und Bereichsegoismen, das Streben nach schnellen Lösungen sowie eine mangelnde Kontinuität (z. B. aufgrund hoher Fluktuationen) zu Implementierungsproblemen bei. Diesbezüglich ist ein internes Marketing erforderlich, das bei den Mitarbeitenden und Führungskräften von Unternehmen ansetzt, um langfristig eine service- und kundenorientierte Denkhaltung zu verankern. Diese spielt in zweifacher Hinsicht bei der Implementierung der Kundenorientierung eine Rolle. Zum einen ist ein kundenorientiertes Verhalten der Mitarbeitenden für die Kundenzufriedenheit entscheidend. Zum anderen besteht ein empirisch nachgewiesener Zusammenhang zwischen Mitarbeiter- und Kundenzufriedenheit (*Stock* 2003). Folglich ist nicht nur ein kundenorientiertes Verhalten der Mitarbeitenden in der Unternehmenskultur, sondern gleichzeitig auch eine Mitarbeiterorientierung zu etablieren, deren Ziel es ist, die Mitarbeitenden intrinsisch und extrinsisch zu kundenorientiertem Verhalten zu motivieren. Die Akzeptanz dieser Überlegungen kommt beispielsweise dadurch zum Ausdruck, dass sowohl das Modell zur Vergabe des europäischen Qualitätspreises (EFQM-Modell) als auch der Malcolm Baldrige National Quality Award (MBNQA) die Mitarbeiterorientierung als wesentlichen Baustein in ihr Bewertungsraster integrieren (*Kotler/Bliemel* 2005; *Bruhn* 2006 a).

Beispiel: Die *Zürcher Kantonalbank (ZKB)* ist die drittgrößte schweizerische Bank. Bei der Einführung der integrierten „Beratung und Betreuung mit System" – ein Programm zur Erhöhung der Kundenorientierung – stieß die Bank auf starke kulturelle Barrieren, die zu überwinden waren. Beispielsweise galt es, die festgefahrenen Verhaltens- und Denkmuster der Mitarbeitenden, wie das reaktive Verhalten in Bezug auf Telefongespräche oder die geringe Flexibilität bei der Kundenbetreuung, zu überwinden. Mit gezielten Schulungsmaßnahmen wurde versucht, diese kulturellen Barrieren zu minimieren (*Rudolf-Sipötz/Arnet* 2002).

Ferner werden Umsetzungsprobleme in Bezug auf die Zusammenarbeit der einzelnen Partner in der Wertschöpfungskette oder auch innerhalb des Unternehmens gesehen. Abstimmungsprobleme, Angst vor Machtverlusten, subjektive Vorbehalte u. a. m. können hier die Implementierung der Kundenorientierung behindern.

Beispiel: In einem erfolgreichen deutschen Konzern berichtete ein Mitarbeitender über – meist leicht behebbare – Missstände in der Produktion, auf die er seit geraumer Zeit aufmerksam mache. Da er keine Reaktionen auf sein Engagement wahrnahm, verringerte sich zunehmend sein Interesse, sich für das Unternehmen einzusetzen. Kostensenkungsaktionen sind kurzfristig ausgelegt und widersprechen sich teilweise. Da das Unternehmen am Markt erfolgreich ist, kommen Zweifel an der Effizienz der Prozesse nicht auf, wenngleich diese zum Teil eher auf günstige Rahmenbedingungen als auf bestmögliches Management zurückzuführen sind (*Braun* 2003, S. 57 f.).

Neben den kulturellen und organisatorisch-strukturellen Barrieren kann die **inhaltlich-konzeptionelle Ausgestaltung** zu Problemen bei der Umsetzung der Kundenorientierung führen. Falsche Einschätzung der Implementierungsdauer, mangelhaftes Verständnis der Inhalte, Zufriedenheit mit bereits umgesetzten Teilkonzepten oder Schwierigkeiten der Erfolgskontrolle sind in diesem Zusammenhang die am häufigsten auftretenden Implementierungsbarrieren. Angesichts der zahlreichen Probleme einer erfolgreichen Implementierung der Kundenorientierung hat die Unternehmensführung die Aufgabe, alle notwendigen Voraussetzungen im Unternehmen zu schaffen, damit die bestehenden Barrieren abgebaut und Maßnahmen der Kundenorientierung ihre volle Wirkung entfalten können.

2.2 Kundenorientierte Organisationsstrukturen

Seitdem *Chandler* (1962) seine These „Structure Follows Strategy" in die Diskussion einbrachte, werden die Vor- und Nachteile unterschiedlicher Organisationsformen, wie z. B. Produkt-, Sparten- oder Matrixorganisation, im Hinblick auf die Strategieimplementierung intensiv diskutiert. Einigkeit besteht darin, dass den Vorteilen der traditionellen Organisationsformen, wie etwa klare Kompetenzverteilung und geringer Koordinationsbedarf, erhebliche Nachteile in Bezug auf Flexibilität und Reaktionsvermögen gegenüberstehen. Die Ausgangsfrage, die sich derzeit viele Unternehmen stellen, lautet: „Welche Organisation ist erforderlich, um die Steigerung des Kundennutzens heute und in Zukunft als zentrales Ziel verfolgen zu können?"

Eine allgemein gültige Antwort auf diese Frage wird es nicht geben, vielmehr wird sie wesentlich beeinflusst durch die Anforderungsprofile der internen und externen Nachfrager. Allerdings lassen sich vier Entwicklungstendenzen in Bezug auf die **Gestaltung kundenorientierter Organisationsstrukturen** erkennen:

- Bildung dezentraler Einheiten,
- Verstärkte Prozessorientierung,
- Förderung der funktionsübergreifenden Zusammenarbeit,
- Erweiterung der Entscheidungskompetenzen.

Bildung dezentraler Einheiten: Unter der sehr eingängigen Aussage „Small is Beautiful" beschrieb *Schumacher* bereits 1977 Basisüberlegungen zum Spannungsfeld zwischen Zentralisation und Dezentralisation. Ergebnis seiner Ausführungen ist die Erkenntnis, dass eine zentrale Aufgabe komplexer Organisationen darin besteht, Kleinheit aufzubauen (*Schumacher* 1977). Dieses Phänomen, die Bildung kleiner, dezentraler und in der Regel auch autonomer Einheiten, ist in der Unternehmenspraxis – trotz der fortschreitenden Globalisierungstendenzen – vermehrt festzustellen. Die Zentralisierung von Entscheidungen bringt lange Dienstwege mit sich und erhöht damit das Risiko von Verzögerungen bei der Reaktion auf Kundenanliegen. Beispielhaft lässt sich dies anhand des Beschwerdemanagements verdeutlichen: Studien haben ergeben, dass die Bearbeitungszeit einer Beschwerde einen starken Einfluss auf die Beschwerdezufriedenheit hat (*Seidel/Stauss* 2006). Ein langer Dienstweg in Verbindung mit einem komplexen Regelwerk mit genau definierten Verhaltensanweisungen für den Beschwerdefall verringert in der Regel die Bearbeitungsgeschwindigkeit und erhöht den organisatorischen Aufwand bei der Bearbeitung der Beschwerde. Für den Kunden bedeutet dies zusätzliche Wartezeiten und damit einen erneuten Anlass für Unzufriedenheit. Mit der Dezentralisierung verbunden ist ein Abbau der Hierarchiestufen, um einen besseren Informationsfluss und somit eine höhere Flexibilität zur Lösung der Kundenprobleme sicherzustellen. Der angesprochene Hierarchieabbau ist jedoch nicht gleichzusetzen mit einer vollständigen Auflösung der bisherigen Unternehmensstruktur. Vielmehr bilden sich **hybride Organisationsformen**, die – je nach Bedarf – unterschiedlich ausgerichtete organisatorische Lösungen beanspruchen.

Beispiel: Die Notwendigkeit zur Anpassung der Organisationsstrukturen wurde bei der *BMW AG* bereits Anfang der 1990er Jahre erkannt. Dies konkretisierte sich 1991 in einer sog. Pilotphase „Arbeitsstrukturen der Zukunft". Die in dieser Phase gesammelten Erkenntnisse führten 1995 zu einer konkreten Betriebsvereinbarung, auf deren Basis sukzessive neuere Organisationsformen eingeführt wurden. Basis der neuen Organisation bilden selbständige Arbeitsgruppen mit klar definierten Aufgaben und eigenem Kompetenzbereich. Die Mitarbeitenden werden an den Entscheidungsprozessen beteiligt und gemeinsam trifft man strategische Entscheidungen. Um unnötige Schnittstellen abzubauen, werden die Hauptaufgaben des Teams durch Sekundärfunktionen, wie Logistik oder Qualitätssicherung, angereichert. Ergebnis der organisatorischen Veränderung ist eine Steigerung der Produktivität sowie eine Erhöhung der Arbeitszufriedenheit und Produktqualität, die wesentlich zur Steigerung der gesamten Kundenorientierung beitragen (*Bihl* et al. 1997, S. 168 ff.).

Verstärkte Prozessorientierung: Eine Steigerung der Kundenorientierung kann ferner durch eine stärkere Beachtung der Leistungsprozesse gewährleistet werden. Entscheidend für die Kundenorientierung ist die Ausrichtung sämtlicher Unternehmensprozesse und damit der Unternehmensaktivitäten an den Bedürfnissen der (internen bzw. externen) Kunden. Einzelne, isolierte Maßnahmen reichen nicht aus, um die Kundenwünsche zu erfüllen. Stattdessen ist bei sämtlichen Kontakten zwischen Unternehmen und Kunden bzw. sonstigen Anspruchgruppen dem Primat der Kundenorientierung Rechnung zu tragen. Diese „neue" Sicht betrachtet die organisatorischen Abläufe unter dem Aspekt der Wertschöpfungskette, in der vom Zulieferer über die verschiedenen Stufen innerhalb des Unternehmens hinweg bis zum Handel sämtliche kundenbezogenen Prozesse zu definieren und zu optimieren sind. Zielsetzung ist es, eine bestmögliche Zusammenarbeit der einzelnen Teilnehmer der Wertschöpfungskette (z. B. Zulieferer, Mitarbeitende, Führungskräfte, Logistikdienstleister, Handel) zu gewährleisten, um schnell und flexibel auf Kundenwünsche reagieren zu können. Im Konsumgüterbereich wird beispielsweise durch die Einführung des **Effi-**

cient Consumer Response(ECR)-Konzeptes versucht, die Flexibilität und Produktivität in der Wertschöpfungskette zu erhöhen, um damit letztlich die Kundenorientierung zu steigern.

Beispiel: Im Jahre 1994 haben sich auf europäischer Ebene sieben Händler (*Albert Heijn, Asko, Auchan, ICA, Promdés, Rewe, La Rinascente*) sowie sieben Hersteller (*Coca-Cola, Johnson&Johnson, Mars, Nestlé, Procter&Gamble, Sardus* sowie *Unilever*) zusammengeschlossen, um Modelle und Praktiken für das ECR-Konzept zu erarbeiten. Diese ECR Europe Initiative löste eine europaweite Bewegung aus, die dazu führte, dass Ende 1997 in nahezu ganz Europa, ECR-Konzepte diskutiert und auch realisiert wurden. In einer umfassenden Studie zum Thema ECR im Jahre 2001 wurden als zentrale Erfolgsfaktoren für eine gute Wertschöpfungspartnerschaft u. a. die Involvierung des Top Managements, der Einsatz moderner Informationstechnologie und das gegenseitige Vertrauen der Partner genannt (*Seifert* 2001).

Förderung der funktionsübergreifenden Zusammenarbeit: Aufgrund der Tatsache, dass in jedem Unternehmen mehr oder weniger unterscheidbare Subkulturen existieren, ist schließlich eine zunehmende Förderung der funktionsübergreifenden Zusammenarbeit, z. B. in sog. „Cross-Functional Teams", mit dem Ziel zu beobachten, vorhandene Bereichsegoismen und Schnittstellenkonflikte aufzulösen (*Diller/Ivens* 2006). Zur Lösung dieser Aufgaben werden in einem ersten Schritt die zentralen Problemfelder (in der Regel Kommunikationsdefizite) identifiziert und anschließend geeignete Maßnahmen zur Konfliktlösung ergriffen, z. B. eine empfängergerechte Kommunikation, informelle Kommunikation, zeitweiser Austausch von Mitarbeitenden der konfliktären Abteilungen, räumliche Zusammenlegung usw.

Studie: Nach einer Untersuchung der Unternehmensberatung *A. T. Kearney* ist die funktionsübergreifende Zusammenarbeit ein wichtiger Erfolgsfaktor bei der Realisierung von Kostenvorteilen im Produktentwicklungsprozess. Danach können durch die Einbindung sowohl unternehmensinterner Mitarbeitenden unterschiedlicher Abteilungen als auch die Einbindung externer Lieferanten bis zu 30 Prozent der Kosten eingespart werden (www.atkearney.de, Zugriff am 14. 5. 2006).

Beispiel: Die *Dresdner Bank* stellte 2002 ein integratives Konzept der Mitarbeiter- und Kundenzufriedenheit vor, innerhalb dessen verschiedene

Komponenten der Mitarbeiterzufriedenheit und die Ausprägung verschiedener Soft Skills zu messen waren. Während die Pilotbefragung von einem Projektteam durchgeführt wurde, oblag die weitere Umsetzung und Erfolgsmessung direkt den einzelnen Teams, um sicherzustellen, dass die Ziele auch innerhalb der Teams kontinuierlich verfolgt werden. Als Kontrolle werden dem Vorstand regelmäßig aktuelle Reports über die Ergebnisse vorgelegt und das Konzept darüber hinaus auch in die Schulung der Nachwuchsführungskräfte aufgenommen (*Herrndorf/Frank* 2002).

Erweiterung der Entscheidungskompetenzen: Die Anpassung der Unternehmensstrukturen geht relativ häufig mit einer Veränderung der Führungsstrukturen einher. Dies äußert sich in einer Funktionsverlagerung der Entscheidungskompetenzen auf die unteren Hierarchiestufen des Unternehmens im Sinne des **„Empowerments"** von Mitarbeitenden. Unter dem Begriff Empowerment sind dabei sämtliche Maßnahmen zu verstehen, die dem Mitarbeitenden erlauben, in der entsprechenden Kundenkontaktsituation eigene Entscheidungen zu treffen (*Stewart* 1997; *Blanchard* et al. 1998). Im Zuge des Empowerment verändert sich die Organisationsstruktur derart, dass Faktoren wie Selbstbestimmung, Selbstkontrolle und Eigenentscheidung an Bedeutung gewinnen. Durch die Erweiterung der Entscheidungskompetenzen wird eine effektive Koordination der Aufgaben realisiert, durch die ein hoher Grad der Kundenorientierung gewährleistet werden kann.

Beispiel: Ein klassisches Beispiel für erfolgreiches Empowerment ist die Hotelkette *Ritz-Carlton*. Jeder Mitarbeitende des Hotels ist bei einer Beschwerdeführung befugt, über einen Betrag von bis zu 2.000 USD frei zu verfügen, um den Kunden wieder zufrieden zu stellen.

2.3 Kundenorientierte Managementsysteme

Neben der Anpassung von Strukturen ist zur erfolgreichen Implementierung der Kundenorientierung gleichzeitig eine Anpassung der Managementsysteme erforderlich. Unter dem **Begriff Managementsystem** können sämtliche auf Dauer angelegten (teil-)standardisierten Verfahren bezeichnet werden, die zum Ziel haben, eine kontinuierliche Bewältigung von Aufgaben im Unternehmen zu erleichtern. Innerhalb des Managementsystems lassen sich verschie-

dene Subsysteme, wie das Wert-, Planungs-, Kontroll-, Personal-
führungs-, Organisations- und schließlich das Informationssystem,
unterscheiden (*Althaus* 1995, S. 92).

Für die Durchsetzung der Kundenorientierung nehmen folgende
Systeme eine Schlüsselfunktion ein:

- Informationssystem,
- Kommunikationssystem,
- Personalmanagement- und Vergütungssystem,
- Kontrollsystem.

Informationssystem: Innerhalb des Informationssystems ist eine
Anpassung in der Form erforderlich, dass das Unternehmen ein
System realisiert, das sämtliche relevanten Daten über die aktuellen
Kunden erheben und verarbeiten kann. Ein kundenorientiertes In-
formationssystem berücksichtigt beispielsweise die Ableitung von
Kundenstrukturanalysen, kundenbezogenen Rentabilitätsrechnun-
gen oder Kundenportfolios, um so ein strategisches Konzept für die
Bearbeitung der verschiedenen Kundenbeziehungen erarbeiten zu
können (*Rust* et al. 2000; *Helm/Günter* 2003). Ferner hat das Informationssystem den Informationsaustausch mit vor- und nachge-
lagerten Partnern – beispielsweise über Electronic Data Interchange
(EDI) – sicherzustellen. Es ist folglich ein System aufzubauen, das
die internen und externen kundenbezogenen Informationsanforde-
rungen erfüllen kann, um auf einer fundierten Informationsbasis die
abnehmergerichteten Strategien planen und realisieren zu können.
Abbildung 9-2 stellt Inhalte eines solchen CRM-Systems dar.

> **Beispiel:** Die erhöhte Volatilität der Aktienmärkte in den letzten Jahren
> führte bei Banken zur erneuten Fokussierung auf Privatkunden. Deren
> höhere Wechselbereitschaft wiederum erforderte eine bessere Analyse
> und Steuerung der einzelnen Kundenbeziehungen. Bei der *DAB Bank*
> wurde dies realisiert durch das Zusammenführen aller Kundendaten, das
> sowohl vom Kundenkontaktpersonal als auch von der Marketingabteilung
> zur Planung von Kampagnen und Direct Marketing-Maßnahmen nutzbar
> ist. Die Ergebnisse der Maßnahmen können so direkt kontrolliert und
> durch Längsschnittanalysen (Vergleiche im Zeitverlauf) zu einer Optimie-
> rung der Maßnahmen genutzt werden (*Bendl* 2006).

Marketing	• Kampagnenmanagement • Marketingenzyklopädie • Marketingplanung • Lead Management • Kundensegmentierung • Kundenbefragungen • Telemarketing
Vertrieb	• Account Management • Chancenverfolgung • Aktivitätensteuerung • Verwaltung von Kundenkontakten • Produktkonfigurator • Mobile Sales • E-Shop-Anbindung
Analyse/Sales Intelligence	• Call Center Management • Problemlösungsmanagement • Management von Serviceverträgen • Internet Self Service • Außendienstservice • Beschwerdemanagement • Serviceautomatisierung
Service	• Marketinganalysen • Wettbewerberanalyse • Vertriebsanalyse • Forecasting • Produktanalysen • Lost Order Analyse • Serviceanalysen • Frühwarnfunktion
Sonstiges	• Gruppenkalender • E-Mail • Workflowmanagement • Dokumentenmanagement • Suchmaschinen • Wissensmanagement • Reporting/Berichtswesen • Datensynchronisation

Abb. 9-2: Komponenten und Funktionen eines CRM-Systems (Quelle: *Kruse* 2005, S. 96)

Kommunikationssystem: Ein kundenorientiertes Kommunikationssystem hat zum Ziel, eine Nähe zwischen Unternehmen und Kunden zu ermöglichen. Es beinhaltet insbesondere einen zweiseitigen Kommunikationsprozess, in dem der Dialog sowohl proaktiv von Seiten des Unternehmens als auch von Seiten der Kunden initiiert werden kann (*Lischka* 2000). Das Unternehmen richtet nicht nur seine Kommunikationsinhalte, sondern auch -kanäle auf die Bedürfnisse der Kunden aus. Sinnvoll sind dabei meist mehrere unterschiedliche Anspracheoptionen wie z. B. Hotlines, E-Mail, Eingabemasken im Internet, ebenso jedoch auch klassische Antwortcoupons (*Bruhn* 2002 b). Bezüglich der Dialogfähigkeit und der Synchronität der Kommunikationsarten lassen sich persönliche und unpersönliche sowie asynchrone und synchrone Kommunikation unterscheiden.

Bei der **persönlichen Kommunikation** sind der Name des Kunden sowie mindestens eine Kontaktmöglichkeit bekannt, die zu Direct Marketing-Maßnahmen genutzt werden können. Die **unpersönliche Kommunikation** umfasst alle kommunikativen Aktivitäten, die nicht konkret an einen Adressaten gerichtet sind. Dabei ist sie zwar in ihren Inhalten vergleichbar mit klassischer Kommunikation, wie z. B. Mediawerbung, beinhaltet aber einen Rückkopplungskanal, d. h. die Möglichkeit für den Kunden, auf die Inhalte zu reagieren und mit dem Unternehmen in Kontakt zu treten.

Die **Synchronität** definiert, ob die Interaktion, d. h. Ansprache und Reaktion, simultan oder zeitversetzt, erfolgt. Bei individuellen, komplexen Produkten oder Dienstleistungen mit hohem Integrationsgrad des externen Faktors kann es sinnvoll sein, synchrone Kommunikationskanäle zu verwenden, da sie vergleichsweise flexibler sind. Im Speziellen ist diesbezüglich die interaktive synchrone Kommunikation zu nennen, die bei neuen Kommunikationsmedien, wie z. B. Internetforen oder interaktivem Fernsehen eine herausgehobene Rolle spielt. **Abbildung 9-3** stellt die Erscheinungsformen der kundenorientierten Kommunikation im Überblick dar.

Beispiel: Das interaktive Fernsehen (iTV) bietet einen Rückkopplungskanal zum Zuschauer an, der auf vielfältige Weise Verwendung finden kann. Möglich ist beispielsweise die Teilnahme am bzw. das direkte Eingreifen des Zuschauers in das Geschehen (z. B. bei Spielshows) ebenso wie

Art / Richtung	persönlich		unpersönlich	
	asynchron	synchron	asynchron	synchron
intern	• Internes Berichts- und Informationswesen • Mitarbeiterbezogene Verkaufsförderung • Direct Mailing	• Mitarbeitergespräche • Arbeitssitzungen • Training, Schulungen • Videokonferenzen	• Unternehmensbroschüren, z. B. mit Antwortcoupons • Unternehmenszeitungen • Unternehmensvideos z. B. mit Hotline-Nummer • Elektronische Newsletter • Intranet	• Computer Based Training • Business TV • Betriebsversammlungen
extern	• Werbebriefe, z. B. mit Antwortcoupons • Telefonmarketing • Verbraucherbezogene Verkaufsförderung, z. B. mit Antwortcoupon • Handelsbezogene Verkaufsförderung • Direct Mailing	• Customer Interaction Center • Persönlicher Verkauf • Kundenkontakt bei Events und Sponsoring • Kundenclubs • Mobile Marketing	• Elektronische Newsletter • Kiosksterminals • Kundenzeitschriften, z. B. mit Antwortcoupons • Homepage im Internet, z. B. mit Kontaktformularen • POS-, POP-Werbung, z. B. mit Coupons • DVD/CD-ROM • Telefon-Hotlines in Werbespots • Promotion Touren, z. B. mit Gewinnspiel	• Dialogangebote im Internet, z. B. Chat-Foren • Beratungsgespräch auf Messen und Ausstellungen • Verkaufsförderung, z. B. Beratungsgespräch am POS

Abb. 9-3: Erscheinungsformen von kundenorientierten Kommunikationsformen (Quelle: *Bruhn* 2002 b, S. 122)

eine direkte Auswahl des Programms auf einem Kanal. Auch bei Fernsehwerbung kann eine direkte Reaktion des Kunden ermöglicht werden, vom Kauf der Produkte bis zum Einholen von Zusatzinformationen und Nutzungsmöglichkeiten der beworbenen Produkte (*Schnake* 2006).

Personalmanagement- und Vergütungssystem: Ein kundenorientiertes Personalmanagementsystem beschreibt die Gesamtheit der auf das Personal gerichteten Maßnahmen, Regelungen und Bedingungen, die zum Ziel haben, eine leistungsfördernde Arbeitumgebung zu schaffen und ein kundenorientiertes Mitarbeiterverhalten zu fördern (*Bruhn* 2002b, S. 204). Dies umfasst z. B. Einstellungen und Weiterbildung, aber auch die Arbeitsplatzgestaltung und die Vergütung. Neben dem kundenorientierten Personalmanagement ist ferner auch ein **personalorientiertes Marketingmanagement** erforderlich. Diesem werden sämtliche Marketinginstrumente zugeordnet, durch deren unternehmensinternen Einsatz eine hohe Mitarbeiterzufriedenheit bzw. -motivation und dadurch ein kundenorientiertes Interaktionsverhalten gewährleistet werden kann. Insbesondere haben die erwähnten Studien über Zusammenhänge zwischen Mitarbeiter- und Kundenzufriedenheit dazu beigetragen, dass dem personalorientierten Marketingmanagement ein höherer Stellenwert eingeräumt wird (*Stock* 2003). Ziel des Personalmanagements ist es daher, nach Möglichkeit Instrumente einzusetzen, mit denen gleichzeitig eine hohe Mitarbeiterorientierung (z. B. durch mehr Entscheidungsfreiräume; „Management by Objektives") und eine höhere Kundenorientierung realisierbar ist. **Abbildung 9-4** gibt einen Überblick zu den wichtigsten Entscheidungsfeldern des kundenorientierten Personalmanagements.

Kundenorientiertes Personalmanagement beginnt bei der **Personalauswahl** sowie bei den Instrumenten der Personalansprache und -akquisition (*Heidack* 1999, S. 254 ff.). Unternehmen, die Wettbewerbsvorteile durch Kundenorientierung erreichen möchten, wählen ihre potenziellen Mitarbeitenden nicht allein nach fachlichen Kriterien aus, sondern berücksichtigen auch Kriterien der sozialen Kompetenz und andere weiche Faktoren (Soft Skills) des Bewerbers (*Moores* 1991, S. 446; *Raab/Werner* 2005, S. 25 ff.).

Vor der eigentlichen Personalauswahl ist zunächst ein **Anforderungsprofil** in Bezug auf die zu besetzende Stelle zu entwerfen, das

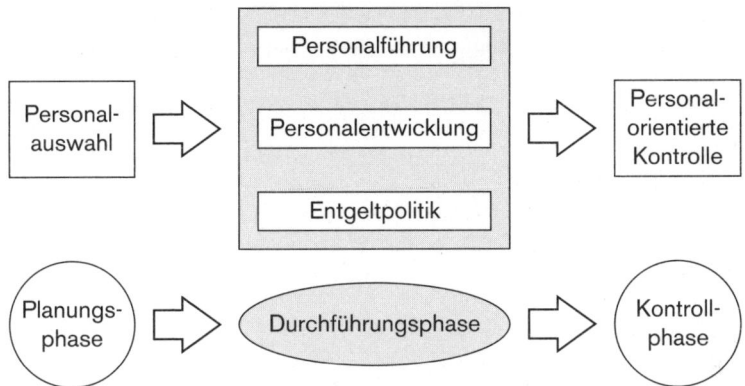

Abb. 9-4: Entscheidungsfelder des kundenorientierten Personalmanagements

sich in einer Stellenbeschreibung konkretisiert. Dieses Anforderungsprofil stellt einerseits ein Kommunikationsmittel dar, das den aktuellen und potenziellen Mitarbeitenden jene Merkmale und Fähigkeiten aufzeigt, die für die Stelle gesucht werden. Zum anderen hilft es Unternehmen, eine zuverlässigere Personalauswahl zu treffen, da durch das Anforderungsprofil die gewünschten fachlichen und persönlichen Anforderungen systematisch abgeleitet und dokumentiert werden.

Gegenstand der **Personalentwicklung** ist das Management von Entwicklungsmaßnahmen für Mitarbeitende (*Mentzel* 2004; *Bröckermann* 2006). Dies umfasst alle bildungsbezogenen (Ausbildung, Weiterbildung, Umschulung) und stellenbezogenen (Verwendungsplanung und -steuerung, Aufstiegsplanung und -steuerung, Laufbahnplanung, Stellvertretungsregelungen) Maßnahmen, die zur weiteren Qualifizierung der Mitarbeitenden dienen. Personalentwicklung wird immer dann erforderlich, wenn Diskrepanzen zwischen den Mitarbeiterfähigkeiten und den Anforderungen nicht über die Personalgewinnung ausgeglichen werden können (*Scholz* 1994, S. 251).

Beispiel: Die Personalgewinnung steht nicht zwingend an erster Stelle bei der Besetzung neuer Stellen. Im Gegenteil werden z. B. bei *Procter&Gamble* nach Unternehmensangaben sämtliche Führungskräfte aus den eigenen Reihen rekrutiert, die vorher in Form eines „Learning-on-the-Job", aber auch durch gezielte Weiterbildungsmaßnahmen auf Positionen mit höherer Verantwortung vorbereitet werden. Auch der Technologiekonzern *Bosch* bevorzugt eigene Mitarbeitende zur Besetzung von Fach- und Führungspositionen. Neben einem Förderprogramm, in dessen Rahmen eine Laufbahnplanung durchgeführt wird, hat das Unternehmen das *Robert-Bosch-Kolleg* als hauseigene „Universität" gegründet. Die Weiterbildungsmaßnahmen stehen sämtlichen Mitarbeitenden offen, die diese grundsätzlich auch während der Arbeitszeit nutzen können.

Verschiedene Instrumente der **Personalentwicklung** können zur Schaffung eines kundenorientierten Bewusstseins auf Seiten der Mitarbeitenden beitragen (vgl. *Bruhn* 2002 b). **Seminare** richten sich an Mitarbeitende sämtlicher Unternehmensbereiche und dienen beispielsweise als Diskussionsforum für unterschiedliche Themen, wie z. B. der Optimierung interner Prozesse oder der Kundenberatungsqualität. Sie bieten sich zur Generierung eines Bewusstseins für Kunden- bzw. Serviceorientierung an. Das **Servicetraining** richtet sich insbesondere an sämtliche Mitarbeitende im Kundenkontakt (z. B. Empfangsdamen, Telefonisten, Kundenbetreuer, Key Account Manager u. a.). Das Training kann der Weiterentwicklung der persönlichen Leistungskompetenzen durch die Erweiterung des Verhaltensrepertoires dienen, indem Gesprächs- und Fragetechniken sowie verkaufspsychologische Kenntnisse vermittelt werden. Mitarbeitende im Kundenkontakt sind vor allem dahingehend zu schulen, stärker auf die Wünsche und Bedürfnisse der Kunden einzugehen. **Coaching** richtet sich an Führungskräfte servicenaher Bereiche in Geschäftsstellen und -zentralen. Es ermöglicht Mitarbeitenden in Führungspositionen, ihre kommunikativen Fähigkeiten weiterzuentwickeln und die Führungsqualitäten auszubauen. Führungskräfte sind z. B. hinsichtlich der Gestaltung von Mitarbeitergesprächen und der Führung von Personal auszubilden, um die interne Kundenorientierung zielgerichtet umsetzen zu können. Selbstverständlich ist es für Mitarbeitende in Führungspositionen unabdingbar, das Ziel der Kundenorientierung zu verinnerlichen, um es vorleben zu können.

Beispiel: Bei dem Unternehmen *Heidelberger Druckmaschinen AG* ist die Personalentwicklung in die strategische Unternehmensplanung integriert. Über neue Aufgaben und Anforderungen, die sich aus den Unternehmenszielen ergeben, wird im Rahmen von Mitarbeitergesprächen der dafür erforderliche Weiterbildungsbedarf definiert, der bereichsübergreifend gebündelt wird. Auf dieser Basis führt das Personalmanagement die erforderlichen Maßnahmen durch, gefolgt von neuen Zielvereinbarungen der Mitarbeitenden. Zur Kontrolle werden „Weiterbildungspässe" geführt, die den Aus- und Weiterbildungsstand der Mitarbeitenden protokollieren (*Wegerich* 2006).

Auch die **Entgeltpolitik** wird zur Implementierung der Kundenorientierung eingesetzt. Hierbei stehen monetäre Anreize in Form von variablen Lohnbestandteilen im Vordergrund. Denkbar ist z. B. der Einsatz eines **kundenorientierten Vergütungssystems**, bei dem ein bestimmter variabler Gehaltsanteil durch das individuelle Serviceverhalten des Mitarbeitenden bestimmt wird (*Tuzovic* 2004). Falls ein Unternehmen monetäre Anreize setzen möchte, um das Verhalten der Mitarbeitenden zu beeinflussen, ist ein Ausschüttungssystem einzurichten. Dabei werden sowohl die Bemessungsgrundlage als auch die Auszahlungssumme festgelegt. In der Unternehmenspraxis dienen häufig Finanzkennzahlen, wie z. B. Umsatz, Gewinn oder die Zahl neu akquirierter Kunden, als Bemessungsgrundlage. Um das Verhalten in Richtung stärkerer Kundenorientierung zu steuern, bietet es sich an, die variable Vergütung nicht nur an ökonomischen Kriterien, sondern auch an einer vorökonomischen Bemessungsgrundlage, wie z. B. Kundenzufriedenheit oder Kundenbindungsraten, festzumachen. Allerdings birgt die monetäre Vergütung aufgrund von subjektiven Kundenurteilen Probleme. Die Einführung eines solchen Vergütungssystems wird Widerstände bei den Mitarbeitenden hervorrufen, wenn es nicht gerecht gestaltet wird. Um diese Probleme zu vermeiden, sind folgende Fragen zu beantworten (vgl. *Bruhn* 2002 b):

- Wie wird die Bemessungsgrundlage definiert?
- Welche vorökonomischen Kennzahlen sind zu berücksichtigen?
- Wie werden diese Kriterien gemessen?
- Welche funktionale Beziehung besteht zwischen der Bemessungsgrundlage und den Anreizen?
- Wer ist Bezugsobjekt (ein Individuum oder eine Gruppe)?

Beispiel: Die amerikanische Fluggesellschaft *Northwest Airlines* hat ein innovatives Konzept geschaffen, um ihre kundenorientierten Mitarbeitenden zu belohnen. Vielflieger erhalten vom Vorstand der Fluggesellschaft zehn Schecks im jeweiligen Wert von 50 USD. Auf einem der Schecks vermerkt der Reisende den Namen des Flugbegleiters, der einen besonders hochwertigen Service geboten hat, und sendet diesen an den Vorstand. Daraufhin werden dem betreffenden Flugbegleiter die 50 USD ausgezahlt. Diese Maßnahme motiviert die Mitarbeitenden zu besserer Leistung, und zusätzlich werden die Kunden in die Personalentwicklung eingebunden (*Simon* 2000).

Einige Anwendungsfälle können aber nicht darüber hinwegtäuschen, dass in der Unternehmenspraxis auch in diesem Bereich Umsetzungsdefizite bestehen (*Droege&Company* 2000). Die Gründe hierfür liegen unter Umständen darin, dass monetäre Anreize die Motivation des Mitarbeitenden zur Verhaltensänderung oft lediglich kurzfristig erhöhen, langfristig jedoch die Gefahr besteht, dass es zu einem „Erstarren" der Servicekultur kommt, falls diese Anreize nicht mehr geleistet werden. Intrinsische Motivationmaßnahmen (z. B. Lob, Anerkennung, Erweiterung des Handlungsspielraums) stehen daher im Mittelpunkt weiterführender Maßnahmen (*Reisach* 1994, S. 116). Bei der Implementierung eines kundenorientierten Vergütungssystems ist somit in erster Linie die gerechte Allokation von Incentives und erfolgsabhängigen Boni zu beachten (*Barber/Simmering* 2002). Hierzu ist eine Einbindung aller Mitarbeitenden in das System notwendig. Durch eine solche Belohnung von auf interne und externe Kunden bezogenen Ergebnissen wird auch ein Perspektivenwechsel der Mitarbeitenden im Back Office, d. h. ohne Kundenkontakt, von einer „Inside-out"- hin zu einer „Outside-in"-Betrachtung gefördert (*Tuzovic* 2004).

Die Problematik einer umfassenden Einführung eines solchen Systems liegt insbesondere in der Bewertung interner Prozesse nach einer vergleichbaren Maßgabe wie derjenigen für externe Kundenprozesse. Interne Leistungen an Mitarbeitende werden oft kritischer beurteilt, als externe Leistungen durch die Kunden. Es ist jedoch entscheidend, dass das Vergütungssystem transparent gestaltet wird, da nur dann die Unterstützung des Systems durch die Mitarbeitenden gewährleistet werden kann (*Heneman* 2002). Folglich ist dafür

Sorge zu tragen, dass die Soll-Vorgaben zur Festlegung des variablen Vergütungsanteils für jedes Aufgabengebiet realistisch gestaltet werden, um tatsächlich als Motivation im Hinblick auf kundenorientiertes Verhalten zu dienen (*Tuzoviv* 2004).

Kontrollsystem: Hinsichtlich des Kontrollaspektes lassen sich zwei Anforderungen unterscheiden. Zur Steigerung der Kundenorientierung ist zum einen die Etablierung innengerichteter Kontrollsysteme, wie z. B. Systeme zur Messung der Kunden- und Mitarbeiterzufriedenheit, vermehrt notwendig, die auch in die bereits bestehenden Controllingkonzeptionen zu integrieren sind. Zum anderen ist die Anpassung des traditionellen Kostenrechnungssystems um kundenbezogene Erfolgsgrößen als zentrale Anforderung zur Realisierung der Kundenorientierung hervorzuheben. Die Möglichkeit zur individuellen Zurechnung von Kosten und Nutzen einzelner Kunden ist zwingend notwendig, um den Lebenszeitwert des Kunden (Customer Lifetime Value) ermitteln zu können (*Bruhn* 1998b; *Rust* et al. 2000; *Günter/Helm* 2003).

Beispiel: Um den Erfolg der eingesetzten Maßnahmen zur Steigerung der Kundenorientierung zu prüfen, wird bei der *Vereins- und Westbank* eine umfassende Wirtschaftlichkeitsanalyse durchgeführt. Hierbei erfolgt nicht nur eine Erhebung von Kundenzufriedenheits- und -bindungsergebnissen sowie die Berechnung des Gewinns pro Kunde, sondern darüber hinaus umfangreiche Berechnungen zum Kommunikationsnutzen und weiteren Erfolgsfaktoren (vgl. hierzu ausführlich *Bruhn* 1998b, S. 307ff.).

In diesem Zusammenhang ist zukünftig auch eine stärkere Abstimmung zwischen Struktur- und Systemanpassungen notwendig. Dies zeigt sich beispielsweise deutlich im Bereich der Prozessorientierung, die gleichzeitig Veränderungen in den Organisationsstrukturen (Geschäftsprozesse) und Anpassungen der Kostenrechnung (Prozesskostenrechnung) erforderlich macht.

2.4 Kundenorientierte Unternehmenskultur

Neben der optimalen Gestaltung von Strukturen und Systemen ist schließlich die Unternehmenskultur ausschlaggebend für die Implementierung der Kundenorientierung. Dies gilt insbesondere im Dienstleistungsbereich, der durch intensiven Kundenkontakt gekennzeichnet ist; aber auch in klassischen Konsumgütermärkten ist die Unternehmenskultur ein wesentlicher Erfolgsfaktor. Unter dem Begriff **Unternehmenskultur** wird die Grundgesamtheit gemeinsamer Werte- und Normvorstellungen sowie Denk- und Verhaltensmuster verstanden, die die Entscheidungen, Handlungen und Aktivitäten der Mitarbeitenden eines Unternehmens prägen (*Heinen/Dill* 1990; *Meffert/Bruhn* 2006). Ein Anpassungsbedarf der Unternehmenskultur besteht folglich immer dann, wenn die (gelebten) Werte und Normen des Unternehmens sich als konträr zu den Anforderungen in Bezug auf die Kundenorientierung herausstellen.

Eine nicht kundenorientierte Unternehmenskultur kann dabei an unterschiedlichen Indikatoren erkannt werden. Wenn einige der folgenden Merkmale vorhanden sind, ist auf **Defizite in der Kundenorientierung** zu schließen (*Homburg/Werner* 1998):

- Führungspositionen sind primär mit Personen besetzt, die eine ausschließlich produktorientierte Sicht vertreten.
- Ab einer gewissen Managementebene erfolgt kein direkter Kundenkontakt mehr.
- Der horizontale und vertikale Austausch von kundenbezogenen Informationen funktioniert nicht.
- Es bestehen zahlreiche Hierarchien, die eine Abstimmung im Unternehmen erschweren.
- Die Bürokratie im Unternehmen ist sehr hoch.
- Die Leistungserstellung entspricht nicht den Kundenwünschen.

Beispiel: Die Ausrichtung vieler Behörden in Richtung Kundenorientierung bzw. Bürgerorientierung wird derzeit intensiv diskutiert (z. B. Arbeitsämter, Vermessungsämter, Stadtverwaltungen usw.). Die Behörden stehen vor der Aufgabe, ihr Leistungsprogramm zu erweitern und insbesondere ihre Dienstleistungsqualität zu verbessern. So gibt es derzeit beispielsweise bei den Arbeitsämtern Bemühungen, die Vermittlung von Arbeitslosen effizienter und individueller zu gestalten, und somit einen Trend zu mehr Kundenorientierung.

Wenn Unternehmen Defizite bei der Unternehmenskultur erkennen, so sind Anstrengungen zu unternehmen, um diese positiv zu verändern. Über die Frage, ob dies möglich ist, wurde in der Vergangenheit intensiv und auch kontrovers unter dem Schlagwort „Change Management" diskutiert. Mittlerweile hat sich jedoch die

Erkenntnis durchgesetzt, dass ein **Kulturveränderungsprozess** möglich und mit Einschränkungen auch steuerbar ist (*Sackmann* et al. 2002). Es gilt jedoch zu bedenken, dass eine Anpassung der Unternehmenskultur nur sehr langsam voranschreitet und auch zahlreiche interne Barrieren zu überwinden sind.

Klammert man die Grenzen der Veränderung von Unternehmenskulturen aus, so kann die Vorgehensweise zur **Anpassung der Unternehmenskultur** vereinfachend in drei **Schritten** beschrieben werden:

(1) Erkennen der aktuellen Unternehmenskultur,
(2) Kulturveränderungsprozess,
(3) Kontrolle der Kulturveränderung.

Erkennen der aktuellen Unternehmenskultur: In einem ersten Schritt wird die Analyse der Ist-Unternehmenskultur vorgenommen, die die vorhandene Kultur in Bezug auf das Kriterium Kundenorientierung beurteilt. Methodisch existieren hierzu unterschiedliche Ansätze; z. B. kann eine schriftliche Befragung bei sämtlichen Mitarbeitenden des Unternehmens durchgeführt werden, in der verschiedene Kulturdimensionen abgefragt werden (*Deshpandé* et al. 1993). Das Ergebnis der Situationsanalyse ist die Ableitung von charakteristischen Merkmalen der vorhandenen Unternehmenskultur, auf deren Basis die Zuordnung zu einem bestimmten Kulturtyp möglich ist (*Meffert/Bruhn* 2006). **Abbildung 9-5** zeigt beispielhaft die Merkmale von vier **Kulturtypen** und deren Bezug zur Kundenorientierung. Unterschieden wird die Clan-, Adhocracy-, Markt- und Hierarchie-Kultur (vgl. zur Entwicklung der Kulturtypen *Quinn/Rohrbaugh* 1983; zur Anwendung im Marketing *Deshpandé* et al. 1993).

Forschungsergebnisse in diesem Bereich zeigen, dass Unternehmen mit einer Adhocracy-Kultur die höchste Kundenorientierung realisieren; es folgen die Markt- und Clan-Kultur. Die niedrigste Kundenorientierung weisen Unternehmen auf, die über eine Hierarchie-Kultur verfügen.

Kulturveränderungsprozess: Zur Initiierung eines Kulturveränderungsprozesses kann der Einbezug zweier Personengruppen sinnvoll sein (*Dierkes* et al. 1996, S. 325). Zum einen können einzelne Personen (z. B. Führungspersönlichkeiten mit starker Vorbildfunk-

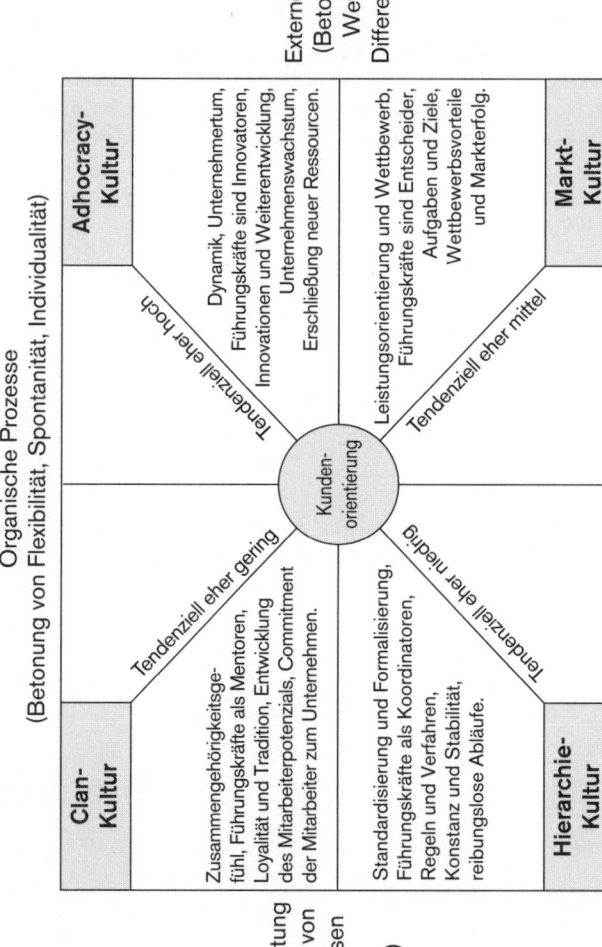

Abb. 9-5: Zusammenhang zwischen Unternehmenskultur und Kundenorientierung (Quelle: in Anlehnung an *Deshpandé* et al. 1993, S. 25)

Selbstverständnis	Kommunikation/ Motivation	Schulungen/ Aktive Mitarbeit

• Leitsätze
• Visionen
• Verhaltensregeln
• Bewusste Gestaltung
  von Artefakten
  (Erzählungen, Rituale,
  Sprache, Architektur)
• u. a. m.
	• Plakate
	• Broschüren
	• Hauszeitschriften
	• Führungsstile
	• Führungsinstrumente
	• Veranstaltungen
	• u. a. m.
		• Seminare
		• Workshops
		• Einzelgespräche
		• u. a. m.

Abb. 9-6: Ziele und Instrumente zur Gestaltung der Unternehmenskultur (Quelle: *Bruhn* 2002b, S. 237)

tion), die eindeutige Zielvorstellungen in Bezug auf die anzustrebende Unternehmenskultur haben und diese auch entsprechend vorleben, den gewünschten Wandel der Unternehmenskultur einleiten. Zum anderen kann der Veränderungsprozess auch partizipativ von sämtlichen Mitarbeitenden des Unternehmens vorangetrieben werden. Letzteres geht häufig einher mit der Erarbeitung eines neuen Unternehmensleitbildes und der Umsetzung von Corporate-Identity-Konzepten. In Zusammenhang mit möglichen Maßnahmen, die den Kulturwandel unterstützen können, sind Ansatzpunkte zu Veränderungen der Werte, Normen und Denkhaltungen zu suchen. **Abbildung 9-6** gibt exemplarisch mögliche Instrumente zur Beeinflussung der Unternehmenskultur wieder.

Beispiel: Beim Schweizer Handelsunternehmen *Otto's AG* kann die Unternehmenskultur trotz einer Positionierung als Discountanbieter als sehr kundenorientiert bezeichnet werden. Erreicht wurde dies zum einen durch die klare Vorgabe von Werten durch den Gründer des Unternehmens und zum anderen durch die Unternehmenskultur, die durch die Mitarbeitenden permanent weitergetragen wird. Bei einer Analyse der Unternehmenskultur wurden unter anderem folgende Merkmale als besonders bedeutsam herausgestellt:

• Leistungsverpflichtung: Die Zielrichtung der Kundenorientierung wird vom Chef vorgegeben, von den Führungskräften weitergetragen und von sämtlichen Mitarbeitenden im Unternehmen gelebt.

- Schlanke Organisation: Einfache Abläufe und minimale Administration werden angestrebt.
- Klare Zielvereinbarungen: Zwischen den Managern und Mitarbeitenden einer Abteilung existieren klare Zielvereinbarungen.
- Flexibilität: Jeder kann seine Arbeitspausen zu individuellen Zeiten einlegen.
- Loyalität: Die Mitarbeitenden bekunden gegenüber dem Unternehmen eine besonders hohe Identifikation.

Kontrolle der Kulturveränderung: In einem letzten Schritt ist zu prüfen, ob die angestrebte Soll-Unternehmenskultur annäherungsweise erreicht werden konnte. Allerdings ist der Begriff Kontrolle mehr als Prozesskontrolle zu verstehen, d. h. als eine Art von permanenter Prüfung, ob die Kulturveränderung tatsächlich greift oder stagniert. Dies wird umso bedeutsamer, je dynamischer das Wettbewerbsumfeld und die allgemeine Unternehmenssituation ist. Werden Abweichungen von der angestrebten Unternehmenskultur festgestellt, schließt sich die Überlegung an, welche Maßnahmen zur Korrektur ergriffen werden können. Dies erfolgt stets in dem Bewusstsein, dass natürliche Grenzen des Kulturveränderungsprozesses gegeben sind. **Abbildung 9-7** gibt einen Überblick zum generellen Ablauf eines Kulturveränderungsprozesses.

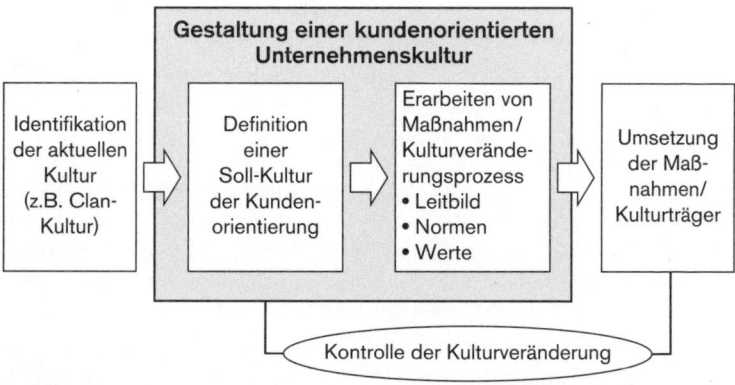

Abb. 9-7: Schritte im Rahmen eines Kulturveränderungsprozesses (Quelle: *Dierkes* et al. 1996, S. 325 ff.)

Zusammenfassend kann festgehalten werden, dass die Unternehmenskultur ein zentraler Ansatzpunkt zur Ausgestaltung und Verbesserung der Kundenorientierung darstellt, die Grenzen der Kulturveränderung jedoch in das Kalkül einzubeziehen sind.

3. Implementierungsprozess der Kundenorientierung

3.1 Kontinuierlicher versus diskontinuierlicher Implementierungsansatz

Das Problem einer unzureichenden Kundenorientierung ist bei den meisten Unternehmen, die einen Prozess des Umdenkens hin zu mehr Kundenorientierung initiieren, kein neuartiges Projekt. Häufig wird nach einer gewissen Zeit der Bewusstseinsbildung darüber diskutiert, ob es nun eine radikale **Restrukturierung des Unternehmen** erfordert, bei der der Veränderungsprozess Top down durch das Management geplant und sukzessive eingeführt wird, oder ob alternativ ein Weg der **permanenten Verbesserungen** in kleinen Schritten vorzuziehen ist, bei dem die Mitarbeitenden partizipativ in den Implementierungsprozess der Kundenorientierung einbezogen werden.

Nicht selten wird dabei die Auffassung vertreten, dass eine Entscheidung zwischen revolutionärem und evolutionärem Vorgehen notwendig ist. Dies erscheint allerdings sachlich nicht zwingend und – betrachtet man die Unternehmenspraxis – auch in der Form nicht haltbar. Vielmehr ist es sinnvoll, beide Vorgehensweisen zu verbinden, um einen optimalen Weg zur Steigerung der Kundenorientierung zu finden. In der Anfangsphase erscheint eher eine „radikale" Einleitung von Veränderungsprozessen sinnvoll, um in der Folge, zusammen mit den Mitarbeitenden, die Anpassung der Unternehmenspotenziale schrittweise und kontinuierlich vornehmen zu können.

3.2 Phasenmodell zur schrittweisen Implementierung der Kundenorientierung

Vor diesem Hintergrund kann als vereinfachende Schrittabfolge zur Implementierung der Kundenorientierung folgendes **Phasenkonzept** zugrunde gelegt werden:

(1) Verpflichtung des Managements,
(2) Kommunikation mit den Mitarbeitenden,
(3) Bildung eines Projektteams zur Durchführung von Aktionsprogrammen,
(4) Vermittlung des erfoderlichen Know-hows,
(5) Verpflichtung der Mitarbeitenden und Übergang zur „lernenden Organisation".

Verpflichtung des Managements: Um das Oberziel – die erfolgreiche Um- und Durchsetzung eines Konzeptes zur Steigerung der Kundenorientierung – erreichen zu können, ist die Selbstverpflichtung des Managements grundlegende Erfolgsvoraussetzung (*Krafft* et al. 2002). Sämtliche Bausteine der Kundenorientierung, angefangen vom Innovations- bis hin zum Kundenwertmanagement, werden nur begrenzten Erfolg aufweisen können, wenn das Denken und Handeln der Führungskräfte den postulierten Grundsätzen der Kundenorientierung widerspricht. Dabei ist die Orientierung an den Bedürfnissen des Kunden täglich unter Beweis zu stellen. Wird in der Initiierungsphase des Implementierungsprozesses das Unterstützungspotenzial des Managements nicht deutlich, dann ist bereits in dieser Prozessphase ein Mindererfolg vorprogrammiert.

Beispiel: Ein Schritt in diese Richtung ist die Verpflichtung des Managements, sich wieder in direkte Kundenkontakte zu begeben und die Probleme bei der Umsetzung der Kundenorientierung selbst zu erleben. Bei der *Henkel KGaA*, Düsseldorf, haben die Geschäftsführungsmitglieder für einige Zeit Beratungsgespräche und Produktpräsentationen in Supermärkten übernommen. Auch bei der *Deutschen Telekom* empfahl der Vorstandsvorsitzende seinen Managern, selbst Zeit in einer Filiale des Unternehmens zu verbringen, um den Kontakt zu den Kunden und deren Bedürfnissen nicht zu verlieren (*Brauck* 2003).

Kommunikation mit den Mitarbeitenden: Ausgehend von sog. „Kick-off"-Veranstaltungen, in denen die Notwendigkeit zur stärkeren Ausrichtung auf den Kunden verdeutlicht wird, kann die Motivation der Mitarbeitenden zur Umsetzung der Kundenorientierung durch Maßnahmen der Kommunikation gesteigert werden. Denkbar sind beispielsweise Workshops und Seminare, in denen die Ziele, Inhalte und der Umfang des Veränderungsprozesses zur Diskussion stehen. Um in dieser ersten Phase Irritationen zu vermeiden ist es erforderlich, direkt und offen anzusprechen, welche Erwartungen die Unternehmensführung mit dem Implementierungsprozess verbindet. Nur wenn ein offener Dialog möglich ist, können personelle Barrieren vermieden werden, die die Einführung neuer Konzepte häufig erschweren.

> **Beispiel:** Eine sehr frühe Information der Mitarbeitenden kann auch negativ wirken, wenn das Implementierungsvorhaben noch nicht vollständig durchdacht ist und somit nur vage Informationen über die nächsten Schritte der Implementierung abgegeben werden können. Diese Erfahrung machte die *Siemens AG*, die in einem sehr frühen Stadium die Mitarbeitenden über eine Reihe von Implementierungsprojekten unter dem Oberbegriff „top" informierte, ohne konkret werden zu können. Als Konsequenz wurde festgestellt, dass die Mitarbeitenden die Ernsthaftigkeit des Projektes in Frage stellten (*Zeyer* 1995, S. 284).

Bildung eines Projektteams zur Durchführung von Aktionsprogrammen: Die Etablierung eines Projektteams, bestehend aus einer kleinen Gruppe von Mitarbeitenden unterschiedlicher Hierarchieebenen, kann wesentlich dazu beitragen, die Ziele der Kundenorientierung zu erreichen und vor allem die Barrieren frühzeitig zu erkennen (*Reiß* 1995, S. 280). Hier geht es über die Sicherung der Akzeptanz und Wissensvermittlung hinaus um die Realisierung konkreter Aktionsprogramme, die in Bezug auf die Steigerung der Kundenorientierung hilfreich sein können. Gegenstand der Maßnahmen ist beispielsweise die Darstellung neuer Führungsmethoden, die Schulung in Qualitätstechniken oder auch die Vermittlung von Fähigkeiten zur adäquaten Reaktion im Kundenkontakt. Die Erfolgswirksamkeit der Aktivitäten wird dabei umso größer sein, je mehr Mitarbeitende aktiv an dem Veränderungsprozess beteiligt werden können. Somit bleibt die Implementierung im Zeitablauf nicht auf die Projektgruppe beschränkt, sondern wird sukzessive bereichsübergreifend auf das gesamte Unternehmen ausgedehnt.

Beispiel: Zur Entwicklung von geeigneten Führungskräften, die Veränderungsprozesse leiten und initiieren können, wurde bei *Volkswagen* bereits 1995 eine eigene Coaching-Gesellschaft gegründet. Diese übernimmt Aufgaben der Qualifizierung von Mitarbeitenden auf einer sehr individuellen Basis. Diese Form der Betreuung dient dazu, Einzelkämpfertum zu vermeiden und hilft somit, die Mitarbeitenden für die zukünftigen Teamaufgaben vorzubereiten (www.vw-coaching.de, Zugriff am 12. 5. 2006).

Vermittlung des erforderlichen Know-hows: Über die Vermittlung der notwendigen Hintergründe und die Sicherung der Akzeptanz hinaus sind die Mitarbeitenden mit den Techniken, Methoden und Instrumenten eines kundenorientierten Konzeptes vertraut zu machen. Die Vermittlung des erforderlichen Know-hows kann sich beispielsweise auf folgende Themengebiete beziehen:

- Führungsmethoden (z. B. Mitarbeitergespräche),
- Qualitätstechniken (z. B. Moderation von Qualitätskreisen),
- Techniken zur Bewältigung des internen und externen Kundenkontaktes (z. B. Umgang mit Beschwerden),
- Durchführung von internen und externen Zufriedenheitsanalysen.

Verpflichtung der Mitarbeitenden und Übergang zur „lernenden Organisation": Die letzte Phase des Implementierungsprozesses ist auf die Internalisierung der Philosophie der Kundenorientierung bei sämtlichen Mitarbeitenden – d. h. auch den Mitarbeitenden ohne direkten Kundenkontakt – des Unternehmens und somit auf einen kontinuierlichen Veränderungsprozess gerichtet. Hieraus kann gefolgert werden, dass der Implementierungsprozess nicht zu einem bestimmten Zeitpunkt abgeschlossen ist. Mit Blick auf die Dynamik im Unternehmensumfeld, den Eintritt neuer Mitarbeitender in ein Unternehmen und die Notwendigkeit des Lernens wird die Implementierung als kontinuierlicher und evolutionärer Prozess verstanden (*Hilker* 2001). Dieser Entwicklungsprozess ist ferner durch entsprechende Managementsysteme zu initiieren und fortlaufend zu unterstützen. Unter einer „lernenden Organisation" wird somit die

Fähigkeit eines Unternehmens verstanden, das vorhandene Wissen über die Anforderungen der Kunden zu bündeln und in einen permanenten Lernprozess einfließen zu lassen (*Cahill* 1995, S. 46). Wird dieser Prozess insgesamt durchlaufen und weiterverfolgt, kann die Kundenorientierung des Unternehmens wahrnehmbar gesteigert werden.

Beispiel: Die *Alcatel SEL AG* realisierte 1992 im Geschäftsbereich Vermittlungssysteme das sog. „Fit-For-Customer (FFC)"-Programm, das darauf abzielte, den veränderten Anforderungen der Kunden entgegenzukommen. Charakterisierende Merkmale des Programms sind eine konsequente Prozessorientierung sowie eine starke Flexibilitäts- und Zukunftsorientierung. Drei Grundprinzipien wurden verfolgt: (1) Verbesserung der internen Kunden-Lieferanten-Beziehung, (2) Reduzierung von Verschwendung bei der Leistungserstellung, (3) Einbezug der Mitarbeitenden in die Entscheidungsprozesse. Bei der Implementierung des FFC-Programms wurde von der Unternehmensführung eine stufenweise Einführung vorgenommen.

Abbildung 9-8 zeigt die einzelnen Stufen der Einführung des „Fit-For-Customer-Programmes" der *Alcatel* im Überblick (zu weiteren Beispielen der Implementierung von Kundenorientierungsprogrammen vgl. *Reinecke* et al. 1998).

Es kann festgehalten werden, dass in Wissenschaft und Praxis noch zahlreiche offene Problemfelder existieren, die zur Überwindung der bestehenden Implementierungslücke zu beseitigen sind. Im Vordergrund werden dabei Veränderungsprozesse stehen, die individuelle, gruppenbezogene und organisationale Anpassungen bewirken. Nur wenn die Strukturen, Systeme und Kultur adäquat verändert werden, sind die Voraussetzungen zur Implementierung der Kundenorientierung gegeben.

Zusammenfassung: Die folgenden **zehn Merkpunkte** bieten eine Hilfestellung zur erfolgreichen Implementierung von Programmen und Projekten zur Verbesserung der Kundenorientierung:

(1) **Implementierungslücke akzeptieren:** Überdenken Sie kritisch, ob der zentrale Grund für den bisherigen Mindererfolg der Kundenorientierung darauf basiert, dass kein geschlossenes Konzept zur Implementierung vorhanden ist.

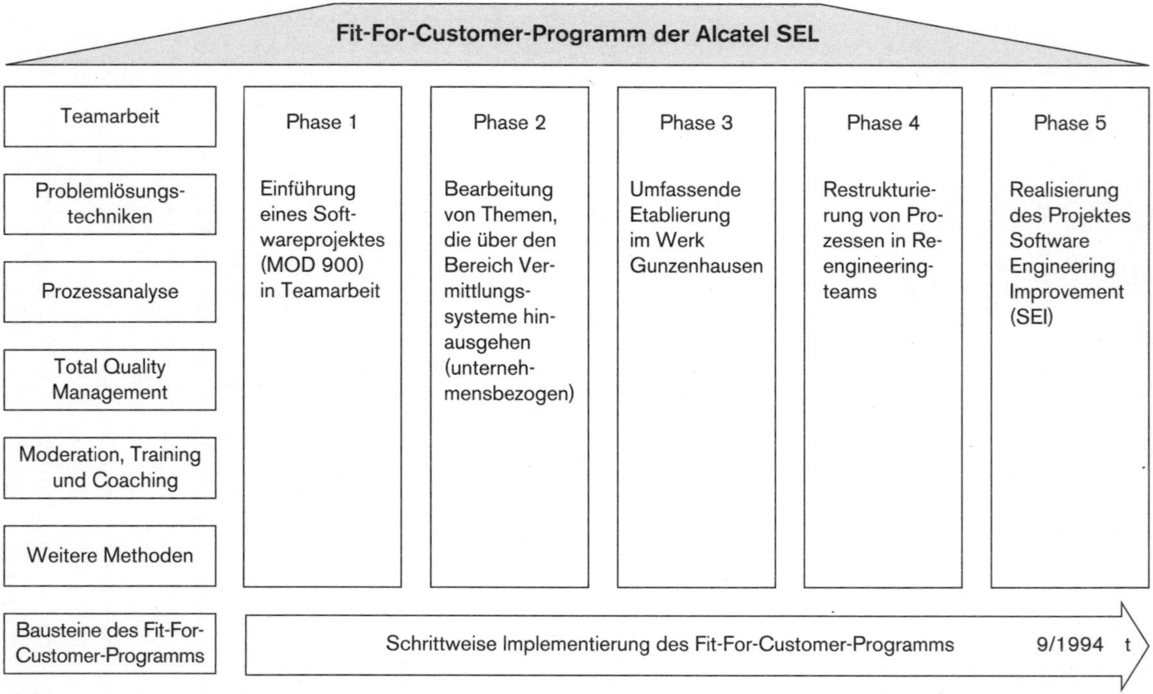

Abb. 9-8: Implementierungprozess am Beispiel der *Alcatel SEL* AG (Quelle: *Dörle/Grimmeisen* 1995, S. 311)

(2) **Veränderungen ernsthaft wollen:** Ohne ein Engagement der Führungskräfte ist eine erfolgreiche Implementierung der Kundenorientierung nicht möglich. Nehmen Sie sich daher selbst in die Pflicht, Veränderungen in Richtung Kundenorientierung konsequent umzusetzen.

(3) **Akzeptanz für Veränderungen schaffen:** Nutzen Sie sämtliche Kommunikationswege und -mittel, um auf einer breiten Basis Akzeptanz und Verständnis für Veränderungen im Unternehmen zu schaffen.

(4) **Implementierungsteams bilden:** Sorgen Sie für die Etablierung eines Projektteams, das in einer Anfangsphase die Verantwortung für die Implementierung der Kundenorientierung übernimmt. Benennen Sie hierbei diejenigen Mitarbeitenden für das Team, von denen ein besonders hoher Motivationsbeitrag zur Veränderung ausgeht.

(5) **Strategievorhaben spezifizieren:** Analog der Planung von kundenorientierten Konzepten ist auch eine systematische Vorbereitung der Umsetzung erforderlich. Leiten Sie daher Implementierungsziele, -phasen und dazugehörige Zeitetappen ab und kontrollieren Sie deren Erfüllung regelmäßig.

(6) **Wissen in Können transformieren:** Versetzen Sie Ihre Mitarbeitenden in die Lage, Kundenorientierung aktiv zu betreiben. Dies beinhaltet einerseits die Verlagerung von Entscheidungskompetenzen auf die unteren Hierarchieebenen und andererseits die Vermittlung des erforderlichen Knowhows.

(7) **Strukturen anpassen:** Die Gestaltung eines kundenorientierten Unternehmens macht in der Regel Anpassungen der Organisationsstrukturen erforderlich. Überlegen Sie, ob für Ihr Unternehmen die Bildung dezentraler Einheiten, eine verstärkte Prozessorientierung, die Konzentration auf das Kerngeschäft, die Förderung der funktionsübergreifenden Zusammenarbeit oder auch die Erweiterung der Entscheidungskompetenzen von Mitarbeitenden, sinnvolle Maßnahmen auf dem Weg zur Kundenorientierung sein können.

(8) Systeme aufbauen: Eruieren Sie, welcher Anpassungsbedarf in Bezug auf mitarbeiter- und kundenbezogene Informations- und Kontrollsysteme vorhanden ist. Setzen Sie hierbei ihre Priorität zunächst auf den Aufbau einer umfassenden Kundendatenbank, um daran anknüpfend weitere Systemelemente, wie Beschwerde- oder Controllingsysteme, einzuführen.

(9) Kultur verändern: Bei der Gestaltung der Kundenorientierung ist die Verankerung einer entsprechenden Unternehmenskultur von ausschlaggebender Bedeutung. Fördern Sie die Merkmale Kreativität, Innovationsfähigkeit, Veränderungsbereitschaft und Eigenverantwortung, um langfristig einen Kulturtyp zu erreichen, bei dem Kundenorientierung selbstverständlich ist.

(10) Revolutionäres und evolutionäres Vorgehen verbinden: Die Implementierung der Kundenorientierung ist kein einmaliger, in relativ großen Abständen stattfindender Vorgang, sondern fließt kontinuierlich in das Tagesgeschäft der Mitarbeitenden ein. Erarbeiten Sie ein individuelles Phasenkonzept, das den Veränderungsprozess revolutionär einleitet, um darauf aufbauend den Übergang zur „lernenden Organisation" schrittweise zu vollziehen.

Literaturempfehlungen (Zur vertiefenden Auseinandersetzung mit dem Thema Implementierung der Kundenorientierung werden folgende Literaturquellen empfohlen): *Backhaus, K./Hilker, J.* (1994): Marketingimplementierung in Unternehmen der Investitionsgüterindustrie, in: Bruhn, M./Meffert, H./Wehrle, F. (Hrsg.): Marktorientierte Unternehmensführung im Umbruch. Effizienz und Flexibilität als Herausforderungen des Marketing, Stuttgart 1994, S. 241–264. *Bauer, S.* (2003): Motivationsförderliche Anreizsysteme, in: Bullinger, H. J./Warnecke, H. J./Westkämper, E. (Hrsg.): Neue Organisationsformen im Unternehmen – Ein Handbuch für das moderne Management, 2. Aufl., Berlin u. a. 2003, S. 1055–1083. *Bruhn, M.* (2002 b): Integrierte Kundenorientierung. Implementierung einer kundenorientierten Unternehmensführung, Wiesbaden 2002. *Boehme, M.* (1998): Implementierung von Managementkonzepten, Wiesbaden 1998. *Hilker, J.* (2001): Marketingimplementierung – Grundlagen und Umsetzung für das Dienstleistungsmanagement, in: Bruhn, M./Meffert, H. (Hrsg.), Handbuch Dienstleistungsmanagement. Von der strategischen Konzeption zur praktischen Umsetzung, 2. Aufl., Wiesbaden 2001, S. 827–849. *Kolks, U.* (1990): Strategieimplementierung, Wiesbaden 1990. *Raab, G./Werner, N.* (2005): Customer Relationship Management, 2. Aufl., Frankfurt a. M. 2005. *Reinecke, S./Sipötz, E./Wiemann, E.-M.* (Hrsg.) (1998): Total Customer Care. Kundenorientierung auf dem Prüfstand, St. Gallen 1998. *Reiß, M.* (1995): Implementierungsarbeit im Spannungsfeld zwischen Effektivität und Effizienz, in: Zeitschrift für Organisation, 64. Jg., Nr. 5, S. 278–289. *Stock, R.* (2003): Der Zusammenhang zwischen Mitarbeiter- und Kundenzufriedenheit – Direkte, indirekte und moderierende Effekte, 2. Auflage, Wiesbaden 2003. *Tuzovic, S.* (2004): Kundenorientierte Vergütungssysteme zur Steuerung der Erfolgsgrößen im Relationship Marketing. Anforderungen – Konzeptualisierung – Institutionalisierung, Wiesbaden 2004. *Tarlatt, A.* (2001): Implementierung von Strategien im Unternehmen, Wiesbaden 2001. *Welge, M. K./Al-Laham, A.* (2004): Strategisches Management. Grundlagen – Prozess – Implementierung, 4. Aufl., Wiesbaden 2004.

Kapitel 10. Kontrolle der Kundenorientierung

1. Notwendigkeit zur Kontrolle der Kundenorientierung

Im Rahmen der Kontrolle der Kundenorientierung sind die Wirkungen der einzelnen Veränderungsprozesse im Hinblick auf die Verbesserung der Kundenorientierung kontinuierlich zu erfassen und zu überwachen. Dabei kann die Kundenorientierung sowohl als **institutionelles** als auch als **personelles Phänomen** erfasst werden **(Abbildung 10-1)**. Im erstgenannten Fall handelt es sich um eine Analyse der unternehmensbezogenen Merkmale, d.h., es wird gemessen, ob das Unternehmen als Ganzes kundenorientiert agiert. Hingegen beschreibt die personelle Kundenorientierung die Fähigkeit einer bestimmten Person (z.B. des Verkäufers, Beraters), die Anforderungen der Kunden zu realisieren und zu erfüllen.

Eine systematische Messung der Markt- und Kundenorientierung von Unternehmen und Mitarbeitenden wurde lange Zeit vernachlässigt. Erste Ansätze waren zur Erfassung der Marktorientierung zu beobachten; in diesem Zusammenhang wurden entsprechende Skalen entwickelt. So konzentriert sich die **MARKOR-Skala** (Market-Orientation-Skala) (*Kohli* et al.1993) auf den Informationsaspekt,

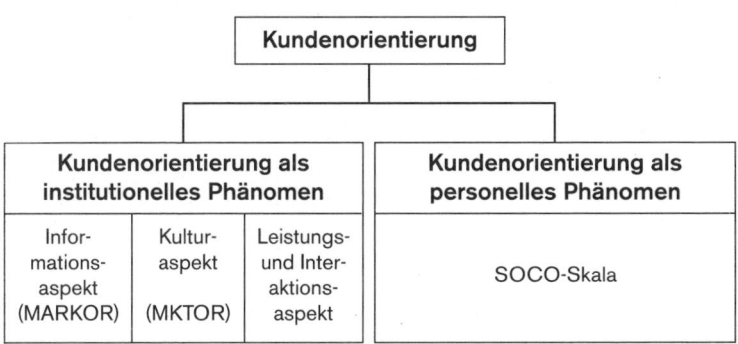

Abb. 10-1: Kundenorientierung als institutionelles und personelles Phänomen

während sich die **MKTOR-Skala** (Market Orientation-Skala) (*Narver/Slater* 1990) mit dem Kulturaspekt beschäftigt. Ein weiterer Ansatz stellt den Leistungs- und Interaktionsaspekt im Sinne von Kundennähe (*Homburg* 2002) in den Mittelpunkt. Die **SOCO-Skala** (Sales Orientation-Customer Orientation-Skala) kommt ebenfalls dem Leistungs- und insbesondere Interaktionsaspekt unter den institutionellen Phänomenen nahe, beleuchtet inhaltlich aber rein personelle Aspekte und konzentriert sich somit auf einen spezifischen Aspekt der Interaktion. Daher wird sie der Kundenorientierung als personellem Phänomen untergeordnet.

Es können somit insgesamt vier **Ansätze zur Messung der Kundenorientierung** differenziert werden:

(1) Informationsorientierter Ansatz (MARKOR-Skala),

(2) Kulturorientierter Ansatz (MKTOR-Skala),

(3) Leistungs- und interaktionsorientierter Ansatz,

(4) Personalorientierter Ansatz (SOCO-Skala).

2. Kundenorientierung als Grad der Informationsgewinnung

Kundenorientierung kann als Grad der Gewinnung und Verbreitung von kundenbezogenen Informationen aufgefasst werden. Zur Operationalisierung des informationsorientierten Ansatzes kann die **MARKOR-Skala** herangezogen werden (*Kohli* et al. 1993). Durch die Abfrage von 32 Einzelindikatoren in den Bereichen Informationserhebung (Intelligence Generation), Informationsverbreitung (Intelligence Dissemination) und Reaktion auf die Informationsanalyse (Responsiveness) beabsichtigt die MARKOR-Skala, den Grad der Markt- bzw. Kundenorientierung aus Unternehmenssicht zu erfassen. Hierzu werden die Mitarbeitenden des jeweiligen Unternehmens gebeten, auf einer 5er-Skala (mit 5 = „trifft voll zu" bis 1 = „trifft nicht zu") eine Beurteilung der vorgegebenen Items vorzunehmen. **Abbildung 10-2** stellt die MARKOR-Skala im Überblick dar.

Informationserhebung

(1) In diesem Geschäftsbereich treffen wir uns mit unseren Kunden mindestens einmal jährlich, um herauszufinden, welche Produkte oder Dienstleistungen in der Zukunft benötigt werden.

(2) Mitarbeitende unserer Produktionsabteilung interagieren direkt mit den Kunden, um Kundenwünsche besser erfüllen zu können.

(3) In diesem Geschäftsbereich wird bei uns verstärkt eigene Marktforschung betrieben.

(4) Wir erkennen manchmal nur langsam Änderungen in den Produktpräferenzen unserer Kunden.

(5) Wir befragen unsere Endkunden mindestens einmal jährlich über die wahrgenommene Qualität unserer Produkte und Dienstleistungen.

(6) Wir haben regelmäßigen Kontakt mit Personen oder Organisationen, die starken Einfluss auf die Meinungsbildung unserer Kunden haben (z.B. Einzelhändler, Zwischenhändler usw.).

(7) Wir sammeln Brancheninformationen bei informellen Treffen (z.B. Geschäftsessen mit Handelspartnern).

(8) In unserem Geschäftsbereich werden Informationen über unsere Wettbewerber unabhängig durch mehrere Fachabteilungen erhoben.

(9) Wir erkennen manchmal nur langsam grundlegende Veränderungen innerhalb unserer Branche (z.B. bzgl. Wettbewerb, Technologie).

(10) Wir überprüfen regelmäßig die voraussichtlichen Auswirkungen von Veränderungen unserer Unternehmensumwelt auf Kunden.

Informationsverbreitung

(11) Ein großer Anteil der informellen „Flurgespräche" dreht sich in dieser Geschäftseinheit um die Strategien und Taktiken unserer Wettbewerber.

(12) Wir haben mindestens vierteljährlich abteilungsübergreifende Treffen, in denen die Trends und Entwicklungen des Marktes besprochen werden.

(13) Das Marketingpersonal unserer Geschäftseinheit nimmt sich Zeit, über zukünftige Kundenwünsche mit anderen Fachabteilungen zu diskutieren.

(14) Innerhalb unserer Geschäftseinheit werden regelmäßig Dokumente in Umlauf gegeben, die Informationen über unsere Kunden liefern (z.B. in Form von Newslettern).

(15) Wenn bei einem wichtigen Kunden irgend etwas Außergewöhnliches passiert, weiß die gesamte Geschäftseinheit darüber innerhalb kürzester Zeit Bescheid.

(16) Daten über Kundenzufriedenheit werden auf allen Ebenen innerhalb dieser Geschäftseinheit in regelmäßigen Abständen verbreitet.

(17) Die Kommunikation zwischen der Marketing- und Produktionsabteilung bezüglich zu erwartender Marktentwicklungen ist auf ein Mindestmaß beschränkt.

(18) Wenn eine Abteilung etwas Wichtiges über Wettbewerber in Erfahrung bringt, dauert es lange, bis dies an andere Abteilungen gelangt.

Informationsreaktion

(19) Es dauert sehr lange, bis wir uns entscheiden, wie wir auf Preisänderungen unserer Wettbewerber reagieren sollen.

(20) Die Grundsätze der Marktsegmentierung lenken die Neuproduktentwicklung in dieser Geschäftseinheit.

(21) Aus irgendeinem Grund tendieren wir dazu, Veränderungen der Kundenbedürfnisse in Bezug auf unsere Produkte oder Dienstleistungen zu ignorieren.

(22) Wir überprüfen regelmäßig unsere Leistungen in der Produktentwicklung, um sicherzustellen, dass diese in Einklang mit den Kundenwünschen stehen.

(23) Unsere Geschäftspläne werden mehr durch technologische Fortschritte als durch Marktforschung bestimmt.

(24) Mehrere Abteilungen treffen sich regelmäßig, um Strategien auf Änderungen in unserer Unternehmensumwelt zu planen.

(25) Welche Produktlinien wir verkaufen ist mehr eine Frage der internen Politik als eine Antwort auf die Kundenbedürfnisse.

(26) Wenn ein Hauptkonkurrent eine gezielte Marketingkampagne zur Gewinnung unserer Kunden starten würde, so könnten wir darauf sofort reagieren.

(27) Die Aktivitäten der verschiedenen Fachabteilungen innerhalb unserer Geschäftseinheit sind gut koordiniert.

(28) Kundenbeschwerden stoßen in unserer Geschäftseinheit auf taube Ohren.

(29) Selbst wenn wir einen großartigen Marketingplan erstellen, würden wir wahrscheinlich nicht in der Lage sein, ihn in einer zeitgemäßen Art und Weise umzusetzen.

(30) Wir können schnell auf Änderungen in der Preisstruktur unserer Wettbewerber reagieren.

(31) Wenn wir feststellen, dass Kunden unzufrieden mit der Qualität unserer Leistungen sind, reagieren wir sofort darauf.

(32) Wenn wir feststellen, dass wir aus Sicht unserer Kunden ein Produkt oder eine Dienstleistung modifizieren sollten, unternehmen die entsprechenden Fachabteilungen gemeinsam Anstrengungen, um die Kundenwünsche zu erfüllen.

Abb. 10-2: Messung der Kundenorientierung durch die MARKOR-Skala (Quelle: Übersetzung; *Kohli* et al. 1993, S. 476)

Diese umfangreiche Skala wurde zu einem späteren Zeitpunkt durch die Autoren vereinfacht. Die aktuelle MARKOR-Skala basiert auf 20 Indikatoren, wobei sechs Indikatoren dem Bereich Informationserhebung, fünf Indikatoren dem Bereich Informationsverbreitung sowie neun Indikatoren dem Bereich Informationsreaktion zugeordnet werden können (die verkürzte MARKOR-Skala kann im Internet abgerufen werden unter: http://marketing-bulletin.massey.ac.nz/keyword.asp?keywordid=31, Zugriff am 19. 9. 2006).

Problematisch erscheint bei diesem Messansatz insbesondere die einseitige Berücksichtigung des Informationsaspektes sowie die ausschließliche Beurteilung und Kontrolle der Kundenorientierung durch Mitarbeitende. Ferner ist unumstritten, dass nicht die Erhebung und Verbreitung von Informationen, sondern die Veränderung der Verhaltensweisen der Mitarbeitenden auf Basis dieser Informationen die zentrale Barriere bei der Umsetzung von Kundenorientierung bildet.

3. Kundenorientierung als Ausprägung der Unternehmenskultur

Kundenorientierung als Werthaltung eines Unternehmens bildet den zweiten Ansatzpunkt zur Kontrolle der Kundenorientierung. Eine Operationalisierung und Messung dieser Dimensionen der Kundenorientierung wird durch die **MKTOR-Skala** (*Narver/Slater* 1990) sowie den „Kulturtypen-Ansatz" möglich (*Deshpandé* et al. 1993).

Innerhalb der MKTOR-Skala wird Kundenorientierung als eine Verhaltenskomponente des umfassenden Konstruktes Marktorientierung beschrieben. Die Marktorientierung wird ferner als eine Art der Unternehmenskultur interpretiert, durch die Verhaltensweisen generiert werden, die den Kundennutzen und letztlich den Erfolg des Unternehmens steigern (*Narver/Slater* 1990, S. 21; *Dawes* 1999; *Gauzente* 1999). Drei Dimensionen der Marktorientierung werden im Rahmen der MKTOR-Skala unterschieden:

(1) Kundenorientierung (Customer Orientation),
(2) Wettbewerbsorientierung (Competitor Orientation),
(3) Interfunktionale Koordination (Interfunctional Coordination).

Diese drei Dimensionen werden durch die Abfrage der in **Abbildung 10-3** wiedergegebenen 14 Items gemessen (*Narver/Slater* 1990, S. 24; *Farrell/Oczkowski* 1997).

Dabei wird das Konstrukt Kundenorientierung durch sechs Fragen operationalisiert. Das **Ausmaß der Kundenorientierung** wird ermittelt, indem Unternehmensvertreter die vorgegebenen Items anhand einer 7er-Skala beurteilen (mit 1 = „trifft überhaupt nicht zu" bis 7 = „trifft voll zu"). Der maximale Punktwert der Kundenorientierung eines Unternehmens ist auf der MKTOR-Skala folglich bei 42 Punkten erreicht. Der maximale Punktwert der Marktorientierung beträgt 98 Punkte.

Bei der MKTOR-Skala ist ebenfalls die Gefahr der Fehleinschätzung durch die Unternehmensvertreter gegeben. Zudem erscheint der Umfang des Erhebungsdesigns vergleichsweise reduziert. Positiv ist die Verknüpfung mit dem Wettbewerbs- und Koordinationsaspekt, wobei eine Erhebung sämtlicher Indikatoren auch aus der Kundenperspektive erforderlich wäre. Die Analyse der Kundenorientierung in Zusammenhang mit der jeweiligen Unternehmenskultur erscheint sinnvoll, jedoch steht dem auch ein erheblicher Informationsbedarf im Vorfeld der Messung gegenüber.

In ähnlicher Form erfolgt die Operationalisierung der Kundenorientierung bei *Deshpandé* et al. (1993), wobei jedoch zu berücksichtigen ist, dass die Autoren durch ihre Forschungen primär den Zusammenhang zwischen Kundenorientierung und Unternehmenskultur analysieren wollten. Die Messung der Kundenorientierung wird in zwei Schritten vorgenommen.

In einem ersten Schritt ist zu entscheiden, welchem Kulturtyp das jeweilige Unternehmen zuzuordnen ist. Zur Ermittlung des Kulturtyps wird eine Skala zugrunde gelegt, die vier Themenkomplexe der Unternehmenskultur unterscheidet und innerhalb dieser Themen den entsprechenden Kulturtyp identifiziert. Die **Kulturtypen** werden wie folgt unterschieden: A = Clan-Kultur, B = Adhocracy-Kultur, C = Hierarchy-Kultur und D = Market-Kultur (zur Beschreibung der Merkmale dieser Kulturtypen vgl. auch Kapitel 9, Abbildung 9-4; *Deshpandé* et al.1993, S. 34).

In jedem der vier Fragenkomplexe werden 100 Punkte vergeben. Je höher die Punkteanzahl für einen bestimmten Kulturtyp ist, desto

Market Orientation Scale (MKTOR-Skala)	Dimension/Fokus
(1) Unsere Unternehmensziele werden durch die Kundenzufriedenheit beeinflusst.	Kundenorientierung
(2) Wir überwachen unser Commitment und unsere Ausrichtung, den Kundenwünschen zu entsprechen.	Kundenorientierung
(3) Unsere Wettbewerbsvorteilsstrategie basiert auf dem Verstehen der Kundenwünsche.	Kundenorientierung
(4) Die Ausrichtung unserer Geschäftsstrategien wird durch die Überzeugung beeinflusst, wie wir glauben, den Kundennutzen steigern zu können.	Kundenorientierung
(5) Die Messung der Kundenzufriedenheit wird bei uns regelmäßig und systematisch durchgeführt.	Kundenorientierung
(6) Wir achten stark auf guten Kundenservice.	Kundenorientierung
(7) Unser Verkaufspersonal gibt innerhalb des Unternehmens Informationen in Bezug auf die Strategien unserer Wettbewerber weiter.	Wettbewerbsorientierung
(8) Wir reagieren auf bedrohende Maßnahmen der Wettbewerber.	Wettbewerbsorientierung
(9) Wir sprechen Kunden oder Kundengruppen in dem Bereich an, in dem wir einen Wettbewerbsvorteil haben oder erreichen können.	Wettbewerbsorientierung
(10) Die Strategien und Stärken der relevanten Wettbewerber werden regelmäßig von unserem Management analysiert.	Wettbewerbsorientierung
(11) Die Führungskräfte aus sämtlichen Geschäftseinheiten besuchen unsere aktuellen und potenzielle Kunden.	Interfunktionale Koordination
(12) Wir informieren sämtliche Geschäftsbereiche über positive und negative Erfahrungen mit unseren Kunden.	Interfunktionale Koordination
(13) Sämtliche Geschäftsprozesse sind integrativ darauf ausgerichtet, den Bedürfnissen unserer Zielmärkte gerecht zu werden.	Interfunktionale Koordination
(14) Bei uns wissen sämtliche Manager, wie jeder einzelne Mitarbeiter zur Erhöhung des Kundenwertes beitragen kann.	Interfunktionale Koordination

Abb. 10-3: Messung der Kundenorientierung durch die MKTOR-Skala (Quelle: Übersetzung; *Narver/Slater* 1990, S. 34)

eindeutiger ist eine Zuordnung möglich. Die Skala unterstellt, dass in einem Unternehmen grundsätzlich nicht nur eine Kultur, sondern verschiedene Kulturtypen nebeneinander existieren. **Abbildung 10-4** zeigt die Skala zur Analyse der Unternehmenskultur im Überblick.

Ist der Kulturtyp ermittelt, erfolgt in einem zweiten Schritt die **Messung der Kundenorientierung**. Hierzu werden Mitarbeitende und Kunden gebeten, die folgenden neun Indikatoren anhand einer 5er-Skala einzuschätzen (*Deshpandé* et al. 1993, S. 33f.):

(1) Bei uns gibt es regelmäßige Kundenzufriedenheitsmessungen.

(2) Unsere Produkt- und Dienstleistungsentwicklung basiert auf ausgeprägten Markt- und Kundeninformationen.

(3) Wir kennen unsere Kunden gut.

(4) Wir können gut einschätzen, wie unsere Kunden die Leistungen und Produkte unseres Unternehmens bewerten.

(5) Wir sind stärker kundenorientiert als unsere Wettbewerber.

(6) Unser Wettbewerbsvorteil basiert vor allem auf Produkt- bzw. Dienstleistungsdifferenzierung.

(7) Die Interessen des Kunden stehen vor den Interessen der Unternehmenseigner.

(8) Unsere Produkte/Dienstleistungen sind im Vergleich zur Konkurrenz überlegen.

(9) Ich bin davon überzeugt, dass unser Unternehmen hauptsächlich am Markt bestehen kann, weil wir dem Kunden dienen.

Anschließend wird der Zusammenhang zwischen dem ermittelten Kulturtyp und dem Ausmaß der Kundenorientierung durch Korrelationsanalysen empirisch untersucht (vgl. auch Kap. 9 dieses Buches, in dem festgestellt wurde, dass Unternehmen mit einer Adhocracy-Kultur besonders kundenorientiert agieren). Sie orientieren sich am Markt und am Kunden und betonen Flexibilität im Handeln. Die strategische Ausrichtung bezieht sich auf Innovation und Wachstum.

Art der Organisation (Verteilen Sie bitte 100 Punkte)	A	Mein Unternehmen ist ein sehr persönlicher Ort. Es ist wie eine große Familie. Die Leute geben eine Menge von sich selbst preis.
	B	Mein Unternehmen ist ein sehr dynamischer Ort. Die Mitarbeiter sind bereit anzupacken und Risiken einzugehen.
	C	Mein Unternehmen ist ein sehr formalisierter Ort. Bewährte Vorgehensweisen bestimmen das Handeln der Mitarbeiter.
	D	Mein Unternehmen ist sehr produktionsorientiert. Die Arbeit kann ohne großen emotionalen Einsatz erledigt werden.
Führungsstil (Verteilen Sie bitte 100 Punkte)	A	Der Leiter meines Unternehmens wird im Allgemeinen als Mentor oder als Vater- bzw. Mutterfigur wahrgenommen.
	B	Der Leiter meines Unternehmens wird im Allgemeinen als Unternehmer oder Pionier wahrgenommen.
	C	Der Leiter meines Unternehmens wird im Allgemeinen als Koordinator oder Organisator wahrgenommen.
	D	Der Leiter meines Unternehmens wird im Allgemeinen als produkt- oder technikorientiert wahrgenommen.
Was hält die Organisation zusammen (Verteilen Sie bitte 100 Punkte)	A	Der Zusammenhalt des Unternehmens basiert auf Loyalität und Tradition. Das Commitment gegenüber dem Unternehmen ist hoch.
	B	Der Zusammenhalt des Unternehmens basiert auf gemeinsamer Verpflichtung zur Forschung und Entwicklung. Der Erste zu sein bestimmt unsere Denkweise.
	C	Der Zusammenhalt des Unternehmens basiert auf formalen Richtlinien. Eine funktionierende Organisation ist erfolgsentscheidend.
	D	Der Zusammenhalt des Unternehmens basiert auf der gemeinsamen Verfolgung unserer Aufgaben und Ziele. Ein produktorientiertes Denken wird von den meisten Mitarbeitern geteilt.
Was besonders wichtig ist (Verteilen Sie bitte 100 Punkte)	A	In unserem Unternehmen wird besonderer Wert auf Personal gelegt. Starker Zusammenhalt und moralische Werte sind besonders wichtig.
	B	In unserem Unternehmen wird besonderer Wert auf Wachstum und Fortschritt gesetzt. Die Fähigkeit, neue Herausforderungen bestehen zu können, ist besonders wichtig.
	C	In unserem Unternehmen wird besonderer Wert auf Beständigkeit und Stabilität gelegt. Effizientes Handeln steht im Vordergrund.
	D	In unserem Unternehmen wird besonderer Wert auf konkurrenzfähiges Handeln und Zielerreichung gelegt. Messbare Ziele stehen im Vordergrund.

Abb. 10-4: Messung der Unternehmenskultur (Quelle: Übersetzung; *Deshpandé* et al. 1993, S. 34)

4. Kundenorientierung als Leistungs- und Interaktionsprozess

Ein weiterer Ansatz zur Messung der Kundenorientierung basiert auf der Unterscheidung des Leistungsangebots sowie Interaktionsverhaltens von Unternehmen bzw. Mitarbeitenden des Unternehmens im Kundenkontakt (*Homburg* 2002), wobei hier eine Messung aus Sicht der Kunden vorgenommen wird. Dieser Messansatz stützt sich auf eine Untersuchung im Industriegüterbereich, jedoch können die beiden Dimensionen prinzipiell auch auf den Konsumgüter- und Dienstleistungsbereich übertragen werden.

Die in dieser Studie ermittelten übergeordneten Dimensionen der Kundenorientierung werden durch acht Faktoren mit 28 Einzelindikatoren beschrieben (vgl. zu den Faktoren *Homburg* 2002 sowie Kapitel 1, Abbildung 1-5); obwohl das Modell empirisch validiert wurde, und die Anforderungen zur Operationalisierung von Konstrukten erfüllt sind, ist dieser Messansatz nicht unumstritten. Die Kritik bezieht sich insbesondere auf die nicht trennscharfe Auswahl der Indikatoren. Beispielsweise erscheint eine eindeutige Trennung zwischen den Faktoren „Qualität der Beratung durch Verkäufer" und „Dienstleistungsqualität" nur bedingt gegeben.

5. Kundenorientierung als personelles Phänomen

Ein personeller Ansatz, der den direkten Kundenkontakt zwischen Mitarbeitendem und Kunden in den Vordergrund stellt, besteht in der Messung nach der **SOCO-Skala**, die seit ihrer Entwicklung im Jahr 1982 durch *Saxe* und *Weitz* mehrfach modifiziert wurde (*Michaels/Day* 1985; *Tadepalli* 1995; *Goff* et al. 1997; *Daniel/ Darby* 1997; *Perriat* et al. 2004). Mit dem ursprünglich 24 Items umfassenden Fragebogen werden zum einen die Kundenorientierung und zum anderen die Verkaufsorientierung als Handlungsprinzipien der Mitarbeitenden gemessen (**Abbildung 10-5**). Bei einem primär verkaufsorientierten Verhalten steht als Maxime die (kurzfristige) Erhöhung des Umsatzes im Vordergrund, während für einen

Mitarbeitenden mit einem primär kundenorientierten Verhalten die bestmögliche Erfüllung der Kundenwünsche an erster Stelle steht.

Ähnlich wie bei der MARKOR-Skala ist bei der SOCO-Skala zu kritisieren, dass die Erhebung aus Sicht der Mitarbeitenden durchgeführt wird und nicht aus Sicht des Kunden, wie bei dem Modell nach *Homburg* (2000). Zudem werden lediglich Kundenkontaktmitarbeitende befragt. Es erscheint sinnvoll, zur umfassenderen Messung zusätzlich zum einen Interne Servicebarometer (*Bruhn* 2004b) und zum anderen kundenbezogene Messverfahren (z.B. SERVQUAL) für die Kontrolle der Umsetzung der Kundenorientierung anzuwenden.

Kundenorientierung (SOCO-Skala)

(1) Ich versuche, den Kunden eine korrekte Erwartung zu vermitteln, was unser Produkt für sie leisten kann.

(2) Ich versuche, die Kunden dazu zu bringen, mir ihre Bedürfnisse zu vermitteln.

(3) Ich versuche, einen Kunden eher durch Informationen zu überzeugen als durch die Ausübung von Druck.

(4) Ich versuche, den Kunden bei der Erreichung ihrer Ziele zu helfen.

(5) Ich antworte auf Kundenfragen zu Produkten so korrekt wie möglich.

(6) Ich versuche herauszufinden, welche Bedürfnisse der Kunde hat.

(7) Ein guter Angestellter muss das Interesse des Kunden im Auge haben.

(8) Ich versuche, das Kundenproblem und eine mögliche Produktlösung zusammenzubringen.

(9) Ich bin bereit, einem Kunden zu widersprechen, um ihm zu einer besseren Entscheidung zu verhelfen.

(9) Ich biete das Produkt an, das am besten zum Problem des Kunden passt.

(11) Ich versuche, meine Ziele durch das Zufriedenstellen der Kunden zu erreichen.

(12) Ich versuche herauszufinden, welche Produkte am hilfreichsten für den Kunden sind. Unsere Unternehmensziele werden durch die Kundenzufriedenheit beeinflusst.

Verkaufsorientierung (SOCO-Skala)

(13) Wenn ich nicht sicher bin, welches Produkt das richtige für den Kunden ist, übe ich Druck auf ihn aus, um ihn zum Kauf zu bewegen.

(14) Ich sage dem Kunden, dass etwas nicht in meiner Macht steht, auch wenn es möglich ist.

(15) Ich versuche eher, so viel wie möglich zu verkaufen, als den Kunden zufriedenzustellen.

(16) Ich verbringe mehr Zeit damit, den Kunden zum Kauf zu überreden als damit, seine Bedürfnisse herauszufinden.

(17) Ich gebe vor, dem Kunden zuzustimmen, um ihn zufriedenzustellen.

(18) Ich betrachte den Kunden als einen Gegner.

(19) Es ist notwendig, die Wahrheit zu „dehnen", wenn man einem Kunden ein Produkt beschreibt.

(20) Ich rede über das Produkt, bevor ich anfange, die Kundenbedürfnisse herauszufinden.

(21) Ich versuche, einem Kunden soviel wie möglich zu verkaufen, auch wenn ich glaube, dass ein verständiger Kunde weniger kaufen würde.

(22) Ich male dem Kunden ein Bild des Produkts aus, um es ihm so schmackhaft wie möglich zu machen.

(23) Bezüglich Angeboten für den Kunden entscheide ich eher auf der Basis dessen, was ich ihn überzeugen kann, zu kaufen, als was ihn langfristig zufriedenstellen wird.

(24) Ich achte auf Schwächen in der Persönlichkeit des Kunden, um Druck auf ihn auszuüben, damit er sich überzeugen lässt.

Abb. 10-5: SOCO-Skala zur Messung der Kunden- und Verkaufsorientierung (Quelle: eigene Übersetzung; *Periatt* et al. 2004, S. 52)

Zusammenfassend lässt sich festhalten, dass – je nach Interpretation des Begriffes Kundenorientierung – bereits isolierte Ansätze zur Messung und somit Kontrolle der Kundenorientierung vorhanden sind. Unterstellt man jedoch eine weite, umfassende Definition der Kundenorientierung, die den Informations-, Kultur-, Leistungs- sowie Interaktionsaspekt vereint, so ist es anzustreben, ein integriertes Messkonzept einzusetzen.

6. Integriertes System zur Messung der Kundenorientierung

Es wurde deutlich, dass die vorgestellten Messansätze unterschiedliche Schwerpunkte legen und eine umfassende Lösung zur Messung der Kundenorientierung noch nicht gefunden ist. Im Folgenden wird daher das Vorgehen für einen **integrierten Ansatz zur Messung der Kundenorientierung** vorgestellt, der sowohl den Informations- und Kultur- als auch den Leistungs- und Interaktionsaspekt berücksichtigt. Zur Analyse des **Status quo der Kundenorientierung** eines Unternehmens sind die folgenden vier **Dimensionen** einer Kontrolle zu unterziehen:

• Kundenorientierte Strukturen,
• Kundenorientierte Systeme,
• Kundenorientierte Kultur,
• Kundenorientierte Leistungen und Interaktionen.

In einem ersten Schritt gilt es, diese Dimensionen zu operationalisieren, d.h. geeignete **Indikatoren** festzulegen, die die jeweilige Dimension bestmöglich beschreiben. Da es sich um unternehmensindividuelle Messungen handelt, sind die Indikatoren individuell auszuwählen und auf die jeweilige Unternehmenssituation anzupassen. Als Orientierungsrahmen können die in **Abbildung 10-6** dargestellten Indikatoren dienen.

Kundenorientierte Strukturen: Die erste Dimension beinhaltet sämtliche Indikatoren, die in der Lage sind, die bestehende Aufbau- und Ablauforganisation hinsichtlich des Zieles Kundenorientierung zu bewerten. Zum Beispiel ist zu analysieren, welche Strukturen die Kontaktaufnahme bei einem Kundenproblem erleichtern oder wie der grundsätzliche Hierarchieaufbau des Unternehmens gestaltet ist. Dabei gilt in der Regel der Grundsatz: Je flacher die Hierarchie, desto schneller sind die Kommunikationsprozesse und desto leichter ist die Umsetzung der Kundenorientierung. Ferner kann die Kompetenzverteilung der Mitarbeitenden Hinweise auf Stärken oder Schwächen der Kundenorientierung geben. So kann ein Mitarbeitender mit einem großen eigenen Handlungsspielraum – z.B. in

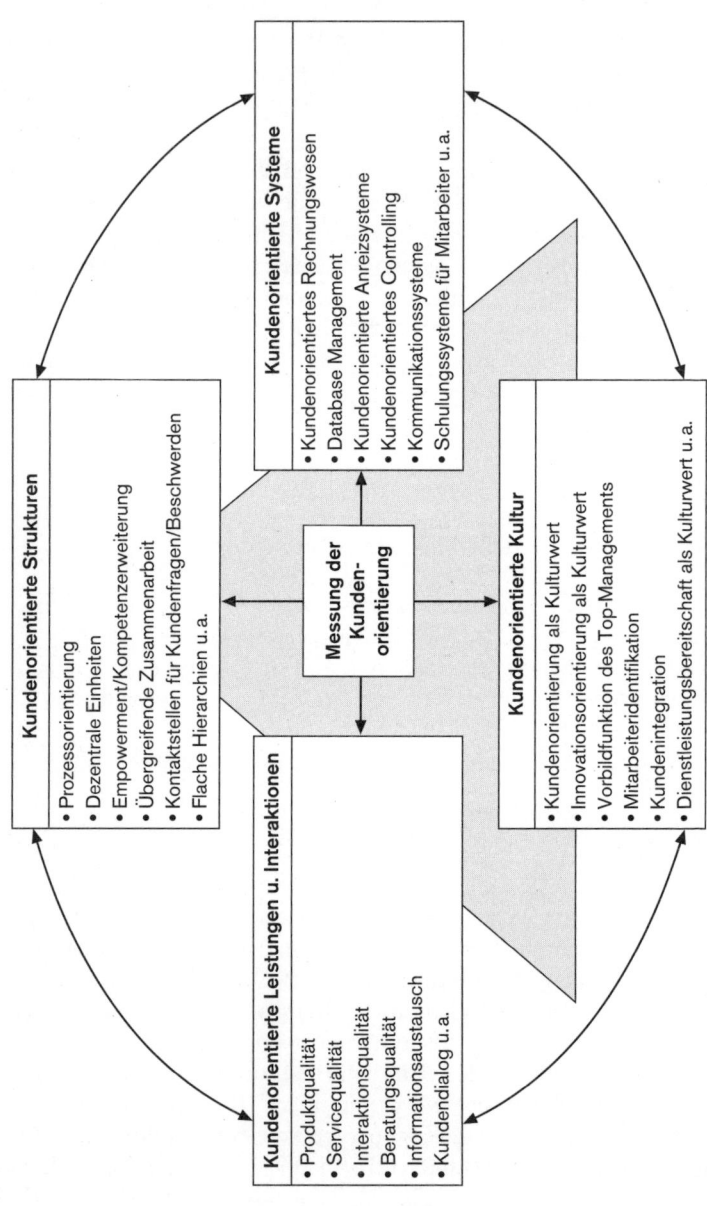

Abb. 10-6: Integriertes System mit ausgewählten Indikatoren zur Messung der Kundenorientierung

Bezug auf Kulanzregelungen bei Kundenbeschwerden – flexibler auf die Wünsche der Kunden reagieren. Des Weiteren ist zu überprüfen, ob eine abteilungs- oder spartenübergreifende Zusammenarbeit zur Umsetzung der Kundenorientierung stattfindet. Ein isoliertes Denken in Produktlinien oder Markenetats führt nicht selten dazu, dass auch die generelle Grundhaltung der Mitarbeitenden extrem produktorientiert ist. In jedem Fall ist unternehmensindividuell festzulegen, welche Indikatoren zur Bewertung der Unternehmensstrukturen herangezogen werden.

Kundenorientierte Systeme: Ferner besteht eine Aufgabe der Verantwortlichen im Unternehmen darin, zu analysieren, ob geeignete Systeme vorhanden sind, um das Ziel Kundenorientierung auch tatsächlich umsetzen zu können. Besonders hervorzuheben ist in diesem Zusammenhang eine umfassende Kundendatenbank (Database Management). Auch die Möglichkeit, individuelle Kundenwertberechnungen durchzuführen oder kundenbezogene Informationen (automatisch) an Mitarbeitende anderer Abteilungen weiterzuleiten, fließt nach Möglichkeit als Indikator in die Bewertung ein. Unter dem Schlagwort „CRM-Software" sind in den letzten Jahren eine Vielzahl von Produkten auf den Markt gekommen, die zum Ziel haben, zur kundenorientierten Automatisierung der Marketingaktivitäten beizutragen. Das Ziel von CRM-Software ist es, sämtliche relevante Informationen über potenzielle und aktuelle Kunden zu sammeln und auszuwerten, um kundenorientierte Geschäftsprozesse effizienter zu gestalten und dadurch rentable Kunden langfristig zu binden. Inwieweit die verschiedenen CRM-Lösungen allerdings einen Beitrag zur Verbesserung der Kundenorientierung leisten, ist von jedem Unternehmen kritisch zu überprüfen.

Kundenorientierte Kultur: Bei dieser Dimension gilt es Indikatoren aufzustellen, die die Art der bestehenden Unternehmenskultur beschreiben und eine Bewertung hinsichtlich der Kundenorientierung erlauben. Als Indikator könnte beispielsweise herangezogen werden, ob die Mitarbeitenden Kundenorientierung als wichtig oder unwichtig betrachten, oder wie intensiv an der Befriedigung noch bestehender Kundenwünsche im Rahmen des Innovationsmanagements gearbeitet wird. Besonders deutlich wird die Kultur eines Unternehmens durch das Verhalten der Führungskräfte und die Verbundenheit der Mitarbeitenden zum eigenen Unternehmen. Gleichsam gilt es, die von den Mitarbeitenden wahrgenommenen oder unbewusst geteilten unternehmensspezifischen Werte, Normen und Artefakte zu erheben und – falls diese nicht im Einklang mit dem Ziel der Kundenorientierung stehen – zu verändern (Change Management).

Kundenorientierte Leistungen und Interaktionen: Schließlich sind auch Leistungs- sowie Interaktionsfaktoren zu ermitteln, die in der Lage sind, die Kundenorientierung für die jeweilige Branche zu beschreiben. Dies kann beispielsweise der Grad der Übereinstimmung der Kundenerwartungen mit den Produkten und Serviceleistungen des Unternehmens sein. Zudem dokumentiert sich die Kundenorientierung in der Informations- und Kommunikationspolitik eines Unternehmens. Um den unterschiedlichen Bedürfnissen und Ansprüchen der Kunden gerecht zu werden, ist die Interaktion möglichst individuell zu gestalten. Dies gilt nicht nur in Hinsicht auf die Wahl des Kommunikationskanals (z.B. Telefon, Internet), sondern auch in Bezug auf den Inhalt der Interaktion. Anstatt einen anonymen Markt mit identischen Leistungen und einheitlicher Kommunikation anzusprechen, kann der Anbieter aufgrund unterschiedlicher Segmentierungskriterien (z.B. Alter, Einkommen) individuelle Botschaften an die verschiedenen Zielgruppen senden.

Nach Festlegung der unternehmensindividuellen Kriterien der vier Dimensionen kann die eigentliche Messung der Kundenorientierung erfolgen. Die **Vorgehensweise** läuft grundsätzlich nach den folgenden vier Phasen ab:

(1) Erarbeitung des Erhebungsdesigns,
(2) Pretest,
(3) Datenerhebung,
(4) Datenanalyse.

Bei der **Erarbeitung des Erhebungsdesigns** ist beispielsweise zu klären, wie die Informationen zu den festgelegten Kriterien der vier Dimensionen bestmöglich erhoben werden können; z.B. durch Kunden- und Mitarbeiterbefragungen. Außerdem ist zu klären, welche Informationen bereits vorliegen und verarbeitet werden können. Im

Detail stellt sich weiterhin Frage nach der Skalierung, beispielweise einer 6er-Skala mit anschließender Transformation auf einen Indexwert (mit 100 = höchste Kundenorientierung und 0 = keine Kundenorientierung) (*Homburg/Werner* 1998). Die Indexbildung ist insofern sinnvoll, da zahlreiche Unternehmen bei ihren Zufriedenheitsmessungen bereits Indexwerte verwenden und somit ein einheitlicher Sprachgebrauch sichergestellt wird. Aber auch andere Skalen (z.B. 5er-, 10er-Skalen) sind durchaus denkbar und können für die Messung der Kundenorientierung herangezogen werden.

Die Erhebungskonzeption durchläuft idealtypisch zunächst einen **Pretest**. Hierbei wird der erarbeitete Fragebogen einer kleineren Gruppe von Mitarbeitenden und Kunden mit dem Ziel vorgelegt, Redundanzen oder Verbesserungsmöglichkeiten zu identifizieren. Im Anschluss daran erfolgt die **Datenerhebung** bzw. **Informationsaufbereitung**. In der sich anschließenden **Analysephase** wird die Kundenorientierung differenziert nach den vier Dimensionen des integrierten Messmodells erhoben und anschließend auf einen Gesamtindexwert der Kundenorientierung verdichtet.

Abbildung 10-7 zeigt beispielhaft für die Dimension „kundenorientierte Strukturen", wie die Berechnung des **Kundenorientierungsindex** erfolgen könnte.

Beispiel: In diesem fiktiven Beispiel wird davon ausgegangen, dass die vier Dimensionen der Abbildung 10-6 durch geeignete Indikatoren operationalisiert wurden. Greift man die bereits aggregierten Antworten für die Dimension „kundenorientierte Strukturen" heraus, so lautet das Ergebnis, dass von 1000 Befragten 285 die Strukturen als sehr kundenorientiert, 330 als kundenorientiert, 189 als durchschnittlich kundenorientiert usw. beurteilen. Es errechnet sich ein Kundenorientierungsindex für diese Dimension von 71,68.

Es handelt sich um eine sehr einfache, praxisorientierte Berechnung, die für jede der vier Dimensionen durchzuführen ist. Durch Addition der vier Dimensionen kann letztlich der Gesamtindexwert der Kundenorientierung für das jeweilige Unternehmen ermittelt werden (vgl. zu einer ähnlichen Vorgehensweise *Homburg/Werner* 1998, S. 166ff.). Wie in **Abbildung 10-8** dargestellt, errechnet sich bei diesem Beispiel ein Gesamtindexwert der Kundenorientierung von 62 Punkten.

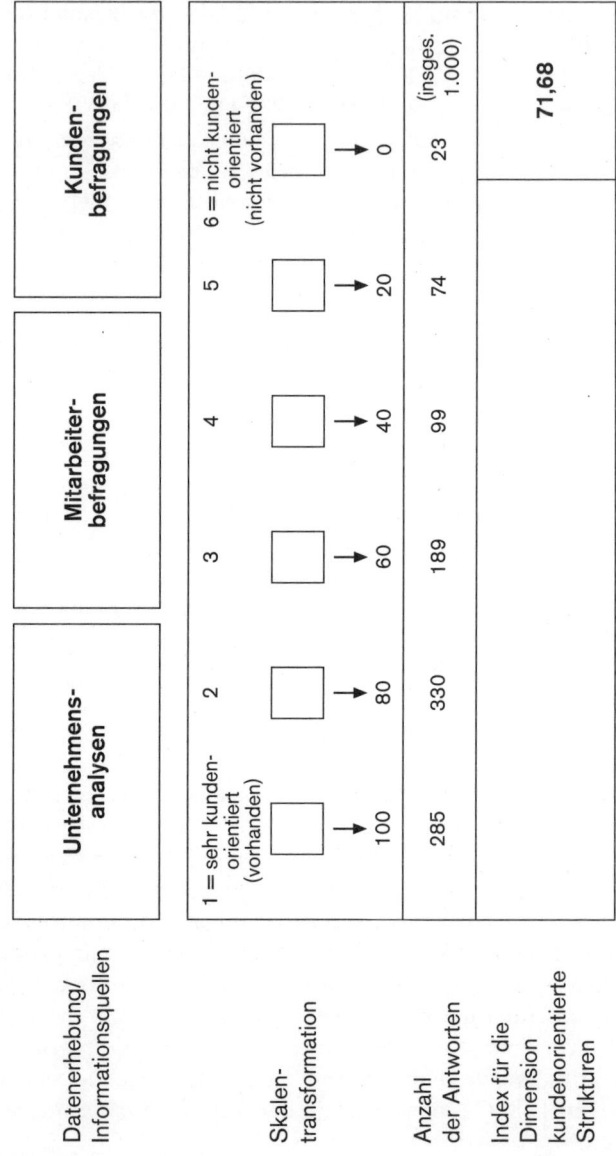

Abb. 10-7: Beispiel für die Berechnung eines Kundenorientierungsindex (Quelle: in Anlehnung an *Homburg/Werner* 1998, S. 82)

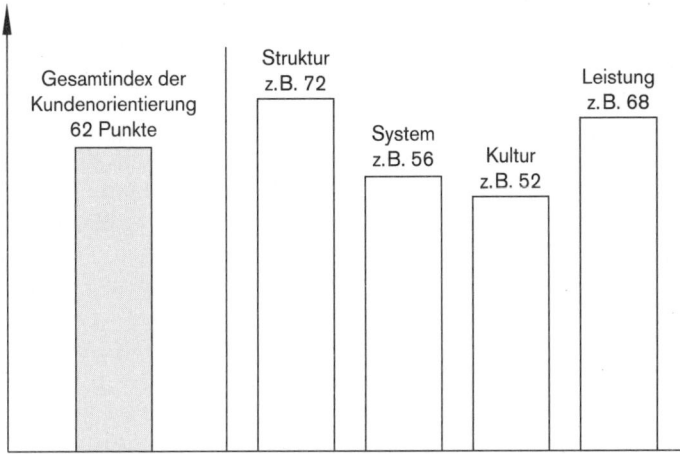

100 Punkte = Optimale Kundenorientierung

Abb. 10-8: Beispiel für die Berechnung eines Gesamtindex der Kundenorientierung

Die dargestellte, vereinfachte Messung der Kundenorientierung kann durch die Anwendung von **Kausalmodellen** bzw. multivariaten Analyseverfahren verbessert werden, die es ermöglichen, konkrete Zusammenhänge zwischen Konstrukten, wie z.B. den Zusammenhang von Kundenorientierung und Kundenzufriedenheit, genauer zu analysieren (*Bruhn* 1998b).

Als Fazit erscheint es für Unternehmen sinnvoll, nicht nur die Kundenzufriedenheit und -bindung, sondern auch die Kundenorientierung regelmäßig zu messen, um aus dieser umfassenden Sicht heraus strategische Maßnahmen einleiten zu können. Die Messung der Kundenorientierung kann dazu dienen, Schwachpunkte bei den unternehmensindividuellen Rahmenbedingungen aufzuzeigen. Neue kundenorientierte Aktivitäten können somit besser priorisiert und Handlungsalternativen zur Verbesserung der Kundenorientierung bewertet werden.

Zusammenfassung: Die folgenden **zehn Merkpunkte** bieten eine Hilfestellung, die ersten Schritte zur Erarbeitung eines integrierten Messkonzeptes zur Kontrolle der Kundenorientierung einzuleiten.

(1) **Kundenorientierung regelmäßig messen:** Sorgen Sie dafür, dass neben der Kundenzufriedenheit und -bindung auch die Kundenorientierung des Unternehmens regelmäßig gemessen wird.

(2) **Geeigneten Messansatz festlegen:** Stellen Sie sicher, dass der für das Unternehmen beste Messansatz verwendet wird. Hierzu ist es erforderlich, die mit der Messung verbundenen Ziele zu fixieren und aus dem Set der möglichen Ansätze den für das Unternehmen besten auszuwählen.

(3) **Kundenorientierung in das bestehende Messinstrumentarium integrieren:** Die Messung der Kundenorientierung wird nach Möglichkeit nicht isoliert vorgenommen. Nutzen Sie die Erfahrungen aus bereits bestehenden Studien, z. B. zur Messung der Kundenzufriedenheit, um letztlich ein integriertes Messmodell der Kundenorientierung bereitzustellen.

(4) **Dimension „kundenorientierte Strukturen" operationalisieren:** Analysieren Sie, welche Strukturen für die Umsetzung der Kundenorientierung besonders relevant sind oder wären, und legen Sie diese als Indikatoren zur Messung der Strukturen fest.

(5) **Dimension „kundenorientierte Systeme" operationalisieren:** Überlegen Sie ferner, welche Systeme zur Umsetzung der Kundenorientierung vorhanden bzw. erforderlich sind. Legen Sie diese als Indikatoren zur Messung der kundenorientierten Systeme fest.

(6) **Dimension „kundenorientierte Kultur" operationalisieren:** Die Unternehmenskultur ist eine zentrale Determinante zur Verbesserung der Kundenorientierung. Setzen Sie sich auf Basis vorhandener Skalen intensiv damit auseinander, durch welche Indikatoren die Unternehmenskultur des eigenen Unternehmens gemessen werden kann.

(7) **Dimension „kundenorientierte Leistungen" operationalisieren:** Versuchen Sie, eine Aussage über die aus Kundensicht wesentlichen Leistungen bzw. Interaktionen des Unternehmens zur Generierung von Kundenorientierung zu erhalten. Diese können als Indikatoren zur Messung der kundenorientierten Leistungen herangezogen werden.

(8) **Zusammenhänge – z. B. zwischen Kundenorientierung und -zufriedenheit – analysieren:** Betrachten Sie nicht nur die Kundenorientierung an sich, sondern auch die Zusammenhänge zwischen der Kundenorientierung und weiterer Erfolgsgrößen und integrieren Sie diese Aspekte in das Controllingsystem Ihres Unternehmens.

(9) **Messung der Kundenorientierung in ein Gesamtsystem integrieren:** Versuchen Sie, sämtliche Aktivitäten zur Verbesserung und Messung der Leistungsfähigkeit, sei es hinsichtlich der Kundenorientierung, -zufriedenheit oder -bindung, in einem Gesamtsystem miteinander zu vernetzen.

(10) **Mit dem Rechnungswesen zusammenarbeiten:** Streben Sie eine Zusammenarbeit mit Spezialisten aus Controlling oder Rechnungswesen an, um eine möglichst problemlose Umsetzung der Messproblematik sicherzustellen.

Literaturempfehlungen (Zur vertiefenden Auseinandersetzung mit dem Thema Kontrolle der Kundenorientierung werden folgende Literaturquellen empfohlen): *Berthon, P./Hulbert, J. M./Pitt, L.* (2004): Innovation or Customer Orientation? An Empirical Investigation, in: European Journal of Marketing, Vol. 38, No. 9/10, S. 1065–1090. *Bruhn, M.* (2002b): Integrierte Kundenorientierung. Implementierung einer kundenorientierten Unternehmensführung, Wiesbaden 2002. *Dawes, J.* (1999): The Relationship between Subjective and Objective Company Performance Measures in Market Orientation Research: Further Empirical Evidence, in: Marketing Bulletin, Vol. 10, No. 1, S. 65–75. *Deshpandé, R./Farley, J. U./Webster, F. E.* (1993): Corporate Culture, Customer Orientation, and Innovativeness in Japanese Firms. A Quadrad Analysis, in: Journal of Marketing, Vol. 57, No. 1, S. 23–27. *Farrell, M.A./ Oczkowski, E.* (1997): An Analysis of the MKTOR and MARKOR Measures of Market Orientation: An Australian Perspective, in: Marketing Bulletin, o. Jg., No. 8, S. 30–40. *Gauzente, C.* (1999): Comparing Market Orientation Scales: A Content Analysis, in: Marketing Bulletin, Vol. 10, No. 1, S. 76–82. *Homburg,*

Ch. (2002): Kundennähe von Industriegüterunternehmen. Konzeption, Erfolgswirkungen, Determinanten, 3. Aufl., Wiesbaden 2002. *Kohli, A. K./Jaworski, A./Kumar, A.* (1993): MARKOR. A Measure of Market Orientation, in: Journal of Marketing Research, Vol. 30, No. 4, S. 467–477. *Narver, J./Slater S.* (1990): The Effect of Market Orientation on Business Profitability, in: Journal of Marketing, Vol. 54, No. 3, S. 20-35. *Narver, J./Slater S.* (1995): Market Orientation and the Learning Organization, in: Journal of Marketing, Vol. 59, No. 3, S. 63–74. *Utzig, B. P.* (1997): Kundenorientierung strategischer Geschäftseinheiten. Operationalisierung und Messung, Wiesbaden 1997. *Periatt, J. A./LeMay, S. A./Chakrabarty, S.* (2004): The Selling Orientation-Customer Orientation (SOCO) Scale: Cross Validation of the Revised Version, in: Journal of Personal Selling & Sales Management, Vol. 24, No. 1, S. 49–54.

Literaturverzeichnis

Ackerschott, H. (2001): Strategische Vertriebssteuerung. Instrumente zur Absatzförderung und Kundenbindung, Wiesbaden 2001.

Albers, S./Eggert, K. (1988): Kundennähe – Strategie oder Schlagwort?, in: Marketing ZFP, 10. Jg., Nr. 1, S. 5–16.

Althaus, S. (1995): Kundenorientierung als Integrationsfaktor ganzheitlicher Unternehmensführung, Diss. Universität St. Gallen, St. Gallen 1995.

Anderson, W./Fornell, C./Rust, R. (1997): Customer Satisfaction, Productivity and Profitability: Differences between Goods and Services, in: Marketing Science, Vol. 12, No. 1, S. 129–145.

Arthur D. Little (Hrsg.) (1997): Findings of the Arthur D. Little Global Survey on Innovation. A Worldwide Study on How Top Management Uses Innovation to Achieve Growth and Competitive Advantages, Cambridge u. a. 1997.

Atkinson, H./Hamburg, J./Ittner, C. (1994): Linking Quality to Profits. Quality-Based Cost Management, Milwaukee 1994.

Auh, S./Johnson, M. D. (1997): The Complex Relationship between Customer Satisfaction and Loyalty for Automobiles, in: Johnson, M. D. (Hrsg.): Customer Retention in the Automotive Industry: Quality, Satisfaction, and Loyalty, S. 141–166.

Baches, Z. (2005): Hilfe – was tue ich mit 75 000 Franken Erbschaft?, in: Cash, 11. 8. 2005, S. 23.

Backhaus, K./Hilker, J. (1994): Marketingimplementierung in Unternehmen der Investitionsgüterindustrie, in: Bruhn, M./Meffert, H./Wehrle, F. (Hrsg.): Marktorientierte Unternehmensführung im Umbruch. Effizienz und Flexibilität als Herausforderungen des Marketing, Stuttgart 1994, S. 241–264.

Backhaus, K./Voeth, M. (2007): Industriegütermarketing, 8. Aufl., München 2007.

Bamford, D./Xystouri, T. (2005): A Case Study of Service Failure and Recovery within an International Airline, in: Managing Service Quality, Vol. 15, No. 3, S. 306–322.

Barber, A. E./Simmering, M. J. (2002): Understanding Pay Plan Acceptance: The Role of Distributive Justice Theory, in: Human Resource Management Review, Vol. 12, No. 1, S. 25–42.

Baron, S./Harris, K. (2002): Services Marketing. Text Cases, 2. Aufl., Houndsmill u. a. 2002.

Bauer, S. (2003): Motivationsförderliche Anreizsysteme, in: Bullinger, H. J./Warnecke, H. J./Westkämper, E. (Hrsg.): Neue Organisationsformen im Unternehmen – Ein Handbuch für das moderne Management, 2. Aufl., Berlin u. a. 2003, S. 1055–1083.

Bechwathi, N. N./Eshgi, A. (2005): Customer Lifetime Value Analysis: Challenges and Words of Caution, in: The Marketing Management Journal, Vol. 15, No. 2, S. 87–97.

Bednarczuk, P. (1990): Strategische Kommunikationspolitik für Markenartikel in der Konsumgüterindustrie – Gestaltung und organisatorische Umsetzung, Offenbach 1990.

Belz, C. (1998): Akzente im innovativen Marketing, St. Gallen u. a. 1998.

Bender, S. (2005): Beschwerdemanagement. Beschwerden richtig nutzen, in: Sales Business, o. Jg., Nr. 5, S. 24–27.

Bendl, E. (2006): Multi Channel Management – professionelle Kundenbetreuung über alle Vertriebskanäle, in: Information Management & Consulting, 21. Jg., Nr. 2, S. 49–53.

Benkenstein, M. (1993): Dienstleistungsqualität. Ansätze zur Messung und Implikationen für die Steuerung, in: Zeitschrift für Betriebswirtschaft, 63. Jg., Nr. 11, S. 1095–1116.

Benkenstein, M. (2001): Besonderheiten des Innovationsmanagements in Dienstleistungsunternehmen, in: Bruhn, M./Meffert, H. (Hrsg.): Handbuch Dienstleistungsmanagement. Von der strategischen Konzeption zur praktischen Umsetzung, 2. Aufl., Wiesbaden 2001, S. 689–702.

Berekoven, L. (1997): Der Dienstleistungsmarkt in der BRD, Göttingen 1997.

Berger, P./Nasr, N. I. (1998): Customer Lifetime Value: Marketing Models and Applications, in: Journal of Interactive Marketing, Vol. 12, No. 1, S. 17–30.

Beriger, P. (1987): Quality Circles und Kreativität. Das Quality Circle-Konzept im Rahmen der Kreativitätsförderung in der Unternehmung, 2. Aufl., Stuttgart 1987.

Berry, L.L. (1996): Top-Service. Im Dienst am Kunden, Stuttgart 1996.

Berthon, P./Hulbert, J. M./Pitt, L. (2004): Innovation or Customer Orientation? An Empirical Investigation, in: European Journal of Marketing, Vol. 38, No. 9/10, S. 1065–1090.

Beutin, N./Klenk, P. (2005): Potenzialen auf der Spur, in: Die Bank, 44. Jg, Nr. 5, S. 50–54.

Bihl, G./Thanner, E./Wächter, J. (1997): Anforderungen neuer Arbeitsstrukturen an Führungskräfte und Mitarbeiter, in: Zeitschrift Führung und Organisation, 66. Jg., Nr. 3, S. 168–172.

Blattberg, R./Deighton, J. (1996): Manage Marketing by the Customer Equity Test, in: Harvard Business Review, Vol. 74, No. 4, S. 136–144.

Blattberg, R. C./Deighton, J. (1997): Aus rentablen Kunden vollen Nutzen ziehen, in: Harvard Business Manager, 19. Jg, Nr. 1, S. 24–32.

Blanchard, K./Carlos, J. P./Randolph, A. (1998): Management durch Empowerment. Mitarbeiter bringen mehr wenn sie mehr dürfen, Berlin 1998.

Bleicher, K. (1999): Das Konzept Integriertes Management, 6. Aufl., Frankfurt am Main/New York 1999.

BMIT (Bundesverband Mittelstand & Internet e. V.) (2005): Feindbild Kunde – Deutsche Call Center nicht kontaktfreudig, http://www.bmit.org/article94.html, Zugriff am 23. 6. 2006.

Boehme, M. (1998): Implementierung von Managementkonzepten, Wiesbaden 1998.

Bolmann Pullins, E./Fine, L. M./Warren, W. L. (1996): Identifying Peer Mentors in the Sales Force. An Exploratory Investigation of Willingness and Ability, in: Journal of the Academy of Marketing Science, Vol. 24, No. 2, S. 125–136.

Booz Allen Hamilton (2006): China und Indien schließen bei Forschung und Entwicklung rasant zu Westeuropa und den USA auf, Pressemitteilung vom 21. 6. 2006, http://www.boozallen.de/presse/pressemit teilungen/pressemitteilung-detail/6664938, Zugriff am 16. 8. 2006.

Borg, I. (2003): Führungsinstrument Mitarbeiterbefragung. Theorien, Tools und Praxiserfahrungen, Göttingen 2003.

Borth, B.-O. (2004): Beschwerdezufriedenheit und Kundenloyalität im Dienstleistungsbereich. Kausalanalyse unter Berücksichtigung moderierender Effekte, Wiesbaden 2004.

Boutellier, R./Völker, R. (1997): Erfolg durch innovative Produkte – Bausteine des Innovationsmanagements, München 1997.

Brauck, M. (2003): Mythos Deutsche Telekom, in: Brand Eins, o. Jg., Nr. 10, S. 22–31

Braun, J. (2003): Grundlagen der Organisationsgestaltung, in Bullinger, H.-J./Warnecke, H.-J./Westkämper, E. (Hrsg.): Neue Organisationsformen im Unternehmen – Ein Handbuch für das moderne Management, 2. Aufl., Berlin u. a. 2003, S. 1–67.

Bröckermann, R. (Hrsg.) (2006): Handbuch Personalentwicklung, Praxis der Personalbildung, Personalförderung, Arbeitsstrukturierung, Stuttgart 2006.

Brockhoff, K. (1998): Forschung und Entwicklung – Planung und Kontrolle, 5. Aufl., München/Wien 1998.

Brockhoff, K. (2000): Produktinnovation, in: Albers, S. /Herrmann, A. (Hrsg.): Handbuch Produktmanagement. Strategieentwicklung – Produktplanung – Organisation – Kontrolle, Wiesbaden 2000, S. 25–54.

Bruhn, M. (1982): Konsumentenzufriedenheit und Beschwerden. Erklärungsansätze und Ergebnisse einer empirischen Untersuchung in ausgewählten Konsumbereichen, Frankfurt a. M./Bern 1982.

Bruhn, M. (1985): Zufriedenheit des Konsumenten als Frühwarnsystem, in: Management-Enzyklopädie, Band 10, 2. Aufl., München 1985, S. 560–570.

Bruhn, M. (1986): Beschwerdemanagement, in: Harvard Manager, 8. Jg., Nr. 3, S. 104–108.

Bruhn, M. (1995): Internes Marketing als Baustein der Kundenorientierung, in: Die Unternehmung, 49. Jg., Nr. 6, S. 381–402.

Bruhn, M. (1997 a): Multimedia-Kommunikation. Systematische Planung und Umsetzung eines interaktiven Marketinginstruments, München 1997.

Bruhn, M. (1997 b): Qualitätsmanagement im Handel, Fallstudie Migros-Genossenschafts-Bund, Bern u. a. 1997.

Bruhn, M. (1998 a): Schweizer Kundenbarometer 1998. Ergebnisse einer Pilotuntersuchung bei über 7.400 Kundinnen und Kunden in 20 Branchen, Basel 1998.

Bruhn, M. (1998 b): Wirtschaftlichkeit des Qualitätsmanagements, Berlin/Heidelberg 1998.

Bruhn, M. (2000 a): Qualitätssicherung im Dienstleistungsmarketing. Eine Einführung in die theoretischen und praktischen Probleme, in: Bruhn, M./Stauss, B. (Hrsg.): Dienstleistungsqualität. Grundlagen – Konzepte – Methoden, 3. Aufl., Wiesbaden 2000, S. 21–48.

Bruhn, M. (2000 b): Sicherstellung der Dienstleistungsqualität durch integrierte Kommunikation, in: Bruhn, M./Stauss, B. (Hrsg.): Dienstleistungsqualität. Konzepte – Methoden – Erfahrungen, 3. Aufl., Wiesbaden 2000, S. 405–431.

Bruhn, M. (2001 a): Kommunikationspolitik von Dienstleistungsunternehmen, in: Bruhn, M./Meffert, H. (Hrsg.): Handbuch Dienstleistungsmanagement. Von der strategischen Konzeption zur praktischen Umsetzung, 2. Aufl., Wiesbaden 2001, S. 573–605.

Bruhn, M. (2001 b): Relationship Marketing. Das Management von Kundenbeziehungen, München 2001.

Bruhn, M. (2002 a): E-Services – eine Einführung in die theoretischen und praktischen Probleme, in: Bruhn, M./Stauss, B. (Hrsg.): E-Services. Dienstleistungsmanagement. Jahrbuch 2002, Wiesbaden 2002, S. 3–49.

Bruhn, M. (2002 b): Integrierte Kundenorientierung. Implementierung der kundenorientierten Unternehmensführung, Wiesbaden 2002.

Bruhn, M. (2002 c): Messung der Anforderungen an die Dienstleistungsqualität, in: Hansen, W./Kamiske, G.-F. (Hrsg.): Qualitätsmanagement im Dienstleistungsbereich. Assessment – Sicherung – Entwicklung, Düsseldorf 2002, S. 7–44.

Bruhn, M. (2003): Konsequenzen des Relationship Marketing für die Integrierte Kommunikation, in: Merten, K./Zimmermann, R. (Hrsg.): Handbuch der Unternehmenskommunikation, Köln/Neuwied 2003, S. 171–185.

Bruhn, M. (2004 a): Marketing. Grundlagen für Studium und Praxis, 7. Aufl., Wiesbaden 2004.

Bruhn, M. (2004 b): Interne Servicebarometer als Instrument interner Kundenorientierung – Messung und Steuerung der Qualität und Zufriedenheit interner Dienstleistungen, in: Marketing ZFP, 26. Jg., Nr. 4, S. 282–294.

Bruhn, M. (2005 a): Unternehmens- und Marketingkommunikation. Handbuch für ein integriertes Kommunikationsmanagement, München 2005.

Bruhn, M. (2005 b): Kommunikationspolitik. Systematischer Einsatz der Kommunikation für Unternehmen, 3. Aufl., München 2005.

Bruhn, M. (2006 a): Qualitätsmanagement für Dienstleistungen. Grundlagen, Konzepte, Methoden, 6. Aufl., Berlin u. a. 2006.

Bruhn, M. (2006 b): Integrierte Unternehmens- und Markenkommunikation. Strategische Planung und operative Umsetzung, 4. Aufl., Stuttgart 2006.

Bruhn, M. (2006 c): Integrierte Kommunikation in den deutschsprachigen Ländern. Bestandsaufnahme in Deutschland, Österreich und der Schweiz, Wiesbaden 2006.

Bruhn, M. (2006 d): Das Konzept der kundenorientierten Unternehmensführung, in: Hinterhuber, H. H./Matzler, K. (Hrsg.): Kundenorientierte Unternehmensführung. Kundenorientierung – Kundenzufriedenheit – Kundenbindung, 4. Aufl., Wiesbaden 2006, S. 33–66.

Bruhn, M./Ahlert, M. (2002): Innovatives Qualitätsmanagement bei OBI Bau- und Heimwerkermärkte GmbH & Co. Franchise Center KG, in: Bruhn, M./Meffert, H. (Hrsg.): Exzellenz im Dienstleistungsmarketing, Fallstudien zur Kundenorientierung, Wiesbaden 2002, S. 231–278.

Bruhn, M./Georgi, D. (1999): Kosten und Nutzen des Qualitätsmanagements. Grundlagen – Methoden – Fallbeispiele, München/Wien 1999.

Bruhn, M./Georgi, D. (2000): Wirtschaftlichkeit des Kundenbindungsmanagements, in: Bruhn, M./Homburg, Ch. (Hrsg.): Handbuch Kundenbindungsmanagement. Grundlagen – Konzepte – Erfahrungen, 3. Aufl., Wiesbaden 2000, S. 529–558.

Bruhn, M./Georgi, D. (2003): Frequenz-Relevanz-Analyse, in: Bruhn, M./Homburg (Hrsg.): Gabler Lexikon Marketing, 3. Aufl., Wiesbaden, S. 257.

Bruhn, M./Georgi, D./Schusser, S. (2004): Einsatz des Customer Lifetime Value (CLV) im Commitmentgeschäft, in: Hippner, H./Wilde, K. D. (Hrsg.), Management von CRM-Projekten. Handlungsempfehlungen und Branchenkonzepte, Wiesbaden, S. 429–451.

Bruhn, M./Georgi, D./Treyer, M./Leumann, S. (2000): Wertorientiertes Relationship Marketing. Vom Kundenwert zum Customer Lifetime Value, in: Die Unternehmung, 54. Jg., Nr. 3, S. 167–188.

Bruhn, M./Hadwich, K. (2006): Produkt- und Servicemanagement, Konzepte – Methoden – Prozesse, München 2006.

Bruhn, M./Hadwich, K./Georgi, D. (2005): Kundenwerb als Steuerungsgröße des Kundenbindungsmanagements, in: Bruhn, M./Homburg, Ch. (Hrsg.): Handbuch Kundenbindungsmanagement, Grundlagen – Konzepte – Erfahrungen, 5. Aufl., Wiesbaden 2005, S. 654–676.

Bruhn, M./Hess, P./List, J. (2002): Qualität durch Kontinuität beim Migros-Genossenschafts-Bund, in: Bruhn, M./Meffert, H. (Hrsg.): Exzellenz im Dienstleistungsmarketing, Fallstudien zur Kundenorientierung, Wiesbaden 2002, S. 177–230.

Bruhn, M./Homburg, Ch. (Hrsg.) (2005): Handbuch Kundenbindungsmanagement, Grundlagen – Konzepte – Erfahrungen, 5. Aufl., Wiesbaden 2005.

Bruhn, M./Homburg, Ch. (Hrsg.) (2003): Gabler Marketing Lexikon, 2. Aufl., Wiesbaden 2003.

Bruhn, M./Meffert, H. (Hrsg.) (2002): Exzellenz im Dienstleistungsmarketing, Fallstudien zur Kundenorientierung, Wiesbaden 2002.

Bruhn, M./Michalski, S. (2005): Gefährdete Kundenbeziehungen und abgewanderte Kunden als Zielgruppen der Kundenbindung, in: Bruhn, M./Homburg, Ch. (Hrsg.): Handbuch Kundenbindungsmanagement. Grundlagen – Konzepte – Erfahrungen, 5. Aufl., Wiesbaden 2005, S. 251–271.

Bruhn, M./Zimmermann, A. (1993): Integrierte Kommunikationsarbeit in deutschen Unternehmen. Ergebnisse einer Unternehmensbefragung, in: Bruhn, M./Dahlhoff, H. D. (Hrsg.): Effizientes Kommunikationsmanagement. Konzepte, Beispiele und Erfahrungen aus der integrierten Unternehmenskommunikation, Stuttgart 1993, S. 145–210.

Brusa, G. (1995): Markenbindung. Analyse, Messung, Bedeutung, in: Index-Fachmagazin-Betriebswirtschaft, o. Jg., Nr. 4, S. 20–23.

Brusco, M. J./Cradit, J. D./Tashian, A. (2003): Multicriterion Clusterwise Regression for Joint Segmentation Settings. An Application to Customer Value, in: Journal of Marketing Research, Vol. 40, No. 2, S. 225–234.

Bühner, R. (1993): Der Mitarbeiter im Total-Quality-Management, Stuttgart 1993.

Bullinger, H.-J./Meiren, T. (2001): Service Engineering – Entwicklung und Gestaltung von Dienstleistungen, in: Bruhn, M./Meffert, H. (Hrsg.): Handbuch Dienstleistungsmanagement. Von der strategischen Konzeption zur praktischen Umsetzung, 2. Aufl., Wiesbaden 2001, S. 149–175.

Bullinger, H.-J./Scheer, A.-W. (Hrsg.) (2006): Service Engineering. Entwicklung und Gestaltung innovativer Dienstleistungen, 2. Aufl., Berlin/Heidelberg 2006.

Bunk, B. (1993): Das Geschäft mit dem Ärger, in: Absatzwirtschaft, 36. Jg., Nr. 9, S. 65–69.

Burgelman, R. A./Christensen, R. M./Wheelwright, S. C. (2003): Strategic Management of Technology and Innovation, 4. Aufl., New York 2003.

Büschken, J. (1997): Gewinnoptimierung und Risikoreduktion durch nichtlineare Preise, in: Thexis, 14. Jg., Nr. 2, S. 49–53.

Büttgen, M. (2001): Recovery Management, in: Die Betriebswirtschaft, 61. Jg., Nr. 3, S. 397–401.

Cahill, D. J. (1995): The Managerial Implications of the Learning Organization: A New Tool for Internal Marketing, in: Journal of Services Marketing, Vol. 9, No. 4, S. 43–51.

Campanella, J. (1990): Principles of Quality Costs. Principles. Implementation and Use, 2. Aufl., Milwaukee/Wisconsin 1990.

Campbell, I. (2002): ISO 9001:2000 im Klartext. Handbuch und Arbeitshilfe für Manager, Kissing 2002.

Carlzon, J. (1995): Alles für den Kunden. Jan Carlzon revolutioniert ein Unternehmen, 5. Aufl., Frankfurt a. M./New York 1995.

Carr, L. P. (1992): Applying Costs of Quality to a Service Business, in: Sloan Management Review, Vol. 33, No. 4, S. 72–77.

Carter, C./Williams, B. (1957): Industry and Technical Progress, Oxford/UK 1957.

Chandler, A. D. (1962): Strategy and Structure, Cambridge/Massachusetts 1962.

Chang, C.-C. (2006): When service fails: The Role of the Salesperson and the Customer, in: Psychology & Marketing, Vol. 23, No. 3, S. 203–224.

Chernatony, L. de/Malcolm, H. B. (1998): Creating Powerful Brands, 2. Aufl., Oxford 1998.

Chesbrough, H. W. (2003): Open Innovation: The New Imperative for Creating and Profiting from Technology, Boston 2003.

Chiadamrong, N. (2003): The Development of an Economic Quality Cost Model, in: Total Quality Management & Business Excellence, Vol. 14, No. 9, S. 999–1014.

Chinho, L./Shofang C. (2006): Exploring TQM's Impact on the Causal Linkage between Manufacturing Objective and Organizational Performance, in: Total Quality Management & Business Excellence, Vol. 17, No. 4, S. 465–484.

Concertare (2006): Der deutsche Automobilhandel verschenkt viele Chancen im Verkauf, Pressemitteilung vom 21. 6. 2005, http://www.concertare.de, Zugriff am 10. 5. 2006.

Cook, S. (2000): Customer Care: How to Create an Effective Customer Focus, 3. Aufl., London 2000.

Corsten, H. (1989): Überlegungen zu einem Innovationsmanagement – organisationale und personale Aspekte, in: Corsten, H. (Hrsg.): Die Gestaltung von Innovationsprozessen. Hindernisse und Erfolgsfaktoren im Organisations-, Finanz- und Informationsbereich, Berlin 1989, S. 1–56.

Coyle-Shapiro, J. A.-M. (2002): Changing Employee Attitudes. The Independent Effects of TQM and Profit Sharing on Continuous Improvement Orientation, in: The Journal of Applied Behavioral Science, Vol. 38, No. 1, S. 57–77.

Cornelsen, J. (2000): Kundenwertanalysen im Beziehungsmarketing, Nürnberg.

Credit Suisse (Hrsg.) (1998): Innovationsplatz Schweiz. Viele Ideen, wenig Mut. Bulletin 2, o. Jg., März-April, Zürich 1998.

Creusen, U. (2000): Kundenbindung im Handel. Das Beispiel der OBI Bau- und Heimwerkermärkte, in: Bruhn, M./Homburg, Ch. (Hrsg.): Handbuch Kundenbindungsmanagement. Grundlagen – Konzepte – Erfahrungen, 3. Aufl., Wiesbaden 2000, S. 663–674.

Dale, B. G./Plunkett, J. J. (1999): Quality Costing, 3. Aufl., London 1999.

Daniel, K./Darby, D. N. (1997): A Dual Perspective of Customer Orientation: a Modification, Extension and Application of the SOCO Scale, in: International Journal of Service Industry Management, Vol. 8, No. 2, S. 131–147.

Dawes, J. (1999): The Relationship between Subjective and Objective Company Performance Measures in Market Orientation Research: Further Empirical Evidence, in: Marketing Bulletin, Vol. 10, No. 1, S. 65–75.

Deshpandé, R./Farley, J. U./Webster, F. E. (1993): Corporate Culture, Customer Orientation, and Innovativeness in Japanese Firms. A Quadrad Analysis, in: Journal of Marketing, Vol. 57, No. 1, S. 23–27.

DeSouza, G. (1992): Designing a Customer Retention Plan, in: The Journal of Business Strategy, Vol. 13, No. 2, S. 24–28.

Deutsche Bank (Hrsg.) (1996): Mit neuen Ideen wachsen und verdienen. Leitfaden zum Innovationsmanagement, Mittelstandsbroschüre Nr. 17, Frankfurt a. M. 1996.

Deutsche Gesellschaft für Qualität e. V. (1995): Begriffe zum Qualitätsmanagement, DGQ-Schrift, Nr. 11–04, 6. Aufl., Frankfurt a. M. 1995.

Deutsche Gesellschaft für Qualität e. V. (2006): Trost aus der Maschine, http://www.dgq.de/aktuell/A8DE5CC5D8A44463A845760FB2F A8A32.htm, Zugriff am 24. 4. 2006.

Deutsche Post World Net (2006): Deutsche Post World Net mit neuem weltweiten Qualitätsprogramm, http://www.dpwn.de/dpwn?tab=1& skin=hi&check=yes&lang=de_DE&xmlFile=2006247&, Zugriff am 20. 4. 2006.

Deutscher Internetpreis (2004): Erfolgreiches Netzwerken mit dem Open Business Club, http://www.internetpreis-deutschland.de/best 2004.pdf, Zugriff am 14. 4. 2006.

Dias, S./Pihlens, D./Ricci, L. (2002): Understanding the Drivers of Customer Value. The Fusion of Macro and Micromodelling, in: Journal of Targeting, Measurement and Analysis for Marketing, Vol. 10, No. 3, S. 269–281.

Dick, A. S./Basu, K. (1994): Customer Loyalty: Toward an Integrated Conceptual Framework, in: Journal of the Academy of Marketing Science, Vol. 22, No. 2, S. 99–113.

Dierkes, M./Hähner, K./Raske, B. (1996): Theoretisches Konzept und praktischer Nutzen der Unternehmenskultur, in: Bullinger, H.-J./

Warnecke, H. J. (Hrsg.): Neue Organisationsformen im Unternehmen. Ein Handbuch für das moderne Management, Berlin u. a. 1996, S. 315–330.

Diller, H. (1995): Kundenbindung als Zielvorgabe im Beziehungs-Marketing, Arbeitspapier Nr. 40 des Lehrstuhls für Marketing an der Universität Erlangen-Nürnberg, Nürnberg 1995.

Diller, H. (1996): Kundenbindung als Marketingziel, in: Marketing ZFP, 18. Jg., Nr. 2, S. 81–94.

Diller, H. (2001): Vahlens Großes Marketinglexikon, 2. Aufl., München 2001.

Diller, H./Frank, F. (1996): Ziele und Zielerreichung von Kundenclubs, Arbeitspapier Nr. 45 des Lehrstuhls für Marketing an der Universität Erlangen-Nürnberg, Nürnberg 1996.

Diller, H./Herrmann, A. (Hrsg.) (2006): Handbuch Preispolitik. Strategien – Planung – Organisation – Umsetzung, 2. Aufl., Wiesbaden 2003.

Diller, H./Ivens, B. S. (2006): Process Oriented Marketing, in: Marketing JRM, Vol. 28, No. 1, S. 14–29.

Diller, H./Saatkamp, J. (2002): Schwachstellen in Marketingprozessen im Spiegel von Reengineering-Projekten, Nürnberg 2002.

Dold, E./Gentsch, P. (2000): Innovationsmanagement. Handbuch für mittelständische Betriebe, Neuwied 2000.

Domsch, M. (1991): Mitarbeiterbefragungen. Ein Instrument zeitgemäßer Personalführung, in: io-Management Zeitschrift, 60. Jg., Nr. 5, S. 56–58.

Domsch, M./Ladwig, D. H. (2006): Handbuch Mitarbeiterbefragung, 2. Aufl., Berlin 2006.

Dörle, M./Grimmeisen, M. (1995): Fit For Customer bei Alcatel SEL – Konzept und Implementierung, in: Zeitschrift für Organisation, 64. Jg., Nr. 5, S. 310–315.

Döttinger, K./Klaiber, E. (1994): Realisierung eines wirksamen Qualitätsmanagementsystems im Sinne des Total Quality Managements, in: Stauss, B. (Hrsg.): Qualitätsmanagement und Zertifizierung, Wiesbaden 1994, S. 255–273.

Dowling, G. R./Uncles, M. (1997): Do Customer Loyalty Programs Really Work?, in: Sloan Management Review, Vol. 38., No. 4, S. 71–82.

Drewes, W./Klee, J. (1994): Aktives Beschwerdemanagement in Kreditinstituten, in: Sparkasse, 111. Jg., Nr. 1, S. 42–46.

Droege&Comp. (Hrsg.) (2000): Triebfeder Kunde IV. Eine Zeitverlaufsstudie zur Kundenorientierung deutscher und internationaler Unternehmen, Düsseldorf 2000.

Drumm, H. D. (1995): Personalwirtschaft, 4. Aufl., Berlin u. a. 1995.

Dubacher, J. (2005): Als verschworenes Team ganz an die Spitze, in: Cash, 27. 1. 2005, S. 1–3.

Dunlap, B. J./Dotson, M. J./Chambers, T. M. (1988): Perceptions of Real-Estate Brokers and Buyers: A Sales-Orientation, Customer-Orientation Approach, in: Journal of Business Research, Vol. 17, No. 2, S. 175–187.

Eckert, S. (1994): Rentabilitätssteigerungen durch Kundenbindung am Beispiel eines Buchclubs, Bamberg 1994.

Edvardsson, B./Gustavsson, B. (2003): Quality in the Work Environment: A Prerequisite for Success In New Service Development, in: Managing Service Quality, Vol. 13, No. 2, S. 148–163.

Eggert, K. (1993): Die Strategie Kundennähe. Komponenten – Konzept – Erfolgspotential, Diss., Lüneburg 1993.

Eggert, A./Fassott, G. (2001): eCRM – Electronic Customer Relationship Management. Management der Kundenbeziehungen im Internet-Zeitalter, Stuttgart 2001.

Eggert, A. (2003): Die zwei Perspektiven des Kundenwerts: Darstellung und Versuch einer Integration, in: Günter, B./Helm, S. (Hrsg.): Kundenwert. Grundlagen, Innovative Konzepte, Praktische Umsetzungen, 2. Aufl., Wiesbaden 2003, S. 41–59.

Eisenächer, H. W. (2005): Fallstudie Lufthansa: Profitable Kundenbeziehungen durch Kundenbindung, in: Bruhn, M./Homburg, Ch. (Hrsg.): Handbuch Kundenbindungsmanagement, Strategien und Instrumente für ein erfolgreiches CRM, 5. Aufl., Wiesbaden, 2005, S. 743–766.

Engelhardt, W. H. (1991): Total Quality Management, in: Das Wirtschaftsstudium, 20. Jg., Nr. 8, S. 394–399.

Enkel, E./Perez-Freije, J./Gassmann, O. (2005): Minimizing Market Risks Through Customer Integration in New Product Development: Learning from Bad Practice, in: Creativity & Innovation Management, Vol. 14, No. 4, S. 425–437.

Esch, F.-R. (2001): Wirkungen integrierter Kommunikation. Ein verhaltenswissenschaftlicher Ansatz für die Werbung, 3. Aufl., Wiesbaden 2001.

Estelami, H. (2000): Competitive and Procedural Determinants of Delight and Disappointment in Consumer Complaint Outcomes, in: Journal of Service Research, Vol. 2, No. 3, S. 285–300.

Fader, P. S./Hardie, B. G. S./Lee, K. L. (2005): RFM and CLV: Using

Iso-Value Curves for Customer Base Analysis, in: Journal of Marketing Research, Vol. 42, No. 3, S. 415–430.

Farrell, M. A. (2006): The Effect of a Market-Oriented Organisational Culture on Sales-Force Behaviour and Attitudes, in: Journal of Strategic Marketing, Vol. 13, No. 4, S. 261–273.

Farrell, M. A./Oczkowski, E. (1997): An Analysis of the MKTOR and MARKOR Measures of Market Orientation: An Australian Perspective, in: Marketing Bulletin, No. 8, S. 30–41, http://marketing-bulletin. massey.ac.nz/keyword.asp?keywordid=31 (Zugriff am 10. 5. 2006).

Faßnacht, M. (1996): Preisdifferenzierungen bei Dienstleistungen, Wiesbaden 1996.

Fischer, T. M./Schmöller, P. (2001): Kunden-Controlling – Management Summary einer empirischen Untersuchung in der Elektroindustrie, http://www.ku-eichstaett.de/Fakultaeten/WWF/Lehrstuehle/ABWL-CO/Forschung/forschungspapiere/HF_sections/content/107666965 4061.pdf, Zugriff am 25. 7. 2006.

Floh, A. (2002): Measuring the Psychological Determinants of Customer Retention on the WWW, in: Proceedings of the British Academy of Management (BAM) Annual Conference 2002, 9.–11. September 2002, London, UK.

Folly, C. 2006): RFM-Methode: Ein pragmatischer Ansatz zur Kundenwert Ermittlung, Vortrag an der Universität Basel vom 7. 6. 2006.

Fornell, C. (1978): Corporate Consumer Affairs Departement – A Communications Perspektive, in: Zeitschrift für Verbraucherpolitik, 2. Jg., Nr. 4, S. 289–302.

Fournier, S./Dobscha, S./Mick, D. G. (1998): Beziehungsmarketing. Des Guten zuviel für die Stammkäufer, in: Harvard Business Manager, 20. Jg., Nr. 3, S. 101–108.

Friedrich, D. (2005): IT spielt wichtige Rolle beim Beschwerde-Management, http://www.cio.de/strategien/methoden/814806/index. html, Zugriff am 26. 4. 2006.

Fritz, W. (1995): Marketing-Management und Unternehmenserfolg. Grundlagen und Ergebnisse einer empirischen Forschung, 2. Aufl., Stuttgart 1995.

Garbarino, E./Johnson, M. S. (1999): The Different Roles of Satisfaction, Trust and Commitment in Customer Relationships, in: Journal of Marketing, Vol. 63, No. 2, S. 70–87.

Garvin, D. A. (1988): Die acht Dimensionen der Produktqualität, in: Harvard Manager, 10. Jg., Nr. 3, S. 66–74.

Gassmann, O./Enkel, E. (2004): Towards a Theory of Open Innovation: Three Core Process Archetypes, in: Proceedings of the R&D Management Conference, 6.–9. July 2004, Sesimbra, Portugal 2004.

Gatignon, H./Xuereb, J.-M. (1997): Strategic Orientation of the Firm and new Product Performance, in: Journal of Marketing Research, Vol. 34, No. 2, S. 77–90.

Gauzente, C. (1999): Comparing Market Orientation Scales: A Content Analysis, in: Marketing Bulletin, Vol. 10, No. 1, S. 76–82.

Geiger, W./Kotte, W. (2005): Handbuch Qualität, Grundlagen und Elemente des Qualitätsmanagements: Systeme – Perspektiven, 4. Aufl., Wiesbaden 2005.

Gemünden, H. G./Pleschak, F. (Hrsg.) (1993): Innovationsmanagement und Wettbewerbsfähigkeit, Wiesbaden 1993.

Gershoff, A. D. (2004): You Done Me Wrong (And That Ain't Right): The Role of Betrayal in Consumer Behavior, in: Advances in Consumer Research, Vol. 29, No. 3, S. 339–342.

Gierl, H. (1995): Marketing, Stuttgart, 1995.

Gierl, H./Kurbel, T. (1997): Möglichkeiten zur Ermittlung des Kundenwertes, in: Link, J./Brändli, D./Schleuning, C./Kehl, R. (Hrsg.): Handbuch Database Marketing, Ettlingen 1997, S. 176–189.

Godin, S. (2001): Permission Marketing – Kunden wollen wählen können, München 2001.

Goff, B. S./Boles, J. G./Bellenger, D. N./Stojack, C. (1997): The Influence of Salesperson Selling Behaviors on Customer Satisfaction with Products, in: Journal of Retailing, Vol. 73, No. 2, S. 171–183.

Griffiths, S./Buchner, R. (1999): Von der Kundenbefragung zur Innovation. Wie Kundenbedürfnisse mit neuen Produkten beantwortet werden, in: Töpfer, A. (Hrsg.): Kundenzufriedenheit messen und steigern, 2. Aufl., Neuwied u. a. 1999, S. 281–298.

Grönroos, C. (1994): From Marketing Mix to Relationship Marketing. Towards a Paradigm Shift in Marketing, in: Management Decision, Vol. 32, No. 2, S. 4–20.

Gruber, Th. (2006): Wie gelingt effektives Beschwerdemanagement, in: Planung & Analyse, o. Jg., Nr. 3, S. 56.

Grund, M. A. (1998): Interaktionsbeziehungen im Dienstleistungsmarketing. Zusammenhänge zwischen Zufriedenheit und Bindung von Kunden und Mitarbeitern, Wiesbaden 1998.

Grunwald, B. (1999): Ziel: 100 % Kundenzufriedenheit – Wie Beschwerdemanagement konstruktiv genutzt wird, in: Töpfer, A. (Hrsg.): Kundenzufriedenheit messen und steigern, 2. Aufl., Neuwied u. a. 1999, S. 143–163.

Günter, B. (1996): „Werter Kunde – beraten Sie uns doch öfter!", in: Absatzwirtschaft, 39. Jg., Nr. 6, S. 96–102.

Günter, B./Helm, S. (Hrsg.) (2003): Kundenwert. Grundlagen – Innovative Konzepte – Praktische Umsetzungen, 2. Aufl., Wiesbaden 2003.

Haedrich, G./Tomczak, T. (1996): Produktpolitik, Stuttgart 1996.

Haist, F./Fromm, H. (1991): Qualität im Unternehmen. Prinzipien, Methoden, Techniken, 2. Aufl., München/Wien 1991.

Haller, S. (1998): Beurteilung von Dienstleistungsqualität. Dynamische Betrachtung des Qualitätsurteils im Weiterbildungsbereich, 2. Aufl., Wiesbaden 1998.

Hansen, R. (2006): „Human Resources"-Marken – Optimale Personalarbeit, in: Personalpraxis, o. Jg., Nr. 1, S. 32–35.

Hansen, U./Jeschke, K./Schöber, P. (1995): Beschwerdemanagement – Die Karriere einer kundenorientierten Unternehmensstrategie im Konsumgütersektor, in: Marketing ZFP, 17. Jg., Nr. 2, S. 77–88.

Hansen, W./Kamiske, G. F. (Hrsg.) (2002 a): Qualitätsmanagement im Dienstleistungsbereich. Assessment – Sicherung – Entwicklung, Düsseldorf 2002.

Hansen, W./Kamiske, G. F. (Hrsg.) (2002 b): Qualität und Wirtschaftlichkeit. QM-Controlling: Grundlagen und Methoden, Stuttgart 2002.

Hansen, U./Schoenheit, I. (Hrsg.) (1987): Verbraucherzufriedenheit und Beschwerdeverhalten, Frankfurt a. M./New York 1987.

Hart, C./Heskett, J./Sasser, W. (1990): The Profitable Art of Service Recovery, in: Harvard Business Review, Vol. 68, No. 4, S. 148–156.

Hart, C./Heskett, J./Sasser, W. (1991): Wie Sie aus Pannen Profit ziehen, in: Harvard Manager, 13. Jg., Nr. 1, S. 128–136.

Hartmann, W./Kreutzer, R. T./Kuhfuß, H. (2004): Kundenclubs & More. Innovative Konzepte zur Kundenbindung, Wiesbaden 2004.

Hauschildt, J. (1997): Innovationsmanagement, 2. Aufl., München 1997.

Heidack, C. (1999): Erweiterte Anforderungen und Formen der Personalauswahl zur Sicherstellung der Qualität im Internen Marketing, in: Bruhn, M. (Hrsg.): Internes Marketing. Integration der Kunden- und Mitarbeiterorientierung, Wiesbaden 1999, S. 243–270.

Heinen, E./Dill, P. (1990): Unternehmenskultur aus betriebswirtschaftlicher Sicht, in: Simon, H. (Hrsg.): Herausforderung Unternehmenskultur, Stuttgart 1990, S. 12–24.

Helm, S. (2002): Kundenempfehlungen als Marketinginstrument, Wiesbaden 2002.

Helm, S./Günter, B. (2003): Kundenwert – eine Einführung in die theoretischen und praktischen Herausforderungen der Bewertung von Kundenbeziehungen, in: Günter, B./Helm, S. (Hrsg.): Kundenwert. Grundlagen – Innovative Konzepte – Praktische Umsetzungen, 2. Aufl., Wiesbaden 2003, S. 3–39.

Heneman III, H. G. (2002): Compensation Research Directions and Suggestions for the New Millenium, in: Human Resource Management Review, Vol. 12, No. 1, S. 75–80.

Hennig-Thurau, T./Gwinner,K. P./ Gremmler, D. D. (2000): Why Customers Build Relationships with Companies – and Why not, in: Hennig-Thurau, T./Hansen, U. (Hrsg.): Relationship Marketing: Gaining Competitive Advantage Through Customer Satisfaction and Customer Retention, Berlin 2000, S. 369–391.

Hentschel, B. (1992): Dienstleistungsqualität aus Kundensicht. Vom merkmals- zum ereignisorientierten Ansatz, Wiesbaden 1992.

Hentschel, B. (2000): Multiattributive Messung von Dienstleistungsqualität, in: Bruhn, M./Stauss, B. (Hrsg.): Dienstleistungsqualität. Konzepte – Methoden – Erfahrungen, 3. Aufl., Wiesbaden 2000, S. 389–320.

Herrmann, A./Johnson, M. D. (1999): Die Kundenzufriedenheit als Bestimmungsfaktor der Kundenbindung; in: Zeitschrift für betriebswirtschaftliche Forschung, 51. Jg., Nr. 6, S. 579–599.

Herrmann, D. (1999): Qualitätsaudit, in: Masing, W. (Hrsg.): Handbuch Qualitätsmanagement, 4. Aufl., München/Wien 1999, S. 175–192.

Herrmann, A. (2003): Relevanz des Preismanagements für den Unternehmenserfolg, in: Diller, H./Herrmann, A. (Hrsg.): Handbuch Preispolitik. Strategien – Planung – Organisation – Umsetzung, 2. Aufl., Wiesbaden 2003, S. 33–48.

Herrndorf, U./Frank, G. P. (2002): Unternehmenspräsentation der Dresdner Bank AG CC PE vom 11. 4. 2002, Frankfurt a. M. 2002.

Heskett, J. L. (1986): Managing in the Service Economy, Boston 1986.

Heskett, J. L. (1988): Management von Dienstleistungsunternehmen. Erfolgreiche Strategien in einem Wachstumsmarkt, Wiesbaden 1988.

Heskett, J. L./Jones, T. O./Lovemann, G. W./Sasser, W. E./Schlesinger, L. A. (1994): Dienstleister müssen die ganze Service-Gewinn-Kette nutzen, in: Harvard Business Manager, 16. Jg., Nr. 4, S. 50–61.

Heskett, J. L./Sasser, W. E./Schlesinger, L. A. (1997): The Service Profit Chain, New York 1997.

Hilker, J. (1993): Marketingimplementierung, Wiesbaden 1993.

Hilker, J. (2001): Marketingimplementierung – Grundlagen und Umsetzung für das Dienstleistungsmanagement, in: Bruhn, M./Meffert, H.

(Hrsg.): Handbuch Dienstleistungsmanagement. Von der strategischen Konzeption zur praktischen Umsetzung, 2. Aufl., Wiesbaden 2001, S. 827–849.

Hill, N. (2000): Handbook of Customer Satisfaction and Loyalty Measurement, 2. Aufl., Hampshire 2000.

Hinterhuber, H. H./Matzler, K. (Hrsg.) (2006): Kundenorientierte Unternehmensführung. Kundenorientierung – Kundenzufriedenheit – Kundenbindung, 4. Aufl., Wiesbaden 2006.

Hippel, E. (1986): Lead-Users. A Source of Novel Product Concepts, in: Management Science, Vol. 32, No. 7, S. 791–805.

Hippen, F. (1999): Kundenbindung durch Dienstleistungsbündelung. Das Beispiel der HSI Gruppe, in: Bruhn, M./Homburg, Ch. (Hrsg.): Handbuch Kundenbindungsmanagement, 2. Aufl., Wiesbaden 1999, S. 527–543.

Hippner, H./Küsters, U./Meyer, M./Wilde, K. (Hrsg.) (2001): Handbuch Data Mining im Marketing, Wiesbaden.

Hippner, H. (2005): Die (R)Evolution des Customer Relationship Management, in: Marketing ZFP, 27. Jg, Nr. 2, S. 115–134.

Hofbauer, G./Hellwig, C. (2004): Professionelles Vertriebsmanagement. Der prozessorientierte Ansatz aus Anbieter- und Beschaffersicht, Erlangen 2001.

Hoffmann, A. (1991): Die Erfolgskontrolle von Beschwerdemanagement-Systemen. Theoretische und empirische Erkenntnisse zum unternehmerischen Nutzen von Beschwerdeabteilungen, Frankfurt a. M. u. a. 1991.

Holland, H. (2004): Direktmarketing, 2. Aufl., München 2004.

Holst, J. (2006): Air Berlin unter Zugzwang. Kauf von DBA stellt Marketing vor Herausforderungen, in: Horizont, o. Jg., Nr. 34, S. 6.

Homburg, Ch. (1996): Weiche Wende, in: Manager Magazin, 26. Jg., Nr. 1, S. 144–152.

Homburg, Ch. (2000): Kundennähe von Industriegüterunternehmen. Konzeption, Erfolgsauswirkungen, Determinanten, 3. Aufl., Wiesbaden 2000.

Homburg, Ch. (2006): Kundenzufriedenheit. Konzepte – Methoden – Erfahrungen, 5. Aufl., Wiesbaden 2006.

Homburg, Ch./Becker, A./Hentschel, F. (2005): Der Zusammenhang zwischen Kundenzufriedenheit und Kundenbindung, in: Bruhn, M./Homburg, Ch. (Hrsg.): Handbuch Kundenbindungsmanagement, Strategien und Instrumente für ein erfolgreiches CRM, 5. Aufl., Wiesbaden 2005, S. 93–123.

Homburg, Ch./Bruhn, M. (2005): Kundenbindungsmanagement. Eine Einführung in die theoretischen und praktischen Problemstellungen, in: Bruhn, M./Homburg, Ch. (Hrsg.): Handbuch Kundenbindungsmanagement, Strategien und Instrumente für ein erfolgreiches CRM, 5. Aufl., Wiesbaden 2005, S. 3–39.

Homburg, Ch./Daum, D. (1997 a): Marktorientiertes Kostenmanagement. Kosteneffizienz und Kundennähe verbinden, Frankfurt a. M. 1997.

Homburg, Ch./Daum, D. (1997 b): Die Kundenstruktur als Controlling-Herausforderung, in: Controlling, 9. Jg., Nr. 6, S. 394–405.

Homburg, Ch./Faßnacht, M./Werner, H. (2000): Operationalisierung von Kundenzufriedenheit und Kundenbindung, in: Bruhn, M./Homburg, Ch. (Hrsg.): Handbuch Kundenbindungsmanagement. Grundlagen – Konzepte – Erfahrungen, 3. Aufl., Wiesbaden 2000, S. 505–527.

Homburg, Ch./Fürst, A. (2005): Überblick über die Messung von Kundenzufriedenheit und Kundenbindung, in: Bruhn, M./Homburg, Ch. (Hrsg.): Handbuch Kundenbindungsmanagement, Strategien und Instrumente für ein erfolgreiches CRM, 5. Aufl., Wiesbaden 2005, S. 555–588.

Homburg, Ch./Schäfer, H. (1999): Customer Recovery. Profitabilität durch systematische Rückgewinnung von Kunden, Arbeitspapier des Instituts für marktorientierte Unternehmensführung (IMU), Nr. M 39, Universität Mannheim, Mannheim 1999.

Homburg, Ch./Schnurr, P. (1998): Kundenwert als Instrument der Wertorientierten Unternehmensführung, in: Bruhn, M./Lusti, M./Müller, W./Schierenbeck, H./Studer, T. (Hrsg.): Wertorientierte Unternehmensführung, Wiesbaden 1998, S. 169–189.

Homburg, Ch./Stock, R. (2002): Theoretische Perspektiven zur Kundenzufriedenheit, in: Homburg, Ch. (Hrsg.): Kundenzufriedenheit. Konzepte – Methoden – Erfahrungen, 4. Aufl., Wiesbaden 2002, S. 17–50.

Homburg, Ch./Werner, H. (1998): Kundenorientierung mit System. Mit Customer Orientation Management zu profitablem Wachstum, Frankfurt a. M./New York 1998.

Hörner, T. (2006): Marketing im Internet. Konzepte zur erfolgreichen Online-Präsenz, München 2006.

Horváth, P./Urban, G. (1999): Qualitätscontrolling, Stuttgart 1999.

Huber, F./Herrmann, A./Braunstein, C. (2004): Der Zusammenhang zwischen Produktqualität, Kundenzufriedenheit und Unternehmenserfolg, in: Hinterhuber, H. H./Matzler, K. (Hrsg.): Kundenorientierte Unternehmensführung, 4. Aufl., Wiesbaden 2004, S. 49–66.

Huber, J./Wisskirchen, C. (2005). Wichtig ist wenig, in: Die Bank, 44. Jg., Nr. 7, S. 57–59.

Hünerberg, R./Mann, A. (2004): Dialogkommunikation als Instrument des Innovationsmanagements, in: Bruhn, M./Stauss, B. (Hrsg.): Dienstleistungsinnovationen. Forum Dienstleistungsmanagement, Wiesbaden 2004, S. 251–279.

IDC (2006): IDC Global Survey: Strategic IT Solutions Gathering Momentum, Security is Still Number One Tech Driver, http://www.idc. com, Zugriff am 7. 5. 2006.

Ishikawa, K. (1985): What is Quality Control? The Japanese Way, New York 1985.

ISO (2006): ISO 9000:2005, http://www.iso.org/iso/en/CatalogueDetailPage.CatalogueDetail?CSNUMBER=42180&ICS1=3&ICS2=120 &ICS3=10, Zugriff am 5. 4. 2006.

Jaberg, H. (1996): Innovationsmanagement. Erfolgsfaktor Kundennähe, in: Absatzwirtschaft, 39. Jg., Nr. 11, S. 60–63.

Jeschke, K. (1997): Aktives Beschwerdemanagement, in: Planung und Analyse, 24. Jg., Nr. 4, S. 66–69.

Johne, A./Pavlidis, P. (1995): Product Innovation in Banking: How Marketing Works, in: Journal of Marketing Management, Vol. 11, No. 4, S. 797–805.

Judt, E./Aigner, B. (2006): Was ist Innovationsmanagement, in: bank und markt, o. Jg., Nr. 5, S. 42.

Juran, J. M. (1964): Managerial Breakthrough, New York 1964.

Kamiske, G. E./Brauer, J.-P. (1999): Qualitätsmanagement von A bis Z. Erläuterungen moderner Begriffe des Qualitätsmanagements, 3. Aufl., München/Wien 1999.

Katz, R. (2003): The Human Side of Managing Technological Innovation. A Collection of Readings, 2. Aufl., New York 2003.

Keller, B./Krause, J./Siek, M. (2002): Kundenbindung als Instrument des Marketing-Controlling?, in: Die Bank, Nr. 8, S. 549–553.

Kirchner, K. (2001): Integrierte Unternehmenskommunikation. Theoretische und empirische Bestandsaufnahme und eine Analyse amerikanischer Großunternehmen, Wiesbaden 2001.

Klee, A. (2000): Strategisches Beziehungsmanagement, Aachen 2000.

Kleinaltenkamp, M. (1996): Customer Integration – Kundenintegration als Leitbild für das Business-to-Business-Marketing, in: Kleinaltenkamp, M./Fließ, S./Jacob, F. (Hrsg.): Customer Integration. Von der

Kundenorientierung zur Kundenintegration, Wiesbaden 1996, S. 13–37.

Kleinaltenkamp, M. (1997): Kundenintegration, in: Wirtschaftswissenschaftliches Studium, 26. Jg., Nr. 7, S. 350–354.

Kobi, J.-M./Wüthrich, H. A. (1986): Unternehmenskultur verstehen, erfassen und gestalten, Landsberg a. L. 1986.

Kohli, A. K./Jaworski, B. J. (1990): Market Orientation. The Construct, Research Propositions, and Managerial Implications, in: Journal of Marketing, Vol. 54, No. 4, S. 1–18.

Kohli, A. K./Jaworski, B. J./Kumar, A. (1993): MARKOR. A Measure of Market Orientation, in: Journal of Marketing, Vol. 30, No. 11, S. 467–477.

Köhler, R. (2005): Kundenorientiertes Rechnungswesen als Voraussetzung des Kundenbindungsmanagements, in: Bruhn, M./Homburg, Ch. (Hrsg.): Handbuch Kundenbindungsmanagement, Strategien und Instrumente für ein erfolgreiches CRM, 5. Aufl., Wiesbaden 2005, S. 401–434.

Kolks, U. (1990): Strategieimplementierung. Ein anwendungsorientiertes Konzept, Wiesbaden 1990.

Koppelmann, U. (2001): Produktmarketing. Entscheidungsgrundlage für Produktmanager, 6. Aufl., Berlin u. a. 2001.

Kotler, Ph./Keller, K. (2005): Marketing Management, 12. Aufl., Upper Saddle River/New Jersey 2005.

Kotler, Ph./Bliemel, F. (2005): Marketing-Management. Analyse, Planung und Verwirklichung, 10. Aufl., München 2005.

Krafft, M. (2002): Kundenbindung und Kundenwert, Heidelberg 2002.

Krafft, M./Rutsatz, U. (2003): Konzepte zur Messung des ökonomischen Kundenwertes, in: Günter, B./Helm, S. (Hrsg.): Kundenwert. Grundlagen – Innovative Konzepte – Praktische Umsetzungen, 2. Aufl., Wiesbaden 2003, S. 275–298.

Krafft, M./Hoyer, W./Reinartz, W. (2002): Einsatz von Customer Relationship Management (CRM)-Systemen. Eine internationale Studie, Vallendar 2002.

Kremin-Buch, B. (2004): Strategisches Kostenmanagement. Grundlagen und moderne Instrumente. Mit Fallstudien, Wiesbaden 2004.

Kreyenbühl, F. (1997): Vernetzte Instrumente, in: Marketing&Kommunikation, 25. Jg., Nr. 1, S. 30–31.

Kroeber-Riel, W. (1991): Kommunikationspolitik. Forschungsgegenstand und Forschungsperspektive, in: Marketing ZFP, 13. Jg., Nr. 3, S. 164–171.

Kroeber-Riel, W./Esch, F. R. (2004): Strategie und Technik der Werbung. Verhaltenswissenschaftliche Ansätze, 6. Aufl., Stuttgart 2004.

Krug, R. (2002): Aufbau eines Ideenmanagements. Mitarbeiterbeteiligung am Veränderungsprozess, Kassel 2002.

Kruse, C. (2005): Information Management & Consulting, 20. Jg., Sonderausgabe, S. 94–99.

Kühn, R. (1991): Methodische Überlegungen zum Umgang mit der Kundenorientierung im Marketing-Management, in: Marketing ZFP, 12. Jg., Nr. 2, S. 97–108.

Kumar, V./Reinartz, W. J. (2005): Customer Relationship Management. A Databased Approach, New York 2005.

Laakmann, K. (1995): Value-Added Services als Profilierungsinstrument im Wettbewerb. Analyse, Generierung und Bewertung, Diss., Universität Münster, Frankfurt am Main u. a. 1995.

Läge, K. (2003): Ideenmanagement. Grundlagen, optimale Steuerung und Controlling, Wiesbaden 2004.

Lambertz, M./Geckeler, H. (1996): Total Innovation Management, München 1996.

Lammoth, F. (2004): Die Direktmarketing-Zukunft. Multimedial. Mobil. Messbar, http://www.direktportal.de/index.4.article.341.1.html, Zugriff am 12. 7. 2006.

Leonard, D./Rayport, J. F. (1998): Innovative Produkte durch empathische Kundenbeobachtung, in: Harvard Business Manager, 20. Jg., Nr. 3, S. 68–78.

Link, J. (1995): Welche Kunden rechnen sich?, in: Absatzwirtschaft, 38. Jg., Nr. 10, S. 108–110.

Link, J./Hildebrand, V. G. (1997): Ausgewählte Konzepte der Kundenbewertung im Rahmen des Database Marketing, in: Link, J./Brändli, D./Schleuning, Ch./Kehl, R. E. (Hrsg.): Handbuch Database Marketing, Ettlingen 1997, S. 158–172.

Link, K./Tiedtke, D. (2001): Erfolgreiche Praxisbeispiele im Online Marketing. Strategien und Erfahrungen aus unterschiedlichen Branchen, Berlin 2001.

Lischka, A. (2000): Dialogkommunikation im Relationship Marketing. Kosten-Nutzen-Analyse zur Steuerung von Interaktionsbeziehungen, Wiesbaden 2000.

Lovelock, C. H. (Hrsg.) (2000): Services Marketing, 4. Aufl., Englewood Cliffs 2000.

Ludwig, W. (2003): Qualitätsmanagement-Kosten und Nutzen aus der Sicht eines Unternehmens. Qualitätsseminar der Deutschen Gesellschaft für Qualitätsmanagement in der Suchttherapie, Kassel, 3.–4. 12. 2003, http://www.dequs.de/seminar/download/ludwig_kosten_nutzen.pdf, Zugriff am 25. 7. 2006.

Lufthansa (2005): LSG Sky Chefs hat durch Kostenreduzierung und Flexibilisierung das Ergebnis deutlich verbessert, http://www.luft hansa-financials.de/servlet/PB/show/1016792/a_lhir_GB04_Catering_d. pdf, Zugriff am 25. 7. 2006.

Maleri, R. (1997): Grundlagen der Dienstleistungsproduktion, 4. Aufl., Berlin u. a. 1997.

Malhotra, N. K./Birks, D. F. (2000): Marketing Research. An Applied Approach, European Edition, Harlow 2000.

Manschwetus, U./Rumler, A. (2002): Strategisches Internetmarketing. Entwicklungen in der Net-Economy, Wiesbaden 2002.

Marcus, C. (1998): A Practical Yet Meaningful Approach to Customer Segmentation, in: Journal of Consumer Marketing, Vol. 15, No. 5, S. 494–504.

Masing, W. (Hrsg.) (1999): Handbuch Qualitätsmanagement, 4. Aufl., München/Wien 1999.

Mast, C. (2004): Führungskräfte als Kommunikationsmanager, in: Sparkasse, o. Jg., Nr. 4, S. 188.

Mattila, A.S. (2004): The Impact of Service Failures on Customer Loyalty: The Moderating Role of Affective Commitment, in: International Journal of Service Industry Management, Vol. 15, No. 2, S. 134–149.

Matys, E. (2005): Dienstleistungsmarkcting. Kunden finden, gewinnen und binden, Heidelberg 2005.

McKinsey&Company (2001): Innovations Kompass 2001. Radikale Innovationen erfolgreich managen. Handlungsempfehlungen auf Basis einer empirischen Untersuchung, Düsseldorf 2001.

Medl, N. (2006): Preispolitik als Instrument der Kundenbindung. Grundlagen und Überblick, Saarbrücken 2006.

Meffert, H. (1995): Marktorientiertes Innovationsmanagement – Erfolgsvoraussetzungen von Produkt- und Dienstleistungsinnovationen, in: Oppenländer, K.-H./Popp, W. (Hrsg.): Innovationen und wirtschaftlicher Fortschritt. Betriebs- und volkswirtschaftliche Perspektiven, Bern u. a. 1995.

Meffert, H. (2000): Marketing. Grundlagen marktorientierter Unternehmensführung – Konzepte, Instrumente, Praxisbeispiele, 9. Aufl., Wiesbaden 2000.

Meffert, H. (2005): Kundenbindung als Element moderner Wettbewerbsstrategien, in: Bruhn, M./Homburg, Ch. (Hrsg.): Handbuch Kundenbindungsmanagement. Grundlagen – Konzepte – Erfahrungen, 5. Aufl., Wiesbaden 2005, S. 145–166.

Meffert, H./Bruhn, M. (2006): Dienstleistungsmarketing. Grundlagen – Konzepte – Methoden, 5. Aufl., Wiesbaden 2006.

Meier, P./Hohberg, J-M. (2005): Große Koalition? RM und QM aus drei Perspektiven, in: Qualität und Zuverlässigkeit, 50. Jg., Nr. 11, S. 18–19.

Menguc, B./Auh, S. (2006): Creating a Firm-level Dynamic Capability through Capitalizing on Market Orientation and Innovativeness, in: Journal of the Academy of Marketing Science, Vol. 34, No. 1, S. 63–73.

Mentzel, W. (2004): Personalentwicklung. Erfolgreich motivieren, fördern und weiterbilden, 2. Aufl., München.

Meyer, A. (1994): Dienstleistungs-Marketing, 6. Aufl., Augsburg 1994.

Meyer, A./Blümelhuber, C. (2000): Kundenbindung durch Services, in: Bruhn, M./Homburg, Ch. (Hrsg.): Handbuch Kundenbindungsmanagement. Grundlagen, Konzepte, Erfahrungen, 3. Aufl., Wiesbaden 2000, S. 269–292.

Meyer, A./Dornach, F. (1998): Das Deutsche Kundenbarometer 1997 – Qualität und Zufriedenheit – Eine Studie zur Kundenzufriedenheit in der Bundesrepublik Deutschland, Deutsche Marketing-Vereinigung (Hrsg.), München 1998.

Meyer, A./Dornach, F. (2000): Kundenmonitor Deutschland – Qualität und Kundenorientierung – Jahrbuch der Kundenorientierung in Deutschland 2000, Servicebarometer AG (Hrsg.), München 2000.

Meyer, A./Dornach, F. (2001): Kundenmonitor Deutschland – Qualität und Kundenorientierung – Jahrbuch der Kundenorientierung in Deutschland 2001, Servicebarometer AG (Hrsg.), München 2001.

Meyer, A./Dullinger, F. (1998): Methoden zur Planung und Kontrolle von Leistungsprogrammen, in: Meyer, A. (Hrsg.): Handbuch Dienstleistungs-Marketing, Band 1, Stuttgart 1998, S. 766–783.

Meyer, A./Mattmüller, R. (1987): Qualität von Dienstleistungen. Entwurf eines praxisorientierten Qualitätsmodells, in: Marketing ZFP, 9. Jg., Nr. 3, S. 187–195.

Meyer, A./Oevermann, D. (1995): Kundenbindung, in: Tietz, B,/ Köhler, R./Zentes, J. (Hrsg.): Handwörterbuch des Marketing, 2. Aufl., Stuttgart 1995, Sp.1340–1351.

Michaels, R. E./Day, R. L. (1985): Measuring Customer Orientation of Salespeople: A Replication With Industrial Buyers, in: Journal of Marketing Research, Vol. 22, No. 4, S. 443–446.

Michalski, S. (2002): Kundenabwanderungs- und Kundenrückgewinnungsprozesse, Wiesbaden 2002.

Michalski, S. (2003): Kündigungspräventionsmanagement, in: Hippner, H./Wilde, K. D. (Hrsg.): Grundlagen des CRM, Wiesbaden 2003, S. 583–603.

Miglautsch, J. (2000): Thoughts on RFM Scoring, in: Journal of Database Marketing, Vol. 8, No. 1, S. 67–72.

Mohme, J. (1992): Der Einsatz von Kundenkarten im Einzelhandel. Konzeptionelle und praktische Probleme kartengestützter Kundeninformationssysteme und Kundenbindungsstrategien im stationären Einzelhandel, Diss. Universität Münster, Frankfurt am Main 1992.

Moores, B. (1991): Lessons from Some of America's Most Respected Service Providers, in: van der Wiele, T./Timmers, J. G. (Hrsg.): Proceedings of the Workshop on Quality Management in Services, Booklet 3, Brüssel 1991, S. 437–450.

Müller, W./Riesenbeck, H.-J. (1991): Wie aus zufriedenen auch anhängliche Kunden werden, in: Harvard Manager, 13. Jg., Nr. 3, S. 67–79.

Myritz, R. (2004): Qualifikation als Teil individueller Verantwortung, Interview mit Klaus Kobjoll, in: Arbeitgeber, o. Jg., Nr. 7, S. 26–27.

Nakata, C./Zhu, Z. (2006): Information Technology and Customer Orientation: A Study of Direct, Mediated, and Interactive Linkages, in: Journal of Marketing Management, Vol. 22, No. 3/4, S. 319–354.

Narver, J. C./Slater, S. F. (1990): The Effect of Market Orientation on Business Profitability, in: Journal of Marketing, Vol. 54, No. 10, S. 20–35.

Ness, J. A./Schroeck, M. J./Letendre, R. A./Douglas, W. J. (2001): The Role of ABM in Measuring Customer Value, part two, in: Strategic Finance, Vol. 82, No. 10, S. 44–49.

Neyer, P. U. (2000): An Investigation into whether Complaining Can Cause Increased Consumer Satisfaction, in: Journal of Consumer Marketing, Vol. 17, No. 1, S. 9–19.

o. V. (1994): Ärger und Empörung um den Volkswagen-Kundenclub, in: Frankfurter Allgemeine Zeitung, 31. 12. 1994, S. 17.

o. V. (1997): Personalentwicklung und Kundenorientierung, in: Lebensmittel-Zeitung, 49. Jg., Nr. 2, S. 54.

o. V. (2002): Customer Relationship Management ist weit verbreitet, leidet aber immer noch an Kinderkrankheiten. Welche Fehler gemacht werden, in: Wirtschaftswoche, Ausgabe vom 28. 5. 2002.

Oggenfuß, C. W. (1992): Retention Marketing, in: Thexis, 9. Jg., Nr. 6, S. 24–28.

Olbrich, R./Grünblatt, M. (2003): Electronic Commerce, in: Bruhn, M./Homburg, Ch. (Hrsg.): Gabler Marketinglexikon, 2. Aufl., Wiesbaden 2003, S. 216–217.

Oliver, R. L. (1997): Satisfaction. A Behavioral Perspective on the Consumer, New York 1997.

Oschmann, A. (1997): Versandhandel. Im Land der unbegrenzten Garantie, in: Der Handel, o. Jg., Nr. 11, S. 22–23.

Ostlund L. E./Tellefsen, B. (1974): Relationship between Customers' Category Width and Trial of New Products: A Reappraisal, in: Journal of Applied Psychology, Vol. 59, No. 6, S. 759–760.

Palmer, A./Cole, C. (1995): Services Marketing. Principles and Practice, Englewood Cliffs 1995.

Parasuraman, A./Zeithaml, V. A./Berry, L. L. (1985): A Conceptual Model of Service Quality and its Implications for Future Research, in: Journal of Marketing, Vol. 49, No. 1, S. 41–50.

Parasuraman, A./Zeithaml, V. A./Berry, L. L. (1988): SERVQUAL. A Multiple-Item Scale for Measuring Consumer Perceptions of Service Quality, in: Journal of Retailing, Vol. 64, No. 1, S. 12–40.

Payne, A./Rapp R. (Hrsg.) (1999): Handbuch Relationship Marketing. Konzeption und erfolgreiche Umsetzung, München 1999.

Percy, L. (1997): Strategies for Implementing Integrated Marketing Communications, Lincolnwood (Chicago) 1997.

Peter, S. I. (1999): Kundenbindung als Marketingziel. Identifikation und Analyse zentraler Determinanten, 2. Aufl., Wiesbaden 1999.

Peters, Th./Watermann, R. H. (1982): In Search of Excellence. Lessons to learn from America's Best Run Companies, New York 1982.

Pfeifer, K. (1996): Praktische Ansatzpunkte der Customer Integration auf Basis der Kundenorientierung, in: Kleinaltenkamp, M./Fließ, S./ Jacob, F. (Hrsg.): Customer Integration. Von der Kundenorientierung zur Kundenintegration, Wiesbaden 1996, S. 123–135.

Pfeifer, T. (2001): Qualitätsmanagement. Strategien, Methoden, Techniken, München/Wien 2001.

Picot, A./Reichwald, R./Wiegand, R. T. (2003): Die grenzenlose Unternehmung. Information, Organisation und Management, Wiesbaden 2003.

Piercy, N./Morgan, N. (1990): Internal Marketing. Making Marketing Happen, in: Marketing Intelligence and Planning, Vol. 8, No. 1, S. 4–6.

Piller, F./Moeslein, K./Stotko, C. M. (2004): Does Mass Customization Pay? An Economic Approach to Evaluate Customer Integration, in: Production Planning & Control, Vol. 15, No. 4, S. 435–444.

Plinke, W. (1989): Die Geschäftsbeziehung als Investition, in: Specht, G./Silberer, G./Engelhardt, W. (Hrsg.): Marketing-Schnittstellen. Herausforderungen für das Management, Stuttgart 1989, S. 305–321.

Plinke, W. (1992a): Ausprägungen der Marktorientierung im Investitionsgüter-Marketing, in: Zeitschrift für betriebswirtschaftliche Forschung, 44. Jg., Nr. 9, S. 830–846.

Plinke, W. (1992b): Fallgruben der Kundenorientierung überspringen, in: Absatzwirtschaft, 35. Jg., Nr. 2, S. 97–101.

Plinke, W. (1996): Kundenorientierung als Voraussetzung der Customer Integration, in: Kleinaltenkamp, M./Fließ, S. /Jacob, F. (Hrsg.): Customer Integration. Von der Kundenorientierung zur Kundenintegration, Wiesbaden 1996, S. 41–56.

Porter, M. E. (2001): Wettbewerbsvorteile. Spitzenleistung erreichen und behaupten, 6. Aufl., Frankfurt am Main 2001.

Priemer, V. (2003): Preisbündelung, in: Diller, H./Herrmann, A. (Hrsg.): Handbuch Preispolitik. Strategien – Planung – Organisation – Umsetzung, 2. Aufl., Wiesbaden 2003, S. 503–520.

Quinn, R./Rohrbaugh, J. (1983): A Spatial Model of Effectiveness Criteria. Towards a Competing Values Approach to Organizational Analysis, in: Management Science, Vol. 29, No. 3, S. 363–377.

Raab, G./Werner, N. (2005): Customer Relationship Management, 2. Aufl., Frankfurt a. M. 2005.

Rapp, R. (1992): Qualitatives Controlling durch Kundenzufriedenheitsmessung, USW-Working Paper Nr. 8, Erftstadt 1992.

Rasner, C./Nagel, K. (1998): Herausforderung Kunde, neue Dimensionen der kunden- und marktorientierten Unternehmensführung, 2. Aufl., Landsberg a. L. 1998.

Rauba, A. (1990): Planungsmethodik für ein Qualitätskostensystem, Berlin 1990.

Reichheld, F. (1993): Treue Kunden müssen auch rentabel sein, in: Harvard Business Manager, 15. Jg., Nr. 3, S. 106–114.

Reichheld, F. (1996): Learning from Customer Defection, in: Harvard Business Review, Vol. 74, No. 2, S. 56–69.

Reichheld, F./Sasser, W. (1991): Zero-Migration: Dienstleister im Sog der Qualitätsrevolution, in: Harvard Manager, 13. Jg., Nr. 4, S. 108–116.

Reichheld, F./Teal, T. (2001): The Loyalty Effect. The Hidden Force Behind Growth, Profits and Lasting Value, Boston 2001.

Reichheld, F. (2003): The One Number You Need to Grow, in: Harvard Business Review, Vol. 81, No. 12, S. 47–54.

Reichwald, R./Piller, F. T. (2006): Interaktive Wertschöpfung. Open Innovation, Individualisierung und neue Formen der Arbeitsteilung, Wiesbaden 2006.

Reinecke, S. /Sipötz, E./Wiemann, E.-M. (Hrsg.) (1998): Total Customer Care. Kundenorientierung auf dem Prüfstand, St. Gallen/Wien 1998.

Reisach, U. (1994): Markt- und Mitarbeiterorientierung von Kreditinstituten. Eine personalwirtschaftliche Analyse der Wechselwirkungen, München/Mering 1994.

Reiß, M. (1995): Implementierungsarbeit im Spannungsfeld zwischen Effektivität und Effizienz, in: Zeitschrift für Organisation, 64. Jg., Nr. 5, S. 278–289.

Richardson, B. A./Robinson, C. G. (1986): The Impact of Internal Marketing on Consumer Service in a Retail Bank, in: International Journal of Bank Marketing, Vol. 4, No. 5, S. 3–30.

Richter, K./Hammer, P. (2006): Stewardessen, Stunts und Strichcodes, in: werben & verkaufen, o. Jg., Nr. 26, S. 44–48.

Roland Berger (2002): Megatrends im Customer Relationship. Management Trendstudie, http://www.rolandberger.de/pdf/rb_press/ public/RB_CRM_megatrends_approach_e_20040921.pdf, Zugriff am 14. 9. 2006.

Rothwell, R. (1992): Successful Industrial Innovation: Critical Success Factors for the 1990s, in: R&D Management, 22. Jg., Nr. 3, S. 221–239.

Rothwell, R. (1995): The Fifth Generation Innovation Process, in: Oppenländer, K.-H./Popp, W. (Hrsg.): Innovationen und wirtschaftlicher Fortschritt. Betriebs- und volkswirtschaftliche Perspektiven, Bern u. a. 1995.

Rudolf-Sipötz, E./Arnet, R. (2002): „Beratung und Betreuung mit System" – Umfassende Kundenberatung bei der Zürcher Kantonalbank, http://www.verkauf-aktuell.de/fb0119.htm, Zugriff am 8. 7. 2002.

Rüegg-Stürm, J./Lüthi, B. (1998): Markterfolg dank zielorientiertem Kundendialog bei Mettler-Toledo, in: Reinecke, S./Sipötz, E./Wiemann, E.-M. (Hrsg.): Total Customer Care. Kundenorientierung auf dem Prüfstand, St. Gallen, S. 148–170.

Rust, R. T./Oliver, R. L. (1994): Service Quality, Thousand Oaks 1994.

Rust, R. T./Zahorik, A. J./Keiningham, T.L. (1994): Return on Quality. Measuring the Financial Impact of your Company's Quest for Quality, Chicago/Cambridge 1994.

Rust, R. T./Zahorik, A. J./Keiningham, T. L. (1996): Service Marketing, New York 1996.

Rust, R./Lemon, K./Zeithaml, V. (2000): Driving Customer Equity: How Customer Lifetime Value is Reshaping Corporate Strategy, New York 2000.

Sackmann, S./Bissels, S./Bissels, T. (2002): Kulturelle Vielfalt in Organisationen: Ansätze zum Umgang mit einem vernachlässigten Thema der Organisationswissenschaft, in: Die Betriebswirtschaft, 62. Jg., Nr. 1, S. 43–58.

Sauerbrey, Ch. (2000): Studie zum Customer Recovery Management von Dienstleistern – Ergebnisbericht, Arbeitspapier Nr. 45/2000, FB Wirtschaft der FH Hannover, Hannover 2000.

Saxe, R./Weitz, B. A. (1982): The SOCO-Scale: A Measure of the Customer Orientation of Salespeople, in: Journal of Marketing Research. Vol. 19, No. 8, S. 343–351.

Scheer, A.-W./Grieble, O./Klein, R. (2006): Modellbasiertes Dienstleistungsmanagement, in: Bullinger, H.-J./Scheer, A.-W. (Hrsg.): Service Engineering. Entwicklung und Gestaltung innovativer Dienstleistungen, 2. Aufl., Berlin/Heidelberg 2006, S. 19–51.

Scheiter, S./Binder, Ch. (1992): Kennen Sie Ihre rentablen Kunden?, in: Harvard Manager, 14. Jg., Nr. 2, S. 17–22.

Schick, S. (2002): Interne Unternehmenskommunikation. Strategien entwickeln, Strukturen schaffen, Prozesse steuern, Stuttgart 2002.

Schildknecht, R. (1992): Total Quality Management. Konzeption und State of the Art, Frankfurt am Main/New York 1992.

Schlesinger, L. A./Heskett, J. L. (1991): The Service-Driven Service Company, in: Harvard Business Review, Vol. 69, No. 5, S. 71–81.

Schleuning, C. (1997): Die Analyse und Bewertung der einzelnen Interessenten und Kunden als Grundlage für die Ausgestaltung des Database Marketing, in: Link, J./Brändli, D./Schleuning, C. (Hrsg): Handbuch Database Marketing, 2. Aufl., Ettlingen 1997, S. 144–157.

Schmalz, B./Schröder, J. (1998): Managementkonzepte im Wettstreit. Total Quality Management vs. Business Process Reengineering, München 1998.

Schmidt, S. (2005): Das QM-Handbuch, Qualitätsmanagement für die ambulante Pflege, Berlin 2005.

Schnake, A. (2006): Mit dem Zuschauer im Dialog, in: Direktmarketing Praxis, o. Jg., Nr. 3, S. 4–9.

Schneider, B./Bowen, D. E. (1999): The Service Organization. Human Resources Management is Critical, in: Bateson, J. E. G. (Hrsg.): Managing Services Marketing. Text and Readings, 4. Aufl., Forth Worth/Texas 1999, S. 273–283.

Schneider, I. (2002): Auf Draht für den Kunden – Organisation von Call Centern mit dem EFQM-Modell, in: Qualität und Zuverlässigkeit, 47. Jg., Nr. 10, S. 1012–1014.

Scholz, C. (1994): Personalmanagement. Informationsorientierte und verhaltenstheoretische Grundlagen, 4. Aufl., München 1994.

Schröder, H. (2005): Multichannel-Retailing. Marketing in Mehrkanalsystemen des Einzelhandels, Berlin/Heidelberg 2005.

Schröder, H./Schettgen, G. (2002): Kundencontrolling im Bekleidungseinzelhandel – Eine empirische Analyse im stationären Einzelhandel und im Versandhandel, Arbeitspapiere des Lehrstuhls für Marketing und Handel an der Universität Essen, Nr. 11, Essen 2002.

Schröder, H.-H. (1996). Konzepte und Instrumente eines Innovations-Controllings, in: Die Betriebswirtschaft, 56. Jg., Nr. 5, S. 489–507.

Schröder, K. (1999): Storno. Mit Service den Kunden binden, in: Aspekte. Nachrichten-Magazin der DBV-Winterthur Gruppe, o. Jg., Nr. 3, S. 22–23.

Schulz, D. E./Tannenbaum, S. I./Lauterborn, R. F. (1996): The New Marketing Paradigm. Integrated Marketing Communications, Lincolnwood/Chicago 1996.

Schumacher, E. F. (1977): Die Rückkehr zum menschlichen Maß, Reinbek 1977.

Schumpeter, J. (1911): Theorie der wirtschaftlichen Entwicklung, Leipzig 1911.

Schütze, R. (1992): Kundenzufriedenheit: After-Sales Marketing auf industriellen Märkten, Wiesbaden 1992.

Seghezzi, H. D. (2003): Integriertes Qualitätsmanagement. Das St. Galler Konzept, 2. Aufl., München/Wien 2003.

Seidel, W./Stauss, B. (2002): Beschwerdemanagement – Personalpolitische Konsequenzen für Dienstleistungsunternehmen, in: Hansen, W./Kaminske, G. F. (Hrsg.): Qualitätsmanagement im Dienstleistungsbereich. Assessment – Sicherung – Entwicklung, Düsseldorf 2002, S. 131–142.

Seifert, D. (2001): Efficient Consumer Response, Reihe: Hamburger Schriften zur Marketingforschung, München 2001.

Shapiro, B. P. (1988): What the Hell Is „Market Oriented"?, in: Harvard Business Review, Vol. 66, No. 3, S. 119–125.

Shi, Y. Y./Liu, C. Y. (2005): A Method for Customer Lifetime Value Ranking: Combining the Analytic Hierarchy Process and the Clustering Analysis, in: Database Marketing and Customer Strategy Management, Vol 11., No. 2, S. 159–172.

Siems, F. (2003): Preiswahrnehmung von Dienstleistungen. Konzeptualisierung und Integration in das Relationship Marketing, Wiesbaden 2003.

Simon, H. (1992a): Preismanagement. Analyse – Strategie – Umsetzung, 2. Aufl., Wiesbaden 1992.

Simon, H. (1992b): Preisbündelung, in: Zeitschrift für Betriebswirtschaft, 62. Jg., Nr. 11, S. 1213–1235.

Simon, H. (1998a): Die heimlichen Gewinner (Hidden Champions). Die Erfolgsstrategien unbekannter Weltmarktführer, 2. Aufl., Frankfurt a. M./New York 1998.

Simon, H. (1998b): Preismanagement kompakt. Probleme und Methoden des modernen Pricing, Wiesbaden 1998.

Simon, H. (2000): Motivation durch neue Instrumente praktisch umsetzen, in: Trendletter, Nr. 7, http://www.simon-kucher.com/deutsch/index. htm, Zugriff am 10. 4. 2006.

Simon, H./Hess, M. (1988): Handbuch Qualitätszirkel. Hilfsmittel zur Produktion von Qualität, Köln 1988.

Simon, H./Tacke, G./Buchwald, G. (2005): Kundenbindung durch Preispolitik, in: Bruhn, M./Homburg, Ch. (Hrsg.): Handbuch Kundenbindungsmanagement. Strategien für ein erfolgreiches CRM, 5. Aufl., Wiesbaden 2005, S. 343–360.

Sirgy, M. J. (1998): Integrated Marketing Communications. A System Approach, Upper Saddle River (New Jersey) 1998.

Skiera, B. (1999): Mengenbezogene Preisdifferenzierung bei Dienstleistungen, Wiesbaden 1999.

Smookler, J. (1966): Invention and Economic Growth, Cambridge/Mass. 1966.

Späth, L. (Hrsg.) (2006): Top 100. 2006 – Ausgezeichnete Innovatoren im deutschen Mittelstand, Heidelberg 2006.

Specht, G./Beckmann, C./Amelingmeyer, J. (2002): F&E-Management: Kompetenz im Innovationsmanagement, 2. Aufl., Stuttgart 2002.

Spitzer, G. (2005) Kundenbindungsmanagement für Verbrauchsgüter am Beispiel der Marke Maggi, in: Bruhn, M./Homburg, Ch. (Hrsg.): Handbuch Kundenbindungsmanagement. Strategien für ein erfolgreiches CRM, 5. Aufl., Wiesbaden 2005, S. 837–847.

Spork, S./Palmersheim, G. (2004): Beschwerdezufriedenheit im Einzelhandel, in: Handel im Fokus – Mitteilungen des IfH, Nr. 4, S. 285–297.

Stauss, B. (1994): Total Quality Management und Marketing, in: Marketing ZFP, 15. Jg., Nr. 3, S. 149–159.

Stauss, B. (1995): Beschwerdemanagement, in: Tietz, B./Köhler, R./ Zentes, J. (Hrsg.): Handwörterbuch des Marketing, 2. Aufl., Stuttgart 1995, Sp .226–238.

Stauss, B. (2000a): „Augenblicke der Wahrheit" in der Dienstleistungserstellung. Ihre Relevanz und ihre Messung mit Hilfe der Kontaktpunkt-Analyse, in: Bruhn, M./Stauss, B. (Hrsg.): Dienstleistungsqualität. Konzepte – Methoden – Erfahrungen, 3. Aufl., Wiesbaden 2000, S. 321–340.

Stauss, B. (2000b): Internes Marketing als personalorientierte Qualitätspolitik, in: Bruhn, M./Stauss, B. (Hrsg.): Dienstleistungsqualität. Konzepte – Methoden – Erfahrungen, 3. Aufl., Wiesbaden 1995, S. 203–222.

Stauss, B. (2005): Kundenbindung durch Beschwerdemanagement, in: Bruhn, M./Homburg, Ch. (Hrsg.): Handbuch Kundenbindungsmanagement. Strategien für ein erfolgreiches CRM, 5. Aufl., Wiesbaden 2005, S. 315–342.

Stauss, B./Hentschel, B. (1991): Dienstleistungsqualität, in: Wirtschaftswissenschaftliches Studium, 20. Jg., Nr. 5, S. 238–244.

Stauss, B./Schoeler, A. (2004): Complaint Management Profitability: What Do Complaint Managers Know?, in: Managing Service Quality, Vol. 14 No. 2/3, S. 147–156.

Stauss, B./Seidel, W. (2004): Complaint Management. The Heart of CRM, New York 2004.

Stauss, B./Seidel, W. (2006): Evidenz-Controlling im Beschwerdemanagement – Ein Ansatz zur Abschätzung des „Verärgerungs-Eisbergs", in: Bruhn, M./Stauss, B. (Hrsg.): Dienstleistungscontrolling. Forum Dienstleistungsmanagement, Wiesbaden 2006, S. 89–111.

Stauss, B./Seidel, W. (2007): Beschwerdemanagement. Unzufriedene Kunden als profitable Zielgruppe, 4. Aufl., München/Wien 2007.

Steffen, D. (2006): Die Potenzialqualität von Dienstleistungen. Konzeptualisierung und empirische Prüfung, Wiesbaden 2006.

Stewart, A. M. (1997): Mitarbeitermotivation durch Empowerment. Mehr Kompetenzen. Bessere Arbeitsergebnisse, Niedernhausen 1997.

Stock, R. (2003): Der Zusammenhang zwischen Mitarbeiter- und Kundenzufriedenheit. Direkte, indirekte und moderierende Effekte, 2. Aufl., Wiesbaden 2003.

Strong, C. A.. (2006): Is Managerial Behaviour a Key to Effective Customer Orientation?, in: Total Quality Management & Business Excellence, Vol. 17, No. 1, S. 97–115.

T-Online (2006): T-Online startet Angebote für Permission Marketing, http://www.t-online.net/c/49/72/94/4972944.html, Zugriff am 8. 5. 2006.

Tadepalli, R. (1995): Measuring Customer Orientation of a Salesperson: Modifications of the Soco Scale, in: Psychology & Marketing, Vol. 12, No. 3, S. 177–187.

Tarlatt, A. (2001): Implementierung von Strategien im Unternehmen, Wiesbaden 2001.

TARP (1979): Consumer Complaint Handling in America. Final Report, Washington DC 1979.

Theobald, A./Dreyer, M./Starsetzki, T. (2003): Online-Marktforschung. Theoretische Grundlagen und praktische Umsetzung, 2. Aufl., Wiesbaden 2003.

Thom, N. (1980): Grundlagen des betrieblichen Innovationsmanagements, 2. Aufl., Königstein 1980.

Thorsón, E./Moore, J. (Ed.) (1996): Integrated Communication. Synergy of Persuasive Voices, Mahwah/New Jersey 1996.

Tödtmann, C. (1998): Telefonservice. Drehen und dann drücken, in: Wirtschaftswoche, 52. Jg., Nr. 33, S. 78–79.

Töpfer, A./Mehdorn, H. (2006): Prozess- und wertorientiertes Qualitätsmanagement. Wertsteigerung durch Total Quality Management im Unternehmen, Heidelberg 2006.

Tomczak, T./Reinecke, S./Dittrich, S. (2005): Kundenbindung durch Kundenclubs, in: Bruhn, M./Homburg, Ch. (Hrsg.): Handbuch Kundenbindungsmanagement. Strategien für ein erfolgreiches CRM, 5. Aufl., Wiesbaden 2005, S. 275–296.

Tomczak, T./Rudolf-Sipötz, E. (2003): Bestimmungsfaktoren des Kundenwerts: Ergebnisse einer branchenübergreifenden Studie, in: Günter, B./Helm, S. (Hrsg.): Kundenwert. Grundlagen – Innovative Konzepte – Praktische Umsetzung, 2. Aufl., Wiesbaden 2003, S. 133–162.

Trinkfass, G. (1997): The Innovation Spiral. Launching New Products in Shorter Time Intervals, Diss. Universität Innsbruck, Wiesbaden 1997.

Trommsdorff, V. (1998): Kundenorientierung verhaltenswissenschaftlich gesehen, in: Bruhn, M./Steffenhagen, H. (Hrsg.): Marktorientierte Unternehmensführung. Reflexionen – Denkanstöße – Perspektiven, 2. Aufl. Wiesbaden 1998, S. 275–293.

Tuzovic, S. (2004): Kundenorientierte Vergütungssysteme zur Steuerung der Erfolgsgrößen im Relationship Marketing. Anforderungen – Konzeptualisierung – Institutionalisierung, Wiesbaden 2004.

Uhl, O. W. (1995): Prozesse und Maßnahmen des Übergangs vom internen zum externen Marketing – ein Fallbeispiel der 3M Deutschland, in: Bruhn, M. (Hrsg.): Internes Marketing. Integration der Kunden- und Mitarbeiterorientierung, Wiesbaden 1995, S. 199–220.

Ullmann, T./Peill, E. (1995): Beschwerdemanagement als Mittel zur Kundenbindung, in: Versicherungswirtschaft, o. Jg., Nr. 21, S. 1516–1519.

Unckrich, B. (2006): Integration findet nicht statt, in: Horizont, o. Jg., Nr. 13, S. 28–29.

Utzig, B. P. (1997): Kundenorientierung strategischer Geschäftseinheiten. Operationalisierung und Messung, Wiesbaden 1997.

Venkatesan, R./Kumar, V. (2004): A Customer Lifetime Value Framework for Customer Selection and Resource Allocation Strategy, in: Journal of Marketing, Vol. 68, No. 3, S. 106–125.

Wang, P./Splegel, T. (1994): Database Marketing and 1st Measurements of Success: Designing a Managerial Instrument to Calculate the Value of a Repeat Customer Base, in: Journal of Direct Marketing, Vol. 8, No. 2, S. 73–81.

Warnecke, H.-J. (1996): Unternehmen forschen zu wenig effektiv, in: Frankfurter Allgemeine Zeitung, 11. 6. 1996, S. B 5.

Weber, S.-M. (1999): Netzwerkartige Wertschöpfungssysteme. Informations- und Kommunikationssysteme im Beziehungsgeflecht Hersteller – Handel – Serviceanbieter. Mit Fallbeispielen, Wiesbaden 1999.

Weckenmann, A./Brenner, P.-F./Geiger, D. (2006): Neu! Aber auch gut?, in: Qualität und Zuverlässigkeit, 51. Jg., Nr. 4, S. 80–81.

Wegerich, Ch. (2006): Die strategischen Ziele im Blick, in: Personalmagazin, o. Jg., Nr. 7, S. 64–66.

Weidner, W. (1992): Kosten der Qualitätssicherung, in: Männel, W. (Hrsg.): Handbuch der Kostenrechnung, Wiesbaden 1992, S. 898–906.

Welge, M. K./Al-Laham, A. (2001): Strategisches Management. Grundlagen – Prozess – Implementierung, Wiesbaden 2001.

Werne, U. von (1994): Gestaltungsempfehlungen für ein dienstleistungsspezifisches Total Quality Management-Konzept. Dargestellt am Beispiel des Bankensektors, Hallstadt 1994.

Wiegran, G./Harter, G. (2002): Kunden-Feedback im Internet. Strukturiert erfassen, schnell beantworten, systematisch auswerten, Wiesbaden 2002.

Wickel-Kirsch, S./Goeke, S. (2002): Internes Marketing. Wie Sie Kundenansprache und Image verbessern, Neuwied 2002.

Wilhelm, H. (1997): Qualitätsaudit, in: Hansen, W./Jansen, H. H./Kamiske, G. F. (Hrsg.): Qualitätsmanagement in Unternehmen. Grundlagen, Methoden und Werkzeuge, Praxisbeispiele, Springer Loseblattsammlung, Sektion 5.17, München 1997, S. 1–27.

Wildemann, H. (1992): Kosten- und Leistungsbeurteilung von Qualitätssicherungssystemen, in: Zeitschrift für Betriebswirtschaft, 62. Jg., Nr. 7, S. 780.

Wilger, G. (2004): Mehrpersonen-Preisdifferenzierung. Ansätze zur optimalen Preisgestaltung für Gruppen, Wiesbaden 2004.

Wirtz, B. W./Göttgens, O. (Hrsg.) (2004): Integriertes Marken- und Kundenwertmanagement. Strategien, Konzepte und Best Practices, Wiesbaden 2004.

Wirtz, J./Johnston, R. (2003): Singapore Airlines: What it Takes to Sustain Service Excellence – a Senior Management Perspective, in: Managing Service Quality, Vol. 13, No. 1, S. 10–19.

Wisskirchen, C./Vater, D./Schieble, M. (2005): Kundenorientierte Wachstumsstrategien im Privatkundengeschäft, Retail Banking 2005, München 2005.

Witte, E. H. (2000): Kundenorientierung. Eine Managementaufgabe mit psychologischem Feingefühl, in: Hamburger Forschungsberichte, Nr. 25, Hamburg 2000.

Woratschek, H./Roth, S./Pastowski, S. (2004): Markttests innovativer Dienstleistungen, in: Bruhn, M./Stauss, B. (Hrsg.): Dienstleistungsinnovationen. Forum Dienstleistungsmanagement, Wiesbaden 2004, S. 381–411.

Woratschek, H./Roth, S./Schmieder, T. (2005): Applicability of Price Formation Mechanisms for Services, in: Marketing JRM, Vol. 27, No. 2, S. 61–74.

Zeithaml, V. A./Parasuraman, A./Berry, L. L. (1992): Qualitätsservice, Frankfurt a. M./New York 1992.

Zeithaml, V. A./Parasuraman, A./Berry, L. L. (2000): Kommunikations- und Kontrollprozesse bei der Erstellung von Dienstleistungsqualität, in: Bruhn, M./Stauss, B. (Hrsg.): Dienstleistungsqualität. Konzepte – Methoden – Erfahrungen, 3. Aufl., Wiesbaden 2000, S. 115–144.

Zeithaml, V. A./Bitner, M. J./Gremler, D. D. (2005): Services Marketing, 4. Aufl., New York u. a. 2005.

Zeyer, U. (1995): Zeitaspekte der Implementierung aktueller Managementkonzepte, in: Zeitschrift für Organisation, 64. Jg., Nr. 5, S. 283–289.

Zoller, M. A. (1998): Customer Focus – Total Customer Care bei ABB Schweiz, in: Reinecke, S./Sipötz, E./Wiemann, E.-M. (Hrsg.): Total Customer Care. Kundenorientierung auf dem Prüfstand, St. Gallen/Wien 1998, S. 26–53.

Zollondz, H.-D. (2006): Grundlagen Qualitätsmanagement. Einführung in Geschichte, Begriffe, Systeme und Konzepte, 2. Aufl., München 2006.

Stichwortverzeichnis

Buchanzeigen

BETRIEBS- UND VOLKSWIRTSCHAFT, WIRTSCHAFTSRECHT ·

Fragen und Antworten für das Management

HGB ·
Handelsgesetzbuch

ohne SeehandelsR, mit
EinführungsG, PublizitätsG,
Wechsel- und ScheckG,
WertpapierhandelsG.

Textausgabe.
45. Aufl. 2007. 345 S.
€ 4,–. dtv 5002
Neu im Mai 2007

HandelsR · Handelsrecht

u.a. mit Handelsgesetzbuch
(ohne SeehandelsR),
Bürgerlichem Gesetzbuch
(Auszug), UN-Kaufrecht,
Allg. Geschäftsbedingungen
der Banken, Allg. Deutsche
Spediteurbedingungen so-
wie verfahrensrechtlichen
Vorschriften.

Textausgabe.
4. Aufl. 2007. 664 S.
€ 14,50. dtv 5599

GesR ·
Gesellschaftsrecht

u.a. mit AktienG, GmbH-
Gesetz, GenossenschaftsG,
Handelsgesetzbuch (Aus-
zug), Partnerschaftsgesell-
schaftsG, EWIV-VO mit
EWIV-AusführungsG,
Wertpapiererwerbs- und
ÜbernahmeG, Deutschem
Corporate Governance
Kodex sowie den wichtig-
sten Vorschriften aus den
Bereichen Rechnungs-
legung, Umwandlungs-,
Mitbestimmungs- und
Verfahrensrecht.
Neu mit SE-Verordnung
(EG) und AusführungsG.

Textausgabe.
9. Aufl. 2007. 762 S.
€ 11,–. dtv 5585
Neu im Mai 2007

GenR ·
Genossenschaftsrecht

u.a. mit GenossenschaftsG,
GenossenschaftsregisterVO,
UmwandlungsG (Auszug),
LandwirtschaftsanpassungsG
und Wohnungsgenossen-
schafts-VermögensG.

Textausgabe.
4. Aufl. 2007. 218 S.
€ 11,50. dtv 5584

AktG, GmbHG ·
Aktiengesetz, GmbH-
Gesetz

mit UmwandlungsG, Wert-
papiererwerbs- und Über-
nahmeG, Mitbestimmungs-
gesetzen, Deutschem
Corporate Governance
Kodex, HGB (Auszug: Han-
delsbücher) und Spruch-
verfahrensG.

Textausgabe.
40. Aufl. 2007. 497 S.
€ 5,50. dtv 5010

Management und Marketing

Rittershofer
Wirtschafts-Lexikon

Über 4000 Stichwörter für Studium und Praxis.

3. Aufl. 2005. 1214 S.   €
€ 20,–. dtv 50844

Schultz
Basiswissen Betriebswirtschaft

Management, Finanzen, Produktion, Marketing. Das Buch bietet einen Überblick über die gesamte Betriebswirtschaft und ist gleichermaßen Nachschlagewerk wie Handbuch für Studium und Praxis.

2. Aufl. 2006. 335 S.   €
€ 10,–. dtv 50863

Schäfer
Management & Marketing Dictionary

Englisch – Deutsch / Deutsch – Englisch. Die vollständig überarbeitete Neuauflage enthält in nun einem Band mehr als 26 000 Stichwörter.

3. Aufl. 2004. 768 S.   €
€ 19,50. dtv 50887

Schneck
Lexikon der Betriebswirtschaft

3500 grundlegende und aktuelle Begriffe für Studium und Beruf.

6. Aufl. 2005. 1200 S.   €
€ 19,50. dtv 5810

Pepels
Marketing-Lexikon

Über 3000 grundlegende und aktuelle Begriffe für Studium und Beruf.

2. Aufl. 2002. 969 S.   €
€ 22,–. dtv 5884

Becker
Das Marketingkonzept

Zielstrebig zum Markterfolg! Die notwendigen Schritte für schlüssige Marketingkonzepte, systematisch und mit Fallbeispielen.

3. Aufl. 2005. 292 S.   €
€ 10,-. dtv 50806

Hörner
Marketing im Internet

Der neue Band bietet eine Fülle von Tipps und Anregungen und unterstützt sowohl Unternehmer und Marketing-Mitarbeiter wie auch Freiberufler optimal im Online-Marketing.

1. Aufl. 2006. 308 S.   €
€ 10,–. dtv 50895

Neumann/Nagel
Professionelles Direktmarketing

Das Praxisbuch mit Online-Marketing.

2. Aufl. 2007. 361 S.   €
€ 14,–. dtv 5886

Röthlingshöfer
Mundpropaganda-Marketing

Was Unternehmen wirklich erfolgreich macht.
Alles über die Grundlagen, das aktuelle Wissen mit Erfolgsbeispielen, Checklisten und praxisnahe Tipps.

1. Aufl. 2007. Rd. 200 S.   €
Ca. € 10,–. dtv 50914
In Vorbereitung für
Herbst 2007

Wissmeier
Marketing mit kleinem Budget

Der Praxisratgeber für Selbständige, kleine und mittlere Unternehmen:
Marktinformationen, Marktstrategien, Marketing-Instrumente, Marketing-Mix, Marketingbudget, Marketingplan, Erfolgskontrolle, Erfolgsfaktoren.

1. Aufl. 2007. Rd. 200 S.   €
Ca. € 10,–. dtv 50908
In Vorbereitung für
Herbst 2007

Becker
Lexikon des Personalmanagements

Über 1000 Begriffe zu Instrumenten, Methoden und rechtlichen Grundlagen betrieblicher Personalarbeit.

2. Aufl. 2002. 677 S.   €
€ 19,–. dtv 5872

Kleine-Doepke/Standop/ Wirth
Management-Basiswissen

Konzepte und Methoden zur Unternehmenssteuerung.

3. Aufl. 2006. 323 S.   €
€ 14,–. dtv 5861

Füser
Modernes Management

Business Reengineering, Benchmarking, Wertorientiertes Management und viele andere Methoden.

4. Aufl. 2007. 266 S.   €
€ 12,–. dtv 50809
Neu im Juni 2007